علم اجتماع التربية المعاصر بين النظرية والتطبيق

إعـــداد

الأستاذ الدكتور

نعيم حبيب جعنيني

دار وائل للنشر

الطبعة الأولى

2008

رقم الايداع لدى دائرة المكتبة الوطنية : (2007/5/1225)
جعنيني، نعيم حبيب
علم إجتماع التربية المعاصر / نعيم حبيب جعنيني .
- عمان ، دار وائل ، 2007 .
(374) ص
ر.إ. : (2007/5/1225)
الواصفات: علم الاجتماع التربوي / التربية / التعلم
* تم إعداد بيانات الفهرسة والتصنيف الأولية من قبل دائرة المكتبة الوطنية

****

رقم التصنيف العشري / ديوي : 370.19
(ردمك) ISBN 978-9957-11-699-6

* علم اجتماع التربية المعاصر بين النظرية والتطبيق
* الأستاذ الدكتور نعيم حبيب جعنيني
* الطبعـة الأولى 2008
* جميع الحقوق محفوظة للناشر

دار وائـل للنشر والتوزيع
* الأردن - عمان - شارع الجمعية العلمية الملكية - مبنى الجامعة الاردنية الاستثماري رقم (2) الطابق الثاني
هـاتف : 00962-6-5338410 - فاكس : 00962-6-5331661 - ص. ب (1615 - الجبيهة)
* الأردن - عمـان - وسـط البلـد - مجمـع الفحيص التجـاري- هـاتف: 00962-6-4627627
www.darwael.com
E-Mail: Wael@Darwael.Com

المحتويات

الفصل السابع
الديمقراطية وتكافؤ الفرص التعليمية

المقدمة

يتناول هذا الكتاب علماً من أهم فروع علم الاجتماع، انطلاقاً من الوظائف التي يقدمها للمجتمع بما فيها من أبنية اجتماعية مختلفة متفاعلة مع الأبنية التربوية. كما أنه يعالج المشكلات الاجتماعية والثقافية التي تواجه المؤسسات التربوية، وأيضاً المشكلات العلمية والتربوية التي تواجه المجتمع بمؤسساته وأدواره الوظيفية المختلفة، إضافة إلى أنه يركز على دراسة العوامل التاريخية والاجتماعية والاقتصادية والثقافية المسؤولة عن رسم وتخطيط المناهج التربوية للموضوعات الأكاديمية والتطبيقية التي يدرسها المتعلمون. ويتناول هذا الكتاب أيضاً دراسة الوعي الاجتماعي والتربوي من خلال دراسة العلاقة بين المجتمع بما فيه من مؤسسات اجتماعية مختلفة وبين النظام التربوي بمؤسساته وعلاقاته المتعددة والمتشعبة.

لقد أصبح هذا العلم في الوقت الحاضر من أهم العلوم التي تدرّس في الجامعات الغربية انطلاقاً من أهمية وضرورة وجود مدخل سوسيولوجي لفهم النظم التربوية على الرغم من أن بعض الجامعات العربية ما زالت تفتقر في برامجها التعليمية إلى هذا العلم.

وتأتي أهمية هذا الكتاب أيضاً في أنه يتناول قضايا نحن بحاجة إلى طرحها في العالم العربي وبخاصة في المجالات الأكاديمية والعلمية والثقافية والاجتماعية والتربوية حيث أنه يؤكد حاجة المجتمع الإنساني المعاصر إلى الفكر الاجتماعي وخاصة في أهم وأوسع مجالات المجتمعات الإنسانية الا وهو المجال التربوي ومن خلال دراسة تحليلية نقدية، إنه يسعى إلى إبراز البعد الاجتماعي في دراسة الثقافة عبر الزمن ماضياً وحاضراً ومستقبلاً ولا يقف عند بعد واحد من أبعاد الزمن، فعبر الماضي مهمة لتوظيفها في الحاضر وبناء أرضية متينة حاضراً للانطلاق إلى المستقبل بقوة من أجل صنع مستقبلنا قبل أن يصنعه الآخرون لنا.

ولا يدّعي المؤلف في هذا إلى أنه أحاط بكل القضايا نظراً لكثافة المعطيات العلمية ولسرعة التحولات وخاصة في عصر المعلوماتية. كما أن هذا الكتاب في فصوله يقف ضد أي تصور شائع وخاطئ يجعل من الفكر الإنساني عاجز عن المشاركة في صنع مستقبله ومقاومة عزل الإنسان عن محيطه والذي تمارسه بعض القوى وتحاصره بالبرامج المتعددة التي تقلل من فرص التواصل الإنساني ليحل محله التواصل عبر الأدوات التكنولوجية مهملة الاتصال الفعال بأشكاله الإنسانية الحيّة مما يؤدي إلى تشيؤ الإنسان واستلابه ويفقده إنسانيته، وهذا يؤدي إلى السيطرة على الإنسان وتدجينه وتحريكه من دون وعي منه مما يجعل المجتمعات البشرية معرضة لممارسات غير إنسانية أحياناً في بعض مجالات الحياة.

إضافة لما سبق فلقد جاء هذا الكتاب محاولة جادة لربط الإنتاج الاجتماعي والتربوي العالمي الشامل ربطاً جدلياً عميقاً وكما أنه وحسب توقع المؤلف سوف يكون إثراء للمكتبة العربية لأنه يركز على دراسة التربية كنظام اجتماعي؛ أي التركيز على الخصائص الاجتماعية للتربية باعتبارها ظاهرة اجتماعية.

لقد جاء الفصل الأول كمدخل عام قدّم إطاراً نظرياً حول التفكير الاجتماعي وإلى نشوء علم الاجتماع كعلم وماهية هذا العلم، إضافة إلى تقديم أهم الاتجاهات المؤثرة في النظرية الاجتماعية وأيضاً وضع علم الاجتماع في العالم العربي، إضافة إلى تناول ماهية التربية وتعاريفها ونشأة علم التربية وأهدافه وذلك للتأكيد أن تطبيق علم الاجتماع على أكبر مؤسسات المجتمع وهي المؤسسات التربوية مما يؤدي إلى نشوء وتشكيل علم اجتماع التربية.

وجاء الفصل الثاني ليتناول نشوء وتطور علم اجتماع التربية المعاصر من خلال معالجة الموضوعات التالية: أهمية المدخل السوسيولوجي للتربية، ونشوء علم اجتماع التربية المعاصر وأهدافه وموضوعاته والصعوبات والعوائق التي واجهت نشوء وتطور هذا العلم، وأيضاً علاقته مع العلوم الأخرى.

أما الفصل الثالث فتناول أهم الاتجاهات والنظريات التي ساهمت في تشكيل علم اجتماع التربية المعاصر بشقيه القديم والمعاصر.

وفي الفصل الرابع يتناول هذا الكتاب موضوع الثقافة والعلاقة بينها وبين التربية من خلال تناول ماهية الثقافة وتعاريفها وعلاقتها مع الأنثروبولوجيا وعلاقة المجتمع مع الثقافة مع التركيز وبتوسع على ثقافة العيب، وأيضاً تمّ تناول العولمة وعلاقتها بالثقافة والتربية، وخاصة أن موضوع العولمة هو من المواضيع المهمة والمؤثرة عالمياً والتي دخلت حديثاً إلى ميدان علم الاجتماع وتطبيقاته التربوية.

وتطرق الفصل الخامس إلى موضوع التغيّر والتربية مبيناً أن التغيّر بكافة صوره وأشكاله سمة لهذا الوجود، وأنه حقيقة حتمية ويشمل مختلف مجالات الحياة، وأن الثبات ما هو إلا صورة من صور الموت والعدم، وأن المجتمعات الإنسانية تختلف من حيث درجة قبولها للتغير، وقد ركز هذا الفصل على ثلاثة أنواع من التغيّر غير منعزلة عن بعضها البعض وهي: التغيّر الاجتماعي، والتغيّر الثقافي، والتغيّر التربوي.

وفي الفصل السادس تمّ تناول التنشئة الاجتماعية باعتبارها موضوعاً مهماً من مواضيع علم اجتماع التربية من خلال معالجة ماهيتها وأهدافها وخصائصها وأنماطها ونظرياتها ومؤسساتها، كذلك في هذا الإطار تمّ تناول التفاعل الاجتماعي من خلال عرض وتحليل أربعة أنواع من التفاعل وهي: التعاون، التنافس، الصراع، والتفاعل الصفي.

وأخيراً تناول هذا الفصل عملية مهمة لها علاقة بالتنشئة الاجتماعية ألا وهي عملية الضبط الاجتماعي لتجنب الفوضى واللاعقلانية في عمليات التنشئة الاجتماعية وتفاعلاتها المختلفة.

أما الفصل السابع فقد تطرق إلى موضوع الديمقراطية وتكافؤ الفرص التعليمية من خلال تناول موضوع الديمقراطية بشكل عام وأشكالها والفكر الليبرالي والديمقراطية، والديمقراطية والليبرالية الجديدة المعاصرة. وتم ضمن هذا الإطار تناول موضوع حقوق الإنسان لأهمية هذا الموضوع عالمياً ومحلياً. إضافة إلى أن هذا الفصل قد عرض وحلل

موضوع تكافؤ الفرص التعليمية والمعوقات التي تقف ضد تطبيقه. كما تمّ التطرق في هذا الفصل إلى موضوع الحراك الاجتماعي ونظمه والعوامل المؤثرة فيه.

ويأمل المؤلف أن يستفيد من هذا الكتاب الطلبة الاردنيين وطلبة الجامعات العربية على مستوى البكالوريوس والدراسات العليا وكذلك الباحثين والمثقفين وكل المهتمين بدراسة قضايا المجتمع وتطبيقاتها التربوية.

المؤلف
أ.د. نعيم حبيب جعنيني
الجامعة الأردنية/ كلية العلوم التربوية
قسم الإدارة التربوية والأصول

الفصل الأول
مدخل عام

- علم الاجتماع بوصفه علماً
- إطار نظري حول التفكير الاجتماعي
- نشوء علم الاجتماع
- الأساس البيولوجي في النظرية الاجتماعية
- مدرسة التحليل البنائي الوظيفي
- الماركسية
- ماهية علم الاجتماع
- العالم العربي وعلم الاجتماع
- التربية
- نشأة علم التربية
- تعاريف التربية
- أهداف التربية

الفصل الأول

مدخل عام

أولاً: علم الاجتماع بوصفه علماً :

إطار نظري حول التفكير الاجتماعي:

إن كل مجتمع من المجتمعات البشرية كان منظماً على شكل ما بحيث يحتوي داخله ولو بصورة عفوية غير مباشرة بعض الأفكار الاجتماعية، فالفكر الاجتماعي كانعكاس للوجود الاجتماعي كان قد ظهر منذ أقدم العصور مرتبطاً بطبيعة الحياة الاجتماعية البسيطة في ذلك الوقت، وكذلك بطبيعة أساليب الانتاج التي كانت سائدة وعلاقاتها بالقوى المنتجة وبعلاقات الانتاج الممثلة لها، وكذلك بالمعايير الاجتماعية المرتبطة بالثقافة الممثلة كذلك بعناصرها المختلفة. وكانت حاجات المجتمعات تلك هي التي جعلت الفلاسفة والمفكرين والمهتمين يمارسون التفكير الاجتماعي بهدف تفسير الحياة الاجتماعية والظواهر الاجتماعية المختلفة.

ويشير كثير من الدارسين والباحثين الى أن بداية التفكير الاجتماعي كانت في الشرق القديم، وجاءت مختلطة مع الفكر الفلسفي والديني والاقتصادي والقانوني، وكان هذا الفكر فكراً تبريرياً يحاول دائماً تبرير وجود واستمرارية النظام الاجتماعي القائم واضفاء طابع القدسية عليه مما ساعد هذا في إفراز قيم ومعايير اجتماعية مناسبة له وكذلك العادات والتقاليد المحافظة التي ميزت تلك المجتمعات القديمة وهي مجتمعات زراعية بسيطة تتصف بالمحافظة والاستقرار. [1] وتجدر الاشارة إلى أن هذا الفكر انطلاقاً من بساطة الحياة امتاز بعدم التنظيم المطبوع بطابع التجارب الفردية الشخصية المشحونة بالعواطف

لتحقيق أهداف نفعية قريبة المدى (عاجلة) ويتصف بترك القديم على قدمه، أي كان ذا نزعة تحارب التغيير.

فعلى سبيل المثال يُلاحظ أن المصريين القدماء كان عندهم نمط معين في تنظيم مملكتهم، حيث إن المملكة كانت في نظرهم أمراً إلهياً معتقدين أن الآلهة والملوك يتعاونون في تأسيس المملكة، ولم يكن عندهم فرق شاسع بين الملوك والآلهة. كذلك في الهند قديماً كان جزء من تفكيرها البراهمي اجتماعياً قائماً على التسليم بنظام الطبقات. وأيضا عند البوذية كان هناك وضوح للجانب الاجتماعي في الحياة وذلك في اعتبارهم أن فردية الانسان ما هي الا نتاج اجتماعي، وهذا أيضاً يراه المتتبع عند علماء الاجتماع الحديثين.

أما في الصين قديماً فيجد الباحث في هذا المجال أنهم اشتهروا في وضع القوانين الاجتماعية التي تقوم على التقليد والمحاكاة وأن الامبراطور كان هو النموذج الأعلى. وعند اليونان القديم فقد تميز الفكر الاجتماعي بالتنظيم لأنه كان جزءاً من المذاهب الفلسفية التي كانت سائدة في ذلك الوقت والتي شيّدت صرح المعرفة الانسانية، فالفيلسوف اليوناني أفلاطون قبل الميلاد (429-347) Plato كان قد تناول تحليل المجتمع والعدالة واعترف بوجود العقل الجماعي واعتبر أن الانسان مدني بالطبع، ففي كتابه الجمهورية كان قد حلل الأسس الاقتصادية للمجتمع البشري ودرس العادات والتقاليد المصرية ونظام الحكم والأخلاق. أما ارسطو (383-322) Aristotle وهو تلميذ أفلاطون فقد وضع أسس المذهب الواقعي القديم معارضاً مثالية أفلاطون الذي قصر اهتمام التربية على حفظ النظام واستقراره. ويعتبر كتابه في السياسة مدخلاً لدراسة الظواهر الاجتماعية عن طريق الاستقرار. [2] أما روما القديمة فقد كان جل اهتمام مفكريها منصباً على دراسة الأفكار القانونية مما جعلهم يبتعدون عن الفكر الفلسفي. وفي حضارة العرب في العصور المتوسطة هناك الكثير من المسائل الاجتماعية.

مما سبق يتبين أن الفكر الاجتماعي كان موجود منذ القديم وان كان متستراً وراء التنظيم الاجتماعي أحياناً والتاريخ خير شاهد على ذلك. وعند الاطلاع على الفلسفة الحديثة يجد المتتبع أنها مملوءه بالمباحث الاجتماعية المتنوعة. [3] وتجدر الاشارة في هذا

المجال إلى أن الدراسات الاجتماعية تنمّي عند الفرد الشعور بالمواطنة، لأنها تركز على أهمية التفاعل بين الانسان ومجتمعة، وما ينجم عن ذلك من مشكلات وما تتطلبه من حلول.

إضافة لما سبق تجدر الاشارة إلى أن المشاكل الاجتماعية كانت مرتبطة بظهور الفكر الفلسفي كجزء لا يتجزأ منها. ففي النظام العبودي يجد المتتبع في أعمال الفلاسفة الذين عاشوا تلك العصور تلميحاً عن نشأة المجتمعات البشرية وبنيتها وأسباب تطورها. كما اهتم بقضايا علم الاجتماع مفكرو البرجوازية الصاعدة في القرن الثامن عشر، كما قدم الديمقراطيون الثوريون دراسات قيمة عن المشاكل الاجتماعية.

إن التفكير الاجتماعي العلمي لم يظهر دفعةً واحدةً وانما جاء كنتيجة لمرحلة طويلة من الدراسات الاجتماعية والفلسفات التي مهدت لظهور علم الاجتماع الحديث، وقد احتلت هذه الدراسات القرنين السابع عشر والثامن عشر، وجزءاً من القرن التاسع عشر والتي ركزت على دراسة الدولة والحقوق والواجبات، كذلك الدراسات حول فلسفة التاريخ الانساني وتفسيره. فكل هذه الدراسات وان لم تتميز بالاتجاه العلمي الكامل إلا أنها مهدت الطريق للدراسات الاجتماعية العلمية.

نشوء علم الاجتماع :

دخل مصطلح علم الاجتماع (Sociology) اللغة العلمية في منتصف القرن التاسع عشر على يد أوغست كونت (1798-1857) August Conte إذ اخذ التفكير الاجتماعي يتجه اتجاهاً علمياً وضعياً في البحث في الأمور الاجتماعية. لقد اعتبر كونت موسساً للوضعية واعتبر في الغرب مؤسساً لعلم الاجتماع (4). الذي قصد به العلم الذي يدرس المجتمع الإنساني، أو العلم الذي يدرس تركيب وديناميكية المجتمع، الا انه لم يخلق علم الاجتماع لقد وضع اسم علم الاجتماع بدلاً من الفيزياء الاجتماعية عندما قام بتصنيف العلوم. لقد اتخذ كونت موقفاً وسطاً بين فكر عصر التنوير وبين الحركة الرومانسية المحافظة. وتحصر الوضعية نفسها في حدود التجربة وحدها أي عدم تجاوز عالم الأشياء العينية المدركة بالحواس وقد رفض كونت آراء الثورة الفرنسية التنويرية مدعياً أنها تأملات فلسفية عقيمة لا يسندها أي واقع فعلي قابل للقياس. إن هذا الموقف جعله من المفكرين

الرومانسيين فقد رأى أن حركة المجتمع لا تُحكم بقوانين نابعة مـن الإرادة بـل تخضـع بالضرورة لقـوانين فيزيائية لا تتغير، فإرادة الانسان العاقلة غير قادرة كلياً على التغيير واعادة تنظيم المجتمع مخالفاً بـذلك فلاسفة ومفكري عصر التنوير (Enlightment). فلذلك فإن مهمة علم الاجتماع حسب رأيـة هـي الكشـف عن القوانين التي تحكم الحياة الاجتماعية بمنهج وضعي للاستفادة منها والتكيف معها لا تغييرها، لأن التغيير لا طائل تحته. [5] وعلى الرغم من تأسيسه للاتجاه الوضعي في علم الاجتماع إلا أن بعض المفكرين والنقاد يعتبرونه من ممثلي البنائية الوظيفية انطلاقاً من أن الاتجاه البنائي الوظيفي في علم الاجتكاع لا يشكل مدرسة فكرية واحدة محددة، ولكنه يشكل اتجاهات عديدة متشعبة تجمعها خصائص معينة. واذا تتبع الدارس أي عمل لعلماء الاجتماع فإنه سوف يجد في هذه الأعمال خصائص الاتجاه البنائي الوظيفي حتى قيل إن علم الاجتماع يتجه اتجاهاً بنائياً وظيفياً.

وإضافة لما سبق فإن أوغست كونت لم يهمل الوعي الإنساني كلياً واعتبره القوة المحركة للتاريخ وان التقدم الفكري أو العقلي هو الأساس للتقدم وانه الحافز للتقدم المادي، موضحاً ذلك من خلال قانون المراحل الثلاث التي مر بها الفكر الانساني وهي: [6]

1- المرحلة اللاهوتية: وتمتاز بسيطرة رجال الدين وتفسير القضايا من وجهة نظر دينية. وقد قسم هذه المرحلة إلى ثلاث مراحل: مرحلة وثنية، ومرحلة تعددية، ومرحلة توحيدية. واعتبر كونت ان هذه المرحلة كانت قد بدأت بظهور المسيحية والاسلام.

2- المرحلة الميتافيزيقية أو الفلسفية: وتمتاز بسيطرة الفلاسفة الذين يحاولون الكشف عن جوهر الأشياء وأسبابها. ولكن كونت يشير إلى أنه من الصعب الوصول إلى الجوهر أو الأسباب الرئيسة للأشياء ويرى أن العلم نقيض للفلسفة، واعتبر ان هذا المرحلة وسط بين الحالة اللاهوتية والوضعية ولكنها أقرب إلى الحالة اللاهوتية لأنها تستعيض عن الارادت الآلهية بالقوى وعن الخالق بالطبيعة. والعقل فيها يفسر الظواهر بمعان مجردة أو قوى خفية أو علل لا يقوى على اثباتها. وحسب رأيه فإن هذه المرحلة كانت قد بدأت منذ عصر النهضة.

3- المرحلة الوضعية: وتمتاز بسيطرة رجال العلم. واعتبر كونت ان العلم قوة عظمى تساعد الانسان على التنبؤ بسير التاريخ وتجنب الحوادث غير المرغوب فيها، غير أنه في نفس الوقت نادى بفلسفة اللاأدرية، وحدد العلم في أطر ضيقة من التجربة المحضة فعرقل بهذا قوة الفكر في الوصول الى الحقائق الموضوعية وادراك العالم كما هو موجود. وفي هذا يكمن جوهر الاتجاه الوضعي في علم الاجتماع والفلسفة كاتجاه ذاتي مثالي. إن كونت كان قد استخدم كلمة اللاهوت بمعنى خاص لفهم الظواهر وتفسيرها بالرجوع إلى ارادة الآلهة، وهو لا يعني بها عقلاً مقدساً وانما للدلالة على تفسير ظواهر الطبيعة عن طريق الأسباب الخارقة للعادة، أي المعنى الخرافي أو الخيالي أو الاسطوري أو عن طريق الأرواح الخفية وهي قوى خارجة عن الظواهر نفسها. ان قانونه لا يستمد حقائقه من التاريخ، وانما هو عبارة عن افكار فلسفية اختار لها مجتمعات معينة وحاول تطبيقه عليها دون استقراء لتاريخ كل المجتمعات الانسانية. وان قانون الحالات الثلاث لا ينطبق على كل المجتمعات مما يدل على نقص الأساس العلمي. كما ان هذا القانون لا يفسر أسباب تطور المجتمعات البشرية. فدراسة التاريخ دراسة علمية تبين ان الحالة الوضعية لا تأتي في جميع الاحوال بعد الحالة الميتافيزيقية والحالة الدينية. فعلى سبيل المثال فإن الحالة في أوروبا في العصور الوسطى المظلمة كانت خليطاً من هذه الحالات الثلاث التي كانت ممثلة في الكثير من جوانب الحياة السائدة جنباً إلى جنب. وكذلك الأمر اذا ما قيس على بعض المجتمعات في العصر الحاضر فيجد المتتبع وجود مظاهر التفكير الديني والميتافيزيقي والعلمي موجودة معاً وممثلة في الحياة الاجتماعية. إلا أن ايجابية فكر كونت هو تسليمه بالطابع الحتمي لتطور المجتمعات البشرية، إلا أنه كان بعيداً جداً عن الفهم العلمي لقانون ومنطق التاريخ بمعارضته الديالكتيك وصراع الاضداد، واعتبر المرحلة الوضعية هي المرحلة النهائية لتطور المجتمعات البشرية وخاتمة التاريخ منهياً بذلك الايدولوجيا أيضاً. إن من أهم عيوب النموذج الوضعي هو أن نظرة الابستمولوجيا الوضعية للمعرفة حيث أنها لا تهتم بالمعرفة في نشأتها وتكوينها وتفترض أن المعرفة حادثة ثابتة وليست عملية نمو وتطور، أي أنها لم تفهم فهماً صحيحاً طبيعة المعرفة، كما أن الوضعية تذهب في الايمان

بأن مهمة العلم هي الوصف الخالص للوقائع وليس تفسيرها. ان نظرية اوغست كونت في العصر الحاضر ليست ذات أهمية ولم يعد لها تأثير يـذكر لأن طبيعـة العصر ـ قد تغيرت، وكـذلك فقـد تقـدم عـلى الاجتماع فطرحت مفاهيم جديدة وظهرت اتجاهات أكثر أهمية. إلا انه مـع ذلك فـإن الوضعية التحليلية في الفلسفة وعلم الاجتماع لها مساهمات كثيرة وقد أفادت العلوم السـلوكية والتربية فيما يلي:

أ‌- دعم الاتجاه الاجرائي التعليمي في علوم: التربية، وعلم النفس والادارة العامة.

ب‌- شجعت المعلمـين والمربين عـلى الـتخلص مـن التحيـز والشعارات الخاليـة مـن المضـمون وحاربـت التناقضات المنطقية الناتجة عن التسيب في استخدام اللغة.

ج‌- أسهمت في تحديد المصطلحات بحيث ارتبطت بالوظيفة والأداء وكشـفت عـن التخبـط في التصورات والتوصل الى فهم واضح للعلاقة بين الفكر والواقع واللغة.

د‌- أسهمت في دعـم القيـاس والتعليـم المـبرمج والـتخلص مـن التكـرار والغموض والتركيـز عـلى الأفعـال السلوكية.

هـ- اكتفت بالتحليل المنطقي للعبارات اللغوية وتركت تفسير الظواهر الطبيعية للعلم وحده.

لقد ركزت على العلم والدين وبقيت التربية مجالاً لم تمسه بصـورة فعالة مفيـدة معتبرة التربية فرعاً ثانوياً لنظرية المعرفة.

وتجدر الاشارة الى ان هذا العلم أخذ في النمو والتطور مـع نهايـة القرن التاسع عشر ـ في وقت الثورات والتغيرات الاجتماعية والتقدم الصناعي الذي بدأ يغير شكل المجتمعات وطبيعة الحياة الاجتماعية نتيجة هجرة المـزارعين والتقدم الصنـاعي فبـدأ النـاس يتركون مـزارعهم وأسرهـم ويتوجهـون الى أمـاكن التجمعات الصناعية في المدن الكبرى للحصول على أجور أعلى. كما أن هذا العلم بدأ ينمو ضمن الجهـود المبذولة لفهم التغيرات الصناعية ونشوء الدول الحديثة والثورات ضد أنظمة سياسية محددة. واليوم يجد الدارس لهذا العلم أن له تأثيراً كبيراً على الفهم العام في المجتمع، كما أن وسائل الاعلام المختلفة

بدأت تأخذ بنتائج ما توصل اليه هذا العلم، وادخلت دراسة علم الاجتماع كمساق في الجامعات المختلفة في العالم.(7) وهذا مما زاد الاهتمام به كعلم عن المجتمع البشري.

ومن الأهمية بمكان في هذا المجال التأكيد الى أن من أبرز المفكرين الذين كانت لهم بصمات واضحة للتمهيد لنشوء علم الاجتماع كعلم منهم: مونتسكيو (1689-1755) Montisqeau وهو من الذين قربت أفكارهم الاجتماعية من أفكار ابن خلدون المفكر الاجتماعي (1332-1406) الذي نشر أفكاره الاجتماعية في كتابه "العبر وديوان المبتدأ والخبر في أيام العرب والعجم والبربر ومن عاصرهم من ذوي السلطان الاكبر" والمعروف بالمقدمة وسماه بعلم العمران والذي يعتبر صنواً لما يسمى اليوم بعلم الاجتماع، وخاصة فيما يتعلق بالنظم الاجتماعية وتأثرها بالبيئة والمناخ .(8)

وكذلك ساهم في نشر وتطور هذا العالم مساهمات فيكو الايطالي(1668-1744) Vico ، وكوندورسيه الفرنسي (1743-1794) Condorsay وسان سيمون الفرنسي (1760-1825) San Simon ، الذي سمّى علم الاجتماع بالفيزياء الاجتماعية.(9)

لقد كان لأفكار مونتسكيو وكوندرسيه وسان سيمون مساهمة فعّالة في قيام الثورة الفرنسية وذلك في عام 1789م كل بطريقة معينة. تلك الثورة التي كانت نتاجاً أيضاً لفكر التنوير، وشكلت انتصارا للبرجوازية على الاقطاع، وكان لها أهمية في تبلور علم الاجتماع وخاصة في الكشف عن آليات الاستقرار الاجتماعي التي أربكتها الثورة.(10) إلا أن التيار الرومانسي المحافظ الذي كان مضاداً للثورة الفرنسية ولفكر عصر التنوير والذي ظهر في نهايات القرن الثامن عشر وبدايات القرن التاسع عشر كان قد أثر على علم الاجتماع بدعوته الى نبذ العقل كمعيار الحقيقة وللحكم على الاشياء واتخاذ النقد بديلاً عنه مؤكداً على أهمية القيم التقليدية والاستقرار الاجتماعي.

وشهد القرن التاسع عشر وبدايات القرن العشرين مساهمات للكثير من العلماء والمفكرين في نهضة وتطور النظرية الاجتماعية ومنهم: تشارلز دارون (1809-1882) Darwin وسبنسر (1820-1903) Spencer في بريطانيا، وجورج زيمل في المانيا (1858-1918) Zimel ، وباريتو في ايطاليا (1848-1923) Parito وسمنر Simner

(1840-1910) ، ووارد (1841-1913) Ward في أميركا، وكارل ماركس الألماني (1818-1883) Marx في كتابه عن المراحل الأولى للرأسمالية، واميل دوركهايم الفرنسي (1858-1917) Durkheim ، وماكس فيبر الألماني Weber (1864-1920) . (11)

وإضافة لما ورد في الصفحات السابقة فإن هذا الفصل سوف يركز على أهم الاتجاهات والنظريات التي أثرّت ورفدت النظرية الاجتماعية، ففهم هذه النظريات والاتجاهات مسألة لها علاقة بتعلم التفكير نظرياً، وبطريقة منظمة، كما أنها عملية مفيدة وضرورية، إلا أن من العيوب: الغموض والشرذمة والانقسام، وهذا عائد لطبيعة علم الاجتماع الذي لم يتمكن من تطوير نظرية شاملة تجمع شتات هذا العلم المعرفي الذي سعى الى اقامة المعرفة عن العالم الاجتماعي. كما أنه عائد الى الفعل السياسي وعلى أشكاله الممكنة والمستحبة وغير المستحبة. فالاتجاهات والنظريات في هذا العلم لا تتكلم فقط عن العموميات والصراعات والمشكلات بل إنها كانت جزءاً من هذه الصراعات والعمليات، ولم يترك علم الاجتماع مجالاً من مجالات الحياة الانسانية إلا وتدخل فيها بالدراسة والتحليل والنقد، لذلك كُثرت فروعه وميادينه والاتجاهات والنظريات المؤسسة لها.

الأساس البيولوجي في النظرية الاجتماعية:

يضم الاتجاه البيولوجي النظريات والاتجاهات الاجتماعية التي تحاول تفسير تطور المجتمعات الانسانية بمساعدة مفاهيم البيولوجيا أي استبدال قوانين الشكل الاجتماعي لحركة المادة وهو الشكل الأعلى من أشكال حركة المادة بقوانين علم الاحياء والتي تمثل الأشكال الدنيا والأبسط لحركة المادة. ويضم هذا الاتجاه: المدرسة العضوية ومؤسسها سبنسر (1820-1930) Spencer ونظرية دارون الاجتماعية، والعرقية التي تعتبر من أكثر المدارس رجعية في علم الاجتماع والتي تنطلق من مبدأ عدم تكافؤ الناس وتفوق البعض من النواحي العقلية والنفسية وقد لعبت دور المبرر الأيدولوجي للاستعمار.

ويعتبر الاتجاه البيولوجي من أقدم الاتجاهات التي ظهرت في الدراسات الاجتماعية. فالمتتبع للفكر الاجتماعي والدراسات الاجتماعية يجد أن الفارابي كان قد شبه المجتمع بالجسم الحي وذلك في تشبيهه المدينة الفاضلة بالبدن التام الصحيح. ومثل هذا

التشبيه موجود عند ابن خلدون في حديثه عن تطور المجتمع وتشبيهه له بالكائن الحي. الا أن هذا الاتجاه البيولوجي الذي يهدف إلى دراسة المجتمع الانساني بنفس الكيفية التي يدرس بها الكائن الحي قد تبلورت واتضحت وزاد أنصارها على يد هربرت سبنسر Herbert Spencer (1820-1903) الذي يعتبر من أشهر ممثلي الاتجاه العضوي التطوري في علم الاجتماع بفضل ما قام به من دراسات وأبحاث في هذا الاتجاه.[12] والتي أكدت أن في الحياة ميلاً الى التفرد التخصصي- والانتقال من المتجانس الى اللامتجانس، ومن المتشابه الى المتباين، فالجماد أو الجسم غير الحي يكون متماثلاً وغير متخصص، في حين أن الجسم الحي يتمتع بذاتية، ويتفرد بشخصية، ويقوم بأداء وظيفة خاصة محددة. وكلما زاد الكائن الحي ارتقاء زاد تفرده وتخصصه وضوحاً. هذا التخصص يعتبر أساس كل تطور ودعامة كل ارتقاء في الموجودات ويرتكز على قاعدتين:[13]

القاعدة الأولى: كلما ازداد المركب الحيوي تعقيداً ازداد اختصاصاً وتفرداً.

القاعدة الثانية: كلما ازدادت الأعضاء تفرداً واختصاصاً ازدادت استقلالاً.

وهذا ينطبق أيضاً حسب رأيه على الحياة الاجتماعية.

وتوضيحاً لما سبق فإن هذا التخصص لا يعني استقلال كل كائن عن الآخر، أو عن كل طائفة اجتماعية عن الطوائف الأخرى، بل ينطوي على التضامن والتعاون أيضاً ويتجه إلى التآلف.

لقد كان سبنسر من أهم العلماء الانكليز الذين مثلوا هذا الاتجاه وخاصة في كتابه "مبادئ علم الاجتماع" الذي نشر عام (1876م) والذي وضح فيه نظريته العضوية، اذ بين فيه أوجه الشبه والاختلاف بين الكائن العضوي البيولوجي (الفرد) وبين الكائن العضوي (المجتمع) حيث أنهما يشتركان في عمليات النمو، واثناء هذه العمليات يتغير الاثنان باختلاف تكوينهم ووظائفهم، كما أن الأجزاء في كل منهما تتوقف على بعضها البعض، إلا أن اصابة أي جزء منهما لا تعني اصابة أو انهيار الكل دائماً. واخيراً أن لكل منهما جهاز خاص يقوم بمهمة حفظ البقاء والاستمرارية، ويتمثل في: جهاز التغذية، ودورة الدم في

الجسم، والجهاز التجاري أو الصناعي في المجتمع، هذا بالإضافة إلى وجود الجهاز العصبي المنظم عند الفرد، كوجود الجهاز الحكومي المنظم للمجتمع. ولكن هذا لا يمنع من وجود أوجه للاختلاف بين الطرفين. (14)

لقد ساهم سبنسر بدراسات في وضع الأسس التي تقوم عليها البنائية الوظيفية، وكان أول من استخدم بشكل منظم مفهوم البناء والوظيفة، اذ يرى أن لا سبيل لفهم البناء دون فهم الوظيفة المرتبطة به. لقد حاول تحليل الكيفية التي تؤدي بها الأبنية المؤسسية المختلفة في المجتمع (الأسرية، السياسية، الاقتصادية، التربوية، والمهنية وغيرها) وظائفها للحفاظ على المجتمع. إن نظرية سبنسر في النشوء والارتقاء أو في التطور تقوم على فكرتين هما: (15)

1- التباين: ويقصد به الانتقال المتجانس (Homogeneous) الى اللامتجانس (Haterogenous) .

2- التكامل: ويعني أن التفرد أو التخصص لا يؤدي إلى الانعزال بل يؤدي إلى التماسك والتضامن واعتماد الأجزاء والوظائف على بعضها البعض. وان المظهر الأساسي للتقدم هو الاتجاه نحو الترابط المتكامل من البناء (Structure) والوظيفة (Function) بحيث يبلغ المجتمع الكمال في التنظيم. وقد أشار ايضا إلى أن القوانين الاجتماعية عبارة عن قوانين بيولوجية وان الفرد بمثابة الخلية التي يتألف منها النسيج الاجتماعي.

وباختصار فإن الاتجاه العضوي في علم الاجتماع يرتكز على عدة مبادئ كما يلي: (16)

أ- أساس علم الاجتماع مرتكز على علم الحياة، فالمبادئ الحيوية يجب أن تؤخذ بعين الاعتبار عند تفسير الظواهر الاجتماعية.

ب- ان المجتمع البشري عبارة عن وحدة حية فهو ليس مجرد مجموعة من الأفراد المنعزلين عن بعضهم البعض. وبما أن أفراد المجتمع يخضعون للقوانين البيولوجية فإن المجتمع الانساني عبارة عن كائن عضوي.

ج- بما أن المجتمع الانساني عبارة عن كائن عضوي يتكون من خلايا حية (الأفراد)، فان المجتمع عبارة عن كائن عضوي في تركيبه وأعضائه ووظائفه.

د- أن علم الاجتماع قائم على علم الأحياء.

لقد أخذ سبنسر فكرة التطور عن علماء الأحياء مثل لامارك، ودارون وادخلها في الفلسفة وعلم الاجتماع، وهذه الفكرة كانت موجودة عند أرسطو أيضا، إلا أن تقدم علم الاحياء واكتشاف الخلايا في الجسم واعتبارها وحدات مكونة له قد عزز هذا الاتجاه. ففي القرن التاسع عشر تقدم عند الاوروبيين علم الاحياء وقامت مدرسة دارون فبحثت قضايا التطور ووراثة الصفات المكتسبة، كما نوهت بمكانة الاصطفاء الطبيعي في الوجود وتنازع البقاء فلم تلبث هذه الدراسات الحيوية ان استغلها الباحثون الاجتماعيون فنشأت دراسات تشيد بالعروق البشرية وبمكانة الوراثة والاصطفاء في مضمار الاجتماع البشري.

واخيراً تجدر الاشارة في هذا المجال أن علماء الاتجاه البيولوجي الذين وجهوا اهتماماتهم نحو الدراسات الاجتماعية يحاولون اخضاع النظرية الاجتماعية لقوانين علم الاحياء، وهذه محاولة غير مجدية تخالف الاتجاهات العلمية الواقعية الحديثة، لأن للظواهر الاجتماعية طبيعتها الذاتية وحركتها الاجتماعية التي تميزها عن الظواهر البيولوجية.

وهناك تشابه بين نظرية سبنسر الاجتماعية ونظرية دارون البيولوجية الذي شبه تطور المجتمع بتطور الكائن الحي العضوي على اعتبار ان التطور في كلاهما يكون من المتجانس الى اللامتجانس فالتكامل. وتعتبر فكرة التطور من أهم الأفكار التي سيطرت على الفكر الانساني في النصف الثاني من القرن التاسع عشر. فقد كان لكتاب دارون (Darwin) "أصل الأنواع" الذي نشر عام 1859م أكبر الأثر في نشوء نظرية تطورية في الفكر السوسيولوجي تشبّه التطور الاجتماعي بالتطور البيولوجي. لقد اهتم دارون بأصل

الانسان مركزاً على الناحية الجسمية في حين اهتم سبنسر بعقل الانسان. كـما قـدم دارون مبادئ عديـدة تقوم عليها نظريته في النشوء والارتقاء مثل: الصراع في الوجود، والبقاء للأفضل والانتخاب الطبيعي، وأن الأصلح هو الذي يقوم بالتغيير.

أما بالنسبة لنظرية سبنسر في التربية فسوف تُعرض في الفصول اللاحقة وخاصة بعد تناول نشوء علم اجتماع التربية.

كما يعتبر المذهب الجغرافي مـن أقـدم المـذاهب في علـم الاجتماع ومؤسسـه المفكر الفرنسي- مونتسكيو والذي يرى ان المناخ وحجم الأرض والتربة ومجمل العوامـل الجغرافيـة تحـدد اخـلاق وقوانين الشعوب، وقد كان له بصمات واضحة على نشوء علم الاجتماع.

ومن المذاهب الرافدة لعلـم الاجتماع المـذهـب النفسي- الـذي يعتبر أن حيـاة المجتمـع تحـدد بعوامل نفسية للجماعات والأفراد. ومن ممثلي الاتجاه النفسي الذاتي فرويد (1856-1939) Freuid الطبيب النفسي ومن مؤسسي نظرية التحليل النفسي.

وكذلك يعتبر علم الاجتماع التجريبي من العلوم الرافدة لعلـم الاجتماع. ومن الأهمية بمكان التأكيد أن المهتمين في علـم اجتماع التربية اعتبروا أن الاتجاه البنائي الوظيفي هو الاتجاه الملائم لهـذا العلـم خاصة أنـه كانت لـه السيادة الثقافيـة في أغلب المجتمعـات الصناعية في الغرب حتى الخمسينيات والستينيات من القرن العشرين.

مدرسة التحليل البنائي – الوظيفي:

وتضم هذه المدرسة عدة اتجاهات اجتماعية، وقد شغلت حيزاً واسعاً في علم الاجتماع المعاصر. ولقد كانت أول صياغة لمفهوم الوظيفة في علم الاجتماع تعود لاميل دوركهايم (Emile Durkheim) عام 1895م في كتابه "قواعد المنهج في علم الاجتماع"، حيث عرّف وظيفـة المؤسسـة الاجتماعية أنها تكمـن في ايجاد الانسجام بينها وبين حاجات الكائن الاجتماعي (الشـروط الضرورية للوجود) ومن خـلال تأديـة الوظيفة يحافظ الكائن الحي على الاستمرارية في الحياة. (17) وفي الحياة الاجتماعية فإن الدور الذي يؤديه النشاط في الحيـاة الاجتماعية ككـل هـو اسهامة في المحافظة علـى استمرارية البنيـة التي تتكون مـن النشاطات

والتفاعلات بين الأفراد وبين الجماعات المنظمة التي يتحدون فيها. فمفهوم الوظيفة يتضمن مفهوم البنية التي تتكون من جملة من العلاقات بين الوحدات المكونة، كما أنه عبارة عن الإسهام الذي يؤديه نشاط جزئي بالنسبة للنشاط الكلي الذي هو جزء منه. انها تعتمد على فرضية مفادها أنه يمكن تفسير النظم والعمليات الاجتماعية من خلال الوظائف التي تؤديها للنسق الاجتماعي والتي هي ضرورية لاستقرار المجتمع واستمراره.

إن أبرز ممثلي هذه المدرسة الأميركيان: (ر. ميرتون: R. Mirton) و (تالكوت بارسونز: .T Parsons) اللذان حاولا خلق نظرية سوسيولوجية جامعة شاملة تكون دليلاً ومرشداً للابحاث التجريبية. لقد حللا المجتمع ككل لا بعض خصوصيات الحياة الاجتماعية وتفاصيلها. واستخدموا مفاهيم: البنية (Structure) والوظيفة (Function) ونظام (System) كمقولات رئيسة معتبرين المجتمع الانساني عبارة عن نظام له بناؤه المحدد، وان المجتمع يفرض على الإنسان الأدوار الاجتماعية حسب بارسونز اذ يتحول الفرد بذلك الى ممثل على المسرح الاجتماعي وهذه محاولة لاستغلال طبيعة الإنسان الاجتماعية اذ أن هذا المفهوم مطبوع بطابع الجبرية. [18]

لقد سيطرت البنائية الوظيفية خلال النصف الأول من القرن العشرين على الفكر الاجتماعي في الكثير من دول العالم، اذ تشير أن في كل مجتمع عناصر مختلفة نتيجة لاختلافها في العمر أو النوع أو العرق أو القوة أو الثروة أو التخصص، إلا أن العلاقات بين هذه العناصر أو الاجزاء قائمة على الاتساق والتماسك، والتعاون، والثبات، والمثابرة، وأن التكاملية في الوظائف هي الخاصية السائدة بين هذه العناصر والأجزاء، والتشابه بينها في الاهتمامات وحاجة كل منها للآخر لتحقيق أهدافه واشباع ميوله وحاجاته. [19]

ان هذه التكاملية ناتجة عن الاسهام الذي يقدمه الجزء إلى الكل، وتكامل الأجزاء في اطار الكل (التساند) لتثبيته، وبذلك تصبح الأجزاء متساندة متكاملة لتحقيق التوازن الذي تعتبره هذه المدرسة الوضع الطبيعي للمجتمع، وأي خلل في الوظيفة يعتبر تخريباً يمس باستقرار المجتمع وتوازنه. مما يدل على أن هذه المدرسة تسعى لتحقيق التوافق في النسق المعين.

أن أهم قضية من قضايا التحليل البنائي الوظيفي هي مفهوم الوظيفة حيث يرى أن المجتمع عبارة عن نظام يؤدي وظيفة، ولكنه يعترف بأن مفهوم الوظيفة مفهوم غامض لأنه يحاول الجمع بين المفهوم البيولوجي والمفهوم الرياضي للوظيفة. لقد توصل (ميرتون) إلى أن المفهوم البيولوجي للوظيفة هو الأهم قاصداً به العمليات العضوية أو الحياتية والتي تُبحث من خلال القسط الذي تساهم فيه للحفاظ على الكائن الحي كنظام عضوي. اما (بارسونز) ومؤيديه فقد اقتبسوا أشياء كثيرة عن (سبنسر) وخاصة في أمور تقريبه للمجتمع من الكائن البيولوجي. الا ان المجتمع ليس كائناً بيولوجياً بل كائناً اجتماعياً يتطور نوعياً حسب قوانينه الخاصة وهي القوانين التي لا تؤدي إلى قوانين الأشكال الدنيا لحركة المادة .[20]

إضافة لذلك تستخدم هذه المدرسة مفهوم اللاوظيفة الى جانب مفهوم الوظيفة خاصة عند (ميرتون)، أو اختلال الوظيفة مثل: الاضرابات، الاجرام أي كل ما يخل باستقرار المجتمع وثباته. كما أنها تعتمد على الوسائط الرياضية ومن بينها مفهوم (التابع) من أجل دراسة الظواهر الاجتماعية في حين أن دور الوسائط الرياضية هو دور ثانوي في دراسة الظواهر الاجتماعية متجاهلة الخاصية الكيفية لمختلف الكائنات الحية الاجتماعية، ولا تعترف بوجود الصلة السببية الحقيقية في الظواهر الاجتماعية. أن الخطأ في هذه المدرسة هو في تأويل وتفسير المفاهيم المستخدمة فيها كالبنية، والوظيفة، والنظام.[21]

وفي اطار التحليل البنائي - الوظيفي هناك نظرية التفاعلية الرمزية التي سوف يتناولها هذا الفصل بالعرض والتحليل.

لقد تطورت التفاعلية الرمزية في قسم علم الاجتماع في جامعة شيكاغو في العشرينيات من القرن العشرين على يد روبرت بارك (Robert Park) ووليم توماس (W.I.Thomes) معتمدة على المدرسة الفلسفية النفعية، وعلى التفسير الاجتماعي للأيكولوجيا، وعلى مناهج الدراسة الحقلية التي طورها الانثروبولوجيون (منهج الملاحظة بالمشاركة)، وكانت مؤثرة في المجال التجريبي إلا أنها كانت ضعيفة في مجال التنظير. ويعد جورج هربارت ميد (George Herbart Mead) منظرها الرئيسي، وقد وصفها البعض بأنها نظرية غامضة تتصف بالتعقيد لتنوعها وتفرعها إلى أشكال عديدة، ثم لتداولها شفاهة

أكثر من اعتمادها على كتب مدرسية معتمدة.[22] أن جلّ اهتمام هذه النظرية هو في تشكل المعاني ويعطي هربرت بلومر (Herbart Blumer) ملخصاً عن التفاعلية كما يلي:[23]

1- يتصرف البشر حيال الأشياء على أساس ما تعنيه تلك الأشياء لهم.

2- تعتبر المعاني كنتاج للتفاعل الاجتماعي بين الأشياء.

3- تحوّر هذه المعاني وتعدّل ويتم تداولها عبر عملية تأويل يستخدمها كل فرد في تعامله مع الاشارات التي يواجهها.

إن هذه النظرية لا تمثل منظوراً موحداً أي أنها لا تشكل مجموعة مشتركة من الأفكار والمفاهيم ولا تقدم مفهوماً شاملاً كلياً عن الشخصية، ولذلك لم يكن لها دور مهم في مجال التربية والتعليم، كما أنها اغفلت الجوانب الأوسع للبنية الاجتماعية ولم تتطرق إلى مظاهر القوة والصراع والتغيير، كما أن صياغاتها النظرية غامضة وتقدم صورة غير مكملة عن الفرد، كما أنها لم تتصف بالتحليل العميق، وان أصحابها انشغلوا باعمال وصفية بحته ولم يحاولوا تطوير نظريتهم لتصبح نظرية للمجتمع لاهتمامهم بدراسة التفاعلات الاجتماعية اليومية واغفالهم للمجتمع ككيان مستقل خاضع للدراسة.

ومن الأهمية بمكان الاشارة إلى أن التحليل البنائي الوظيفي يخدم في فهم الجوانب الموضوعية للانسان التربوي، في حين أن التفاعلية الرمزية كان لها دور في فهم الجوانب الذاتية لهذا الانسان من خلال تحليل الانسان التربوي على مستوى الفاعلين في عمليات تفاعلهم واتصالهم وتبادلهم الأفكار والمعاني وفهمهم للتوقعات المنتظرة لأدوارهم والمعاني والسمات الاجتماعية التي تؤثر على العلاقات والمواقف الاجتماعية. فهي باختصار تركز على فهم وتحليل الأنساق التربوية وعملياتها. فبهذا يتكامل التحليل السوسيولوجي من خلال فهم الجوانب الموضوعية والذاتية للأنساق التربوية في أي مجتمع من المجتمعات.

أن هذه النظرية يمكن دمجها في اطار النظريات التي تتخذ من الفعل الاجتماعي نقطة انطلاقها. وفي أواخر الستينيات من القرن العشرين ظهرت نظريات بديلة أخرى تهتم

بعملية التفاعل الاجتماعي تختلف في كثير من الجوانب عن التفاعلية الرمزية مثل علم الاجتماع الظاهراتي الذي نشأ نتيجة الانحسار الذي شهدته الوظيفية والانتقادات التي وجهت الى مسلماتها من حيث أنها تحاول الابقاء على العلاقات القائمة بين مكونات النظم الاجتماعية في حالة من الثبات، ولا تحاول إحداث تغييرات جذرية في المجتمعات، بل تنظر للتغير على أنه انحراف يستدعي العلاج، ثم لاعتبارها اللامساواة ضرورة اجتماعية للمحافظة على القيم السائدة وأنها دافع للحصول على المكانة والقوة في المجتمع. إلا أن تأثير الظاهراتية كان ضعيفاً لأنها ابتعدت عن النظر الى المجتمع ككيان قائم بذاته مستقلاً عن أفراده المكونين له، وركزت على الأساليب التي يخلق بواسطتها الناس عالمهم الاجتماعي. اضافة لما سبق فإن علم الاجتماع الظاهراتي يرى أن المعاني والمعايير الاجتماعية والقيم والمعتقدات هي محور علم الاجتماع. [24]

الماركسية : (Marxism)

تكشف البنيوية الغطاء عن الطرق التي تعمل بها النتاجات الثقافية؛ أي عن الطرق التي بواسطتها توصل معانيها. إن البنيوية في الماركسية نظرية اجتماعية عامة تحاول الاحاطة بكل شيء. وسوف تعرض الماركسية هنا باعتبارها اتجاهاً من اتجاهات النظرية الاجتماعية في العلوم الاجتماعية، وليس كنظام سياسي بعد أن فقدت قوتها في بلدان أوروبا الشرقية منذ التسعينيات من القرن العشرين لأسباب لا مجال لتناولها بالشرح والتحليل هنا.

تختلف الماركسية عن المذاهب الاجتماعية الأخرى في كونها تقوم على أصول فلسفية من جهة، ومن جهة أخرى كان لها نتائج سياسية لأنها كانت العقيدة الرسمية في بعض المجتمعات، فالجدل في الماركسية هو جدل مادي يعتبر حركة التفكير انعكاساً للحركة الواقعية تنعكس في فكر الإنسان ملتمساً التناقض بين الاطروحة وطباقها ويتجاوزها الى التركيب محاولاً الكشف عن التناقضات كما جرت في التاريخ وفي الواقع الحي النابض وكيف يجب ان تُحل التناقضات. ان المادية الجدلية ترى أن الطبيعة ليست حاصلة من تراكم الأشياء تراكماً عفوياً بل انها مترابطة يؤثر بعضها في بعض، وأنها ليست ثابتة بل في تغير

مستمر ينتقل من تغيرات كميّة الى تغيرات كيفية ظاهرة ومهمة وهي سريعة وفجائية وتحصل بالضرورة. وأن الحياة المادية في المجتمع هي الحقيقة القائمة ذاتها مستقلة عن إرادة الناس وان الحياة الفكرية نتاج لها. لقد قصر ماركس (1818-1883) Marx الشروط المادية على العوامل الاقتصادية التي اعتبرها القوة المسيطرة في المجتمع، وأسلوب الانتاج في البداية، ثم اضاف البيئة الجغرافية والمواصلات والنقل وازدياد عدد السكان وكثافتهم، ولكنه يعتبر أن تأثيره ليس أساسياً لأن عدد السكان لا يحل القضايا الاجتماعية، كما أن ازديادهم لا ينتج عنه نظاماً اجتماعياً معيناً يتوقف على العدد حسب رأي ماركس.

لقد افترضت الماركسية أن كل الظواهر تنشأ من القاعدة الاقتصادية للمجتمع وأن التنظيم الاقتصادي يحدد طبيعة المجتمع ككل بتنظيمه السياسي وبأفكاره عن نفسه، وأن مسيرة التاريخ محكومة بهذا التنظيم الاقتصادي، وان التطور من الرأسمالية الى الاشتراكية أمر حتمي.[25] هذا مما جعل نقادها يرون أنها تقف ضد الطوعية.

لقد ساهمت الماركسية ومع تطور الثورة الصناعية وسيطرة رأس المال في خلق نموذج معرفي وفكري يعتمد على أن الواقع الاجتماعي يتألف وكما أشير سابقاً من البنى التحتية وهي الاقتصاد، والعوامل المادية، ونمط علاقات الانتاج السائدة، وبذلك تصبح المنظومة الفكرية للمجتمع انعكاساً عن الواقع الاجتماعي بكل مكوناته، وتصبح التربية والتعليم آلية لإعادة انتاج النظام القائم بكل مكوناته وإعداد افراد المجتمع لمواقعهم الاجتماعية وتوزيعهم في مجالات العمل. أي أن قوى الانتاج وعلاقات الانتاج التي يعكسها أسلوب الانتاج الخاص بها في الفترة التاريخية المحددة هي التي تتحكم في الأفكار والقيم ومختلف مكونات البناء الفكري للمجتمع.

ويشير أحمد عبد السميع إلى أنه في النظام الطبقي ترى الماركسية ومن خلال البنية المادية والفكرية تتم سيطرة الطبقة المسيطرة وتستغل باقي القوى في المجتمع، ويسهم النظام التعليمي في إعادة انتاج علاقات السيطرة لصالح القوى المسيطرة على دفة الحكم.[26]

وتتضمن نظرية ماركس عن المادية التاريخية كما صيغت في مقدمة كتابه مساهمة في نقد الاقتصاد السياسي الذي صدر عام 1859م نوعين من التفسيرات الوظيفية:[27]

1- إن قوى الانتاج والتي تشمل أدوات الانتاج (الادوات، والآلات، المواد الخام.. الخ) وكذلك العمل والذي يشمل (المهارات، المعرفة التقنية) تفسر علاقات الانتاج أي توزيع القوة الاقتصادية.

2- تفسر علاقات القوة الاقتصادية البنية الفوقية القانونية، الحكومية، والأيدولوجية.

وتعد هذه التفسيرات تفسيرات وظيفية حسب المهتمين من رجال الفكر. ان علاقات القوى الاقتصادية وظيفية (لها آثار ايجابية) بالنسبة لنمو قوى الانتاج، وان البنية الفوقية وظيفية بالنسبة لاستقرار العلاقات الاقتصادية. وان الناس في أنشطة الانتاج الاجتماعي يدخلون في علاقات محددة وان هذه العلاقات تفسر وظيفياً الكثير من السلوك والمعتقدات. إلا ان ماركس والماركسيين كانوا من أهم النقاد للوظيفية على اعتبار أن التحليل الوظيفي حريص على المحافظة على النظام القائم ومن ثم يقف بشكل أو بآخر ضد التغيير.

ان ماركس تأثر بهيغل وبطريقته الجدلية من ناحية نظرته للتاريخ كصدام بين القوى المتعارضة، لذلك قامت نظريته المادية الجدلية على أساس نظرية القضية وضدها ثم القضية الجديدة. كما أن نظريته لا تتصل بالأفراد لأنه اعتبرهم أضعف من أن يؤثروا في التغير الاجتماعي وانما تخص الجماعات والطبقات. وعلى الرغم مما وجه اليه من نقد إلا أن تفسيره للتاريخ كان له فضل كبير في نشأة علم الاجتماع من خلال تفسيره بأن الظواهر الاجتماعية لا تسير سيراً عفوياً أعتباطياً بل بتأثير عوامل وقوانين معينة تؤثر في سيرها، وقد كشف ماركس عن هذه القوانين التي تتحكم في سير هذه الظواهر.

ماهية علم الاجتماع :

يركز علم الاجتماع على دراسة الجماعات والمجتمعات البشرية والعلاقات فيما بينها دراسة منهجية علمية وعملية وطرق تأثيرها على السلوك، فعلماء الاجتماع لا يحصرون أنفسهم في دراسة الأفراد وتفسير التاريخ والحوادث الجارية والحياة الخاصة، إلا أنهم مع ذلك يدرسون الطرق التي تؤثر بها العائلة أو النظام التربوي أو الاقتصاد على الأفراد، وأيضاً يهتمون بدراسة النظم الاجتماعية التي تمثل البناء الاجتماعي للمجتمع وهي: النظام الاقتصادي، الأسري، الديني، السياسي، والنظام التربوي. ان علم الاجتماع أيضا يدرس العوامل التي تتغير بواسطتها هذا النظم وكيفية تغيرها وتأثيرها على الناس وتشكيل اتجاهاتهم وسلوكهم ضمن ثقافة المجتمع المعني. إن علم الاجتماع يبدأ بدراسة الناس كمخلوقات اجتماعية وأنه جزء من العلوم الاجتماعية التي تشمل: علم النفس، الأنثروبولوجيا، العلوم السياسية والتاريخ، فكل هذه العلوم تتعلق بالسلوك الانساني، ولكن كل علم منها يركز على دراسة مظاهر مختلفة من السلوك. فمثلاً علم النفس يركز على دوافع السلوك البشري الداخلية، في حين يركز علماء الاجتماع على دراسة الدوافع الخارجية للسلوك الانساني. كما أن علماء النفس يدرسون الجهاز العصبي وتأثيرات الهرمونات على سلوك الأفراد، في حين أن علماء الاجتماع يدرسون الأعمال الاجتماعية وتأثيراتها على تغيير الاتجاهات والأدوار الاجتماعية التي تميز الناس في موقف وظروف معينة بغض النظر عن شخصياتهم.[28] وايضاً يدرس التفاعل الاجتماعي والسلوك الاجتماعي والمشاكل الاجتماعية. انه علم يقدم على الاكتشاف والتفسير.

ولقد كانت الحركات الاجتماعية والاتجاهات النقدية دائماً مركز اهتمام علماء الاجتماع وكانت لهذه فائدة منهجياً وأيدولوجياً وقد جذب بعض هذه الحركات الاجتماعية البارزة اهتمام وسائل الاعلام والحركات النسائية والبيئية، كما أنها وفرت نظريات وابحاث مهمة ايضاً، وان اغلب هذه الحركات

الاجتماعية المعاصرة لم تكن تهدف من خلال توجهاتها الاستيلاء على السلطة بقدر ما كانت تسعى إلى استخدام العديد من التكتيكات لتحقيق الكثير من الأهداف قصيرة المدى. ولكن تجدر الاشارة إلى أن أغلب هذه الحركات الاجتماعية كانت تناضل ضد النظام الرأسمالي العالمي وأنها نمت بالارتباط مع الدول الوطنية.

وقد بدأ علماء الاجتماع حديثاً الاهتمام بظاهرة العولمة باعتبارها رؤية لتنظيم العالم وخاصة أنها في عصرنا الحاضر أصبحت تشكل مشروعاً تاريخياً ذو شأن بفضل قوتها التأسيسية ضمن النظام العالمي الجديد وانعكاساته على الدول الوطنية، وأن تأثيرها أصبح واضحاً في اعادة بناء الدول والاقتصاديات مما ينعكس على التنظيم الاجتماعي للمجتمعات البشرية وخاصة أن النظم في أي مجتمع مترابطة مع بعضها البعض انطلاقاً من النظرة الحالية إلى أن التنمية الناجحة هي التنمية الشاملة المخطط لها بشكل عقلاني فعّال .

وهناك عدة تعريفات لعدد من علماء الاجتماع كل منهم كان قد عرفه على طريقته الخاصة ومن هؤلاء العلماء: [29]

أ- عرّفه لستر وارد (Ward) بانه "علم المجتمع" The Science of Society

ب- روبرت ماكيفر (Makiver) فقد عرفه "بأنه العلم الذي يدور حول العلاقات الاجتماعية" Sociology is about social relationships

ج- عرفه ادوار روس (Ross) بأنه "علم الظواهر الاجتماعية" The Science of social phenomena

د- وليام أوجبرن (Odgburn) كان قد عرفه بأنه "العلم الذي يهتم بدراسة الحياة الاجتماعية للانسان وعلاقتها بعوامل أربعة هي: الحضارة، البيئة الطبيعية والوراثة والجماعة"

Sociology is concerned with the study of social life of man, and its relations to the factors of : cultural , Natural environment, heredity, and the group.

ويعرفه لطفي عبد الحميد بأنه "العلم الذي يدرس الظواهر الاجتماعية دراسة علمية بهدف الكشف عن القوانين أو القواعد أو الاحتمالات التي تخضع لها هذه الظواهر في ترددها أو اتجاهها أو اختفائها.

من التعاريف السابقة يتبين أن علم الاجتماع يركز على دراسة المجتمع والظواهر الاجتماعية والحياة الاجتماعية. وعند تحليل البناء الاجتماعي العام لأي مجتمع فيجد المتتبع أن أي مجتمع يتكون من العناصر التالية: [30]

–   الاطار البيئي والجغرافي الذي يحدد المجتمع وهو البيئة الطبيعية التي تشمل: كل ما في البيئة من مكونات طبيعية من مناخ وتربة وغابات ومعادن وتضاريس.. الخ .

–   المناخ الاجتماعي الذي يعيش في ظله الافراد أي البيئة الاجتماعية وتشمل: المؤسسات الاجتماعية المختلفة والجماعات وأية تجمعات وهيئات اجتماعية .

–   العلاقات الاجتماعية وتشمل: مجمل التفاعلات الناجمة من تفاعل الأفراد في البيئتين الاجتماعية والطبيعية.

–   السكان وهم مجموعة الأفراد الذين يعيشون في المجتمع ويشكلون القوة البشرية المنتجة فيه.

–   النظم والمؤسسات الاجتماعية وتشمل: مجموعة الأجهزة التي تقوم بالأنشطة الاجتماعية المختلفة، وما يتطلبه ذلك من تحقيق للوظائف الاجتماعية المختلفة.

ومن الأهمية بمكان تناول وضعية علم الاجتماع في العالم العربي.

العالم العربي وعلم الاجتماع :

لقد دخل العالم العربي بعد الحرب العالمية الثانية أنواع من علم الاجتماع تركز على المواقف التجريبية المبسطة في ملاحظة الظواهر الاجتماعية مستفيدة إلى حد ما من الاطار النظري الشامل الذي يحتويها على الرغم من البعثرة الفكرية التي يعيشها، أو من سيطرة أسلوب الخطأ والصواب أحيانا والمتاهات الميتافيزيقية.

إنه من المسلم به أن مسألة النشوء والتشكل لأي علم مرتبطة بتطورات المجتمع المعني في مجال علاقاته المختلفة وانعكاساتها. ان تاريخ العالم العربي كان له تأثير – وبدرجات متفاوتة من بلد عربي إلى آخر- على نشوء وتطور علم الاجتماع خاصة وأن

الاستعمار الذي خضعت له أجزاء كثيرة من العالم العربي كان قد صمّم كثيراً من أطر الثقافة والتعليم ومناهجه وفرض اللغة عليه في عملية التدريس. ونتيجة لهذه العلاقة يجد المتتبع أن الكثير من العلوم الاجتماعية قد تأثرت بالمدارس الفكرية الغربية المحافظة، وكان تأثر علم الاجتماع في العالم العربي بصورة أكبر نظراً لحداثته وضعفه، فلقد انتشرت أفكار المدرسة البنائية الوظيفية بشكل واسع فيه، ولغلبة الاتجاه الانثروبولوجي (غالباً هو اتجاه وظيفي) استعماري، فلقد ركزت البحوث على وحدات صغيرة بسيطة مثل: القبائل العربية، والعلاقات العشائرية والتي كانت امتداداً لاهتمامات الباحثين الغربيين والتي ربطت أهداف هذه الابحاث بأهداف الاستعمار وسواء أكانت من أجل تسهيل عمله الاداري من خلال الحكم المحلي غير المباشر، أو بقصد الدور الحضاري المزعوم وهو ربط المستعمرات ثقافياً بالوطن الام. واستمر الاتجاه الانثروبولوجي بعد الاستقلال السياسي في دراسة الوحدات الصغيرة (القبائل او العشائر) وكأنها عبارة عن وحدات مستقلة عن البناء الاجتماعي الكلي وعلاقاته وحركته. فهذا الاتجاه الأنثروبولوجي الوظيفي باتجاهاته المختلفة هو الذي سيطر على الساحة العربية ولم يسمح بظهور تيارات معارضة له. (31)

وتجدر الاشارة إلى أن علم الاجتماع في العالم العربي هو جزء من معركة المجتمع العربي في مواجهة التحديات المختلفة التي يواجهها، ومن أجل نموه لابد له من أبعاد فكرية نظرية تضيء له الطريق، أي لابد كما يقول الدكتور حيدر ابراهيم علي من إبعاد ايدولوجيا عدم الايدولوجيا من ساحة علم الاجتماع العربي. ويضيف بأن التخلف لا يتجزأ وهذا الوضع يترك بصماته على نواحي الحياة المختلفة في المجتمعات النامية، شاملاً الفكر والمعرفة وكل مناحي الحياة. إلا أن العوامل الداخلية في حياة هذه المجتمعات هي التي تقرر درجة قدرة التخلف على الهيمنة. ويضيف أيضاً أن هذه المجتمعات بحاجة إلى لاهوت التحرر. (32)

ومن الأهمية بمكان التأكيد على أن النظريات الاجتماعية في الغرب - كانت ولا تزال- تبحث في البواعث الفكرية لنشاط الأفراد التاريخي دون دراسة مسببات هذه البواعث وتحليلها وتفسيرها، ودون ادراك القوانين الموضوعية لتطور العلاقات الاجتماعية.

ولم تأخذ بعين الاعتبار أن جذور هذه العلاقات تكمن في درجة تطور الانتاج المـادي للمجتمعـات البشريـة وطريقة توزيعه. إن هذه النظريات تنطلق من نظريات فلسفية مثالية وخاصة الاتجاه الذاتي منها.

ان ممثلي هذه النظريات يحاولون الاحاطة بـالاجزاء عـلى حسـاب الكليات مبتعـدين عـن كـل تطلع الى طبيعة العلاقات الاجتماعية المتضمنة للأجزاء الخاضعة للدراسة. كما أنهـم يرفضـون الايـدولوجيا، وهذا يعني الابتعاد عن الوصول إلى نتائج اجتماعية شاملة تمس الأنظمة الاجتماعية القائمة.

إضافة لما سبق فإن وجود علم اجتماع متقدم يتمثـل في وجود نسـق نظري أو أكثر لتحقيـق الاتساق الداخلي للعلم، أي اتساق العناصر المكونة مـن أجـل تفسـير مختلـف الظواهـر الاجتماعيـة بصفة موضوعية من أجل توفير ما يسمى بالاتساق الخارجي، أو بمعنى أوضح اتساق نتائج العلم مـع معطيـات المنطق والواقع. من هذا يتبين أن لعلم الاجتماع وظيفتين [33]

الوظيفة الأولى: تتمثل في بناء قواعد العلم ومنطلقاته النظريـة وتقدمـه، وتـوفير فهـم موضـوعي للواقع المعاش.

الوظيفة الثانية: وظيفة اجتماعية تتمثل في رفع وعي الانسان لنفسـه ومجتمعـه والعـالم والكـون وترشـيد التعامل مع هذا الكل المعقد والمترابط.

واذا ما طبقت هاتان الوظيفتان عـلى علم الاجتماع في العالم العربي فسيجد الدارس أنه يمر بأزمـة تتمثـل في معاناته من ضعف يتمثـل في عـدم توفيره المقـولات النظريـة الخصبة القـادرة عـلى انتـاج فكـر تجديـدي يجمـع بين التراث والمعاصرة في نظرية تحديثية تتماشى مع العصر. اضافة إلى أنه يفتقر إلى المنـاهج والوسـائل التـي تقود الى نتائج صلبة تكون قاعدة للانطلاق الى المستقبل لمواجهة التحديات واثبات الوجود في ظل عاصفة العولمة التي تحاول فرض السيطرة على الدول الضعيفة وتشويه هويتها.

ان علم الاجتماع في العالم العربي ما زال منعزلاً وضعيفاً ومغترباً عن واقعه الاجتماعي الحي لأنـه اعتمد على النقل والتقليد الأعمى البعيد عن منطق الادراك الانتقائي

مكتفياً بوصف المسائل البسيطة والبحث عن العلاج لأبسط المشكلات الاجتماعية من منظور أخلاقي، بدلاً من أن يكون وسيلة للنهوض والتنوير، مما ساعد على تكريس التبعية والتجزئة والتخلف بدون انكار وجود عدد من الدراسات في مجال هذا العلم يمكن استثناؤها من هذا الحكم.

ومن الأهمية بمكان الإقرار بأن هذه الحالة ليست أبدية وأنه من السهل تجاوزها بالفكر التنويري وبالعقل العملي، وخاصة اذا توفرت الشروط والامكانيات، فالعقل العربي سوف يكون مبدعاً وفاعلاً في الفعل الاجتماعي التاريخي مما يفسح المجال له للمساهمة في التنمية الشاملة بفعالية على الرغم من الصعوبات المتعلقة بأزمة المجتمع العربي وغياب الاطار الديمقراطي الصحيح كاسلوب للحياة في البحث والتدريس وفي المدرسة والحقل ودون انكار بعض الانجازات التي تحققت إلا انها بسيطة اذا ما قيست بالانجازات العالمية.

ويضيف (شكري) في دراسته حول "من الاشكاليات المنهجية في الطريق العربي إلى علم اجتماع المعرفة" الى أن الاستقطاب المعروف في الفكر العربي الحديث بين السلفية والتغريب، ومعادلة النهضة بين التراث والعصر، لم يحدث من هذا شيء في علم الاجتماع في العالم العربي، وانما كانت دائماً الغلبة للمنهجية الغربية. ومن هنا جاء الحوار معه أمر ضروري لا مفر منه على صعيد المنهج لأنه أصبح تراثاً سوسيولوجيا في لغتنا. واضافة الى التنوع الكبير في العالم العربي في النقل عن الغرب إنما كان هذا يستجيب لاحتياجاتنا الموضوعية التي أبرزت علم الاجتماع العربي ومنهجة وتطبيقاته. إن المشكلة ليست في هذا التنوع لأنه سيبقى موجود دائماً وهو مصدر اثراء منهجي وخاصة اذا ابتعد عن النسخ الأعمى (صورة طبق الأصل). فإنه بهذا المعنى ينمي الحوار البناء والتواصل الواعي.[34]

مما سبق يتضح ان علم الاجتماع العربي يعيش في أزمة، وهذه الأزمة حسب رأي (حجازي) تتمثل في ما يلي :[35]

أ- أن أغلب العاملين في مجال علم الاجتماع في العالم العربي لا يخدمون مصالح الجماهير الشعبية الواسعة. كما أنهم لم ينجحوا في اختيار موضوعات في دراساتهم ترتبط بالانسان العربي ومشاكله الأساسية والهموم التي يواجهها يومياً في حياته

واكتفائهم بالتقليد الأعمى ووصف الظواهر المعاشه وليس نقدها وتفسيرها وايجاد الحلول لها.

ب- انتماء اغلبية المشتغلين بالميدان للأفكار المحافظة والاتجاهات المثالية الذاتية، وعدم الاهتمام بالتغيير الايجابي بقدر اهتمامهم بمقاومة محاولات تغيير الواقع الاجتماعي للعالم العربي والاكتفاء بتقديم وصفات سطحية ذات طابع وعظي أخلاقي، دون تقديم تحليل موضوعي شافي.

ج- أن أغلب المشتغلين في هذا العلم لم يركزوا في أبحاثهم على فهم الواقع الاجتماعي العربي بصورة عقلانية ونقدية بناءه .

د- عدم انتاج المشتغلين بهذا العلم علماً حقيقياً بل كانوا مستهلكين لأفكار ونظريات غربية دون تبصر- وتمحيص، والخلط بين ما يفيد وما لا يفيد والذي يمكن الاستغناء عنه.

هـ- ان المشتغلين بهذا العلم في العالم العربي اكتفوا بالوعود الاصلاحية واختفوا تحت عباءة المحاورات الايدولوجية، وهذا ما يفسر هزال المعرفة السوسيولوجية فيه رغم التضخم المؤسسي والبشري .[36]

إن المفكرين الاجتماعيين العرب لم يقدموا البديل الحيوي نظرياً ومنهجياً لدراسة مشكلات الحياة العربية، وعلى الرغم من نقدهم النظريات الغربية المعاصرة مدعين أنها عاجزة وقاصرة، إلا أنهم مع ذلك استمروا بالاعتماد عليها بصورة كلية في بعض الأحيان في بحوثهم ودراساتهم بدلاً من نقدها ومحاولة تطبيق المفيد منها للمجتمعات العربية.[37] وهذا ينطبق على دراساتهم وبحوثهم في المجالات التربوية أيضاً مع وجود بعض الاستثناءات فجاءت البحوث والدراسات غير ملتزمة بتحليل الواقع التربوي وتجاوز السلبيات واقتراح العلاج.

اضافة لذلك فإن الدارسين العرب عالجوا المشكلات الاجتماعية مفرغة من محتواها السياسي مما جعلهم يدرسونها ضمن أطر محافظة لحفظ النظام وتقبل الأمر الواقع والنظر اليها كأنها أمور فردية أو شرور اجتماعية تتدرج حسب رأي (الرميحي) تحت مسمّى "علم

اجتماع الصغائر" أو "علم الاجتماع العلاجي" الذي يتحسس المرض، ويصف جرعة هنا وجرعة هناك من الدواء والشافي هو الله.[38] دون ايجاد حل جذري وبدون غربلة الأفكار لاختبار النافع والتخلص من الضار.

وانطلاقاً مما سبق فإنه من الأهمية بمكان النظر إلى المشكلات الاجتماعية العربية من خلال سياقها الاقتصادي والاجتماعي والثقافي والسياسي والتربوي، باعتبارها قضايا مجتمعية فعلية وهموم لها جذورها المتأصلة في البناء الاجتماعي للمجتمع العربي وتشكل عوائق بنائية دون تحقيق أهداف التنمية الشاملة . إن غياب النظرة النقدية البناءة التنويرية ووجود التقليد الأعمى سيبقى الباحثون العرب في هذا المجال ينتجون أبحاثاً ودراسات مكررة عن المشكلات الاجتماعية الغربية، مما يؤدي هذا الى تكريس الفقر السوسيولوجي وإعادة انتاج التخلف بكل صوره وأشكاله.

ان أي تغيير في أي مجتمع لا يمكن أن تنبثق الا من خلال قلب المجتمع المعني (أي التحرر الذاتي ومن خلال معرفة قائمة على معرفة الذات والتخلص من عبودية الفكر الواحد المسيطر واخضاعه لعملية نقد مستمر وشامل وفي جو من الحرية المسؤولة الواعية، واعتبار أن قضية الحرية واحدة لا تتجزأ، فهي بهذا المعنى تعبر عن إرادة التحرر الانساني الشامل، وفي ظل تربية سليمة).

ويشير (شرابي) إلى جملة من القواعد مهمة في مجال اجتماعيات التربية لعل من أهمها ما يلي:[39]

- إن المجتمع العشائري أو الطائفي في تركيبته يضطهد الفرد ويرفضه اذا ما حاول الاستقلال عن العائلة أو العشيرة أو الطائفة، وينمو الطفل ويشعر بأن مسؤوليته الأساسية تجاه العشيرة لا تجاه المجتمع.

- ان التحالف بين المجتمع والعائلة الممتدة أو العشيرة يبدو كوسيلة تلجأ إليها الثقافة الاجتماعية المسيطرة في العالم العربي لضبط التغيير والمحافظة على استقرار

النظام الاجتماعي المعني، والذي هو هنا مبني على النمط السائد في تركيب العائلة وفي توزيع الثروة والسلطة والمكانة الاجتماعية.

– التربية في المجتمعات العربية تهدف الى اخضاع الفرد وكسر ـ شوكته من خلال العقاب البدني والتخجيل والاستهزاء والتلقين، حيث يصبح العقل أداة ترديد لا اداة انتاج وتحليل ونقد. كما أن الاضطهاد صفة غالبة عليها وخاصة اضطهاد الطفل والفقير والمرأة (إلا أنه تجدر الاشارة إلى أن التربية العربية بدأت تركز على التخلص من كثير من هذه المظاهر، ويتبين هذا في المؤلفات والندوات والمؤتمرات والتشريعات).

– تتكون ذات الطفل بصورة تدريجية نتيجة التفاعل بينه وبين الآخرين داخل الأسرة والمجتمع الموجود فيه، كما أن طرق تربية الطفل تمثل دوراً حاسماً في تعيين نوعية الشخصية من حيث ارتباطها بمجتمع معين، وان فهم هذه الطرق يؤدي إلى فهم السلوك الاجتماعي ودوافعه في المجتمع.

– تؤثر الطبقة الاجتماعية التي تنتمي إليها الأسرة في التغيرات التي تطرأ على طريقة تربية الطفل، ويلعب الوضع الاثني والعرقي والديني والاقليمي دوراً مهماً في هذا المجال في العالم العربي.

– إن العائلة في المجتمعات العربية هي صورة مصغرة عن المجتمع، فالقيم التي تسودها من سلطة وتسلسل وتبعية وقمع هي التي تسود العلاقات الاجتماعية بصورة عامة. فلذلك فإن تغيير المجتمع يتطلب تغيير العائلة.

– ان العائلة في المجتمع العربي لا تتيح للطفل سوى مجال ضيق لتحقيق استقلاله الذاتي، ويشعر بالعجز دائماً والخجل والجبن والإذعان للسلطة أيا كان نوعها، ولذلك يتبع أساليب المسايرة والتبرير ولا يهتم بعمليات الاقناع عن طريق الحوار.

ثانياً: التربية :

تعد العملية التربوية ضرورية لوجود الانسان وهي قديمة قدم الوجود الانساني ولم يخلُ أي مجتمع بشري منها على الرغم من اختلاف المشرفين عليها واختلاف مناهجها وطرقها وأساليبها.

إن تفاعل الانسان مع بيئته ومنذ العصور البدائية والقديمة وإلى العصر ـ الحاضر كان مستمرا، فالبيئة بكل مكوناتها كانت المدرسة الأولى التي نهل منها المعرفة وتعلم مهامه وممارساتها. وهذا التفاعل المستمر والمختلف شكلاً ومضموناً عبر التطور التاريخي هو ما أطلق عليه اسم التربية على اعتبار أن التربية هي الحياة نفسها فإما أن تكون تربية حسنة أو تربية سيئة، والذي يقرر ذلك هو المعايير الاجتماعية التي تفرزها ثقافة المجتمع المعني. وقد تغيرت طرقها وأساليبها مع تطور الحياة الانسانية وأخذت أشكالاً متعددة من حيث العوامل والأغراض والوسائل المقصودة وغير المقصودة بدون إنفصال عن حاجات المجتمع وما يحدث فيه من تفاعلات وأحداث.

إن كلمة تربية من هذا المنطلق تطلق على جميع العمليات المؤثرة على الطفل منذ أن ترى عينيه النور بالزيادة أو النقصان أو الترقية أو الانحطاط سواء كان مصدرها من الطفل أو من البيئة المحيطة، فهو خاضع باستمرار منذ ولادته إلى تغييرات جسمية وعقلية وأخلاقية ووجدانية، وكل هذه تتأثر بالتفاعل الذي يطلق عليه اسم التربية، والتي هي مجمل عمليات تثقيفية، أي تزويد أفراد المجتمع بخصائص وسمات يرتضيها مجتمعهم لهم ومصدر ذلك هي عوامل التربية التي هي اما : مادية أو اجتماعية أو معنوية.

ويفرّق المهتمون بذلك بين العوامل المقصودة وغير المقصودة. فالعوامل غير المقصودة متعددة وتشمل كل ما يؤثر على الطفل خلال حياته وهي غير ارادية أي غير موجهة. أما العوامل المقصودة فهي أنواع النشاط المختلفة الارادية الموجهة والمنظمة وذات الأهداف الواضحة، أي تربية محددة ومعروفة عند المسؤولين والمشرفين على تربية الجيل الصاعد.

ومن الأهمية بمكان تناول ولو بصورة مختصرة ماهية التربية قديما وحديثاً. أما من أراد التعمق في هذا المجال فعليه الرجوع الى المؤلفات الضخمة التي تناولت العملية التربوية عبر التاريخ بكل أبعادها.

أن أهم ما اتسمت به التربية لدى الاقوام البدائية أنها كانت تربية هدفها الوحيد هو تقليد الناشئة لعادات مجتمعاتهم وطراز حياتهم تقليداً أعمى لإرواء الحاجات المادية من مأكل وملبس ومأوى. لقد كان يتدرب الجيل الصاعد شيئاً فشيئاً على الأعمال التي تمارسها القبيلة من خدمات منزلية وصناعة الأدوات الضرورية وحياكة الملابس، وتعلّم أمور الصيد والحرب وحمل السلاح ورعي الماشية والقيام بالأعمال الزراعية. وهذه المهام استلزمت قدراً من التربية الخلقية والفكرية. ومعنى هذا كما أشار "عبد الله عبد الدايم" أن التربية في المجتمعات البدائية كانت متمثلة في التدريب الآلي التدريجي على معتقدات الزمرة الاجتماعية وعاداتها واعمالها". [40] ويتولى هذه التربية المجتمع بأسره لعدم وجود مؤسسات تربوية خاصة. لذلك كان أثر التربية غير مباشر عن طريق النقل المتصل الحي للمعتقدات والعادات، وفي معظم الأحيان يكتسب الجيل الصاعد عادات الكبار ويمارس مواقفهم عن طريق الاسهام المباشر في الأنشطة المختلفة الخاصة بهم. ويتم في هذه التربية دمج الفرد ببيئته عن طريق التمرس بالعادات والتقاليد والمعتقدات وعلى مراحل من خلال الطقوس التي تلي ولادة الطفل مباشرة والتمرن عليها من خلال طقوس قاسية ثم التدرب على ممارسة اللغة المشتركة للجماعة، وشيئاً فشيئاً وكلما كبر الطفل يتدرب على استخدام الأدوات من خلال ما يعرف بالتدريب المهني في شتى صوره وأشكاله. ويبدأ الجيل الصاعد يشارك الكبار عن قرب في أمور الحياة الاجتماعية ويتعلم منهم. لقد كانت الحدود غير واضحة تماماً بين التدريب المهني التقني والتدرب على الطقوس. ففي مختلف المهمات التي يقوم بها الأطفال يدخل السحر، ويبدو أن صناعة النار والمعادن والأسلحة كانت أبرز الصناعات التي اتخذت الطابع السحري. [41]

وتجدر الاشارة الى أن هذه التربية كانت تمارس في جو من الحرية الواسعة، وكانت تربية جسدية وفكرية وروحية، أما الحس الخلقي فليس له أثر عند الاقوام البدائية، إلا أنهم

كانوا يحتفظون بالكثير من سمات القانون الطبيعي وعلى شيء من القيود والضوابط وتحدث بصورة عفوية دون اكراه.

إن أغلب المجتمعات القديمة لم تكن تعرف المدرسة كمؤسسة متخصصة للتربية، فالتربية كانت من مسؤولية العائلة لتدريب الجيل الصاعد على عاداتها والقيم المقبولة لديها، أي التحلي بسلوك معين تعتمد طبيعته على المجتمع وثقافته. وكانت تتم بصورة تلقائية عن طريق التقليد والمحاكاة، ومع تكاثر الأسر والعوائل ظهرت القبائل والعشائر التي ساعدت في تربية الأطفال وخاصة في الجوانب الروحية المتعلقة بالعقائد والطقوس وكذلك في شؤون الحياة اليومية والتي أصبحت شيئاً فشيئاً أكثر تعقيداً.[42]

وفي بعض القبائل ظهر بعض الناس الذين كان لهم دور مهم في تنظيم الحياة وهم المشتغلون بالطب أو الكهنة أو الرواة أو الشيوخ الكبار في السن الذين باشروا في تنظيم ما يشبه الفصول الدراسية، إلا أنه من الواضح أن التربية البدائية لم تعرف المدرسة أو الكتب الدراسية أو المعلمين كأناس متخصصين في التربية والتعليم.[43] ومع تطور الحياة البشرية وتطور التراث الانساني وتعقد الثقافة ظهرت الحاجة الى التنظيم الاجتماعي مما دعا الى ابتكار وسائل جديدة لتأمين حياة الناس والدفاع عن الأرض، فظهر القادة والكهنة الذين تولوا مراكز السلطة والتوجية ونظموا الحكومات والمؤسسات المختلفة وكان ذلك تقريباً في مطلع القرن الرابع (ق.م).[44]

ومع تقدم وسائل التنظيم الاجتماعي والتعاون الانساني وظهور الدول القديمة والامبراطوريات التي ضمت ملايين البشر تحت حكم واحد، وأيضاً تحالف الحاكمين والكهنة كل هذا أدى الى وجود تمايز طبقي، وبدأت الحياة تتطور وتتعقد وخاصة في مجالات الزراعة والتجارة والسياسة والحروب، مما أدى إلى تطوير في أسلوب الكتابة والفن والأدب والثقافة، وظهرت الحاجة الى وجود أناس متخصصين في التربية والتعليم وهم المعلمون، فأنشئت المدارس المنظمة التي تشارك العائلة أو القبيلة في تربية الأطفال وتنشئتهم اجتماعياً. فتراكم التراث الثقافي وتعقدت والحاجة إلى تبسيطة وتنقيحه وتعزيزه ونقله الى

الأجيال اللاحقة كانت عوامل مساعدة مهمة في نشوء هذه المدارس. وكان لاختراع اللغة المكتوبة أكبر الأثر في هذا المجال.[45]

لقد كان البابليون في العصور القديمة أول من نظموا حكومة مركزية بين حضارات الشرق القديم مرتبطة بالدين ارتباطاً قوياً. وكما تميزت الحضارة المصرية القديمة بالابداع في الفنون والآداب وارساء قواعد العمارة فكان المتعلمون يتعلمون على أيادي الكهنة: الاخلاق، والدين، وفن الكتابة، والقصص. ولا يستطيع أحد أنكار مساهمة الحضارات القديمة الأولى في تمهيد الطريق للتربية في العصور اللاحقة.[46] إن هذا الكم التراكمي ومنذ القدم لعب دوراً كبيراً في اغناء الفكر الانساني عموماً والفكر التربوي خصوصاً.

إلا أنه تجدر الاشارة في هذا المجال إلى أن التربية الشرقية كانت تتصف بالمحافظة والجمود وتعتمد على الحفظ والتكرار وتحد من نمو الفردية. وهذا لا يمكن تعميمة على الشرق بأكمله فهناك بعض الاستثناءات، إلا أن مساهمة الشرق في ذلك التاريخ كانت مساهمة لها أهميتها. ومن أراد التزود بالتفصيل عن التربية في العصور القديمة عند البابليين او المصريين أو في الصين أو الهند فعليه الرجوع وكما أشرت في الصفحات السابقة الى الكتب المتعلقة بتاريخ التربية عبر العصور. وبعكس ما كانت تؤمن به التربية القديمة الشرقية كانت التربية عند اليونان والرومان تؤمن بالتجديد والابتكار ونمو الفردية الانسانية، فمساهمة الاغريق في الفكر التربوي لا تُنكر حيث كانوا أول من تناول التربية من زاوية فلسفية - ومنذ العصور القديمة قبل الميلاد - حيث كانت الفضيلة أو الكمال والخير والجمال هي غاية العملية التربوية عندهم.[47]

وقبل التطرق الى التربية في العصور الوسطى لابد من تحديد اطارها الزمني فبحسب المؤرخين ومن وجهة نظر المدرسة القديمة أن العصور الوسطى تمتد من عام (476م) وهو العام الذي سقطت فيه الامبراطورية الرومانية في الغرب الى عام (1453م) وهو العام الذي سقطت فيه القسطنطينية على يد الاتراك العثمانيين وانتهاء حرب المائة سنة بين انجلترا وفرنسا.[48] أما المؤرخين من أصحاب الاتجاه الجديد في التاريخ وهو الذي يقصر القرون الوسطى على القرون الأربعة الأخيرة التي سبقت النهضة الايطالية مباشرة على أن

تعتبر الفترة الواقعة ما بين القرن الخامس والحادي عشر الميلاديين فترة انتقال من العصور القديمة الى العصور الوسطى وهذا انطلاقاً من التقدم الذي حصل في أوروبا منذ القرن الحادي عشر.[49] لقد أكدت التربية المسيحية على العناية بالسلوك أكثر من العناية بالعقل وبنمط حياتي قاسي غايته التحضير للحياة الآخرة ويتم ذلك بكبت كل الرغبات الطبيعية بروح انضباطية اخلاقية. ان جميع أنواع التربية التي تميزت بها العصور الوسطى كانت ترويضية بمعنى أو بآخر، أي تحضير الفرد للحياة الأخرة بطرق قاسية جسدياً وأخلاقياً وعقلياً.[50] وقد سادت التربية المدرسية التي تركز على الحياة الفكرية والفاعلية العقلية أو التربية كترويض عقلي منذ القرن الحادي عشر حتى القرن الخامس عشر وكان لها دور مهم في نشوء الجامعات. لقد كان غرض المدرسية وضع العقل في خدمة الدين وتقوية العقائد عن طريق تنمية القوى العقلية هادفة الى صياغة العقائد في قالب خلقي والدفاع عنها ضد من يهاجمها. وأيضاً هدفت إلى تنظيم المعرفة بغية اعطائها شكلاً علمياً، واتخذت المنطق الصوري قالبا لها من خلال التحليل المنطقي. ومن الأهمية بمكان الاشارة إلى أن العقلية المدرسية كانت تعتبر المعرفة ذات طبيعة لاهوتيه فلسفية.[51] وتجدر الإشارة إلى أن الفكر والثقافة في أوروبا في العصور الوسطى وصلا إلى حالة من الضعف والتردي حتى أنها سميت بالعصور المظلمة، فما كاد القرن الرابع ينتهي في الغرب حتى عمّه الظلام والجهل العميق، والذي استمر حتى القرن الثاني عشر عندما بدأت أوروبا تنهض مرة أخرى. لقد تميزت هذه القرون بسيطرة العقلية الاقطاعية ذات الذهنية الضيقة التي سيطرت على كل مقدرات الحياة، هذه العقلية كانت امتداداً للنظام الطبقي اليوناني والروماني. لقد كانت عصور جدب فكري وعقلي فتوقف العقل الاوروبي عن الابداع وجمدت الفلسفة، وأصبح التاريخ ضرباً من الخرافات والمعجزات حول شخصيات وأحداث معينة واختلطت العلوم بهذا كله بعد غياب المنطق العلمي فكراً وبحثاً.[52]

أما في العالم العربي فبينما كانت أوروبا لا تزال غارقة في ظلام القرون الوسطى وذلك قبل عصر النهضة والاصلاح الديني خرج المسلمون إلى العالم بحضارة زاهرة، دامجين في نظامهم التربوي ما خلفتهُ الثقافات القديمة من تجارب وعبر مضيفين اليها

الكثير من تعاليمهم وفلسفتهم العقلية وطرق حياتهم. لقد تأثروا بعلوم الاغريق في الرياضيات والطب والعلوم الطبيعية وبالفلسفة الكلاسيكية، واخذوا عن الثقافة الهندية الرياضيات والطب والأدب، وتأثروا بالتراث الفارسي، وخرجوا من كل هذا بطريقة انتقائية بلون جديد في الثقافة العربية الاسلامية.(53)

وفي الفترة المعروفة بالعصر الذهبي (750-1150م) فإن النشاط الثقافي التربوي العربي لم يقتصر على الدراسات الدينية، وانما امتد الاهتمام الى دراسة اللهجات والتاريخ والقانون والاجتماع والفلسفة والأدب والرياضيات والطب والمنطق والتشريح والفن، وفن العمارة وتكريم العلم والعلماء ويمكن تمييز فترتين في تاريخ هذه التربية:(54)

الأولى: تمتد هذه الفترة لتشمل القرنين التاسع والعاشر الميلاديين عندما كانت التربية عملاً خيرياً وشأناً من شؤون الأفراد، فتوجد المدارس حيثما اتفق ودون سياسة رسمية معينة.

الثانية: وتمتد هذه الفترة من القرن الحادي عشر الى الثالث عشر والتي أصبحت فيها التربية مسؤولية الدولة وأصبحت المدارس تسير وفق خطة معينة وفلسفة محددة.

وقبل قيام النهضة الأوروبية أدى اتصال العالم الغربي بالعالم العربي في بداية القرن الثاني عشر إلى توفير الخلفية التي كانت من العوامل المهمة التي ساهمت في النهضة والاصلاح الديني في الغرب، فنتيجة لهذا الاتصال أدخلت علوم أرسطو الى أوروبا الغربية عن طريق علماء العرب والعبرانيين الذين ترجموا الأعمال اليونانية الى العربية، ثم ترجمت بعد ذلك الى اللاتينية. هذا بالإضافة إلى عوامل أخرى لا مجال لذكرها هنا. لقد تميزت النهضة الشاملة التي حدثت في القرنين الخامس عشر والسادس عشر تقريباً بأنها كانت شاملة لجميع ميادين الحياة وبثت روحاً جديدة في العلم والفن والأدب والاجتماع والحضارة وفي نواحي التربية والتعليم النظرية والعملية. لقد اهتمت بتنمية الفردية وتمجيد الانسان أكثر من الاهتمام بما وراء الطبيعة، واعتمدت أساليب فكرية وتهذيبية مرنة بعكس الأساليب الجامدة التي كانت سائدة في القرون الوسطى.(55) لقد شجعت الابداع وحاربت الجمود بكل مظاهره، لقد كانت تربية انسانية شاملة اهتمت بالجسم والعقل والروح، وبالعقل وتخفيف القيود التي كانت مفروضة عليه.

ويشير بعض المؤلفين والباحثين إلى أن بوادر الاصلاح كانت قبل ذلك فقد بدأت تظهر منذ القرنين الثالث عشر والرابع عشر، حيث بدأت تتكاثر المراكز الثقافية والجامعات في المدن الكبرى، فنشوء الجامعات كان قد كون الحركة الفنية والفكرية التي تسمى بالاصلاح. لقد بدأ فكر النهضة يفرض نفسه على الحركة التعليمية مع بداية ضعف سيطرة رجال الدين على التعليم ومؤسساته. هذا بالإضافة إلى أن الكنيسة نفسها ساهمت - من غير قصد- في حركة الاصلاح الديني في أوروبا لتنتقل بعدها من العصور الوسطى المظلمة الى العصور الحديثة. [56]

نشأة علم التربية :

بفضل الجهود التي تمت لاحقاً بفضل النهضة والاصلاح الديني وما نتج عنها من أفكار تنويرية في البحث عن النفس في خضم المتغيرات المختلفة الجديدة، وكذلك نتيجة للحركة الفكرية الجديدة التي غمرت أوروبا جعلت دولها تهتم بمصالح شعوبها، فبدأت تهتم بالتعليم وتخفيف وطأة الحياة على الفقراء، وتشجيع معاهد التعليم والبحث، وبذلك أصبحت الشعوب مركز الاهتمام ومحور التفكير.

لقد بدأ عصر التنوير بثورة هادئة في الآراء والأفكار والتصورات فمهد الطريق للثورة الصناعية وظهور الاختراعات. ويرى بعض المفكرين ان العالم المعاصر تغير بسبب التقدم العلمي والصناعي في مائتي سنة تبدأ بالثورة الصناعية (1750-1850م) والتي حدثت في الغرب اكثر من تغيره في ستة آلاف سنة التي سبقت الثورة الصناعية. [57]

لذلك وفي القرن التاسع عشر على وجه الخصوص لم تعد كلمة علم لفظة جوفاء، ولم تعد التربية موضوعاً لتأملات الفلاسفة والمفكرين بل سارت وبخطوات واضحة في طريق التكوين العلمي وتجسد ذلك بشكل رائع واضح في القرن العشرين. ان الفلاسفة والمفكرين قبل عصر النهضة والتنوير كانوا يفكرون في تنظيم العملية التربوية على أسس عقلية مجردة، وكانت التربية العملية المطبقة في المدارس مقصرة حتى عن مفاهيم أولئك الفلاسفة والمفكرين وتسير وفق عادات تقليدية شائعة، أو وفق ما توحيه رغبات المعلمين، وكانت الطريقة المتبعة فاقدة التنظيم والتنسيق تؤلف خليطاً عجيباً من التقاليد القديمة والتوجهات

الحديثة. ولعلاج ذلك جرب فلاسفة القرن التاسع عشر معالجة هذه الفوضى ولجأوا إلى الروح العلمية - العملية المتأثرة بالواقعية بمرتكزاتها الحسية والانسانية والاجتماعية وفي تطبيق الطرق الاستقرائية في أصول التدريس وأساليبه من أجل تنظيم العمليات التعليمية- التعلمية.[58] مما أدى إلى ولادة التربية الحديثة وطرقها وأساليبها التي وضعها رواد هذه التربية والتي ما تزال تشغل في بدايات الالفية الثالثة مكاناً متميزاً في التربية ولا سيما بعد أن تم تطويرها وتجديدها من خلال تغيير اطار المدرسة التقليدي اطار (المعلم، الطالب، الصف) الى تعليم يتم خارج هذا الاطار بتحطيم جدار الصف وجدار المدرسة الى تعليم متفتح بمرونة ويسر مستعيناً بالوسائل التكنولوجية الحديثة، والتي تم ادخالها في العملية التعليمية - التعلمية في اغلب بلاد العالم كالراديو والتلفزيون وآلات التسجيل والأفلام والحاسوب، والانترنت (الشبكة العنكبوتية) وسواها من وسائل الاتصال الجماعية، لأن العالم في ظل العولمة المفروضة اصبح وكانه يتجه ليصبح قرية صغيرة مما تطلب التحضير والاعداد لمواجهة كافة التحديات المتوقعة وخاصة في المسائل الثقافية والتربوية. هذا بالإضافة إلى وسائل البث الجماعية من مثل: التعليم عن بعد، والتعليم المبرمج أو التعلم في الهواء الطلق، وسائر وسائل التعلم الذاتي. إن كل هذه الوسائل دعت إلى تجاوز المدرسة بمفهومها التقليدي، والدعوة إلى تربية مستمرة من المهد إلى اللحد، وإلى التربية للجميع انطلاقاً من شعار المجتمع المتعلم من خلال تحقيق ديمقراطية التعليم. وحتى تتحقق التربية العصرية (تربية المستقبل) لابد من تحقيق مبادئ مهمة وهي: مبدأ تقدم التربية على التعليم وأن تكون هذه التربية مستندة على أحدث أسس ومبادئ ونظريات علم النفس، وأن يكون الطفل هو محور اهتمام العملية التربوية، أي ان التربية لابد أن تنبع من اهتمامات الطفل واحتياجاته وبناء شخصيته من جميع جوانبها، وتوفير بيئة طبيعية مناسبة لذلك وبروح من التفاؤل والثقة بالنفس وفي جو اجتماعي سليم. إنها تربية فردية تتيح لكل فرد أن يحقق قابلياته وامكانياته التي تميزه عن غيره. ومن جهة أخرى أن تكون تربية لإعداد جيل الغد ودمجه في مجتمعه المعاصر ليكون مواطنا منتمياً وانساناً صالحاً انطلاقا من الاخذ بعين الاعتبار الفرد والمجتمع كحدّين متكاملين.

ومن الأهمية بمكان الإشارة إلى أن هذا لابد أن يتم ضمن الوظيفة الاجتماعية للتربية وهي استمرارية الثقافة والمحافظة عليها وتطويرها وتنقيحها وتبسيطها وتحديثها في اطار يستفيد من عبر الماضي مع الأخذ بعين الاعتبار التطوير والتحديث (المعاصرة) من أجل بقاء المجتمعات البشرية واستمراريتها وتقدمها، فالتربية لا توجد في فراغ بل أنها ترتبط باوضاع المجتمع ونظمه: الاقتصادية، الاجتماعية، السياسية، الثقافية، الاخلاقية، والدينية، واللغوية. فهي عبارة عن نظام فرعي يرتبط مع بقية النظم الاخرى الموجودة في المجتمع تتأثر بها وتؤثر فيها. لهذا فهي مرتبطة في نشأتها وتطورها ووظائفها ارتباطاً قوياً بالمجتمع وظواهره المختلفة. من هذا المنطلق اختلفت التربية في شكلها ومضمونها وآلياتها عبر العصور كما رأينا ذلك من خلال الصفحات السابقة.

وبما أن التربية عملية اجتماعية متعددة العلاقات فإن هذا يشير إلى مدى فاعليتها في اعداد وتكوين شخصيات الأفراد وتزويدهم بعوامل التكامل المختلفة والتي تدعم الاستجابة التكيفية للشخصية مع المجتمع. [59] أما من حيث كونها نظاماً اجتماعياً فذلك يرجع لأهميتها في تنظيم سلوك الأفراد وعلاقاتهم الاجتماعية، وتحديد طرق التفكير والتفاعل الاجتماعي في اطار الثقافة السائدة بحيث يكون السلوك موجهاً توجيهاً صحيحاً ضمن الأهداف المحددة.

تعريفات التربية:

يستخدم مصطلح التربية (Education) في القواميس ذات العلاقة للدلالة إلى مختلف العمليات التي بواسطتها تتم تنمية قابليات وقدرات واتجاهات الأفراد ومختلف أنماط سلوكهم والقيم الايجابية التي يراها المجتمع على أنها مفيدة له. وتشمل أيضاً مختلف المؤثرات والأساليب الرسمية وغير الرسمية التي تسهم في نقل العلوم والمعارف بين الاجيال، أنها تعني النمو والزيادة وتطلق على كل عملية تؤثر على الطفل. وبما أنها تخضع لقواعد ومعايير وضوابط وإجراءات فإنها تشكل في جملتها نظاماً اجتماعياً كبقية النظم الاخرى الموجودة في المجتمع. [60] والمصطلح من الناحية الاشتقاقية مأخوذ من اللغة اللاتينية عن طريق أصحاب النزعة الانسانية وكان ذلك في عصر النهضة والاصلاح الديني في أوروبا

الذي كانوا يقصدون به تربية الحيوانات والنباتات وتحضير الطعام وعلى تهذيب البشر- دون تفريق بين هذه الدلالات جميعها. ويذكر معجم هاتزفيلد (Hatzfield) وبعض المعاجم الأخرى أن هذا المصطلح بدأ يظهر في معظم المعاجم بعد عام (1549م) ، كما وأنه قبل عام (1527م) لم يظهر أي أثر لهذا المصطلح في اللغة الفرنسية. أما في المعجم الفرنسي لروبير اتين (Robert Etienne) فقد وجد هذا المصطلح بمعنى تحضير الطعام. إضافة لذلك فإنه وحتى عام (1649م) كان يفهم من التربية على أنها تكوين الجسد والنفس وكانت تعتبر هي والتعليم شيئاً واحداً. [61] إلا أنه تجدر الاشارة عند مقارنة معانيها في كل اللغات نجد أنها تحتوي على اشارات التنشئة والنمو والنهوض والاصلاح واظهار امكانات المربي.

ويشير "محمد الخوالدة" إلى أن المعنى الحرفي لكلمة تربية واشتقاقاتها لا يناسب المقصود من كلمة التربية في العصر الحاضر لأنه يتضمن الزيادة الكمية، وهذا ينطبق على الحيوانات أكثر من تربية الإنسان لأن هدف تربيتها هو الحصول على الزيادة في الانتاج من اللحوم والالبان والأصواف، بعكس تربية الانسان التي تهدف إلى تنمية استعداداته وقواه ليصل إلى حالة متحررة من جميع المعوقات شاملة تنميته من جميع جوانب شخصيته، لذلك تستعمل كلمة التأديب أو التهذيب بدلاً من كلمة التربية لانهما يشملان السلوك والأخلاق والمميزات النوعية في الإنسان". [62]

ويضيف إلى أن اللغة كائن حي يعمل على تطوير الدلالات والمعاني التي تحملها كلماتها بما يتوافق مع التغيرات الثقافية في سياقها الاجتماعي مما يعني أنه يمكن استخدام كلمة التربية كما يمكن استخدام غيرها، ولكن العبرة تكمن في تحديد السمات أو الدلالات التي تشكل مفهوم الكلمات عند مستخدميها وقرائها. [63]

اما المعنى الاصطلاحي لها فهو أكثر تعقيداً فأغلب التعريفات لها المستخلصة تختلف في فلسفتها وأهدافها وطرائقها وهذا راجع الى الاختلاف في فلسفة المجتمع المعني والتي تحدد سياق التربية فيه مع الاعتراف بوجود قاعدة مشتركة للعملية التربوية في المجتمعات البشرية على الرغم من اختلاف منطلقاتها الفكرية لأنها تتوجه نحو الانسان وسلوكه شاملة الفلسفة الاجتماعية ومحتواها المعرفي والاخلاقي والقيمي.

وعند استعراض تطور الفكر التربوي عبر التاريخ يجد القارئ وجود اختلاف في تحديد معاني التربية وهذا راجع إلى اختلاف المجتمعات وثقافاتها ودرجة تطورها وطبيعة أسلوب انتاجها للخيرات المادية وتطور قواها المنتجة وما يعكس من درجة الوعي الانساني في هذه المجتمعات. كما يعود إلى فلسفة هذه المجتمعات وارتباط ذلك بوظيفة النظام التربوي باعتباره مرتبط مع بقية النظم الأخرى الموجودة في المجتمع في المكان والزمان المعنيين. والواقع أن تعدد معاني التربية له معنى ودلالة وهذا ينطلق من أسس معينة ساعدت على ابراز دلالة التربية كقاسم مشترك بين الاستخدامات المتعددة لها. فمن ناحية أبعاد الفهم السيولوجي لها فقد ساهم اهتمام علماء الاجتماع بالتربية وتحليل مضمونها الاجتماعي على بلورة الرؤى السوسيولوجية لها وتحديد أبعادها الاجتماعية في ضوء منطلقات علم الاجتماع لفهم الظواهر الاجتماعية بنائياً ووظيفياً، فالبعد البنائي للتربية ينظر اليها على أنها نظام اجتماعي من ناحية ومن ناحية أخرى ينظر البعد الوظيفي اليها على أنها عملية اجتماعية تلعب دوراً وظيفياً بالنسبة للثقافة والمجتمع والشخصية. وتتسع النظرة هذه للتربية لتشمل النسق الاجتماعي للتربية وطبيعة النظام الاجتماعي لها ومؤسساتها المختلفة وما تنطوي عليه من نظم وجماعات تخدم العملية التربوية. وكذلك يتطلب هذا النظر إلى طبيعة الأهداف التربوية والوسائل لتحقيق تلك الأهداف على مستوى النظام التربوي.(64)

وللتربية في اللغة العربية المعاني التالية:(65)

- معنى الزيادة والتحسين تأكيداً لقول العرب في هذا المجال (ربا، يربو: أي زاد ونما).
- معنى النشأة والترعرع تأكيداً لقول العرب (ربيَ على وزن رضيَ) .
- معنى المعالجة والاصلاح المأخوذ من تراث العرب (ربّ على وزن شبَّ) .

ومن التعريفات المتعددة التي وردت في الكتب والمراجع فهناك التعريفات التالية:(66)

تعريف هربات (1776-1834) Herbart "الهدف من التربية هو الوصول الى الاخلاق". أما جان جاك روسو Rousseau (1712-1778) فيعرفها في كتابة اميل على أنها "عملية ذاتية نابعة من طبيعة الطفل".

وهناك من يعرفها بأنها "عملية تكيف" وتحقيق التقدم للوصول إلى الكمال، أو أنها "مجموعة من المؤثرات المختلفة التي توجه حياة الطفل وتسيطر عليها، فهي جملة مهمات ومؤثرات مختلفة ولكنها لا تحدد بفترة زمنية في حياة الإنسان متضمنة التوجيه.

ويعرفها (جون ستورات ميل) J.S. Mill بقوله "إنها كل ما نفعله من أجل أنفسنا، وكل ما يفعله الآخرون من أجلنا حين تكون الغاية هي تقريب أنفسنا من كمال طبيعتنا". (67)

أما جون ديوي (1859-1952) John Dewy الذي اهتم بالتربية اهتماماً كبيراً في فكره وممارساته فيرى أنها عبارة عن "مجموعة العمليات التي يستطيع المجتمع بها ان ينقل معارفه وأهدافه من أجل المحافظة على البقاء، انها التجدد المستمر للذات من خلال المزيد من النمو لأنها الحياة نفسها بتجددها ونموها. (68)

وكما أشير سابقاً فإن تعريفات التربية متعددة وهي تعريفات جزئية غير شاملة لأن التربية هي الحياة نفسها بسلبياتها وايجابياتها ممّا يؤدي أحياناً إلى الغموض بسبب اختلاف الأهداف المتوخاة من التربية في الثقافات المختلفة، لذلك لابد من تعريف شامل يلتزم هذا الكتاب به وهو "ان التربية عبارة عن عملية تضم الأفعال والتأثيرات المختلفة التي تهدف إلى نمو الطفل في جميع جوانب شخصيته وتسير به نحو الكمال والاخلاق والتكيف مع ما يحيط به وما يحتاجه من أنماط سلوك وقدرات". (69)

مما تقدم يتبين وجود اختلافات في تعريفات التربية، إلا أن هناك مرتكزات أساسية يجب أن يستفيد منها المربون والمفكرون عند تناول العملية التربوية وهي: (70)

1- أن التربية عملية إنسانية تخص النوع البشري، فقد يتحدث البعض عن رعاية النبات وتدريب الحيوان، إلا أن العملية التربوية تختلف عن ذلك في الأهداف والمنطلقات.

2- إن التربية عملية نمو وتفاعل بين الفرد وبنيته الطبيعية والاجتماعية شاملة مكونات الحياة المختلفة من أجل التكيف العام.

3- إنها عملية هادفة ومعقدة فالجيل الراشد يوجه الجيل الصاعد الناشئ بطريقة منظمة.

4- إنها عملية تهدف إلى ايصال الناشئة إلى الكمال وتهيئة الظروف لتحقيق النضج والنمو في جميع جوانب شخصية الطفل.

5- إنها عملية شاملة لجميع جوانب الشخصية ومستمرة من المهد إلى اللحد.

أهداف التربية:

إن موضوع الأهداف التربوية كان قد شغل جميع من تناولوا التربية كنظام اجتماعي وعملية اجتماعية ترتبط بالثقافة والمجتمع والشخصية وتحليل مختلف الجوانب البنائية والوظيفية للنظم الاجتماعية. كما أنها في حد ذاتها من المواضيع المهمة والملحة التي تواجه المهتمين بالتربية والتعليم، فهي ماثلة حين يحضّر المعلم أو المربي درساً في مادة معينة وحين تنظم المناهج التربوية والنشاطات المختلفة الرافدة لها، وكذلك فعلاقتها طويلة بالمراحل الدراسية والامتحانات وأنواعها وفي توجيه المتعلمين وانتقائهم. هذا بالإضافة إلى أهميتها للادارة التربوية من مديري مدارس ومسؤولين عن وضع السياسات التربوية اضافة لأهميتها للأهالي.

وللتربية أهداف فردية واجتماعية: (71)

1- الأهداف الفردية: تشير التربية الفردية إلى تكوين الذات عند الفرد أي تنمية فرديته بجميع قواها دون النظر إلى مطالب المجتمع وأهدافه ونظمه وبنائه الاجتماعي. ويؤيد (كانت) Kant الفيلسوف المثالي الألماني هذا المنحنى حيث يرى أن وظيفة الجهاز التنفيذي للدولة يتمثل في معاونة الفرد على النمو لا استغلاله أو استعباده.

2- الأهداف الاجتماعية: تعني التربية الاجتماعية تربية الأفراد لتحقيق أهداف مجتمعاتهم وتلبية مطالبها على حساب فردية الفرد. ومن أنصار هذا الاتجاه الفيلسوف الاغريقي (أفلاطون) Plato وكذلك (أرسطو) Aristotle والفيلسوف المثالي (هيجل) Hegel .

ولكن تجدر الإشارة إلى أن التربية السليمة هي تربية شاملة تأخذ بعين الاعتبار الفرد والمجتمع كحدين متكاملين، أي الجمع بين الهدف الفردي لها وهدفها الاجتماعي. فالتربية بكل أبعادها ومكوناتها وأهدافها ومنطلقاتها هي تنمية بالمفهوم الشامل. وهذا هو المفهوم الناجح العصري عند تناول قضايا التنمية بكل أبعادها وبنظرة اجتماعية شمولية وليس بمنظور مجزأ مفكك .

ومن الأهمية بمكان التأكيد إلى أن الأهداف التربوية تختلف من عصر إلى عصر ـ ومن مكان إلى مكان ومن زمان إلى زمان آخر. وفي كل عصر كان الإنسان يمر بتغيرات وتطورات اجتماعية مهمة ولم تكن الأهداف التربوية بمعزل عنها. فبينما كانت أهداف التربية في الماضي وفي المجتمعات القديمة البسيطة أهدافا محافظة حين كان الأهل يربون الناشئة على ما كان عليه الكبار، فهكذا كانت أهداف التربية عند قدماء الهنود والصينيين وفي مصر القديمة. في حين يلاحظ أن أهداف التربية الحديثة والمعاصرة أصبحت اهدافاً مرنة متفتحة ترمي الى بناء شخصية الطفل من جميع جوانبها وبجو من الاستقلالية والحرية متأثرة باستخدام الطرق العلمية الحديثة في تحديد هذه الأهداف وبالأفكار التقدمية، فأصبحت حياة الأطفال في المدارس غنية بالتجديد والتنوع وبالنشاطات التربوية اللاصيقة الكثيرة المكملة للمنهاج الدراسي، وبغير انفصال عن ذلك فإن تحديد الأهداف العليا للتربية متصل بالمثل العليا للمجتمع والتي تمثل تحقيق الحياة السعيدة للفرد في المجتمع الذي يعيش فيه، وهذا لا يتأتى الا بتصور حياة للفرد والمجتمع كحدين متكاملين، وهذا لا يتم إلا في ظل فلسفة انسانية تحقق وجود مثل عليا للفرد والمجتمع على حد سواء.

وبعد هذا العرض لنشوء علم الاجتماع وتناول ماهية التربية، فإن تطبيق علم الاجتماع على أكبر مؤسسات المجتمع، وهي المؤسسات التربوية يتكون علم جديد وهو فرع من فروع علم الاجتماع وهـو (علم اجتماع التربية: Sociology of education) .

المراجع

1- الرشدان، عبد الله، (1999)، علم اجتماع التربية، ط(1)، دار الشروق للنشر- والتوزيع، عمان، الأردن.

2- المرجع السابق.

3- اليافي، عبد الكريم، (1957)، تمهيد في علم الاجتماع، ط(1)، مطبعة الجامعة السورية، دمشق، سوريا.

4- كريب، ايان، (1999)، النظرية الاجتماعية من بارسونز إلى هابرمان، مراجعة محمد عصفور، ط(1)، عالم المعرفة، الكويت.

5- المرجع السابق.

6- بوبوف، س. ي. (1973)، نقد علم الاجتماع البرجوازي المعاصر، ط(2)، ترجمة نزار عيون السود، دار دمشق للطباعة والنشر، دمشق، سوريا.

7-   Richard j. Gells, & Annlevine, (1995), Sociology, An introduction, MC Graw-Hill, INC, NewYork, U.S.A.

8- كريب، ايان، النظرية الاجتماعية من بارسونز الى هابرمان، مرجع سابق.

9- المرجع السابق.

10- المرجع السابق.

11- كريب، ايان، مرجع سابق.

12- الخشاب، أحمد، (1981)، التفكير الاجتماعي: دراسة تكاملية للنظرية الاجتماعية، دار النهضة العربية، بيروت، لبنان.

13 - المرجع السابق.

14 - لطفي، عبد الحميد، (1981)، علم الاجتماع، ط(1)، دار النهضة العربية، بيروت، لبنان.

15 - الخشاب، أحمد، التفكير الاجتماعي، مرجع سابق.

16 - لطفي، عبد الحميد، علم الاجتماع، مرجع سابق.

17 - براون، رادكليف، (1981)، حول مفهوم الوظيفة في العلوم الاجتماعية، ط(1)، مجلة الفكر العربي، معهد الانماء العربي، بيروت، لبنان.

18 - بوبوف، س.ي، مرجع سابق.

19 - الشخيبي، علي السيد، (2002)، علم اجتماع التربية المعاصر، ط (1)، دار الفكر العربي، القاهرة، جمهورية مصر العربية.

20 - بوبوف، س.ي. مرجع سابق.

21 - المرجع السابق.

22 - كريب، ايان، مرجع سابق.

23 - المرجع السابق.

24 - المرجع السابق.

25 - المرجع السابق.

26 - أحمد عبد السميع، (1993)، دراسات في علم الاجتماع التربوي، ط(1)، دار المعرفة الجامعية، الاسكندرية، جمهورية مصر العربية.

27 - مجموعة من الكتاب، (1997)، نظرية الثقافة، ط(1)، ترجمة على سيد الصاوي، مرجعة الفاروق زكي يونس، عالم المعرفة، الكويت.

28- Richard j. Gelles , & ANN Levine, (1995) Sociology- An introduction, MC Graw-Hill, INC, NewYork, U.S.A.

29- لطفي، عبد الحميد، (1981)، علم الاجتماع، ط(1)، دار النهضة العربية، بيروت، لبنان.

30- الخشاب، مصطفى، (1977)، دراسة المجتمع، ط(1)، مكتبة الانجلوالمصرية، القاهرة، جمهورية مصر العربية.

31- حيدر، ابراهيم علي، (1986)، نحو علم اجتماع عربي، (علم الاجتماع والصراع الايدولوجي في المجتمع العربي)، ط(1)، مركز دراسات الوحدة العربية، بيروت، لبنان.

32- المرجع السابق.

33- حجازي، محمد عزت، (1986)، نحو علم اجتماع عربي، (الازمة الراهنة لعلم الاجتماع في الوطن العربي)، ط(1)، مركز دراسات الوحدة العربية، بيروت، لبنان.

34- غالي، شكري، (1986)، نحو علم اجتماع عربي، (من الاشكاليات المنهجية في الطريق العربي الى علم اجتماع المعرفة)، ط(1)، عالم المعرفة، الكويت.

35- حجازي، محمد عزت، مرجع سابق.

36- ابراهيم، سعد الدين، (1986)، نحو علم اجتماع عربي، (تأمل الآفات لعلم اجتماع في الوطن العربي: من اثبات الوجود إلى تحقيق الوعود)، ط(1)، مركز دراسات الوحدة العربية، بيروت، لبنان.

37- ساري، سالم، (1986)، نحو علم اجتماع عربي (علم الاجتماع والمشكلات الاجتماعية العربية)، ط(1)، مركز دراسات الوحدة العربية، بيروت، لبنان.

38- الرميحي، محمد غانم، (1975)، مدخل لدراسة الواقع والتغيير الاجتماعي في مجتمعات الخليج المعاصرة، مجلة العلوم الاجتماعية، جامعة الكويت، السنة (3)، كانون أول 1975.

39- شرابي، هشام، (1975)، مقدمات لدراسة المجتمع العربي، ط(1)، الـدار المتحـدة للنشر، بيروت، لبنان.

40- عبد الدايم، عبد الله، (1978)، التربية عبر التاريخ، ط(3) ، دار العلم للملايين، بيروت، لبنان.

41- المرجع السابق.

42- جعنيني، نعيم، (2004)، الفلسفة وتطبيقاتها التربوية، ط(1)، دار وائل للنشر، عمان، الأردن.

43- الجيّار، سيد ابراهيم، (1985)، دراسات في تاريخ الفكر التربوي، ط(4)، مكتبة غريـب، القاهرة، جمهورية مصر العربية.

44- المرجع السابق.

45- جعنيني، نعيم، مرجع سابق.

46- الجيار، سيد ابراهيم، مرجع سابق.

47- المرجع السابق.

48- الرشدان عبد الله، وجعنيني نعيم، (2002)، المـدخل الى التربيـة والتعلـيم، الاصدار الرابـع، دار الشروق للنشر والتوزيع، عمان، الأردن.

49- المرجع السابق.

50- عاقل، فاخر، (1974)، التربية قديمها وحديثها، ط(1)، دار العلم للملايين، بيروت، لبنان.

51- المرجع السابق.

52- نصار سامي، وأحمد جـمان، (1998)، مـدخل الى تطور الفكـر التربـوي، ط(1)، ذات السلاسـل، الكويت.

53- الجيار، سيد، (1985)، دراسات في تاريخ الفكر التربوي، مرجع سابق.

54- Nakosteen, M. (1964), History of Islamic Origins of Western Education, University of Colorado Press . U.S.A .

55- الرشدان عبد الله، وجعنيني نعيم، المدخل الى التربية والتعليم، مرجع سابق.

56- المرجع السابق.

57- عبود، عبد الغني، (1978)، دراسات مقارنة لتاريخ التربية، ط(1)، دار الفكر العربي، القاهرة، جمهورية مصر العربية.

58- عبد الدايم، عبد الله، (1978)، التربية عبر التاريخ، مرجع سابق.

59- الجولاني، فادية عمر، (1997)، علم الاجتماع التربوي، ط(1)، مركز الاسكندرية للكتاب، الاسكندرية، جمهورية مصر العربية.

60- المرجع السابق.

61- الرشدان عبد الله، وجعنيني نعيم، مرجع سابق، ص 9 .

62- الخوالدة، محمد محمود، (2003)، مقدمة في التربية، ط(1)، دار المسيرة للنشر والتوزيع، عمان، الأردن، ص 69.

63- المرجع السابق .

64- الجولاني، فادية عمر، مرجع سابق.

65- جعنيني، نعيم، (2004)، الفلسفة وتطبيقاتها التربوية، ص 43 ، مرجع سابق .

66- الرشدان عبد الله، وجعنيني نعيم، مرجع سابق، ص 10 .

67- رونية، أوبير، (1972)، التربية العامة، ط(1)، ترجمة عبد الله عبد الدايم، دار العلم للملايين، بيروت، لبنان.

68- الرشدان عبد الله، وجعنيني نعيم، مرجع سابق، ص 12 .

69-   جعنيني، نعيم، الفلسفة وتطبيقاتها التربوية، مرجع سابق، ص 43.

70-   الرشدان عبد الله، وجعنيني نعيم، مرجع سابق.

71-   الرشدان، عبد الله، (1999)، علم اجتماع التربية، ط(1)، دار الشروق للنشر والتوزيع، عمان، الأردن.

الفصل الثاني
نشوء علم اجتماع التربية وتطوره

- أهمية المدخل السوسيولوجي للتربية
- نشوء علم اجتماع التربية
- أهدافه
- موضوعه
- العوائق والصعوبات التي واجهت هذا العلم
- علاقته مع العلوم الأخرى

الفصل الثاني
نشوء علم اجتماع التربية وتطوره

أهمية المدخل السوسيولوجي للتربية :

من أبرز ملامح القرن العشرين تطور النظام التربوي (Educational System) وتعقده وتشعبه وتداخله مع النظم الأخرى في المجتمع كالنظم الاقتصادية والاجتماعية والسياسية والثقافية، لذلك بدأت العلوم الإنسانية تهتم بدراسة التربية كنظام وعملية اجتماعية، أي الدراسة السوسيولوجية للعملية التربوية، والتي تركز على دراسة العلاقة بين النظام التربوي والمجتمع ككل، وأيضاً دراسة الملامح التي تميز النظم التربوية عن غيرها من النظم، مما دعا إلى وجود علم متخصص كفرع من فروع علم الاجتماع يركز على دراسة التربية باعتبارها نظام اجتماعي والذي بدأت ملامحه بشكل منهجي علمي عند اميل دوركهايم Emile Durkheim (1858-1917) [1] الذي يُعد من مفكري التربية الكلاسيكية في فرنسا والذي أكد منذ بداياته الأولى على أهمية المدخل السوسيولوجي للتربية لأهميته للعملية التربوية ناظراً للتربية على أنها عملية اجتماعية وشيئاً اجتماعيا بالدرجة الأولى متوصلاً الى نتيجة مفادها، أن علم التربية هو علم اجتماعي على المستويات النظرية والمنهجية والتطبيقية، وأنها الوسيلة التي يحدد المجتمع باستمرار شروط حياته الخاصة وتكمن وظيفتها الأساسية في تحقيق عملية التنشئة الاجتماعية للجيل الصاعد ناقداً بذلك مفهوم التربية الذي يركز على الجانب الفردي فقط.

إن وجود مثل هذا العلم الذي يؤكد أهمية المدخل السوسيولوجي لدراسة التربية وعملياتها وتفاعلاتها ودراسة تحليل النظام التربوي ومؤسساته وتنظيماته والظروف التي يعمل بها، ودراسة قضايا مهمة مثل: التنظيم التعليمي وعلاقات المدرسة مع المجتمع المحلي،

ودراسة التعليم والحراك الاجتماعي، ودراسة دور التعليم في التكامل الاجتماعي. كل هذا يجعل هذا العلم يجتاز مرحلة اكتساب الشرعية ويفسح له المجال لدخول مرحلة التفكير المتقدم للقضايا الكبرى والتي تدخل في مجال تخصصه.

وتجدر الاشارة إلى أن اعتبار التربية كنظام اجتماعي يشمل أيضاً الأدوار والمعايير الاجتماعية في عملية نقل المعرفة من جيل لآخر حيث أن المعرفة تتضمن القيم وأنماط السلوك وتعليم المهارات اللازمة لاستمرار المجتمع وتنميته، لذلك مطلوب منه تلبية الحاجات والمتطلبات الضرورية لأفراد المجتمعات البشرية، لهذا يعتبر النظام التربوي من أهم وأبرز النظم الاجتماعية التي تعمل على التكيف مع متطلبات الحياة الآخذة بالتعقيد، وتمثل العلاقة التربوية مجموع الروابط الاجتماعية التي تنشأ بين المربي والذين يربيهم للسير نحو أهداف تربوية ضمن بنية مؤسسية، وهذه الروابط لها خصائص ادراكية وانفعالية ولها هويتها. وفي التعليم فان العلاقة التربوية تنشأ عن طريق الواجب المدرسي الذي يتحدد بالمناهج والأنشطة التربوية والتي تتضمن اهدافاً معروفة وينفذ حسب إجراءات تحددها التعليمات .

اضافة لذلك فإن علم الاجتماع ومنذ نشوئه ركز على دراسة الأفراد في الجماعات المختلفة لذلك تشعبت ميادينه ومجالات دراسته، ولذلك جاء اهتمام علماء الاجتماع بدراسة النظم الاجتماعية التي تشكل البناء الاجتماعي للمجتمع وهي: النظام الاقتصادي، الأسري، الديني، السياسي، والنظام التربوي. وبما أن النظم الاجتماعية متداخلة ومتساندة فيما بينها فان النظام التربوي يتكامل ويتأكد وظيفياً مع النظم الاجتماعية الأخرى، فأهداف التربية ووسائلها لا يمكن تحديدها في عزلة عن البيئة الاجتماعية المحيطة. [2]

ومن الأهمية بمكان التأكيد إلى أن عبد الرحمن بن خلدون (1332-1406م) يُعتبر من رواد علماء الاجتماع الذين أسهموا بقدر كبير في فهم الأسس الاجتماعية للتربية في المجتمعات البشرية حيث بين أن العلم والتربية من طبائع العمران البشري وازدهارهما مرتبط بازدهار العمران البشري اضافة لتفريقه ما بين التعليم النظري والعملي. [3] اضافة لذلك فقد انتقد ابن خلدون أساليب التعليم السائدة في عصره مؤكداً أهمية التدرج في

التعليم والانتقال من القضايا والمسائل البسيطة السهلة الى المسائل الصعبة والمعقدة، وأن يبدأ التعليم بالاجمال ثم ينتقل إلى التفصيلات الجزئية وبيان ما بينها من تشابه وتعارض.

أن الدراسات الاجتماعية للتربية لها جذورها التاريخية في العالم القديم: في الحضارات القديمة وبالأخص الحضارة اليونانية والعربية الإسلامية.

اضافة لما سبق فان دوركهايم (Durkheim) الذي كان قد أكد أهمية المدخل السوسيولوجي عند دراسة التربية كنظام اجتماعي وعملية اجتماعية فإنه حدد أيضاً مجالات العلم الجديد الذي يجمع علم الاجتماع والتربية وهي: [4]

1- دراسة الظواهر الاجتماعية السائدة في التربية ودراسة الوظيفة الاجتماعية للنظام التربوي.

2- دراسة العلاقات بين التربية والتغيرات الاجتماعية والثقافية وغيرها من التغيرات.

3- دراسة المدرسة والفصل الدراسي كنظام اجتماعي.

4- اجراء بحوث مقارنة للنظم التربوية داخل ثقافات العالم.

كذلك يرى أن دراسة التربية تتمثل أيضاً في دراسة كيفية نقل الثقافة من جيل الكبار إلى الجيل الجديد. وأيضاً يدخل في هذا المجال الاقتراب المستوحى من كارل مانهايم (1893-1947) Karl Manheim في نقده للمعرفة باعتبارها سلاحاً للحصول على مركز وسلطة. لقد تأثر في نظرته للتربية باهتماماته الاجتماعية كعالم اجتماع معتبراً التربية عملية اجتماعية ديناميكية ووسيلة المجتمع للضبط الاجتماعي لأنها تهدف إلى اعداد أفراد المجتمع للحياة الاجتماعية، ويتطلب هذا تدريبهم على ممارسة أدوارهم الاجتماعية المتوقعة منهم بنجاح، مؤكداً أهمية التخطيط التربوي، وأن التربية وسيلة للتكامل الاجتماعي دون التقليل من المفاهيم التربوية الأخرى كتحقيق الذات.

كذلك ينطوي تحت هذا الميدان المنظور الجديد حول المعرفة المدرسية الذي يربط علم اجتماع المعرفة بغرفة الصف المبنية على رغبة وتوجهات واضعي المناهج التربوية في تفاعل غرفة الصف مع المعارف المقدمة في المدرسة.[5]

إن تأسيس علم جديد (علم اجتماع التربية) بوصفه فرعاً من فروع علم الاجتماع يجمع بين المنظور السوسيولوجي بمفاهيمه وأسسه المنهجية والنظرية التي استمدها من علم الاجتماع وتطبيق ذلك على أكبر مؤسسات المجتمع وهي المؤسسات التربوية سوف يسهم في تطوير شكل جديد للتربية تساهم في اعداد الجيل الصاعد للحياة والعمل ليكون مشاركاً ايجابياً في تنمية مجتمعه.

نشوء علم اجتماع التربية :

أن ظهور علم اجتماع التربية والتعليم كعلم بيني (Interdisciplinary Seience) وذلك نتيجة التفاعل ما بين علم الاجتماع والتربية، انطلاقاً من أن التربية عبارة عن نظام (System) ، وعملية (Process) وظاهرة اجتماعية (Social Phenomena) لا تعمل في فراغ ولم تأت من فراغ كما يعتقد البعض ولكنها في تفاعل مستمر ومباشر مع المجتمع ككل من ناحية، ومع نظمه ومؤسساته وعملياته وظواهره الاجتماعية المختلفة من ناحية ثانية. وأن العلم بشقيه التقليدي والجديد الذي يدرس هذه التفاعلات هو علم اجتماع التربية.[6] أن بداية ظهور علم يجمع علم الاجتماع والتربية كان مع بداية استخدام المنهج العلمي في التربية. لقد كانت نشأته المبكرة كمجموعة من الدراسات ذات النزعة الخطابية والوعظية ولا تعطي اهتماماً يذكر بطرق البحث الامبيريقية. وكان الطابع الأيدولوجي مسيطراً في اختيار المشكلات البحثية وتفسير النتائج، فكان خليطاً من عدة علوم اجتماعية، وشيئاً فشيئاً بدأ يتطور وينطوي تحت مظلة علم الاجتماع ليصبح أحد فروعه المهمة.

إن ظهور علم الاجتماع التربوي (Educational Sociology) قديما بهذا الاسم كان يمثل ابناً شرعياً لعلم الاجتماع العام في بدايات القرن العشرين، وكان يهدف إلى الدراسة الاجتماعية للتربية من وجهة نظر علم الاجتماع العام. واستمر هذا العلم فترة من الزمن، ثم تحول إلى مسمّى جديد وهو علم اجتماع التربية (Sociology of education)

كعلم اجتماعي تربوي مستقل نتيجة للتطورات المجتمعية والتربوية التي حدثت بعد الحرب العالمية الثانية،[7] والذي أصبح يركز بشكل أوسع واعمق في تطبيق المنطلقات السوسيولوجية على اكبر مؤسسات المجتمع وهي المؤسسات التربوية.

وكما أشير سابقاً فإن اسهامات إميل دوركهايم (Emile Durkheim) وهو عالم اجتماع فرنسي- قد مهدت لنشوء هذا العلم، كما أن جهوده كانت قد ساهمت في اصدار المجلة البريطانية لعلم الاجتماع التربوي التقليدي عام 1927م. وبعد ذلك تتابع صدور بعض الأعمال التي تهتم بالفهم السيوسيولوجي للتربية حيث صدر عام 1932م مؤلف بعنوان "علم اجتماع التعليم".

وعلى الرغم من تزايد اهتمام علماء الاجتماع بدراسة التربية ومشكلاتها، إلا أن معظم المؤلفات والكتابات والبحوث في ذلك الوقت كانت نظرية يغلب عليها الطابع الفلسفي وبعيدة عن الواقع الاجتماعي فلم تساعد على حل الكثير من المشكلات التربوية في ذلك الوقت.

وعندما شغل كارل مانهايم كرسي التربية عام 1946 بمعهد التربية في جامعة لندن، اهتم بالمدخل السوسيولوجي في معالجة التربية كظاهرة اجتماعية لها وظائفها وفاعليتها بالنسبة للمجتمع وأفراده، وكان كذلك قد ساهم في نشر مؤلف في علم الاجتماع التربوي لأوليف بانكر (Olef Banker) ، اضافة لذلك نشر- أيضاً عملاً آخر لكل من (جان فلود وهالسي) Floud & Halsey تحت عنوان "علم الاجتماع التربوي".[8]

وإضافة لما سبق فانه ومنذ العشرينات من القرن العشرين بدأ هذا العلم في النمو والتطور كمجموعة من الدراسات غير المنظمة وتفتقر إلى البعد النظري على الرغم من التوجيه الأيدولوجي الذي كان واضحاً في اختيار المشكلات المبحوثة وتفسير النتائج، وقبل ذلك تم أيضاً استخدام المصطلح التقليدي علم الاجتماعي التربوي (Educational Sociology) في كلية المعلمين في جامعة كولومبيا في مدينة نيويورك منذ عام 1910م، وقد دُرّس على يد (هنري سوزلو) Henry Sozlo ، وقد أطلق عليه هذا الاسم أسوة بعلم الاجتماع السياسي، وعلم الاجتماع الديني والأسري .. الخ .[9] ويلاحظ أن هذا العلم بدأ

خطوات نشيطة وسريعة بعد الحرب العالمية الثانية استجابة للمشكلات الاجتماعية التربوية التي أوجدتها الحرب وتعاظم أهمية التربية والتعليم في تحقيق التطور الحضاري والتكنولوجي بين الشعوب المتحضرة، وسيطرة الاتجاه البنائي الوظيفي على الفكر التربوي وخاصة في أوروبا وأمريكيا الذي سيطر على المفكرين الذين فسروا التربية ضمن سياق الفهم السوسيولوجي، وكذلك زيادة الاهتمام الدولي بالتربية واصلاحها وخاصة جهود منظمة اليونسكو الدولية.

وقد شهدت السبعينيات من القرن العشرين تزايد الاهتمام بهذا العلم كمقرر أكاديمي في البرامج الجامعية وكمجال تخصص لطلبة الدراسات العليا، وقد انعكس الفهم السيوسيولوجي للتربية كذلك على الفكر العربي وبدأ ينمو تدريجياً معتمداً على نمو علم الاجتماع في العالم العربي، والذي كان نموه وتطوره بسيطاً وليس بنفس الدرجة التي نما فيها بالغرب، إلا أنه مع ذلك بدأت الجامعات العربية أيضا وكمثيلاتها الأجنبية بتدريس هذا العلم ضمن المقررات الدراسية في أقسام علم الاجتماع، وكليات العلوم التربوية ومعاهد اعداد المعلمين [10]. إلا أنه مع ذلك فان هذا العلم في العالم العربي ما زال في طور النشوء وتفتقر المكتبات العربية إلى الكثير من الدراسات والكتب التي تتعلق بطبيعة هذا العلم ومنطلقاته النظرية وتطبيقاته العملية وفهم النظام التربوي ومشكلاته المتباينة من منظور سوسيولوجي.

ومن الأهمية بمكان التأكيد على أن مصطلح علم اجتماع التربية (Sociology of education) الذي اتخذ هذا الاسم كمصطلح جديد بدلاً من المصطلح التقليدي القديم (Educational Sociology) ظهر منذ عام 1963م بشكل واضح عندما تغير اسم مجلة علم الاجتماع التربوي (Journal of educational sociology) لتأخذ اسم مجلة علم اجتماع التربية (Journal of the Sociology of education) [11] مما أعطى شرعية التداول تحت هذا المسمّى .

ويعتبر هذا العلم من أهم فروع علم الاجتماع نظراً لما يؤديه من وظائف متعددة للبناء الاجتماعي والمؤسسات التربوية مؤكداً على دراسة العوامل التاريخية والحضارية

والاقتصادية والاجتماعية والسياسية المسؤولة عن تخطيط المناهج التربوية التي يدرسها المتعلمون، وفي نفس الوقت يتناول بالدراسة والتحليل الآثار المختلفة للمناهج الدراسية على قدرات الدارسين العلمية ودورها في بناء وتنمية المجتمعات المعاصرة.

ان هذا العلم أبرز بعض الحقائق الجديدة لعل من أهمها ما يلي:

1- ان تحليل العمليات داخل المدرسة تشير إلى أن المدرسة ليست مؤسسة محايدة منعزلة عما يجري حولها من عمليات اقتصادية وثقافية واجتماعية وسياسية، بل أنها في علاقة تفاعلية جدلية معها تؤثر وتتأثر بها، فمن هذا المنطلق ركز هذا العلم على عدم عزل الصلات بين المعلمين والتلاميذ عن البنية الكلية للنظام التربوي ووظائفه الاجتماعية وروابطه مع المجتمع ككل.

2- اعتبار المدرسة كساحة سياسية تسهم في بناء المعارف والمعاني والمهارات التي تتطلبها عملية الضبط الاجتماعي وإعادة انتاج انماط المواطنة التي تخدم احتياجات السلطة وأيدولوجيتها واستقرار سيطرتها في أي مجتمع من المجتمعات البشرية.

3- الاهتمام بالمدرسة كمؤسسة اجتماعية تربوية بحيث تكون فعّالة أي بمعنى تشغيل الموارد المتوفرة للحصول على أفضل مردود ينعكس ايجاباً على مجمل العملية التربوية.

4- أبرز هذا العلم دور الأسرة والمدرسة والطبقة الاجتماعية في التحصيل العلمي للأبناء.

إن علم اجتماع التربية (Sociology of education) يعتبر علماً اكثر شمولية من المصطلح التقليدي فهو يشمل وظائفه إلا أنه يضيف اليه العلاقة الوظيفية بين النظام التربوي والبناء الاجتماعي بمكوناته المختلفة مؤكداً على القضايا السوسيولوجية وتأثيراتها على التربية والتعليم وما يرتبط بها من وقائع وأنساق تربوية، كذلك كل شي له مغزى تربوي ولكن في سياقه الاجتماعي. إن أحد سمات هذا العلم استخدامه للدراسات الانثروبولوجية التي

أسهمت في فحص العديد من الافتراضات التي كان مسلماً بها، لقد حول الاهتمام في تحليل النظام التربوي في ضوء وحدات التحليل الكبرى الى الاهتمام أيضاً بتحليل الوحدات الصغرى فاحتل الفصل الدراسي وعلاقات التفاعل التي تتم داخله محور الاهتمام.

كما حاول هذا العلم مناقشة العديد من المسائل التربوية مثل: علاقة المعلمين بالمتعلمين، وتكافؤ الفرص التربوية، والتنظيم المدرسي، وعملية اختيار وانتقاء المعرفة المدرسية وكيفية تنظيمها وتوزيعها والتنظيم الاجتماعي لها، وكيفية وصول المعرفة وكيف تنقل وتحول داخل المدارس والفصول الدراسية من خلال رؤية نقدية استندت إلى الماركسية المحدثة من ناحية، وإلى مناهج ومفاهيم الاتجاهات الفينومونولوجية بنظرة نقدية تحليلية.(12)

ان هذا الاتجاه الجديد بدأ يتطور في بريطانيا في الخمسينيات من القرن العشرين على يد كل من (فلود) Floud (وهالسي) Halsey (ومارتن) Martin (ويونج) Young . كما بين (كلارك) Clark في كتابه الحرية في مجتمع متعلم أهمية التخطيط من أجل الحرية في المجتمع الانكليزي وتكوين وعي المواطن، إلا أن من أسباب ضعفه أنه بدأ ينمو في كليات التربية اكثر منه في كليات وأقسام علم الاجتماع في الجامعات. وقد لعب معهد لندن للتربية - وكما أشير إلى ذلك في الصفحات السابقة - منذ عام 1963 وكذلك الجامعة المفتوحة دوراً هاماً في تطوير هذا الاتجاه الجديد والذي ما لبث أن انتقل هذا الأثر الى أمريكيا ودول أوروبا الأخرى.(13)

لقد تعالت الأصوات في الغرب داعمة لهذا الاتجاه الجديد بسبب انحسار الوظيفية - الى حدا ما - في أواخر الستينيات من القرن العشرين من حيث أنها كانت تحاول الابقاء على العلاقات القائمة بين النظم الاجتماعية في حالة من الثبات، ولا تحاول إحداث تغييرات عميقة في المجتمعات البشرية، بل إنها نظرت الى التغير على أنه حالة مرضية، وهذا راجع أيضاً إلى نظرة الوظيفية الى اللامساواة على أنها ضرورة اجتماعية وشرطاً للمحافظة على المنظومة القيمية السائدة معتبرة أن اللامساواة وظيفة لمواهب الناس وقدراتهم على العمل مشكّلة بذلك وضعاً يخلق التنافس من أجل الوصول إلى المكانات الاجتماعية ومراكز القوة، وفي حالة التوتر هذه يحدث التوازن في المجتمع بسبب هذه الحركة المستمرة فيه.(14) لذلك

ظهرت موجة جديدة تحت مسميات مختلفة منها: علم اجتماع المعرفة التربوية، أي أدخلت المعرفة إلى هذا الاتجاه الجديد. وهذا ظهر عندما أصدر يونج (Young) كتابه تحت عنوان "المعرفة والضبط الاجتماعي" معلنا عن بدء علم اجتماع المعرفة التربوية.

لقد قام يونج وعدد من الباحثين المتقاربين معه فكرياً بتقديم بعض الدراسات التي تهاجم علم اجتماع التربية التقليدي (Educational Sociology) معتبراً ان مصيره الفشل حيث أنه لم يقتحم مجال المعرفة التربوية لأنه كان يعتبره من ضمن اختصاص المناهج التربوية أو فلسفة التربية في الجامعات، في حين أنه مجال مهم يجب الاتجاه نحوه ليكوّن ذلك كله فرعاً من فروع علم اجتماع المعرفة. إن تجنب بحث المعرفة داخل المدرسة أثر في فشل الاتجاه التقليدي المشار اليه، فالمعرفة مصنوعة أيضاً، وهناك قوى تؤثر في صناعتها، واكتفى المشتغلون بعلم الاجتماع التربوي التقليدي بمعالجة المشكلات التربوية، ودراسة السياق الاجتماعي للتعليم، وعلاقة التعليم بالاقتصاد دون التطرق إلى صناعة المشكلات. كما أن من أسباب الاخفاق عدم وضع المعرفة التربوية نفسها المقدمة للمتعلمين موضع الشك والتساؤل، وكذلك كان لابد من الاهتمام بالمبادئ التي تقف خلف كيفية توزيع المعرفة نفسها في أماكن التعليم وتنظيمها وكيفية انتقائها، ومعرفة ثقافة الحس العام، وكيفية ربطها بالمعرفة المقدمة في المؤسسات التربوية واعتبارها المدخل الحقيقي للتعليم.(15)

إن المعرفة ذات صفة اجتماعية فهي ليست انتاج أعمال فردية بل انها نتاج أعمال جماعية، وهي ليست معرفة بكل الواقع، ولكن هي صورة للواقع كما هو عليه، وهي أيضاً عملية انتقاء من جانب الدارسين لأجزاء من الواقع يُعبر عنها بأسماء ومعانٍ من اختراع الناس. ومع مرور الزمن أطلق على جانب من المعرفة اسم العلوم التطبيقية، وعلى جانب آخر الرياضيات، وعلى جانب ثالث العلوم الإنسانية، والطب، والهندسة، ولذلك تغيرت الأسماء والمعاني والتصنيفات المعرفية بتغير مراكز القوة، فتوزيع المعرفة وتصنيفها وتقييمها افتقر الى اللامساواة لعدم وجود معايير عادلة تحقق انسانية المعرفة وتقاس بها موضوعاتها، فمراكز القوة هي التي كانت تنتقي وتنظم المعرفة.

وتجدر الإشارة إلى أن من أسباب نجاح العلم الجديد (Sociology of education) أنه نابع من رؤيته إلى أن الإنسان كائن حر خلاّق قادر على الفعل والعمل وتحقيق انسانيته من خلال ذلك، وقادر على التحرر من القيود والضوابط التي يفرضها المجتمع فهو علم تغييري، في حين ان العلم التقليدي القديم (Educational Sociology) كان يؤكد على الضرورة الحتمية المتمثلة في ضوابط المجتمع على أفراده فهو لا يؤمن بالفردية بل يؤمن بأن المجتمع هو المقرر وأن وجوده سابق على وجود أفراده.

اضافة لما سبق فإن علم اجتماع المعرفة التربوية لا يشكل اطاراً مترابطاً مجمعاً في دراسة واحدة بل انه موزع في كتابات (يونج) Young ومن يتفق معه. إنه من الصعب تصنيف الاطار النظري لعلم اجتماع المعرفة التربوية تحت اسم معين في نظريات المعرفة، إلا أنه اعتبر علماً قريباً من الاسمية (Nominalism) والوجودية (Existentialism) .

إن يونج وأصحابه كانوا قد غالوا في اعتبار الفكر كله نسبياً وفي اعتبار نظرية المعرفة كلها سياسية، انه علم يتبع نموذجاً غير النموذج الذي تتبعه الوظيفية والتي تبحث عن المحافظة على النظام القائم . كما أن هذا العلم يُهاجم علم اجتماع التربية كله قديمه وحديثه متهماً اياه بالمحافظة والرجعية .[16] إلا أن هذا الهجوم كان قد ساهم في التخلص من بعض السلبيات وفتح المجال لعلم الاجتماع التربية لتصحيح بعض الأخطاء التي كانت موجودة في علم الاجتماع التربوي التقليدي .

وتجدر الاشارة بعد هذا كله إلى أن علم اجتماع التربية الجديد ركز على الاهتمام بما يحدث داخل العملية التعليمية - التعلمية من علاقات تربوية ومن مناهج وطرق تدريس، والتفاعل بين المعلم والتلميذ داخل غرفة الصف والعلاقة التربوية بينهما، وأيضا تحليل المفاهيم الأساسية التي يستخدمها المربون مثل: الذكاء ومعايير النجاح المدرسي والعلاقة التربوية، والتقويم، كما أنه يهتم بالثقافات الفرعية داخل المجتمع وأثرها على قيم الطفل واتجاهاته ومستوى تحصيله الأكاديمي، ويبحث أيضاً العلاقة بين التغير الاجتماعي والتعليم، وتحليل المدرسة كمؤسسة تربوية باستخدام الأسلوب السوسيولوجي، بالإضافة إلى دراسة طرائق البحث التاريخي، والدراسات الانثروبولوجية. كما أن مبدأ المساواتية

الذي ينادي به يشير إلى المساواة وفقاً لحاجات التلميذ وليس وفقاً لقدراته، أي أن يحصل التلاميذ الـذين يعيشون في بيئات فقيرة على خدمات تعليمية أكثر من زملائهـم مـن أبنـاء البيئـات الغنيـة. ويـرتبط بهـذا المصطلح مصطلح الطفل المحروم ثقافياً، ومصطلح التربية التعويضية وذلك لتعويض الطفل المحروم عـن ثقافة المدرسة التي حرم منها خلال مرحلة طفولته الأولى. [17] إلا أن هذا الاتجاه الجديد لم يتطور مثل علم الاجتماع التربوي التقليدي (Educational Sociology) لأنه لم يلق الدعم من المؤسسات المختلفة ولحداثتـه، كما أن علماء الاجتماع والنفس والتربية لم يقدموا لـه المسـاعدة العمليـة اللازمـة ليسـتطيع تحليـل وحـل المشكلات المتنوعة الناتجة من تفاعل المعلم مع تلاميذه داخل الصفوف الدراسية، إلا أنه مع ذلك سائر إلى الأمام لإثبات وجوده كعلم .

بعد هذا العرض يمكن تعريف هذا العلـم بأنـه "أحـد فـروع علـم الاجتمـاع الـذي ينطلـق مـن النظرية والمعرفة السوسيولوجية كمدخل له ويحلل المؤسسات التعليمية ونظمها، ومن خـلال هـذا يهتـم بتحليل العمليات الاجتماعية التي تتم داخل البناء التربوي والتي مـن خلالهـا يحصـل الفـرد عـلى معارفـه وخبراته وينظمها، ويهتم أيضاً بالعلاقة الوظيفية بين التربية والنظم الاجتماعية الأخرى في المجتمع" [18]

وهناك تعريف أخر يؤكد على اهتمام هذا العلم "بالدراسة العلمية للظاهرة التربويـة في سـياق حركتها وتفاعلها مع الظواهر الاجتماعية الأخرى". ويعرفه (سميث) Smith بأنه "العلـم الـذي يسـتخدم نظرية علم الاجتماع وطرائقه ومبادئه في دراسـة قضايـا التربيـة ونظرياتهـا". أمـا (بروكـوفر) Brookover فيعرفه "بانه العلم الذي يشكل جانبا تطبيقيا في علم الاجتماع" [19]

أن أغلب التعريفات تؤكد على أن هذا العلم يدرس العمليات التربوية وظواهرها المختلفـة مـن جوانبها المتعددة في إطار علاقاتها وتفاعلاتها مع الواقع الاجتماعـي ككـل بكـل مكونـاته يـؤثر ويتـأثر بهـا بطريقة جدلية.

أهدافه :

لهذا العلم ذي التسمية الجديدة علم اجتماع التربية (Sociology of education) أهداف كثيرة لعل من أهمها ما يلي:

1- فهم العلاقات التي تربط النظم التربوية مع غيرها من نظم المجتمع والظواهر في المجتمعات الحديثة، والتعرف على الوظائف والأدوار الاجتماعية التي يؤديها النظام التربوي وتشمل: أدوار مديري المدارس والموجهين التربويين والمعلمين والتلاميذ وأولياء الأمور والمشكلات الناجمة، إضافة للعلاقات الاجتماعية المتبادلة بينهم.

2- دراسة العمليات الاجتماعية وتتضمن: التفاعل الاجتماعي والتنشئة الاجتماعية والضبط الاجتماعي والتغير الاجتماعي، والظواهر التربوية داخل المدرسة وغرف الصفوف.

3- دراسة النظم التربوية من حيث طبيعتها وما تتسم به من سمات تميزها عن بقية النظم الأخرى في المجتمع، والتعرف على الأبعاد الاجتماعية والثقافية المرتبطة بهذه النظم من حيث النشأة والتطور والقوانين التي تسيّرها وتعمل على تطورها وتغيرها.

4- دراسة المدرسة كمؤسسة اجتماعية وكنظام اجتماعي من خلال دراسة أنماط التفاعل الاجتماعي داخلها وتأثيرها على مجمل العملية التعليمية – التعلمية، ودراسة تفاعل المدرسة مع نظم المجتمع ومؤسساته المختلفة، وكذلك دراسة طبيعة الثقافة المدرسية واختلافها عن الثقافة خارج المدرسة، كذلك يهدف التعاون والتنسيق بين المدرسة والبيئة والمتعلم من أجل انماء قدرات المتعلم التعليمية وتقويم اخلاقه وتكامل شخصيته.

5- دراسة السياسات والأيدولوجيات التعليمية والأهداف التربوية بما في ذلك تحديد الأيدولوجيا التي يرتكز عليها النظام التربوي ويستمد قوته منها، وتأثيرها على

المعرفة وعمليات التعلم والتفاعل داخل المؤسسات التربوية، وتحديد القوانين الاجتماعية التي تسيّر النظام التربوي.

6- دراسة المشكلات الاجتماعية التربوية من رسوب وتسرب وتأخر دراسي وحرمان ثقافي وتمايز اجتماعي.

7- الاهتمام بدراسة المؤسسات التربوية وعلاقتها بالمجتمع المحلي من خلال دراسة أنماط التفاعل بين هذه المؤسسات والجماعات الاجتماعية في المجتمع المحلي، وتحديد تأثير المجتمع المحلي في التنظيم المدرسي، ودراسة العوامل الديمغرافية والأيكولوجية في المجتمع المحلي وعلاقتها بالتنظيم المدرسي.

8- عدم الاكتفاء بالمعرفة النظرية بل السعي لتوفير الظروف والعوامل التي يمكن بواسطتها السيطرة والتحكم والتوجيه لخدمة الانسان واحكام سيطرته على الظواهر المختلفة مما يدل على أهمية المعرفة التطبيقية.

وهذه الأهداف مستمدة من الموضوع الذي يركز عليه هذا العلم.

موضوعه: وانطلاقا من أهداف هذا العلم المتعددة فإن موضوعه اجمالاً يعالج ثلاث موضوعات أساسية متداخلة.[20]

أ- علاقة التربية بجوانب المجتمع المختلفة وبالمجتمع ككل: ويشمل هذا المجال البحوث والدراسات التي تعالج أهداف التربية ووظائفها في المجتمع وضبط التربية وتوجيهها ودورها في عمليات التغير المختلفة وبالطبقات الاجتماعية، وعلاقتها بمؤسسات التنشئة الاجتماعية المختلفة من: أسرة ومدرسة ومؤسسات دينية واقتصادية وسياسية واعلامية ومجموعات الرفاق.

ب- تحليل التربية كنظام اجتماعي: ويشمل تحليل بنية وتنظيم النظام التربوي بصفة عامة، والمناطق التعليمية والمدارس وغرف الصفوف وما يجري فيها من تفاعلات وكيفية نمو المعرفة للمتعلمين من خلال المناهج الدراسية والأنشطة اللاصفية الموجهة والمكملة للمنهاج.

ج- نواتج التربية وخاصة فيما يتعلق بالمعلمين والمتعلمين، ويدخل في هذا المجال: التحصيل الدراسي، وأثر التربية على المكانة الاجتماعية للمعلمين، ودخلهم الاقتصادي، والقضايا المتعلقة بالمهنة.

وبذلك تتكامل الأهداف النظرية والتطبيقية لعلم اجتماع التربية (Sociology of education).

العوائق والصعوبات التي واجهت هذا العلم:

ان هذا العلم ولسنوات طويلة بقي خارج المجال الرئيسي لعلم الاجتماع وكان يدرك كجزء من دراسة التربية. أن اسهامات (ديوي) Dewy كان لها مساهمة مهمة في تأكيد أهمية هذا العلم في بداياته، لذلك أصبح موضوعاً شائعاً في الكليات والجامعات الأمريكية في ما بين أعوام (1910-1926) وأن (25) مؤلفاً قد انجزوا في مجال هذا العلم ما بين أعوام (1916-1936م)، كما أن عدد الكليات الجامعية التي كانت تقدم مساقاً في هذا العلم قد ازداد من 40-194 كلية. ولكن خلال الحربين العالميتين وبعد ذلك بقليل بدأ الاهتمام يقل بهذا العلم، إلا أنه حديثا بدأ الاهتمام به بشكل أكبر. [21] ويعود السبب في ذلك لانشغال علماء الاجتماع وعلماء التربية كل منفصل عن الآخر بتطوير ميدان علمه وبناء أسسه النظرية وطرق البحث مما أثر على درجة اهتمام علماء الاجتماع بميدان التربية والتعليم.

إن (بريم) Brim ، (وورونالد كورون) Ronald Corwin كانا قد حللا ضعف المحاولات الأولى لتطوير هذا العلم وربطا ذلك بما يلي: [22]

1- انفصال هذا العلم عن علم الاجتماع حيث إن الكثير من المساقات في هذا العلم كانت تدرّس في الكليات والمعاهد التربوية وليس في أقسام علم الاجتماع.

2- أن الكثيرين ممن درّسوا هذا العلم لم يكن عندهم اعداد معرفي وثقافي سوسيولوجي، وكانوا مهتمين بتطوير علم الاجتماع وليس بتطبيقه على العملية

التربوية ومؤسساتها، وحتى عام 1963م فان جيمس كونانت (James Conant) كان قد أشار إلى أهمية تدريس هذا العلم من قبل مختصين في علم الاجتماع.

3- أن تقنيات البحث في هذا العلم بقيت في مستوى بسيط على الرغم من وجود اهتمام بسيط في مجال تدريب المعلمين.

وفي السنوات الحديثة ونتيجة لمساهمات علماء الاجتماع في تطوير هذا العلم أعيد مجد هذا العلم بارجاعه إلى أقسام علم الاجتماع في الكليات والجامعات وأصبح من المعتاد أن يشار اليه باسم علم اجتماع التربية (Sociology of education) أكثر من الاستعمال القديم والذي كان تحت اسم علم الاجتماع التربوي (Educational Sociology) . وهذا جاء نتيجة اهتمام علماء الاجتماع الذين وجهوا دراساتهم واهتماماتهم البحثية الى المجال التربوي. ولكن منذ الستينيات من القرن العشرين أصبح هذا العلم في بريطانيا جزءاً مهماً في تأهيل المعلمين. وبتأثير (ديفيد قلاس) David Glass بدأ علماء الاجتماع البريطانيين بزيادة اهتمامهم بهذا العلم، إلا أن اعمالهم كانت محدودة ومركزة على المظاهر الديمغرافية للتربية وبالاخص علاقتها بالطبقات الاجتماعية وبالحراك الاجتماعي. ولكن على الرغم من أهمية هذه الدراسات إلا أنها تجاهلت التركيز على الدراسات داخل المدارس والمعاهد التعليمية، مع عدم انكار وجود بوادر لدراسات محدودة في مجال علم اجتماع المدارس، ويعود ذلك لأسباب نقص في التمويل أو نقص في الموارد البشرية المؤهلة في هذ المجال. ومع ذلك بدأ يتحقق شيئاً فشيئاً التأكيد على أن مستقبل هذا العلم كفرع من فروع علم الاجتماع البريطاني، وليس كفرع من فروع التربية.[23] وهذا فتح الباب أمام هذا العلم ليتطور في بريطانيا خاصة وفي الغرب عامة.

وبعد هذا كله لابد من تناول الاتجاهات الفكرية التي أثرت في هذا العلم بشقيه التقليدي (Educational Sociology) والمعاصر (Sociology of education) وهي كما يلي:[24]

المرحلة الأولى (مرحلة علم الاجتماع التربوي التقليدي) لعل أهم الاتجاهات الفكرية المؤثرة فيه هي:

أ- الاتجاه الانثروبولوجي الثقافي: والذي كان يهتم بدراسة العلاقة بين التعليم والطبقات الاجتماعية، ودراسة المشكلات الناتجة عن تطبيق أو عدم تطبيق مبدأ ديمقراطية التعليم، وعلاقة التعليم بالحراك الاجتماعي، والعلاقة بين التعليم والثقافة. وهذا الاتجاه كان قد سيطر قبل الحرب العالمية الثانية على يد (بارك R. Park (وبورجس Burgess ، وقد اهتمت جامعة شيكاغو بتطوير هذا الاتجاه.

ب- الاتجاه النفسي- الاجتماعي: اعتمد على الاتجاه البنائي الوظيفي في تطوير نظرية عامة للنظم الاجتماعية من خلال اهتمام (بارسونر) T. Parsons ، وذلك بالتركيز على دراسة المدرسة دراسة تحليلية ودراسة حجرة الصف كنظام اجتماعي يحدث خلاله التفاعل والصراع، واستخدام المنهج التجريبي. وقد تبنته جامعة هارفارد.

ج- الاتجاه التاريخي: وظهر في أوروبا وركز على دراسة طبيعة النظام التربوي مع النظم الاجتماعية الأخرى عبر التاريخ. ويعتبر كل من (لوكنر) Lockner ، (وكريك) Krick من أصحاب هذا الاتجاه، وكذلك عالم الاجتماع الفرنسي (اميل دوكهايم)E. Durkheim عندما بين أن الوظيفة الاجتماعية للتربية تتحدد من خلال تفاعل النظام التربوي مع النظم الاجتماعية الاخرى الموجودة في المجتمع. ومن مؤسسي- هذا الاتجاه أيضا (ماكس فيبر) M. Weber المحتص في علم اجتماع التنظيم في اشارته للعلاقة بين النظم البيروقراطية والمجتمع خلال عبر التاريخ، وكذلك (كارل مانهايم) K. Manheim في دراسته عن الديمقراطية كأسلوب للتكامل بين النظم الرأسمالية والاشتراكية. لقد وجد هذا الاتجاه اهتماماً متزايداً في أمريكا أكثر من الاتجاهين السابقين.

المرحلة الثانية (مرحلة علم اجتماع التربية المعاصر): وملامح هذه المرحلة بدأت تتبلور منذ الستينيات من القرن العشرين وهي مستمرة في التطور الى القرن الحادي والعشرين. وقد اختلف هذا العلم نوعاً ما عن علم اجتماع التربية التقليدي (Educational Sociology) نتيجة لظهور اتجاهات فكرية جديدة ولتطور البنى الاقتصادية والسياسية والاجتماعية والفكرية التي أثرت على العالم وغيرت في بعض المفاهيم التقليدية التي كانت سائدة في

الماضي وخاصة نتيجة النقد اللاذع الموجه للتحليل البنائي الوظيفي في علم الاجتماع وفي التربية في منتصف الستينيات من القرن الماضي. ولكن هذا لا يعني انتهاء التحليل البنائي الوظيفي فما زال هو الاتجاه المسيطر في الغرب وبعض بلدان العالم الآخر. اضافة لذلك فهناك تأثير الاتجاهات الفكرية الراديكالية المعارضة والناقدة. إن جميع هذه الاتجاهات الجديدة تهتم بما يجري داخل العملية التربوية من مناهج تربوية وأساليب تدريس وتفاعلات مختلفة، وكذلك تحليل المفاهيم الأساسية التربوية مثل: الذكاء والتقويم التربوي ومعايير النجاح الدراسي، والاهتمام بالثقافات الفرعية داخل المجتمعات، وعملية التنشئة الاجتماعية وأثرها على قيم المتعلم واتجاهاته وتحصيله، وتحليل المدرسة كنظام وعملية اجتماعية، والاهتمام بالتغير وأثره على العملية التربوية، ودراسة الحراك والضبط الاجتماعي. وسوف يتناول هذا الكتاب في الفصول اللاحقة لهذه النظريات والاتجاهات الفكرية وتطبيقاتها التربوية وعلاقة هذا العلم مع العلوم الأخرى. أن ما أنجزه هذا العلم على المستوى الدولي غير منعزل عن علاقته مع العلوم الانسانية الأخرى. ولعل من أهم العلوم التي لها علاقة به هي كما يلي:

علاقته مع العلوم الأخرى :

علاقته مع علم التاريخ:

تتمثل العلاقة في حاجة هذا العلم للتعرف على الأبعاد التاريخية والظروف التي أحاطت بنشأة وتطور النظم التربوية. ففي هذا المجال يستفيد علم اجتماع التربية من معطيات التاريخ من خلال تطوره المادي والمعنوي لأنه يشكل ذاكرة للشعوب تسجل حالات صراعاتها المختلفة، كما أنه يسجل مختلف مظاهر النشاط الانساني بما فيها التربية. كما أن هذا العلم يكشف من خلال التاريخ عن العوامل والظروف الحضارية التي مهدت لظهور الفكر الفلسفي وتطبيقاته التربوية، وتفسير سيادة فكر فلسفي في فترة زمنية محددة، والاشارة إلى أشكال النظم والتنظيمات التي ارتبطت بظهور الفلسفات التربوية. إن جميع العلوم الإنسانية التي تهتم بالانسان وفكره لا تستطيع أن تستغني عن التاريخ، لان التاريخ يعتبر لحمة العلوم والدراسات الانسانية، فعلم التاريخ يساعد في التعرف على الأصول

التاريخية للنظم التربوية وظروف نشأتها وتطورها وفهم الرواسب التاريخية للعمليات التربوية لتفسير التفاعل الحاصل بين السياقات الاقتصادية والاجتماعية والثقافية والسياسية وأثرها على العمليات التربوية، كما أن تاريخ التربية يوفر لعلم اجتماع التربية معرفة مهمة حول تاريخ التربية والتعليم ومؤسسات التعليم والتطورات اللاحقة وعواملها وأسبابها وأهدافها، والأيدولوجيات التي توجه اختيار المعلمين والمربين والمناهج التربوية وطرق وأساليب التدريس.[25]

علاقته بعلم الاجتماع:

أن اسم هذا العلم يدل على أنه يجمع بين علمي الاجتماع والتربية. ان علم الاجتماع علم يدرس الظواهر الاجتماعية وتطورها واختلافها عبر التاريخ، ودراسة العلاقات الاجتماعية بين هذه الظواهر والكشف عن وظائفها والوصول الى القوانين الاجتماعية التي تخضع لها محللاً لها وفق أسس ومناهج البحث العلمي، فعلم اجتماع التربية هو فرع من فروع هذا العلم تفّرد في دراسة الظواهر التربوية بوصفها ظواهر اجتماعية في تغيرها وعلاقاتها مع الظواهر الاجتماعية الأخرى. وتتدعم هذه العلاقة وتتضح من خلال وظائف علم اجتماع التربية الذي يعالج المسائل التربوية وفقاً لمنهج علم الاجتماع من خلال نظرياته واتجاهاته المختلفة. وتعتبر ضرورة الربط بين البناء الاجتماعي للمجتمع ونظامه التربوي ذات أهمية بالغة في العصر الحاضر نتيجة التغيرات السريعة التي حدثت في حياة الشعوب حيث أصبحت متطلبات العمل والحياة سريعة التغير مما فرض على المؤسسات الاجتماعية والتربوية مسايرة هذا الوضع بكامل أبعاده.[26]

علاقته مع التربية:

أن العمليات التربوية غير معلقة في فراغ بل أنها مرتبطة ببقية الأنظمة الموجودة في المجتمع تؤثر فيها وتتأثر بها. وبما ان علم الاجتماع هو العلم الذي يدرس المجتمع في بنياته وعلاقاته المختلفة وأن التربية تمتد بجذورها داخل النظام الاجتماعي فهي من جانب مرآة للمجتمع تعكس ثقافته وتنقلها للأجيال اللاحقة، ومن جانب آخر تقوم بتعزيزها وتطويرها وتبسيطها وتنقيتها من الشوائب. من هذا المنطلق تتضح العلاقة القوية بين التربية وعلم

الاجتماع. لقد أخذت المدرسة والمؤسسات التربوية تلعب أدواراً اقتصادية واجتماعية وثقافية متزايدة منذ منتصف القرن التاسع عشر وفي مجالات الحياة كافة، فالتربية هي أداة المجتمع في تحقيق التحولات التي يرغبها المجتمع ويخطط لها، فالمؤسسات التعليمية أصبحت معنية إلى حد كبير باعادة انتاج الحياة الاجتماعية وفقاً للمنطلقات السياسية والفكرية. اضافة لذلك فان التربية ظهرت كضرورة اجتماعية هدفها إعداد الفرد ليصبح عضواً في مجتمعه وبالتالي يجب أن تتكيف لتخدم النظام الاجتماعي وبقية النظم الاخرى في المجتمعات البشرية، وإعداد الانسان اجتماعيا، لهذا فهي تستند وتتعاون مع علم الاجتماع لتشكل علم اجتماع التربية.

هذا بالاضافة إلى أن التربية ترفد علم اجتماع التربية بطبيعة أسسها وسياقاتها وبرامجها وأهدافها لكي يستفيد منها هذا العلم في دراسة المؤسسات التربوية دراسة اجتماعية، كما أنها ترفده بالعناصر الأساسية التي تدخل ضمن إطارها من مناهج وأساليب تدريس وتقويم وفلسفة التربية ونظرياتها والتي لا يمكن الاستغناء عنها في دراسة العلاقة التفاعلية بين ما هو اجتماعي وما هو تربوي، وهذا يشكل الموضوع الاساسي الذي يدور حوله علم اجتماع التربية [27]

علاقته مع علم السياسة :

عند دراسة التربية كنظام فلابد من توضيح علاقتها بالنظم الاخرى، وتتأكد علاقة علم اجتماع التربية بالسياسة من خلال الوظائف السياسية التي يؤديها النظام التربوي التعليمي في المجتمعات المعاصرة لانتاج الاتفاق في الرأي لأنه مسؤول عن غرس القيم والمشاعر والاتجاهات المتعلقة بالمواطنة والانتماء للنظام الاجتماعي القائم، وأيضاً في اختيار وتدريب قادة المستقبل من خلال عملية اعادة الانتاج.

وتختلف المجتمعات البشرية في استخدامها للتربية والتعليم في القيام بتحقيق الاتفاق في الرأي بين أفراد المجتمع ومؤسساته، كما أن علم اجتماع التربية يركز على التعليم في التنشئة السياسية من خلال تلقين واكساب القيم السياسية والثقافية وغرس الاتجاهات في نفوس المواطنين بالاضافة لتغيير القيم السياسية وتعديل أنماط الاتجاهات والسلوك بصورة

تتلاءم مع النظام الموجود [28]. إضافة لما سبق فإن التعليم يعد الانسان للمشاركة السياسية لتحقيق التماسك السياسي، وان علم اجتماع التربية يركز على كيفية ممارسة النظام التعليمي لأهدافه لتحقيق المشاركة السياسية لأنه يساعد على تنمية الاحساس بالواجب المدني، كما أن الأشخاص الأكثر تعليماً أفضل في القدرة على نقل اهتماماتهم السياسية ومعارفهم إلى أبنائهم، وهذا له أثره في دوام العلاقة بين التعليم والمشاركة بكل أبعادها. وتجدر الاشارة الى العلاقة التي تتمثل في أن التربية تعمل في اطار سياسي أيدولوجي له أهدافه وأبعاده، ولذلك فإن ما يقدمه علم السياسة من فهم لتلك الأبعاد والأطر السياسية وتوجيهاته الأيدولوجية لأنظمة التعليم نحو الأهداف التي تسعى اليها يستفيد منها المهتم بعلم اجتماع التربية.

علاقته مع علم الأحياء :

تهدف العملية التربوية إلى تنشئة الأفراد تنشئة سوية تساهم على اجتياز مراحل النمو المختلفة، وهذا يتطلب معرفة القوانين الاحيائية المرتبطة بمراحل النمو المختلفة للطفل نمواً شاملاً من جميع جوانب شخصيته، مما يتطلب المعرفة بعلم الاحياء فهو مرتكز أساسي لكل عمل تربوي. فالثقافة البيولوجية تساعد المربين والمعلمين في التعرف على الأسباب الفسيولوجية التي تحدد مسيرة النمو عند الفرد، والالمام بنمط التغذية المطلوبة ونوع الحياة والتمرينات والتدريبات التي يتطلبها نمو الجيل الصاعد نمواً سليماً.

ويؤكد وجود اتجاه بيولوجي في التربية من خلال تناول وتحليل مفهوم التكيف المرن المبني على وجود دافع داخلي يسعى إلى تكيف الكائن الحي مع مطالب البيئة المحيطة. فما دام التكيف قائماً كانت الحياة قائمة لأنه جوهر الحياة نفسها. [29]

علاقته مع الفلسفة :

لقد شكلت التربية على مر العصور وعند سائر الاتجاهات والمدارس الفلسفية قديمها وحديثها اتجاهاً فلسفياً، وأطلق (جون ديوي) J. Dewy على الفلسفة أنها علم تشكيل النظرية العامة للتربية، كما سميت الاتجاهات والمنطلقات والمدارس التي تعالج

التربية من منظور فلسفي اسم فلسفة التربية. ويشير البعض إلى أهمية وجود فلسفة للتربية مبنية على علم الاجتماع. كما ان علم اجتماع التربية يعالج إلى حد كبير المسائل نفسها التي تعالجها فلسفة التربية مثل: التنشئة الاجتماعية، وأدوار المؤسسات التربوية، والعلاقات داخل المؤسسات التربوية.[30]

وتجدر الاشارة إلى أن علم الاجتماع وليد الفلسفة مما يعطي أهمية الى اعتبار علم اجتماع التربية وليد فلسفة التربية لصلته الكبيرة بموضوعاتها. وفي العصر الحالي عصر المعلوماتية والتفجر المعرفي والتوجه نحو اقتصاد المعرفة ساعدت نتائج علم اجتماع التربية على ولادة اتجاهات جديدة في فلسفة التربية تتعلق بمسائل تطبيق الديمقراطية في التربية والتعليم، وهذا يشير إلى أن علم اجتماع التربية ينطوي على جوانب فلسفية فالتفاعل الايجابي قائم بين العلمين.

علاقته بعلم الاقتصاد :

هناك علاقة قوية بين العلمين، فالمدرسة وجدت كأحد العوامل المهمة في ضبط العملية الانتاجية، كما أن العمليات الانتاجية المختلفة في المجتمع كانت ولا تزال بحاجة الى من يضبطها مما ساهم في نشوء المدرسة كمؤسسة تربوية ضابطة. وإن الوضع الطبيعي في أي مجتمع هو وجود تلاؤم ما بين مخرجات العملية التربوية وسوق العمل. ويشكل موضوع اقتصاديات التعليم فرعاً مهماً من فروع علم اجتماع التربية حيث ظهرت مجموعة من الدراسات والأبحاث التربوية المتعلقة بدراسة الجوانب الاقتصادية للتربية والتعليم واعتبار التعليم عملية تنمية واستثمار، أي دراسة المسائل التربوية في ضوء الحركة الاقتصادية للمجتمع والتي تتعلق بعمليات الانتاج والاستهلاك والاستثمار والاهدار. ويعد (رايمون بودون) Raymond Boudon من أبرز ممثلي هذا الاتجاه في فرنسا والذي درس المسائل التربوية في ضوء الحراك الاجتماعي الذي يتحدد بمسار العملية الاقتصادية واتجاهاتها. كما أن الدراسات حول الجوانب الاقتصادية للتربية تبين درجة الصلة بين علم اجتماع التربية وعلم الاقتصاد الذي يشكل الأطار العام الذي ينطلق منه هذا العلم حينما يتعلق الأمر بدراسة الجوانب الاقتصادية للعملية التعليمية - التعلمية. ويشير (فلود وهالسي)

Floud & Halsey الى الرابطة القوية بين النظام التعليمي والبناء الاجتماعي في المجتمع الحديث [31] والتي تتحقق من خلال الجوانب الاقتصادية وما يرتبط بها من احتياجات تتعلق بالاختيار والتدريب للقوى العاملة، ولذلك يعدّ البعد الاقتصادي في التعليم مهماً للكشف عن إعداد القوى البشرية المدربة المسؤولة عن تحقيق التنمية الشاملة ورفع الكفاية الانتاجية خاصة في ظل التفجر السكاني الهائل وفي مواجهة مطالب التطورات التكنولوجية المتقدمة والمتنوعة. وتتحدد العلاقة بصورة أوضح في الربط بين حاجة النمو الاقتصادي الى الاعداد الكافية من الأفراد المدربين، وبين النمو التعليمي والمهارات اللازمة لمجالات التنمية الشاملة ومستويات التعلم وأنواعه.[32]

علاقته بعلم النفس :

يُحدد علم النفس بأنه العلم الذي يهتم بدراسة سلوك الانسان، ولذلك فإنه يركز على الجوانب الفردية ويدرس الانسان من حيث هو فرد في مجتمع، بينما علم اجتماع التربية يدرس الانسان بوصفة كائناً اجتماعياً وبوصفه شخصاً داخل الجماعة فهو لا يقف عند حدود الفرد فقط بل يتجاوز ذلك الى البحث عن حدود علاقته بالجماعات المختلفة. ويعتبر اميل دوركهايم أول من أكد على أهمية الفصل بين الظاهرة الاجتماعية والظاهرة النفسية وعلى ضرورة النظر الى الانسان بوصفه كائناً اجتماعياً مبينا الحدود القائمة بين الظاهرتين، الا انه مع ذلك يؤكد على أهمية العلاقة القائمة بينهما وعلى أهمية العمليات النفسية في استبطان ما هو اجتماعي من عادات ومفاهيم وتقاليد ومعايير اجتماعية وتصورات فالانسان يستبطن ما هو اجتماعي عبر آليات نفسية متعددة . واذا كان علم النفس يسعى الى دراسة الظاهرة الفردية على خلاف علم اجتماع التربية الذي يدرس الانسان ككائن اجتماعي فان كل منهما يستفيد من نتائج الآخر ويوظفها في مسار حركته وتطوره. كما أن هناك موضوعات أخرى مشتركة بين العلمين مثل دراسة العلاقة التربوية والتفاعل المدرسي والصفي وهي موضوعات مشتركة بينهما تتطلب من الباحثين والتربويين معرفة عميقة وشاملة بالعلمين.[33]

علاقته بعلم الانسان (الانثروبولوجيا):

إن علم الانثروبولوجيا علم يتناول أصل الانسان وقوانين تطوره كما يهتم بدراسة الانسان من حيث هو مخلوق بشري عضوي وثقافي. ويتصف هذا العلم بالشمولية لأنه يتناول سائر الجوانب الاقتصادية والاجتماعية والروحية والفكرية والبيولوجية لمجتمع محدد. وهذه الشمولية تبرز عندما يدرس الانثروبولوجي الجوانب المختلفة لحياة شعب ككل متكامل مع التركيز على دراسة الانسان من الناحية الجسمية والثقافية دون اغفال دراسة السلوك الانساني الثقافي ضمن اطاره الاجتماعي، وضمن التراث الثقافي المتراكم عبر العصور، أي دراسة سلوك الإنسان من خلال بيئته التربوية والثقافية. إن الموضوع المشترك بين العلمين يتمثل في دراسة الثقافات القائمة والعلاقة بين الثقافة والتربية وخاصة قضايا التنشئة الاجتماعية.

المراجع

1- أحمد، حمدي، (1995)، مقدمة في علم اجتماع التربية، ط(1) ، دار المعرفة الجامعية، الاسكندرية، جمهورية مصر العربية.

2- Jean H. Ballantine, (1983), The Sociology of education, First edition, Englewood cliffs, NJ. Prentice- Hall INC.

3- الجولاني، فادية عمر، (1997)، علم الاجتماع التربوي، ط(1)، مؤسسة شباب الجامعة، الاسكندرية، جمهورية مصر العربية.

4- أحمد، حمدي، (1995)، مقدمة في علم اجتماع التربية، مرجع سابق.

5- Charles Alberto Torres & Theodre R. Mitchell, (1998), "Sociology of education" First edition, State University of NewYork, U.S.A .

6- الشخيبي، علي السيد، (2002)، علم اجتماع التربية المعاصر، ط(1)، دار الفكر العربي، القاهرة، جمهورية مصر العربية.

7- المرجع السابق.

8- الجولاني، فادية عمر، مرجع سابق.

9- السيد، سميرة أحمد، (1998)، علم اجتماع التربية، ط(2)، دار الفكر العربي، القاهرة، جمهورية مصر العربية.

10- أحمد، حمدي، مرجع سابق.

11- السيد، سميرة أحمد، مرجع سابق.

12- أحمد، حمدي، مرجع سابق.

13- الشخيبي، علي السيد، مرجع سابق.

14- أحمد، عبد السميع، مرجع سابق.

15- المرجع السابق.

16- المرجع السابق.

17- الشخيبي، علي السيد، (2002)، علم اجتماع التربية المعاصر، مرجع سابق .

18- أحمد حمدي، مرجع سابق.

19- وطفة، علي أسعد، (1992-1993)، علم الاجتماع التربوي، ط(1)، منشورات جامعة دمشق، دمشق، سوريا.

20- الشخيبي، مرجع سابق.

21- Olive Banks, (1968), "Sociology of education", First edition, Batsford LTD, London, England.

22- Corwin, R. G. (1965), "A Sociology of education, First edition NewYork, U.S.A. Also Brim, O. (1958), A Sociology in the field of education, First edition, Rusell Sage Foundation, NewYork .

23- IBID, Olive Banks.

24- الشخيبي، علي، علم اجتماع التربية المعاصر، مرجع سابق.

25- أحمد، حمدي، مرجع سابق.

26- وطفة، علي أسعد، مرجع سابق.

27- التل، سعيد وآخرون، (1993)، المرجع في مبادئ التربية، ط(1)، دار الشروق، عمان، الأردن. وايضا وطفة علي أسعد، مرجع سابق. وأيضاً الحسن، احسان (2005)، علم اجتماع التربوي، ط(1)، دار وائل للنشر، عمان، الأردن.

28- أحمد، حمدي علي، مرجع سابق.

29- الرشدان، عبد الله (1999)، علم اجتماع التربية، ط(1)، دار الشروق، عمان، الأردن.

30- وطفة، علي أسعد، مرجع سابق.

31- المرجع السابق.

32- أحمد، حمدي، مرجع سابق.

33- وطفة علي أسعد، مرجع سابق.

الفصل الثالث
الاتجاهات والنظريات الرئيسة

الفصل الثالث
الاتجاهات والنظريات الرئيسة

مقدمة :

ان علماء الاجتماع في دراستهم للتربية يختلفون عن علماء التربية في دراستهم لها. فعلماء الاجتماع يركزون على دراسة التربية بوصفها نظاماً اجتماعياً من خلال دراستهم للبيئة الاجتماعية للتربية والتكامل والتساند الوظيفي بين النظم الاجتماعية الموجودة في المجتمع من خلال تفاعلها مع النظام التربوي. كما أن علماء الاجتماع يدرسون كل صور التربية الرسمية وغير الرسمية، المخططة وغير المخططة ناظرين للتربية على أنها مرادفة لعملية التنشئة الاجتماعية، اضافة لذلك فانهم يهتمون أيضاً بدراسة أثر الجماعات المختلفة على حياة الجيل الصاعد وعلى الأداء المدرسي وأثر المستوى الاقتصادي على النجاح في الدراسة المدرسية وفي الحياة من أجل قيام الطفل لاحقاً بأداء أدواره الاجتماعية المتوقعة منه. هذا بالاضافة إلى دراسة التغير الاجتماعي والتحديث داخل المجتمعات، وأثر التعليم عليه، ودراسة أثر النظم التربوية على قيم واتجاهات الأفراد ومستوياتهم المعرفية والسلوكية باستخدام المنهج العلمي لحل المشكلات التربوية وخاصة تلك المشكلات التي قد تصاحب التغيرات المختلفة والتحديث.[1]

ان المضمون الاجتماعي للتربية يتحدد في الخصائص الاجتماعية للتربية باعتبارها ظاهرة اجتماعية ويتمثل في ما يلي:[2]

1- المضمون الثقافي الاخلاقي: من خلال ما توفره التربية من مواءمة بين مطالب الفرد ومطالب مجتمعه ضمن المعايير الاخلاقية الموجودة فيه.

2- المضمون الاجتماعي: وهذا البعد محدود بظروف المكان والزمان بحيث تستمد التربية منطلقاتها الفلسفية وأهدافها وتوجهاتها من المجتمع الموجودة فيه.

3- المضمون المهني: ويتمثل في ارتباط التربية ارتباطاً مباشراً مع الحياة العملية.

4- المضمون التنوعي: ويشير إلى اتسام التربية بالتنوع بقدر تنوع الحياة حيث لا يوجد لها نمط واحد موحد.

5- المضمون الارشادي التوجيهي: فالتربية تمارس عملية الارشاد والتوجيه للأفراد نحو الدراسة الملائمة لهم والمناسبة لحياتهم لتحقيق أفضل تكيف وخاصة ان الحياة أخذت في التنوع والتعقيد في ظل التغيرات المتسارعة والتحديات الكثيرة.

6- العمومية والشمول: ويشير هذا البعد إلى أن التربية تعمل على استيعاب أساسيات المعرفة وعموميات الثقافة، وخاصة أن الثقافة تشكل الخلفية التي تستند اليها العملية التربوية فلا انفصال بين الثقافة والتربية.

فالمضمون الاجتماعي للتربية يكشف بوضوح فاعلية أدائها الوظيفي من خلال ان العملية التعليمية التعلمية ترتكز على العنصر البشري من مدرسين ومتعلمين، وعنصر الطرق التربوية المستعملة، وأخيراً عنصر المناهج والنشاطات اللاصفية الموجهة، وان هذه العناصر كلها متفاعلة مع بعضها البعض. هذا بالاضافة إلى الشروط والمرتكزات اللازمة لانجاح هذه العملية من قيادات تربوية وتمويل وأبنية واجهزة. (3)

وفي هذا المجال لابد من الاشارة إلى أن علم اجتماع التربية يبحث أيضاً طرق اختيار المعلمين وتأهيلهم وخلفياتهم الاجتماعية والثقافية. فبالنسبة للمتعلم يتطرق الى خصائص المتعلم الذي يفضله المجتمع مركزاً على طبيعته الاجتماعية، إضافة إلى دراسة أنماط التفاعل بين المعلم والمتعلم داخل غرفة الصف وخارجها، ودرجة مراعاة المعلم لظروف المتعلم ومستوى قدراته. كما يرى هذا العلم أن محتوى المناهج يتحدد في ضوء فلسفة المجتمع وأهدافه التربوية وظروفه الاقتصادية والاجتماعية والثقافية والسياسية ومتطلباتها الاخلاقية والمهنية. وتتأثر طرق واساليب التدريس بالنظريات السائدة وارتباطها بالمناهج التربوية وطرق التفاعل المستعملة والتأكيد على الحوار الخلاق.

وقبل التطرق إلى أهم الاتجاهات والنظريات الاجتماعية التي أثرت بشكل عميق على علم اجتماع التربية بشقيه القديم والمعاصر، وقدمت تحليلاً ونقداً للتربية فإنه من الأهمية بمكان التطرق الى نظرية هربارت سبنسر في التربية (1820-1903) Spencer ، باعتبار أنه من الذين حاولوا تطبيق المنطلقات السوسيولوجية على النظام التربوي، وهو من أشهر ممثلي الاتجاه التطوري في علم الاجتماع وله لمسات لا تنسى على نشأة هذا العلم. كما أن له وجهات نظر حول السكان وأسباب نموهم متأثراً بدراساته البيولوجية حيث رأى أن العوامل البيولوجية مسؤولة عن زيادة السكان أو نقصهم رابطاً بين الجهد الذي يبذله الانسان في بناء شخصيته واثبات ذاته وبين مقدرة جهازه البيولوجي على التكاثر والانجاب، فكلما ازداد ما يبذله الفرد من جهد لتأكيد وجوده ونجاحه ضعفت جهوده على الانجاب.[4] لقد كان سبنسر من أهم دعائم الحركة الاجتماعية العلمية في القرن التاسع عشر ولاقت افكاره رواجاً عظيماً أثناء حياته وبعدها وأثرت في توجيه النظرية الاجتماعية، لقد استجابت آراؤه لحاجات عصره وهي الرغبة في توحيد المعرفة والحاجة الى سند علمي لمبدأ "دعه يعمل" وهو المبدأ الذي كان يسيطر على الفكر الأمريكي والبريطاني في ذلك الوقت.[5]

نظرية سبنسر التربوية :

في كتابه المعنون (في التربية الفكرية والخلقية والجسدية) يعتبر أن كل مذهب تربوي يفترض في الوقت نفسه مذهباً في الأخلاق (أي مفهوماً معيناً للحياة ومصير الانسان)، كما يفترض نظرة نفسية (أي علماً بحوادث الحياة النفسية وقوانينها)، ويرى أنه في التربية دائماً توجد مسألتان أساسيتان:[6]

الأولى: مسألة الغايات، والأخلاق ضرورية للاجابة عليها.

الثانية: مسألة الوسائل ويجيب عليها علم النفس.

ويعرف التربية: "بأنها كل ما نقوم به من أجل أنفسنا، وكل ما يقوم به الآخرون من أجلنا بغية التقرب من كمال الطبيعة الانسانية". والمثل الأعلى في التربية هو تزويد الانسان بإعداد كامل للحياة بكاملها. ويؤكد أن ما للشيء من أثر في سعادة الانسان هو المعيار

الحقيقي الذي يجب الاستناد اليه في تقديرنا لموضوعات دراسة الانسان وعناصر تربيته وفي اقرارنا لتلك الموضوعات او اقصائها أو تصنيفها، فالسعادة هي الحياة الكاملة والاعداد للحياة الكاملة هي وظيفة التربية أولاً وأخيراً. [7]

ويضيف إلى أن العلم هو أساس التربية، أي العلم في سبيل الصحة والفعالية الصناعية وفي سبيل الحياة الأسرية، أي أنارة عقول الآباء والأمهات حول الواجبات المنزلية وما يتوجب عليهم في تربية أبنائهم، اضافة لذلك فإن الفعاليات المختلفة تحتاج لنور العلم. فعلى سبيل المثال فإن المواطن لا يكون مواطناً صالحاً إلا إذا عرف تاريخ بلاده. الا أن سبنسر كان قد غالى في دور العلم.

وأشار أيضاً إلى أن مبادئ التربية تحتاج إلى معرفة قوانين علم النفس وقوانين تطور الفكر البشري ويجب أن تطبق تطبيقاً صحيحاً محكماً، مبيناً أن العقل الانساني ينتقل من البسيط إلى المعقد ومن غير المحدد الى المحدد، ومن الأشياء المشخصة الى المجردة. وقد شجع التربية الذاتية (تربية الفرد نفسه بنفسه). وما يؤخذ عليه فيما يتعلق بالتربية الخلقية أو الفكرية هو تقربهما من الطبيعة لأكبر درجة. وهكذا نرى ان فكرة العودة إلى الطبيعة هي السمة البارزة عنده مقترباً بذلك من جان جاك روسو وبستالوتزي .

إن آراء سبنسر الاجتماعية لم تكن ذات تأثير كبير في هذا المجال لقد حاول بناء ما يمكن أن يُسمى بالتاريخ الاحتمالي، وهو اتجاه يخالف الاتجاه العلمي الواقعي الحديث.

إلا أن هناك اتجاهات ونظريات سيوسيولوجية كان لها تأثير على علم اجتماع التربية المعاصر. وسواء كان التنظير في هذا العلم يمينياً أو يسارياً إلا أنه يدل على مدى اهتمام الباحثين والدارسين بوضع التربية والتعليم على مستوى المجتمعات وثقافاتها ونظمها المختلفة، وعلى مستوى العلاقات الدولية على أساس أنه لا يمكن فهم التربية إلا من خلال علاقاتها المتشعبة مع غيرها من المؤسسات الموجودة عالمياً ومحلياً، لذلك فإن علم اجتماع الظواهر الكبيرة يهتم بالاجابة عن أسئلة كلية ذات طابع كلي شمولي تتعلق بعمل المؤسسات المختلفة في المجتمع بما فيها المدارس ودورها في إعادة انتاج مجتمع متدرج من الناحية الطبقية، وكيف تحدد العلاقات البنيوية الكبيرة شكل التربية والتعليم ومحتواها. أما علم

اجتماع الظواهر الصغيرة فموضوعه الأساسي هو ما يحدث في الحياة اليومية ولا يعطي اهتماماً كبيراً للمفاهيم الكلية الشمولية الواسعة النطاق. [8]

الاتجاه البنائي الوظيفي في التربية:

اعتبر المهتمون في علم اجتماع التربية من خلال دراساتهم أن الاتجاه الوظيفي البنائي هو النظرية الملائمة لهذا العلم الجديد. وهو اتجاه تكاملي يعتبر البناء الاجتماعي نسقاً متكاملاً من الناحية الوظيفية تنظمه مجموعة من المعايير الاجتماعية والقيم. وقد اهتم بفهم التربية على مستوى العلاقات المتشعبة مع النظم الاخرى وهو اتجاه يدخل ضمن علم اجتماع الظواهر الكبيرة.

وكما يحلل المجتمع تحليلاً بنيوياً وظيفياً كذلك تحلل المؤسسات التربوية إلى عناصرها الأساسية، فكما يتألف البناء الاجتماعي لأي مجتمع من مؤسسات مختلفة لكل منها وظائفها فإن المؤسسات التربوية تحلل إلى عناصر أولية تقوم بأدوارها المحددة لها ولكل دور وظائف تحددها المؤسسة وهذه الوظائف الجزئية لابد أن تصب في اطار الوظيفية العامة المؤسسية من أجل تحقيق التساند والتعاون لتحقيق نمو المؤسسة وزيادة قدرتها على تحقيق ما تصبو اليه. فعلى سبيل المثال فإن تعاون أعضاء هيئة التدريس في الجامعة مع الطلبة عند أداء المهمات المختلفة فإن مثل هذا التعاون يؤدي إلى تقوية العلاقات بين الطرفين مما يؤدي إلى زيادة حوافز الطلبة في التحصيل العلمي والمواظبة.

لقد كانت بدايات الفهم البنائي الوظيفي للتربية بالمعنى السوسيولوجي وفي اطاره التقليدي على يد عالم الاجتماع الفرنسي اميل دوركهايم (Emile Durkheim) منطلقاً من الوظائف التي تؤديها التربية بالنسبة إلى الأفراد والمجتمع. فالمنظور الوظيفي عنده كان البحث عن الوظيفة الاجتماعية التي تنجزها المؤسسات، أي الدور الذي تلعبه المؤسسة في تنمية وصيانة التماسك الاجتماعي والوحدة الاجتماعية، وان المؤسسات التربوية غير مستثناة من ذلك. إن مهمتها الأساسية كما يراها هي في التنشئة الاجتماعية المنهجية للجيل الصاعد. [9]

لقد ركز على التأثير الذي تمارسه الأجيال على بعضها للتأهيل للحياة الاجتماعية التي تقرها ظروف وأوضاع المجتمع المعني لتنمية شخصية الطفل اجتماعياً وثقافياً وتطوير بعض القيم عنده والمهارات المتعلقة بالذكاء والمهارات الجسمية من أجل تحقيق التكيف وتحقيق الضبط الاجتماعي لضمان استمرارية المجتمع. هذه المتطلبات ضرورية وأساسية لكل المجتمعات فالكثير من الدراسات الانثروبولوجية كانت قد تطرقت لذلك ووصفت عملية التنشئة الاجتماعية في المجتمعات البدائية، إلا أن علم اجتماع التربية مرتبط بالدراسات المتعلقة بالمجتمعات الصناعية، دارساً التربية والتعليم ضمن الاطار الاجتماعي المعني ومركزاً على دراسة المدرسة كنظام اجتماعي وكذلك دراسة علاقة التربية والتعليم مع التغير والحراك الاجتماعي، وموضوع القيم والانجاز والضبط الاجتماعي (من يضبط المدارس) وتأثير الدولة على التعليم.

لقد اعتبر المهتمون في علم اجتماع التربية من خلال اطلاعهم وبحوثهم أن التحليل البنائي الوظيفي هو المنطلق النظري الملائم لهذا العلم الجديد وخاصة أن هذا الاتجاه كانت له السيادة الثقافية في اغلب المجتمعات الصناعية، وكان يعتبر الاتجاه الملائم في دراسة الظواهر الاجتماعية حتى الخمسينيات والستينيات من القرن العشرين. وتجدر الإشارة إلى أن من الاتجاهات في التحليل البنائي الوظيفي لتحليل الانساق التربوية التفاعلية الرمزية، فالتفاعلية الرمزية والبنائية الوظيفية، اتجاهان يكملان بعضهما بعضاً في تحليل النظم التربوية والوقائع والمشكلات المرتبطة به. فالبنائية الوظيفية تغطي الجوانب الموضوعية، اما التفاعلية الرمزية فتغطي الجوانب الذاتية. كما ان المدخل البنائي الوظيفي لتحليل الانساق التربوية يتناول الأداء الوظيفي للنسق التربوي بالنسبة للمجتمع ونظمه باعتباره عنصراً مهماً من العناصر البنائية للمجتمع لتحقيقه اهدافه واستمراره. [10]

كما آمن منظرو هذا الاتجاه بأن التربية لها دور كبير في تحقيق العدالة الاجتماعية في المجتمعات المعاصرة والتخفيف من حدة التفاوت الطبقي. وبالقدر الذي يصبح المجتمع صناعياً ومهنياً يتطور معه سير أنساقه التربوية وتصبح اكثر تعقيداً وتمايزاً لتوفير القوى العاملة للأعمال والمراكز المتمايزة داخل البناء الاجتماعي.

إن التحليل البنائي الوظيفي للأنساق التربوية يتمثل في:

- البحث عن العناصر البنائية للأنساق التربوية وتحليل العلاقات التي تربطها مع بعضها مكونة الانساق الفرعية الموجودة ضمن النسق التربوي العام.
- تحليل وتفسير طبيعة العلاقة بين التربية والنظم الاجتماعية الاخرى من أجل الكشف عن الطريقة التي يمكن بها توقع سلوك الأفراد داخل النسق التربوي العام.
- اسهامات التربية في تنمية المجتمع وتلمس القصور الوظيفي للانساق التربوية وما يرتبط بها من مشكلات تربوية مختلفة، وانه لا يمكن فهم التربية إلا من خلال علاقاتها مع غيرها من المؤسسات وكيفية عملها.
- التأكيد على أن الوظائف التربوية محتاجه الى التنظيم الاجتماعي، وأن الرابطة الرئيسة بين التربية والبناء الاجتماعي في المجتمع تتحقق من خلال العوامل الاقتصادية المتغيرة، وما يرتبط بها من احتياجات تتعلق بالاختيار وتأهيل وتدريب القوى العاملة في المجتمع.

ولعل من أهم الآراء والأفكار للتحليل البنائي الوظيفي في علم اجتماع التربية ما يلي:

1- التأكيد على العلاقة الايجابية بين المستوى التعليمي للفرد وكل من مستوى الوظيفة والدخل والمكانة الاجتماعية التي يحصل عليها. أي كلما ارتفع المستوى التعليمي للفرد ازدادت احتمالية حصوله على وظيفة ودخل ومكانة اجتماعية، مما يفيد بأن التعليم يعتبر محدداً رئيسياً مهماً لمستقبل الجيل الصاعد اقتصاديا واجتماعيا وثقافيا. كما أن هناك علاقة ايجابية بين المستوى التعليمي للفرد وحراكه الاجتماعي اي أن التعليم وسيلة مهمة واساسية لتحقيق الحراك الاجتماعي للانسان من مستويات دنيا الى مستويات عليا.

2- ترى وجوب مسايرة أفراد المجتمع للنظام القائم وقيمه وخدمته وتحقيق أهدافه في المساعدة في حل مشاكله المختلفة، وتضع اللوم على الفرد الذي هو الضحية وليس على النظام القائم.

3- تؤكد أن عملية التنشئة الاجتماعية التي تقوم بها المؤسسات المختلفة في المجتمع تساعد على وحدة المجتمع ككل. لقد أشار دوركهايم الى أنه بواسطة التنشئة الاجتماعية تتم عملية تكوين الضمير الجمعي لدى الفرد من خلال تشبعه لقيم وعادات المجتمع السائدة، وأن وجود معايير اجتماعية مشتركة ومعتقدات مشتركة يؤدي هذا إلى تحقيق الشعور بالانتماء الاجتماعي، وإحكام عملية الضبط الاجتماعي في المجتمع المعني. وأن دور التربية هو اعداد الفرد للحياة الاجتماعية ليصبح قوة منتجة مما يدعو إلى الاهتمام بالتخطيط التربوي الشامل للمجتمع.⁽¹¹⁾

4- دراسة التربية كنظام فرعي في المجتمع وفي علاقته بنظم المجتمع الاخرى، والبحث في الظواهر والعمليات والمشكلات الاجتماعية داخل المدرسة باعتبارها مؤسسة ونظام اجتماعي وكذلك أيضاً خارج المدرسة، ودراسة العلاقة بين ما يحدث داخل المدرسة من تفاعل وعمليات ومشكلات وسلوك التلاميذ . اضافة لذلك فقد أكد التحليل البنائي الوظيفي على أن المدرسة تقوم بالفعل بالوظيفة التي حددت لها والمتمثلة في الحراك الاجتماعي وخاصة لأبناء الأسر الفقيرة وذلك عند تطبيق مبدأ تكافؤ الفرص التعليمية لجميع أبناء الشعب، والتأكيد على ضرورة اجراء دراسات تجريبية ميدانية على المدارس والمؤسسات الاجتماعية المرتبطة بها من أجل تحديد المهام والمسؤوليات التربوية لكل مؤسسة من هذه المؤسسات ومدى التفاعل بينها لتحقيق الأهداف المرجوة. ولقد أكد تالكوت بارسونز (T. Parsons) على أن وظيفة المدرسة تكمن في الاكتشاف المبكر لاستعدادات وقدرات المتعلمين فيها وتوجيههم الوجهة الصحيحة وتنمية دوافع العمل والأعداد الأكاديمي والمهني للفرد كما أنها مؤسسة لتحرير العقول من التعصب وتعمل على تنمية الابداع.⁽¹²⁾

5- المناداة باستخدام أسلوب الاصلاح التدريجي الجزئي لحل المشكلات التي تواجه النظام التربوي لأنها لا تؤمن بأن حل مشكلات النظام التعليمي تمثل انعكاساً لحل مشكلات المجتمع الاقتصادية والاجتماعية والثقافية والسياسية.

6- ان التيار التقدمي في الاتجاه البنائي الوظيفي في علم اجتماع التربية المعاصر وهو اتجاه ليبرالي يؤكد على ضرورة توزيع الخدمات التعليمية وفقاً لمعيار الجدارة حيث تصبح الوظائف والمكانات العليا في المجتمع حق الأفراد الاجدر والأكفأ عقلياً وعلمياً بغض النظر عن خلفياتهم الاجتماعية والاقتصادية. والأجدر هم الأكثر ذكاء والذين يقوّمون تقويماً موضوعياً. هذا ما أكده الوظيفيون من خلال طرحهم فكرة المجتمع العقلاني الرائد القائم على أساس الجدارة وتكافؤ الفرص.

7- بحسب الاتجاه البنائي الوظيفي يعني اتساق الأداء الوظيفي أن تكون الأهداف التربوية العامة للمجتمع محققة على مستوى النظام التربوي. أما على مستوى المدرسة فلابد أن تكون وظائفها محققة لأهداف النظام التربوي ومشتقة من وظائفه، وأن تكون وظيفة المعلم وأداؤه لدوره محققاً لأهداف المدرسة ودورها التربوي. كما يجب أن تكون أهداف النظام التربوي ووظائفه محققة لأهداف العملية التربوية العامة للمجتمع.

7- تركز المدرسة البنائية الوظيفية على إعادة انتاج ما هو قائم، فالمؤسسات التعليمية هدفها حفظ النظام القائم وتثبيته وتهمل التباين داخل البناء الاجتماعي. إنها تعطي دوراً للمدرسة في اعادة انتاج العلاقات الاجتماعية السائدة حسب منظور القوى المسيطرة في المجتمع، وكذلك في اكساب المتعلمين قيماً ومعايير مشتركة مثل: الانجاز والتعاون واستقلالية شخصية المتعلم وغير ذلك من القيم والعادات والمهارات التي يتربّى عليها الطفل في البيت. ومن ثم فإن المدرسة تتحدد وظائفها في اعداد المتعلمين للحياة في مجتمع يبدو ساكناً. وهي في هذا تتناقض مع نظريات الصراع لأنها لا تؤمن بالتغيير المفاجي وإنما بالاصلاح الاجتماعي البطيء. وتجدر الاشارة هنا الى أن المدارس النقدية ترى أن المدرسة في المجتمعات الطبقية أداة تنمي اللامساواة، وأن الطبقات المسيطرة تستخدمها لفرض معاييرها، فهي أداة للهيمنة وتعليم البؤساء

أساليب الأذعان في حين يجد المتتبع أن التربية الاسلامية ترى في المدسة مؤسسة لتعليم الاخلاق والفضيلة واجتناب الشرور، كما أنها أداة لخدمة قضايا المجتمع.

9- يشمل التحليل الوظيفي للانساق التربوية على المستوى العام مظاهر الأداء الوظيفي للانساق التربوية العامة بالنسبة للمجتمع وثقافته والشخصية. أما على المستوى الانساق التربوية الفرعية فإنها تتمثل في الأهداف التربوية والتنظيم الاجتماعي التربوي وعمليات التربية والنظم التربوية.

10- يؤكد التحليل البنائي الوظيفي على أن المدارس مؤسسات جوهرية في المجتمعات المتحضرة حيث تقوم بوظيفة اختيار الملتحقين بها وتصنيفهم، كما أنها تقوم بتعليم المهارات والمعارف المختلفة وثقافة المجتمع بما فيها من معايير وتخليصها من الشوائب وتعزيز العناصر الايجابية في الثقافة لمساعدة الأفراد من القيام بأدوارهم المختلفة على أحسن وجه.

11- تركز على دراسة الخلل في نظام التعليم والذي يعوقه عن أداء وظيفته في تصنيف وتدريب الأفراد من أجل تكييف عناصر النظام الاجتماعي حتى يستمر في البقاء، انطلاقاً من عملها على تثبيت الاوضاع القائمة.

وفي هذا المجال فإنه من الأهمية بمكان التطرق الى البنائية عند جان بياجية (J.Piaget) من الناحية التربوية والتي تتمثل في تحقيق النمو المعرفي وتكوين المعرفة.

ان البنائية ليست مجرد فكرة نمت في احضان نظرية المعرفة وفروع علم النفس بل نمت أيضاً في ميادين علم الاجتماع. لقد رفض بياجية اعتبار نفسه مربياً حيث لم يقم ببحوث في المجالات التربوية، وعلى الرغم من قلة عدد المقالات التي كتبها في التربية مقارنة بما كتبه في مجال علم الأحياء وعلم النفس ونظرية المعرفة والمنطق، إلا أنه ظل مهتماً بالتربية طوال حياته. لقد أشار إلى أنه اذا أريد أن ينمو الطفل نمواً خلقياً وعقلياً فإنه بحاجة إلى مستوى معين من تدخل الراشدين ولكن بدون حرمانه من الحرية بالدعم للمدرسة والأساليب النشطة. [13]

لقد بين أن القواعد الخلقية مثلها مثل الحقائق العقلية يتمثلها الفرد ويفهمها ويقبلها، وذلك عندما يستطيع أن يركبها أو يعيد بناءها فقط ولو جزئياً على الأقل، وفي سياق يخلو من الخضوع للأكبر سناً مهما كان الاحترام الذي يتطلبه هذا الكبير. كما أشار أيضاً إلى أن النمو لا يحتاج إلى العزلة التامة مشيراً بذلك إلى عدم اغفال البعد الاجتماعي في النمو، وهو ما أغفله جان جاك روسو. أن آراؤه كانت مستقاه من اكتشافات علم النفس الجيني التي أكدت على وجود مراحل للنمو لكل منها خصائص بنيوية تماماً ويمكن وضعها في نموذج رياضي. ووجود هذه المراحل يسهم في التحول من الطرق الذاتية في التفكير الى طرق لا تنحصر في الذات. ولكن سرعان ما عاد وكشف عن وجود سبب أعمق يرتبط بالعلاقة الجدلية بين الحالات والتحولات، فنجاح الفرد هو بالتدريج في ربط الحالات فيما بينها عن طريق التحولات وعلى مستوى الأفعال الحس حركية في البداية (تحريك الأشياء.. الخ) ثم على مستوى العمليات (جمع، طرح، ضرب أو الفروق، والأعداد والحركات.. الخ)، ان هذا النجاح يستطيع الفرد من خلاله بناء أنساق من الأفعال ثم من العمليات التي تصبح خصائصها التحويلية والتفسيرية والتوقعية والابداعية أكثر غنى وقوة وتماسكاً.(14) إضافة لذلك أصرّ على فكرة التدريب على تبني التفكير المنطقي وأهمية استخدام الوسائل الشكلية اللغوية، كما ساهم في تقديم اقتراحات تعليمية حول انظمة التدريس والأساليب التدريسية وتدريب المعلمين.

وإضافة لما سبق فإن بياجيه يرى أن المعرفة تتطور فهي ليست تامة التحديد لا في البنيات الباطنية للذات العارفة ولا في الخصائص التي يتجدد بها الموضوع المعروف، أي أن كل معرفة تحمل جانباً جديداً من التكوين. لذلك فهو يدعو إلى التخلص من فكرة الثبات بل النظر إلى المعرفة نظرة نمو وحركة فهي طريق مفتوح نامي ومتجدد. ويؤكد أن ميزة الابستمولوجيا التكوينية (البنائية) يتمثل في أنها تسعى إلى ايضاح جذور مختلف المعارف واظهاراً انطلاقاً من أبسط أشكال المعرفة ومتابعة تطورها إلى أن تصل درجة التفكير الموضوعي العلمي.

أن الفكر البنيوي في مجال التربية يعتبر ان معرفة المفاهيم المكتسبة هي المعرفة التي يتمثلها المتعلم، بعكس المدخل التقليدي الذي يهتم قليلا بعملية تمثل المعرفة ويعطي الاهتمام للنقل فقط.

أما المآخذ الموجهة إلى الاتجاه البنائي الوظيفي فهي كما يلي: [15]

أ- يبالغ أصحاب هذا الاتجاه في دور التكنولوجيا ويقللون من دور ما يحدث في المجتمعات من صراع أيدولوجي وثقافي وتأثير ذلك على التغير بكل أبعاده.

ب- يبالغ هذا الاتجاه في الاهتمام باستقرار ووحدة وانسجام النظم الاجتماعية واهمال موضوع التغير بكافة أنواعه وانعكاساته على النظم والمؤسسات الاجتماعية ومسؤولياتها في مجتمعاتها.

ج- عزل النظام الاجتماعي واعتباره كياناً مستقلاً قائماً بنفسه ولنفسه وهذه نظره تبتعد عن المنظور الواقعي للحياة.

د- هناك شك في قدرة هذا الاتجاه في احداث تغيرات جذرية في علم اجتماع التربية وعلم الاجتماع بشكل عام لأنه يعتبر ان التغيير عبارة عن حالة مرضية تحتاج إلى علاج كما أنه يؤمن باللامساواة.

هـ- يبالغ أنصاره في عمليات التدريب والاختيار في المؤسسات التعليمية مما يؤثر بشكل سلبي على المضمون في العملية التعليمية - التعلمية.

ومع تقلص سيادة الاتجاه البنائي الوظيفي بعد النصف الثاني من القرن العشرين نتيجة للنقد الذي وجه اليه ونتيجة ثورات الطلبة في امريكيا واوروبا بدأت تظهر على السطح اتجاهات ونظريات نقدية معارضة والتي شهدت قوة في الستينيات من القرن العشرين مستندة إلى بعض الافتراضات التي تتعارض مع الاتجاه البنائي الوظيفي فالمجتمع بحسبها يتكون من مجموعة من الأجزاء أو العناصر وأن الصراع والتنافس سمة أساسية للتفاعل فيما بينها لأن الامتيازات الموجودة في المجتمع محدودة والجميع يحاول الحصول على

بعضها لنفسه دون الآخرين مما يؤدي إلى ضعف التعاون والتكامل وأن التغير الناتج ينزع لأن يكون تغيراً جذرياً.

الاتجاهات الراديكالية في علم اجتماع التربية :

إن الاتجاهات الراديكالية في التربية (Radical approach) تشمل الاتجاهات والنظريات النقدية (الاتجاهات القائمة على فكرة الصراع) من ماركسيين وماركسيين جدد والفيبريين الذين ترجع أصولهم إلى (ماكس فيبر) Max Weber ، فهذه الاتجاهات النقدية تلح على كشف الجذور الاجتماعية الموضوعية للامساواة في التربية وأن نقدها شكل من أشكال التصحيح والتطوير وإن كان نقداً معقداً أو متشابكاً.

ويشير البعض من أصحاب هذا الاتجاه أن المدرسة عبارة عن مرآة مصغرة للمجتمع الذي توجد فيه تعكس ما فيه من عناصر ايجابية أو سلبية لذلك فإن وظيفتها في المجتمعات الرأسمالية اعداد عاملين لخدمة الطبقة المسيطرة وآخرين لخدمة القوى العاملة، ولذلك تكون المدرسة ميدانا للصراع الطبقي لأن هدفها هو اعادة انتاج اللامساواة الاقتصادية، أي اعداد ابناء الاغنياء للوظائف العليا وأبناء الفقراء للوظائف الدنيا كما حدث مع آبائهم .

إنّ هذه الاعادة في الانتاج بكل فيها من اضطهاد واستغلال تتم من خلال تطبيق عدم التكافؤ في الفرص في الثروة وكذلك ثقافياً من خلال اعادة انتاج قيم واتجاهات الطبقات العليا في المجتمع. ان هذه الاتجاهات والنظريات النقدية تركز على أن التعليم في المجتمعات الطبقية يعتبر أحد أدوات القهر واستمرار هيمنة الطبقة المالكة للثروة ووسائل الانتاج. أما بالنسبة للفقراء فانهم يستسلمون ويتركون تقرير مستقبلهم تقرره المؤسسات التعليمية جاعلة فقرهم مشروعاً من خلال تأكيد شرعية التفاوت. فالتعليم يصبح إلى حد ما تعليماً طبقياً لتحقيق رغبات الصفوة المتنفذة وليس لخدمة جميع أفراد المجتمع، لذلك فإن المدارس تعلم الطاعة للاقوياء وتعزيز مبدأ اللامساواة وتقبل الأمر الواقع.

وتوجد مجموعة من المفاهيم في هذا الاطار مثل مفاهيم: الصراع، اعادة الانتاج، التناقض، اللامساواة، ولوم الأنظمة الحاكمة.[16] وكذلك مفاهيم الضبط والسيطرة وهي مفاهيم محورية في الحركة النقدية في اعمال جرامشي، وماركس، ولوكاش.[17]

وتجدر الاشارة إلى ان علم اجتماع التربية الذي يعتمد الى حد كبير على التحليل البنائي الوظيفي قد قوبل بحركة نقدية واسعة معتبرة اياه علماً محافظاً يحاول تثبيت الأوضاع القائمة كما هي، لذلك نشطت الاتجاهات النقدية والدراسات التي تحاول تقديم بديل يعتمد على التغيير للأفضل ولصالح أوسع جماهير الشعب.

لقد ساهمت منطلقات المادية التاريخية والديالكتيكية ومع تطور الثورة الصناعية في خلق نموذج معرفي وفكري يعتمد على أن الواقع الاجتماعي يتألف من البنى التحتية مكونة من الاقتصاد والعوامل المادية ونمط علاقات الانتاج السائدة. وبذلك تصبح المنظومة الفكرية للمجتمع انعكاساً عن الواقع الاجتماعي بكل مكوناته، وتصبح التربية والتعليم آلية لإعادة انتاج النظام القائم بكل مكوناته واعداد الأفراد لمواقعهم وتوزيعهم في مجالات العمل والانتاج. فقوى الانتاج وعلاقات الانتاج التي تعكس أسلوب الانتاج المعني في المجتمع في الفترة التاريخية المحددة هي التي تتحكم في الأفكار والقيم ومختلف مكونات البناء الفكري للمجتمع. وفي النظام الطبقي ومن خلال البنى المادية والفكرية تتم سيطرة الطبقات المتنفذه وتستغل باقي قوى المجتمع، ويسهم التعليم في إعادة انتاج علاقات السيطرة لصالح القوى المسيطرة. والبنيوية في الماركسية تكشف الغطاء عن الطرق التي تعمل بها النتاجات الثقافية، أي عن الطرق التي توصل بها معانيها، انها نظرية اجتماعية عامة تحاول الاحاطة بكل شيء على اعتبار أنها نظام شمولي.[18] اضافة لذلك فإن حدة الصراع تشتد نتيجة وجود التناقضات في المجتمعات والتي هي أساس كل التغيرات فيه، وهناك علاقة بين الأنظمة المستبدة واشتداد حدة الصراع، فهذه الانظمة بقسوتها تحاول كبت الصراع أو تأجيله أو ترحيل المشاكل التي قد تنشأ عنه مما يولد مؤثرات وعدم استقرار وضغوط قد تؤدي إلى خلل اجتماعي يعيق النمو والتطور. إن التوتر يزول بزوال أسبابه ويعود المجتمع الى حالة التوازن والاستقرار.

وسوف نعرض أهم المدارس الفكرية والاتجاهات النقدية والمفكرين النقديين في هذا المجال.

مدرسة فرانكفورت :

جاء بعث الماركسية في بريطانيا عبر ترجمة أعمال الفيلسوف الفرنسي ـ (لـويس التوسـير) Al Thuser الى الانكليزية، وتأصلت تقاليد الماركسية الألمانية في أمريكا حيث أصبحت مرتبطة بالتقليد النقدي المبكر فيها، الا أن انتشارها كان بدرجة أقل في بريطانيا. وقد عرفت هذه الماركسية في بعض الأحيان باسـم "مدرسة فرانكفورت" واحيانا أخرى بالنظرية النقدية. [19] وكان ظهـور هـذه المدرسة رداً علـى الازمـات الاقتصادية والاجتماعية هادفة الى تحرير الانسان وتخليصه من أي قهر مركزه على التفكير النقدي، وكان أغلب فلاسفتها ماركسيون.

ان هذه المدرسة مدرسة نقدية يسارية وهي احدى مدارس علم الاجتماع الذي نشأ مـن خلال أعمال (ميلز) Mils (وجنكز) Jenkins (وكولمان) Kolman (وليفين) Levin (ولوكاش) Loukach (وفـروم) E. Fromm المحلل النفسي وكارل فتفوجيل K. Wittfogel.

وقد ساهم في تأسيس هذا الاتجاه النقدي معهد الابحاث الاجتماعية الذي أسس عـام 1923م في فرانكفورت بالمانيا، وكان له فروع في انكلترا وسويسرا وفرنسا وأمريكا. وقد أدى ظهور هتلـر علـى السـاحة السياسية الى لجوء الكثير من أعضاء هذه المدرسة الى امريكا.

ولعل من أهم المبادئ التي تقوم عليها هذه المدرسة ما يلي: [20]

1- لا تقف حدود النظرية الاجتماعية عند وصف الأوضاع القائمة بل تتجاوزهـا إلى اقتراح أسـاليب عملية لتغيير المجتمعات البشرية الى الأحسن من خلال تحليل أوضاع المجتمعات القائمة.

2- يجب أن تكون النظرية الاجتماعية موجهة لصالح المجموعات التي لها مصلحة في التغيير وليس المجموعات المستفيدة من بقاء الأوضاع على حالها.

3- ان التغير سمة الوجود ولذلك فمهمة النظرية الاجتماعية تقديم فهم علمي سليم للقوانين التي تتحكم في التغيير.

4- ان الصراع هو الذي يحكم طبيعة العلاقات الاجتماعية وان الاجماع القيمي والاتفاق الجمعي ليس له من وجود.

5- ان قدرات الانسان غير محدودة ولذلك يستطيع تغيير واقعه بمختلف أبعاده وكذلك تغيير نفسه للأفضل.

هذه مجمل المنطلقات الفكرية لهذه المدرسة. أما في المجال التربوي فتجدر الاشارة إلى أن هذه المدرسة النقدية كان ينحصر اهتمامها في تقديم منهج لتحليل نوعية العلاقة بين القوى الاجتماعية وبين النظام التربوي في المجتمع. وأيضا تقديم اطار لتحليل العلاقة بين القوى العالمية الكبرى وبين البلدان النامية معتبرة القوى الاولى مسيطرة ومهيمنة والقوى الأخرى قوى تابعة. وتضيف إلى أن مساعدة القوى الكبرى للدول النامية تساهم في تشويه الهوية الوطنية والابقاء على حالة التبعية. وان من مصلحة القوى المسيطرة في المجتمع كما يقول "بوردو" أن يقوم النظام التربوي بإعادة انتاج نفسه واستمرار الحال على ما هو عليه. [21]

وتركز الدول والقوى الكبرى من خلال مفهوم التبعية على التعليم المفيد وعلى المعلومات والمعارف التي ترفع من الانتاج لها كما ونوعاً، أي الأشياء التي لها أهمية وظيفية مرتبطة بالواقع المتقدم وهو الواقع العلمي والتكنولوجي والزراعي، في حين أن التعليم في الدول النامية والتي يطلق عليها اسم دول الهامش يدور حول المعرفة الاستهلاكية.

لقد طور (جورج لوكاش) G. Loukach الكثير من الأفكار الماركسية التي انطلقت منها "مدرسة فرانكفورت" مستعيراً بعض آراء هيغل وماركس بعد تطويرها مبيناً أن معرفة الناس تعتمد على وضعهم التاريخي وليس الشخصي، اذ تنتج المجتمعات في مراحل تطورها المختلفة أشكالاً متباينة من المعرفة ولكن ليس صحيحاً أن كل أشكال المعرفة هي بمنزلة واحدة. أن مفهوم الكل عنده هو أن المجتمع البشري والحياة يشكلان نسقاً

متناسقاً.[22] فالمعرفة الحقة هي معرفة الكل وليست معرفة أجزاء مختلفة عنه، فالفرد لا يعرف الغرفة إلا اذا عرف الطريقة التي تنظم فيها الأجزاء جميعاً في كل واحد متكامل . ولذا فإن معرفة المجتمع يجب أن تأخذ طابع المعرفة العامة وليس معرفة هذا الجزء أو ذاك فقط. ويصل الى نتيجة الى أن مفهوم الكل هو أهم مفهوم ماركسي.[23]

ويرى بعض مفكري مدرسة فرانكفورت أن الرأسمالية هي نتاج للعقل الأداتي الذي هو منطق في التفكير وأسلوب في رؤية العالم، فهو معني بالأغراض العملية. ان اهتمامه ينصب على اكتشاف كيفية صنع الأشياء وليس على ما يجب صنعه.

إن التركيز فقط على "العقل الأداتي" يؤدي إلى استعباد الانسان وتقليص عالم الحياة وهيمنة عالم الأدوات واستبعاد الكثير من جوانب حياة الانسان المتنوعة والثرية. ولذلك يستعمل مفكرو مدرسة فرانكفورت "العقل النقدي" وهو العقل الذي ينظر للانسان باعتباره كياناً مستقلاً مبدعاً لكل مما حوله من أشكال تاريخية واجتماعية، وهو قادر على ادراك الحقيقة ويتجاوز ما هو قائم من خلال نقده الممارسات والأفكار والعلاقات السائدة والبحث في جذور الاشياء.

إن الكثير من أعمال هذه المدرسة قد ركزت على الثقافة حيث أصبحت هي السبيل الذي تتبعه المجتمعات والأفراد لوضع تصور عن العالم لدمج الأفراد بالمجتمع دمجاً ناجحاً من خلال نظام التربية والتعليم، فالثقافة هي العامل الناجح في هذا المجال. كما اهتمت هذه المدرسة بنوعية الشخصية فصناعة الثقافة تتطلب سمات شخصية معينة.

وبعد هذا كله يرى مفكرو مدرسة فرانكفورت أن آلية الخلاص الاجتماعي ليست الطبقة العاملة بل المثقفون والعناصر الأكثر تطوراً من الطبقة العاملة فهم القادرون على التعرف على الامكانيات الكامنة في الانسان وعلى رؤية الماضي والحاضر والمستقبل.

لويس التوسير :

يعتبر (التوسير) Al Thuser (1918-1990) من الماركسيين المجددين وصاحب توجه جديد فقد كان قد طرح رؤى راديكالية وبديلة لوجهة التحليل البنائي الوظيفي عن دور

التعليم في المجتمع. اذ يرى أن التعليم هو جزء من الجهاز الأيدولوجي في المجتمع مؤكداً دوره في انتاج قوة العمل. وهو جزء من البناء الفوقي يعكس علاقات الانتاج السائدة في البناء التحتي ويخدم مصالح الطبقات المتنفذة المسيطرة في المجتمعات الطبقية، فهو خادم لآلة الدولة، ويوضح أن ضمان اعادة الانتاج في أي مجتمع هو وظيفة الجهاز الايدولوجي للدولة ويتكون من وسائل الاقناع الشاملة للمؤسسات الدينية والقانونية والتربوية والاعلام والاتحادات المختلفة والتي تسمى الجهاز الايدولوجي للدولة. انه يؤكد على أن النظام المدرسي هو أحد أجهزة الدولة الأيدولوجية الذي يميزه عن جهاز الدولة القمعي (الشرطة، الجيش، المحاكم)، وهو الذي يؤمن بنجاح استنساخ روابط الانتاج بواسطة مستويات التأهيل المناسبة لذلك والتي تتجاوب مع تقسيم العمل وعن طريق ممارسة الاخضاع للأيدولوجية السائدة، وان المسالك الموجودة في المدرسة هي انعكاس لتقسيم المجتمع الى طبقات وهدفها الابقاء على الروابط الطبقية. وعلى هذا الاساس هناك فرق بين قوة الدولة المادية وقوتها المعنوية. وهذا الجهاز الايدولوجي للدولة هو الذي يضمن اعادة الانتاج وهو يمثل السلطة العليا الشرعية السياسية والعقائدية وأيدولوجية السلطة الحاكمة وبطريقة مخططة من خلال الأفكار والمعتقدات التي تقع في قلب الثقافة وتطبع الناس بطابع لا يمكن الانفكاك عنه.[24] اضافة لما سبق فإنه يؤكد على ان التعليم في المجتمع الرأسمالي جزءاً من ميكانيزمات السيطرة تستخدمه الطبقة الحاكمة لفرض سيطرتها ونفوذها. وأن الرأسمالية في سعيها للمحافظة على مواقعها تستخدم ما يلي:[25]

1- انتاج القيم التي تدعم علاقات الانتاج السائدة وتدخل المدرسة كأحد عوامل هذا الانتاج.

2- استخدام الايدولوجيا والقوة في جميع مجالات الضبط لدعم القوى الحاكمة من خلال قوة المدرسة كمؤسسة ايدولوجية وتربوية.

3- انتاج المعارف والمهارات اللازمة للمهنة والانتاج والنشاطات المختلفة والأعمال.

لقد أعطى التوسير للمدرسة قوة أيدولوجية كبيرة في التغيير بعكس الماركسية التقليدية التـي تـرى في المدرسة مجرد انعكاسات للنظام الاقتصادي القائم. إلا أنـه يـرى ان للمدرسة اسـتقلالية وخصوصية عـلى الرغم من وجود علاقات لها مع القاعدة الاقتصادية. لقد بقي متشدداً في النظر إلى دور المدرسة في اعـادة انتاج العلاقات الاجتماعية المسيطرة وما تتضمنه من تجسيد لمصالح القوى المهيمنـة عـلى مجالات الحيـاة الاجتماعية، ويرى ذلك في الطقوس المدرسية اليومية وتفاعل الطلاب مع معلميهم وتصنيف مـواد الدراسـة وتصميم الأبنية المدرسية، وكذلك في المحاضرات ومحتوى البرامج المدرسية وتخطيطها وفي كـل شيء يتعلـق بالعملية التربوية.

اضافة لهذه المنطلقات فان التوسير يفترض تصوراً جديداً للعلاقـة بـين البنـاء التحتـي والبنـاء الفـوقي ويرتكز هذا التصور على مبدأين أساسيين: [26]

المبدأ الأول: الاستقلال النسبي للبناءات الفوقية أو نتائجها المحددة .

المبدأ الثاني: أن أسلوب الانتاج الاقتصادي يكون له التأثير في النهاية.

ويرى أن البناءات الفوقية وان كان نشوئها كانعكاس للبنـاء التحتـي القائم إلا إن قـدرتها عـلى الاسـتمرار بدرجة أكثر من الشروط المادية لأنها قابلة للتغير السريع. هذا بالاضافة إلى ان لامكانياتها تغطية اكـثر مـن وجود مادي أو بناء تحتي، مما يؤكد أن لها نوعاً من الدوام والاستقلالية الخاصة بحيث لا تصبح في سـياق مكاني وزماني محدد مجرد انعكاس ميكانيكي للشروط المادية القائمة. وعلى الرغم من هذا اعتبر التوسير من أصحاب النظرية الكلاسيكية الاجتماعية لاعادة الانتاج. لقد كان يحـاول تبرئه نفسـه مـن الانتـماء للفكـر الماركسي التقليدي أحياناً، وفي أحيان أخرى كان يدافع عنه. كما أنكر تأثره بالبنيوية التي كان يطلـق عليهـا اسم أيدولوجيا.

بيير بوردو :

يعتبر (بوردو) Bourdeaux من أصحاب التيار النقدي، وهو مفكر فرنسيـ لقـد اقـترح نظريـة في علم اجتماع التربية تسمى "رأس المال الثقافي" لتفسير دور التربية في

ترسيخ وإعادة انتاج علاقات التفاوت الطبقي القائمة. وشيد نظريته من خلال ملاحظاته ودراساته لبنية النظام التربوي في فرنسا ولمرحلة التعليم العالي منه خاصة. لقد ركز على الكيفية التي عن طريقها يعاد انتاج ثقافة السيطرة محللاً النظام التعليمي وكاشفاً إلى أن وظيفته ودوره الفعال يتمثل في اعادة انتاج البناء الطبقي للمجتمعات الصناعية من خلال عملية الانتقاء الاجتماعي المؤسس على معايير ثقافية للطبقة المسيطرة على رأس الهرم الاجتماعي السياسي، فالنظام التربوي يتطابق كل التطابق مع المجتمع الطبقي، وبما أنه من صنع طبقة متميزة تمسك بمقاليد الثقافة أي بأدواتها الرئيسية (المعرفة والمهارات واتقان التحدث) فإن هذا النظام يهدف إلى المحافظة على النفوذ الثقافي لتلك الطبقة، وان عمل المعلم في المدرسة يتمثل في نقله لانموذج الثقافة المسيطرة من خلال صلته بالمؤسسة المدرسية والصلة بلغة الطبقات المسيطرة وثقافتها.

واشار إلى أن دراساته على المجتمع الفرنسي يمكن الاستفادة منها في المجتمعات الأخرى، لأنه وضع نظريته في صياغة مجردة ليجعلها قابلة للتعميم قدر الامكان. ومجمل نظريته تهدف إلى تفسير دور الثقافة السائدة في مجتمع ما في إعادة انتاج وترسيخ بنية التفاوت الطبقي في أي مجتمع.[27]

ويضيف إلى أن النظام التعليمي ينطوي على قهر ثقافي في المجتمعات الطبقية حيث أن الطبقة المسيطرة تحاول تدعيم ثقافتها على أنها ثقافة للجميع ولكل من في المجتمع مضيفاً إلى أن الواقع يشير ومن خلال تحليل النظام التربوي وكشف آلياته وتفسير دوره في إعادة تدعيم وإعادة إنتاج بنية التفاوت الطبقي في المجتمعات المعاصرة ويتم ذلك من خلال الثقافة باعتبارها الوسط الذي تتم من خلاله إعادة انتاج بنية هذا التفاوت باعتبارها قوة رمزية تبني الواقع بأقل مكوناته، فهي رأسمال رمزي قابل للتحول في سوق الاقتصاد إلى أي شكل آخر من رؤوس الأموال، وأن أهم خاصية للحياة الاجتماعية هي عملية تحول المال الى ثقافة رمزية. وبالعكس فإن هذا الرأسمال نفسه قابل للتحول إلى رأسمال مادي، أن جميع أفكاره تؤكد على أن الثقافة هي رأسمال وهي موضوع صراع بين قوى المجتمع.

اضافة لما سبق فإن نظرية بوردو هي باختصار تنطلق من اعادة الانتاج الثقافي كأداة للسيطرة والقهر بديلاً عن العوامل الاقتصادية من خلال تقديم التعليم ورأس المال الثقافي الى المتعلمين بما في ذلك اللغة واللهجات وأنماط السلوط والاتجاهات وطرق التفكير والاهتمامات وتعلمها من خلال الانساق الرمزية التي تمتلكها الصفوة ويكسبها النظام الاجتماعي شرعية عامة، وان كل فرد يتمثل هذا الرصيد الثقافي فإنه يصبح من اتباع النظام القائم. إن بوردو يؤكد على أن النظم التربوية هي التي ترعى وتحافظ على توزيع واستهلاك رأس المال الثقافي، وان الخصائص النفسية تستخدم لانتاج وبناء الممارسات فهي بالأساس ظاهرة أسرية اجتماعية وليس ظاهرة فردية ويتم غرسها من خلال عملية التنشئة الاجتماعية.

واخيراً إن مساهمة "بوردو" في مجال علم اجتماع التربية تهدف إلى تحليل النظام التربوي وكشف آلياته، منطلقاً من أن الثقافة المسيطرة أو السائدة تهدف إلى اعادة انتاج وترسيخ ما هو سائد معتبراً أن الثقافة عبارة عن وسط يتم من خلاله اعادة الانتاج، من خلال العلاقة بين الثقافة والبنى الاجتماعية القائمة في المجتمع، فهي عبارة عن أنسقة رمزية يستخدمها الانسان كأدوات معرفية يبني بها واقعه الاجتماعي. اذن الثقافة كأنسقة رمزية هي رأس مال وهي موضوع صراع بين القوى الاجتماعية المختلفة من أجل السيطرة على حقل الثقافة وانتاج واعادة توزيع رأس المال الثقافي فيه.

اتجاه القهر:

ان اتجاه القهر (Oppress approach) يأتي مع نظريات إعادة الانتاج والتي ترى أن القهر في النظرية الاجتماعية هو سيطرة بنى اجتماعية على ارادة الانسان، فالناس مقهورون وانهم لا يدركون ذلك ويتصرفون وكأنهم يتصرفون بوحي من ارادتهم، بينما هم في الواقع يمثلون أدوراً لم يشاركوا فيها، ويتوهمون أنهم صانعو تاريخهم بينما يصنع التاريخ من خلف ظهورهم وبدون ارادتهم عن طريق تربيتهم وتعليمهم من قبل الجهاز الايدولوجي المسيطر. واتجاه القهر اتجاه نقدي، ومن أشهر ممثليه فلسفياً واجتماعيا وتربوياً (باولو فريري) Paulo Friere الذي عاش ما بين (1921-1997م)، وقد ولد في البرازيل في مدينة

ريبسايف وقد عبّر عن فكره التربوي لأول مرة في رسالته للحصول على درجة الدكتورة عام 1959م ونشر آراؤه في كتبه: "تعليم المقهورين"، و"العمل الثقافي من أجل الحرية"، و"التربية من أجل الشعور الناقد".(28)

ثم كتابه "المعلمون بناة ثقافة" - رسائل إلى الذين يتجاسرون على اتخاذ التدريس مهنة- وهو آخر ما كتبه قبل وفاته في شهر آيار من عام 1997، وتمت ترجمته إلى اللغة الانكليزية، وفيه يتوجه استناداً للمبادئ التي أمن بها برسائل الى المعلمين والمربين المسؤولين عن إعداد المعلم ويقدم فيها الدروس التي استفادها من خبراته وتأملاته في التعليم. لقد أثار في كتابه هذا قضية مهنية التعليم وهي قضية ذات بعد سياسي واجتماعي، معتبراً اياها قضية عامة في كل المجتمعات البشرية. وكان همه في هذا الكتاب تقديم بعض التحليلات لبعض جوانب الواقع في العملية التدريسية، كما يشير هذا الكتاب الى المعلم وهو يدخل الى قاعة الدرس في أول يوم تدريسي له، ويتطرق أيضاً الى علاقة المعلمين مع طلابهم متحدثاً عن قضية التعامل مع الإدارة البيروقراطية، والتقويم، والاخلاق التي يجب أن يتسم بها المعلم. وفي هذا الكتاب تتلاقح قضايا التربية والتعليم مع الفلسفة من حيث الوجود والاخلاق والمعرفة، وايضا مع علم الاجتماع من حيث البنية والعلاقات والديناميكية، ومع السياسة من حيث النظام والأيدولوجية.

لقد بين أن القهر مرتبط بالطبقية حيث تمارس الطبقات المسيطرة والمهيمنة على السياسة والاقتصاد أساليب الاستغلال والقهر مما يؤدي إلى بقاء المقهورين في حالة من الاستكانة ويشعرون بالدونية فاقدين ثقتهم بأنفسهم، إلا أنهم ومع مرور الزمن يتكيفون مع هذا الواقع ويحسون بأنه حالة طبيعية. أنه كان قد كرّس فلسفته وفكره في تربية وتعليم المقهورين والمحرومين من الثقافة من أبناء الشعب ساعياً إلى تغيير الواقع الاجتماعي لبناء مجتمع الحرية والعدالة والمساواة من أجل أنسنة العالم واستعادة المقهورين لأنسانيتهم الحقيقية كما يروها هم وليس كما يراها أسيادهم. كما ساهم أيضاً في عملية محو الأمية في البرازيل. ويضيف في كتاباته إلى أن الطبقات المسيطرة تستعمل التعليم البنكي كوسيلة لتحقيق أهدافها، هذا التعليم يعتمد على خزن المعارف ميكانيكياً عن طريق المعلم الذي هو

سيّد مطاع وان المتعلمين لا دور لهم بل هم منفذون يتلقون ويخزنون ما يأتي من المعلم أو المربي فهم من هذا المنطلق لا يفكرون. ويرتبط التعليم البنكي بالقهر حيث تتركز أهدافه على تقليل الإبداع عند المتعلمين، وعدم تنمية مهارات النقد البنّاء.

اضافة لذلك فإن القاهرين يعتمدون على الغزو الثقافي والاستلاب الفكري في تربية المقهورين، وعكس ذلك يطرح باولو فريري قضية مهمة في التربية وهي تنمية مهارات (نحن نفكر) بدلاً من (أنا افكر) المثالية. ويشير إلى أن التعليم القائم على حل المشكلات وازالة العراقيل وحل المتناقضات هو التعليم القادر على تحقيق الحرية والتآلف الثقافي،[29] وليس التعليم القائم لخدمة ثقافة الصمت.

لقد أكد على أن الجهل مرض اجتماعي وأنه كان نتيجة لظروف السيطرة الاستعمارية ونتيجة التخلف بكل صورة وأشكاله والذي لا يتجزأ. أن أفكاره التربوية جاءت كرد فعل للقهر والاضطهاد الذي شهده الشعب البرازيلي على حكامه، والتي ترى أن التربية عملية ذات طابع تحرري تعمل على تحرير طاقات الشعب من القيود بهدف توعية الجماهير لمعرفة حقيقة الحياة والأوضاع السيئة التي يعيشون فيها، إنها أداة التغيير لإنجاح عملية التغلب على القهر والفقر والتبعية حين تُوجه توجيهاً صحيحاً يطبق على أرض الواقع، فالإنسان قادر على تغيير العالم للأفضل إلا أن الظلم والقهر يعيق ذلك لأنه موجه ضد الانسان وانسانيته. وتعتمد فلسفته ومنطلقاته الاجتماعية التربوية على الحوار كوسيلة مهمة للحصول على المعرفة وجعل التعليم أداة للتحرر بعد أن كان أداة للقهر، معتبراً أن عملية محو الجهل والامية عملاً ثقافياً من أجل الحرية. ومن خلال ما كتبه يستنتج القارئ على أن التربية لا تشكل المجتمع بل أن المجتمع هو الذي يشكل التربية وفقاً لمصالح السلطة المسيطرة.[30] فمهمة التربية ليس التشكيل وإنما السهر على مسيرة المجتمع وتطوره في الاتجاه الصحيح.

اضافة لما سبق فقد أشار فريري إلى عدم وجود تنمية صحيحة بانسان مقهور مسلوب الإرادة. فالقاهرون لا يؤمنون بالحوار حيث أنهم لا يستهدفون في علاقتهم مع الآخرين سوى هزيمتهم بالوسائل المختلفة وتطبيق سياسة فرق تسد والاستغلال والغزو

الثقافي. لقد وضح الطريق الى التحرر من القهر من خلال النضال ضد أشكال السيطرة الاستغلالية المادية والفكرية والذي سوف يمهد السبيل لولادة الحرية عند المقهورين، وعدم الصمت على القهر، فالصمت والقهر حالات لا إنسانية، والحوار هو الأسلوب الوحيد للتغلب على ذلك فهو ظاهرة انسانية.

لقد أجمل بعض المتتبعين أعمال فريري كما يلي: [31]

1- لقد نظر إلى المعرفة على أنها ليست عملية تلقينية مؤمناً بالانسان وقدرته على تغيير الحياة والمجتمع الذي يعيش فيه.

2- نظر نظرة جدلية الى الحياة والعالم من خلال التغير والتجدد وليس من خلال نظره ثابتة لا تتغير.

3- يعتبر فريري أن النقد الواعي البناء - وليس النقد من أجل النقد- هو مفتاح الطريق إلى التعلم الجيد وفهم الحياة وتغييرها.

4- أن التربية (التعليم) عملية تغيير وتحرير اجتماعي من خلال اعتماد النقاش، أو عن طريق تربية جديدة فعالة معتمدة على النقد والحوار، وتغيير محتوى التعليم لصالح المقهورين المعذبين باستخدام أساليب تحليل الواقع وفهمه، والعمل على تغييره باستمرار للاحسن لخدمة أوسع جماهير الشعب.

5- إن أي منهاج مدرسي لا يؤثر في حياة المتعلم كما يؤثر المنهاج الخفي للمدرسة، إلا أنه كلما كان هناك تطابق بين المنهج المعلن والمنهج الخفي، فإن هذا يؤدي إلى تكيف المتعلمين بصورة أفضل مع الدراسة، وزاد ارساء النظام وتنمّى القيم التي ينادي بها المجتمع. وتجدر الاشارة إلى أن الجوانب السلبية للمنهاج الخفي لا تهتم بقيم ومواقف ومتطلبات المحرومين الذين لا يستطيعون مناقشة أبناء الأغنياء في اللبس والأكل والرفاهية. إن وجود منهاج فعّال وانساني يؤسس التكامل بين المنهجين.

ان كتابه "تعليم المقهورين" والذي أشير إليه في الصفحات السابقة جاء نتيجة ملاحظاته مدة ست سنوات عاناها كمنفي سياسي ونتيجة الأوضاع التي عاشها من فقر وتشريد والعيش مع المعذبين. لقد حصل على تجربة غنية من خلال عمله مع منظمة اليونسكو العالمية والمعهد التشيلي للاصلاح الزراعي وبرامج محو الامية وتعليم الكبار والتي كانت موجهة إلى المحرومين الذين يعيشون تحت مظلة ثقافة الفقر.

ان الشيء المهم في التربية التحررية هو شعور الناس بأنهم أسياد أنفسهم، ولذلك لابد من تقديم بيداغجيا المضطهدين للتوعية وأن يشارك المضطهدون في اعدادها.[32] واشار إلى أن الوعي عملية مهمة في تحرر المقهورين لأنه يساعد في تمكين ضحايا الظلم من دخول العملية التاريخية كفاعلين يتحملون المسؤولية وهذا يدخلهم في عملية اثبات انفسهم، مضيفاً إلى أن الوعي الانتقادي يؤدي إلى التعبير عن مشاعر السخط الاجتماعي لأن مشاعر السخط عبارة عن مكونات حقيقية لوضع قمعي جائر بعيداً عن القيم الانسانية.

إضافة لذلك فإن باولو فريري رأى في الوعي طريقة يتمكن بها الانسان من معرفة العالم وتغييره، مشيراً إلى أن الوعي في ظل حضارة الصمت يكون وعياً زائفاً نتيجة ظروف الخوف والسيطرة الممارسة على القوى الضعيفة المقهورة والمغلوب على أمرها حيث لا حول ولا قوة لها أحيانا، ولكن ومن خلال حضارة الكلمة ومن خلال كشف الشعب حقيقة الوضع المعاش تتغير الأمور. ويضيف إلى أنه ومع تعمق الصراع بين القوى المستغِلة والمقهورة ونتيجة وجود الوعي الصادق النيّر الناقد يتحقق التحرر والخلاص من القهر وأن طال الزمن. فهذا الوعي هو المقدمة لفتح الطريق نحو التحرر الحقيقي للمقهورين، وان التربية الصحيحة ذات القيم الإنسانية تلعب دوراً مهماً في ذلك.

لقد كان فريري علماً من أعلام التربية والتعليم والاجتماع والسياسة تتمثل فلسفته في المنحنى الانساني الديمقراطي الراديكالي لأنه آمن بطاقات الانسان الخلاّقة في صناعة تاريخه من خلال ثقته بنفسه كإنسان فاعل في تغيير حياته والتحول من كائن لغيره إلى كائن لنفسه ولغيره. لقد كان صاحب فلسفة ديمقراطية هدفها تجاوز ثقافة القهر المنتجة لثقافة الصمت وثقافة الفقر والالتزام بالمشاركة السياسية وقضايا العدل الاجتماعي واحترام

الآخر وتشجيع الحوار الناقد البناء، داعياً إلى الكفاح السلمي الذي يمهد الأرضية للشعب في المشاركة في اتخاذ القرارات المسيرة لحركة الحاضر والمستقبل. كما أنه آمن بالدور الفعّال للمعلم القائد الذي يقوم بعمله بإخلاص ويتحرر من قيم الظلم والذي يتوخى العدالة. فلقد حدد صفات ضرورية للمعلم التقدمي وهي:(33)

أ- التواضع: وهو ذلك النوع من التواضع الذي لا يدل على افتقاد احترام الذات أو الجبن أو الخوف من الموقف بل ذلك التواضع الذي يتطلب الشجاعة والثقة بالنفس واحترام الذات والذي يبتعد عن التعالي والغرور والأنانية.

ب-الحب: ذلك الحب بدونه يفقد نشاط المعلم كل معنى، أنه حب المتعلمين وحب العملية التعليمية التعلمية ذاتها.

ج-الشجاعة: ويقصد بها الشجاعة كفضيلة وهي تتمثل في الانتصار على مشاعر الخوف.

فعلى سبيل المثال الخوف من فقدان العمل، أو الخوف من عدم الترقية إلى رتبة أعلى في سلك التعليم، أو الخوف من المستقبل. لذلك على المعلم من ناحية أن لا ينكر مخاوفه وهذا شيء طبيعي، وان لا يسلم نفسه اليها من ناحية أخرى، بل عليه ضبطها فمن خلال ممارسة عملية الضبط تتحقق الشجاعة التي تشارك في تلك العملية.

د- التسامح: ويشير إلى أنه بدون التسامح لا يتحقق أي عمل تربوي جاد ولا أية خبرة ديمقراطية أصيلة تستحق الجهد، وبدونه سوف تفقد الممارسات التربوية صفة التقدمية. وأشار إلى أن التسامح لا يعني السكوت عمّا لا يحتمل، كما لا يُعني التموية بعدم الاحترام أو ملاطفة المعتدي، أو اخفاء الغضب، أنه الفضيلة التي تعلم الانسان كيف يعيش مع من يختلف عنه ويحترمه. فالتسامح صفة ديمقراطية لان التعايش مع الأفراد المختلفين في الرأي والجنس والمعتقد.. الخ يعتبر مبدأ جوهرياً من مبادئ الديمقراطية. واشار فريري إلى أن النفاق خطيئة فهو عار وانحلال ويجب الابتعاد عنه. ويضيف إلى أن الانسان لا يتعلم التسامح في محيط يسودة عدم تحمل المسؤولية فهذه البيئة لا تؤدي إلى انتاج الديمقراطية لأن فعل التسامح يحتاج إلى مناخ تتأسس فيه

الحدود والمبادئ التي يجب احترامها، فالتسامح لا يعني التعايش مع ما لا يحتمل فمثلاً من الصعوبة بمكان أن يتعلم الانسان التسامح في ظل مناخ تسلطي أو متساهل حيث تتلاشى حدود الحرية لأن التسامح يحتاج إلى الاحترام والنظام والاخلاق. ومن ثم فإن الانسان التسلطي المتحيز لا يمكن أن يصبح متسامحاً إلا اذا تخلص نهائياً من تحيزاته الأنانية.

هـ-القدرة على صنع القرارات: وهو أمر مهم وضروري للمعلم التقدمي وهي ليست خبرة سهلة لأنها عملية تمزق وحيرة. ان التردد في اتخاذ القرار هو عبارة عن افتقار للثقة بالنفس وهي ضرورة لكل من يمارس المسؤولية، فهذا الحسم يعطي المعلم الشعور بالأمان.

و-الحكمة والصبر في مواجهة التوتر والاندفاع فاللاصبر أو الاندفاع يهدد نجاح المعلم. فعلى المعلم أن يعيش ويعمل مع حالتي الصبر واللاصبر دون الاستسلام التام لأي منهما. ومع أهمية العمل المتوازن تبرز صفة أخرى أطلق عليها فريري الاقتصاد اللفظي وهي متضمنة في حالة ميزان الصبر واللاصبر، ويتضح ذلك في أن الذين يعيشون الصبر واللاصبر نادراً ما يفقدون التحكم فيما يتكلمون به، فهم قليلاً ما يتجاوزون حدود ما هو مقصود على الرغم من حيويته.

ويضيف إلى ما تقدم أنه لا يوجد إنسان خال من مظاهر المقاومة أو الصراع، وأن التهرب من ذلك هو محافظة على الأوضاع القائمة، وأن على المعلمين التوحد من أجل الدفاع عن حقوقهم والتي تشمل حق التمتع بالحرية في التدريس والتعبير عن الآراء، وتوفير ظروف أفضل للعمل التربوي، وحق التفرغ العلمي المدفوع الأجر والمحافظة على الاتساق الفكري دون ضغوط ونقد السلطات دون خوف او عقوبة، وعدم الاضطرار الى الكذب والنفاق من أجل البقاء في العمل.

اللامدرسية:

ويقصد بهذا المصطلح (Deschooling) أي مجتمع بلا مدارس أو التوجيه اللامدرسي. وهو اتجاه نقدي راديكالي يؤكد على أن المدرسة مؤسسة اجتماعية تابعة للنظام القائم، ولذلك لابد من التخلص منها كمؤسسة اجتماعية ظالمة لأنها تخدم الطبقية وصاحب السلطة والقوة والنفوذ، وتكرس قيم الخنوع والظلم.

ويعتبر (ايفان ايلتش) Ivan Illich وهو قسيس نمساوي ولد عام (1926م) في مدينة فيينا - وكان متخصصاً في الفلسفة واللاهوت - من أشهر ممثلي الاتجاه اللامدرسي في التربية والتعليم. ومن أشهر كتبه "مجتمع بلا مدارس" (Deschooling society)، والذي أشار فيه إلى عدم الاعتماد على المؤسسات التعليمية في القيام بالعملية التعليمية التعلمية وتربية الجيل الصاعد، وهذا هو المعنى المعتدل لهذا الاتجاه. أما الاتجاه المغالي فهو الاتجاه الذي ينادي بالغاء المؤسسات التعليمية النظامية في المجال التربوي واستبدالها بالمجتمع باعتباره المدرسة الكبرى لجميع أفراده. وكان أقرب مفكر له في هذا الاتجاه هو (ريمر Reimer) الذي عاش في مدينة بورتوريكو ونشر كتاباً له عنوانه وفاه المدرسة (School is dead) (34). لقد أشار ايفان ايلتش في كتابه مجتمع بلا مدارس إلى أنه مدين لرايمر الذي التقى به لأول مرة عام 1958م في بورتوريكو، واستمرت اللقاءات لمدة (13) عاماً أي إلى عام 1970م واستمرت لقاءاتهما مع بعض للحوار والنقاش والتي كانت تدور حول موضوع "أن المجتمع ممكن أن يكون بلا مدارس". [35] وجدير بالذكر أنه كان هناك أسباب للهجوم على المدارس فنتيجة للتقدم التكنولوجي والثورة المعلوماتية في المجتمعات الصناعية المتقدمة والتي أحدثت خللاً في القيم والمعايير الاجتماعية مما أفزع ذلك المفكرين والفلاسفة وعلماء اجتماع التربية متهمين التعليم المدرسي النظامي في عدم تمكنه من مواجهة الخطر والخلل.

ولكن هذا الاتهام لم يتضمن محاولات جادة وناجحة لاصلاح الأوضاع وتعديلها، ومع ذلك لقد وجهت الاتهامات والأحكام القاسية للخلاص من المدرسة واعدامها.

ومن الأسباب المهمة التي دعمت إلى هذا الاتجاه والدفاع عنه هو اعتبار التعليم الالزامي هدفاً مهماً في تربية الجيل الصاعد واعداده للحياة والعمل وتوفير قدر مشترك من عناصر الثقافة المتمثل في العموميات التي هي عامل مهم في الوحدة الثقافية وتحقيق المواطنة الصالحة بشكل سليم، ولأهمية هذا التعلم إلا أنه من الصعب تحقيق التعليم عن طريق المدرسة الحالية، أو عن طريق مؤسسات نظامية بديلة تقوم على فكرة المدارس الحالية وانظمتها وتفاعلاتها المختلفة، لأن فكرة التعلم الالزامي لم تنشأ نتيجة مصلحة المتعلم فقط بل أوجدتها الظروف الاقتصادية والاجتماعية والثقافية والسياسية المتعددة والتي سادت في الدول الغربية الصناعية المتقدمة لتلبية حاجات ومتطلبات السوق التي توسعت خاصة بعد الثورة الصناعية والتي تمثلت في مطالب تقنية متزايدة، وأيضاً في توفير السلع والخدمات المختلفة، وهذا يشير إلى أن هذا التعليم مهم لأنه يوفر القدر المشترك للحياة الاجتماعية عن طريق الاتصال والتواصل بين ابناء الجيل الواحد.

ان ممثلي هذا الاتجاه ينطلقون في هجومهم على المدارس من الأفكار السائدة فيها كأفكار الاكراه والالزام والمشتقة من مفهوم التعليم الالتزامي.[36]

وتجدر الاشارة في هذا المجال الى أن ما كتب حول المدارس من مؤلفات لهو كثير جداً باعتبار أن المدارس مؤسسات حضارية وثقافية تقدمية، فدرجة انتشار المدارس في أي مجتمع يعتبر مقياساً على تقدمه وعاملاً مهماً في القضاء على الفقر والبطالة وازالة الجهل. كما أشار البعض إلى أنه كلما شيدت مدرسة فإنه سبب كافٍ لاغلاق سجن وفرصة أخرى لعدم فتح سجن جديد، لأن من مهام المدارس غرس القيم الأخلاقية وتنوير المجتمعات ودفعها قدماً الى الأمام. وبجانب هذه المنطلقات التي تدعم تأسيس المدارس وتطويرها وجدت دعوات تنادي بإغلاق المدارس وأن تصبح المجتمعات البشرية مجتمعات بلا مدارس، وبذور هذه المنطلقات تعود إلى الفكر الفلسفي الطبيعي عند (جان جاك روسو) Rosseau: 1712-1778 واتباعه الذين رأوا أن المدرسة تفسد أخلاق المتعلم من خلال غرس قيم لا نقية مثل: الكذب والنفاق والغش والاتكالية، وأن العودة إلى الطبيعة مباشرة هي التي سوف تنتج جيلاً نقياً متعلماً معتمداً على نفسه.[37] وهذا واضح من إشارة روسو عندما يؤكد إلى رفض كافة

المؤسسات الاجتماعية والتربوية لأنها تبعد الانسان عن السير في الطريق الصحيح. كما كان للفكر الليبرالي دوراً مهماً في ذلك انطلاقاً من فهمه للحرية الفردية والتي تنص على أن الفرد هو الذي يقرر متى، وأين، وكيف يتعلم؟ وقد ازدادت هذه الافكار قوة في منتصف القرن العشرين وأواخره وخاصة في المجتمعات التي تشبعت بالتعليم وتعددت بشكل هائل وسائل ووسائط التثقيف والأعلام، مما أدى إلى تجسيد فكرة المجتمع المتعلم المعلم، والذي ينطلق من أن الفرد يمكن أن يحصل على المعارف والمعلومات التي يرغب فيها بوسائل مختلفة، وليس من خلال المؤسسات التعليمية النظامية فقط. ويشير بعض المهتمين والمفكرين إلى أن معرفة ايفان ايلتش بالكنيسة الكاثوليكية هي التي جعلته يوجه هجوماً لاذعاً للمدارس، خاصة تلك التي تعد بالخلاص الديني أو العلماني منتقداً بذلك القساوة المنادين بذلك. وحسب رأيه فإن التشابه يبدو واضحاً بين رجال الدين في القرون الوسطى الذين وعدوا بالحياة بعد الموت، والمعلم الحديث الذي يعد بحياة راقية طيبة للمتعلم بعد انتهاء الدراسة ومغادرته مقاعد المدرسة.[38]

إن ايفان ايلتش يرفض كلا من الرأسمالية والاشتراكية على حد سواء، مبيناً ان اقتصادي البلدان الرأسمالية والاشتراكية يفعلون نفس الشيء وهو العبادة المفرطة للنمو بمعنى الوفرة الانتاجية.

كما أن هناك أسباب أخرى دعت لمهاجمة المدرسة الاعتقاد بأن العملية التعليمية التعلمية فيها تسير بطريقة عشوائية غير منظمة وأن الكثير من التلاميذ يتعلمون لغتهم بطريقة عشوائية، وان تعلمهم يتم بسرعة وذلك نتيجة لاهتمام أولياء الأمور بتعلم أبنائهم وتخريجهم بسرعة ليلحقوا إلى سوق العمل أو مواصلة التعليم العالي.

ويطرح ايلتش كبديل عن المدارس وبشكل غامض (شبكات المعرفة أو شبكات التعلم) والتي تشمل كافة المصادر والمواقف الحياتية التي يعيشها الناس من : مشاهدة التلفزيون والقراءة والتعلم مع الرفاق أو من الصحافة، وأن أفكاره في هذا المجال تشير الى الاعتماد أو اتاحة الفرصة أمام ثلاث فئات للمشاركة في العملية التعليمية التعلمية وهي:[39]

1- الاشخاص الذين يرغبون في استخدام المصادر المتاحة في أية فترة حياتية.

2- الاشخاص الذين يرغبون في عرض قضية من القضايا على جمهور مجتمعاتهم.

3- الاشخاص الذين يرغبون في ايصال معارفهم الى الذين يرغبون في الاستفادة منها.

لذلك فان "ايفان ايلتش" يرى ان التخطيط لهذه الشبكات لا يبدأ من مقولة لماذا يتعلم الانسان؟ بل يبدأ من أي نوع من الناس أو الأشياء يجب ان يتعلم ليتصل بهم المعلمون خلال عملية التعلم؟ مضيفاً إلى أن المتعلم يحتاج حتى يتعلم الى المعلومات والاستجابة الى كيفية استخدامها.

وتجدر الاشارة في هذا المجال الى أن النقد الموجه للممارسات المدرسية لا ترقى الى مستوى الغاء المدرسة وما لها من أهمية في الضبط الاجتماعي. فالمدرسة هي مؤسسة حيوية في بناء المجتمعات البشرية وفي طرق متعددة، وفي التنشئة الاجتماعية، وكذلك فإن تمويل الشبكات المعرفية حسب ما جاء في اللامدرسية يشكل عائقاً كبيراً، كما ان النقد الموجه للحياة المدرسية من الممكن معالجته ولا يشكل سبباً مقنعاً لالغاء المؤسسات التربوية النظامية والتي أشير اليها في هذا المجال مثل: الرتابة والطابع التكراري النمطي للحياة المدرسية، والذي يؤدي حسب اعتقاد اللامدرسيين الى ملل التلاميذ أحياناً هذا بالاضافة إلى أنه يمكن معالجة تنظيم ساعات الدراسة التي اعتبرت على أنها مقيّدة لحرية التلميذ، ويمكن أيضاً معالجة كل المسائل المتعلقة بالوظائف الاجبارية والامتحانات والخطط الدراسية واضعين بعين الاعتبار أن المنطلق هو طبيعة المتعلم واهتماماته واتجاهاته.

ان اللامدرسية تركز على الجهود الفردية أو الجماعية وقد تستند إلى أسس علمية وقد لا تستند في نواحي أخرى، وتتبنّى معايير اجتماعية غير تلك التي يحترمها ويقدسها المجتمع فثقافتها غريبة عن الثقافات التي تعودت عليها المجتمعات.

لقد أعتبرت اللامدرسية فلسفة للتحرر من النمطية والمؤسسية وأنها ترتكز على الاعتقاد بأن مؤسسات المجتمع التربوية لا تسهل الخبرة الفردية والاعتماد على النفس. وان

نظام التعليم التقليدي غير كفؤ وغير فعّال فهو يقيد نمو المتعلمين وخبرتهم وابداعهم وذكاءهم ومقدرتهم. (40)

وتجدر الاشارة إلى ان شبكات التعلم تخلو من تنظيم رعاية الصغار الذي يحتاجون الى مهارات أساسية كالقراءة والكتابة أو الحساب والتي بدونها لا يستطيعون التعامل مع شبكات المعرفة. كما أنها تدعو الى استخدام التكنولوجيا المتقدمة كالعقول الالكترونية وأجهزة البرمجة المعقدة التي تحتاج إلى مهارات عالية مما يجعل الدولة تسيطر مركزيا على هذه الشبكات لصالحها. وهذا يتعارض مع مبدأ الحرية التي انطلقت منها فلسفة التربية اللامدرسية. وفي الدول النامية فالأمر أصعب لانها تحتاج إلى جهود كبيرة ووعي تربوي متطور. وهذا لا يتوفر في ظل الأمية المرتفعة وانعدام دمقراطية الثقافة .

وبعد هذا العرض للاتجاهات والنظريات المختلفة الراديكالية النقدية، الاشارة الى أنه لابد من التأكيد على بعض الافكار التي جاءت في مجال التربية والتعليم والنقد الموجه، ولعل من أهمها ما يلي:

- التأكيد على أن التعليم هو أحد العوامل التي تحدد مستقبل الفرد الاقتصادي والاجتماعي وليس هو العامل الأقوى فهناك عوامل أخرى تعود إلى سمات الشخصية والمستوى الاقتصادي والاجتماعي.

- التعليم وسيلة للثبات الاجتماعي والمحافظة على الوضع الاقتصادي الاجتماعي القائم في المجتمعات التي تسيطر عليها القوة أو الضغط الاجتماعي، وانتقال اللامساواة من جيل الآباء الى جيل الأبناء ولذلك فإن الاتجاهات النقدية قد وجهت نقدها الى ذلك.

- وضع النظام لخدمة الفرد فهو الوحدة الاساسية للنظام، واذا حدثت مشكلة بين الفرد والنظام فالخطأ عائد إلى النظام بمؤسساته ووسائله المتعددة وقوانينه من منطلق أن الفرد دائماً على حق واللوم يقع دائماً على النظام بكل مكوناته.

– التأكيد على دراسة نوعية العلاقة بين التربية باعتبارها نظاماً فرعياً من أنظمة المجتمع الأخرى، وكيفية حدوث العلاقة وتغيرها باختلاف المكان والزمان، فالمدرسة لا توجد في فراغ معزولة عن المجتمع، فهي ليست المؤسسة التعلمية الوحيدة المسؤولة عن التنشئة الاجتماعية واعداد الأفراد للحياة والعمل. ان قيام المدرسة بدورها التربوي لا يعني اضطلاعها بعبء التربية والتعليم لوحدها في المجتمع فهناك وسائط أخرى تساعدها في ذلك ويجب ان تتضافر جهودها مع جهود المدرسة من خلال التنسيق معها فالتصحيح والتكامل بين هذه المؤسسات كافة انطلاقا من أن الكل والجزء حدين متكاملين.

– لقد بين علماء اجتماع التربية استحالة عزل العلاقات بين من هم في المدرسة عن البيئة الكلية للنظام التربوي ووظائفه الاجتماعية وربط ذلك مع المجتمع بكامله. إن سير العملية التربوية تنتج عن الشروط التي تنشأ بين المدرسة والنظام الاجتماعي، وان قدرة العمل التربوي لا يمكن فصلها عن القدرة الاجتماعية. فالقدرة الاجتماعية تتحكم في القدرة التربوية لتثبيت اقدامها ومواقعها. وتجدر الاشارة هنا إلى أن تغيير التربية لا ينتج عن تغيير في أساليب التدريس أو في استخدام علوم تربوية جديدة أو تقنيات عصرية. فصياغة سياسة للتربية غير منعزل عن النظام الاجتماعي بمجمله لأن بنية المجتمع هي التي تحدد العلاقة التربوية وان أي مشروع تربوي لا ينجح إلا إذا ارتبط بمشروع اجتماعي، لذلك فمن الضروري اعادة التفكير في مجمل النظام التربوي تبعاً لخيار سياسي واعادة تنظيم العلاقات والروابط الاجتماعية اذا ما أريد تغيير البنى المؤسسية للروابط التي تنشأ بين المعلمين والمتعلمين، كما أن وجود سياسة اجتماعية ديمقراطية يؤدي للوصول إلى ديمقراطية حقيقية للتعلم.[41] وهذا ما ركزت عليه الاتجاهات والنظريات النقدية مؤكدة على أن المجتمع المحلي هو معمل للمدرسة وأن الحياة الاجتماعية هي المحور الرئيس للبرامج المدرسية والنشاطات اللاصفية الموجهة.

- إن عملية التنشئة الاجتماعية تختلف من طبقة لأخرى أو من فئة لأخرى مؤكدة على الصراع بين الطبقات. وإن النظم السائدة في المجتمعات المعاصرة ما هي إلا نتيجة لهذا الصراع، وان النظام التعليمي عبارة عن مرآة مصغرة تعكس ما يدور في المجتمع من صراع ومشكلات. وان الحل لا يكون الا بحل مشكلات المجتمع المحيط بالمدرسة.

- ان المدرسة عبارة عـن أداة تابعـة للنظام بكـل مكوناتـه وتقـوم بالوظـائف المحـددة مـن قبـل المسيطرين عليها تستخدمها الطبقات المتنفذة لتحقيق الثبات الاجتماعي لأنها لا تحقق مبدأ تكافؤ الفرص التعليمية بشكل واسع لأبناء الفقراء، أنها تعكس ما يحدث في المجتمع المحيط بها، أي أنها تعيد انتاج ما هو موجود من خلال المنهج الخفي، أنها مؤسسة اجتماعيـة تربويـة في خدمة الطبقة صاحبة السلطة والقوة والثروة في المجتمع.

- هناك تناقض بين ما تعلنه الحكومات المعاصرة من مبادئ الحرية والعدالـة والمسـاواة وبـين مـا يطبق على أرض الواقع، وينطبق هذا على المدرسة وما تمارسه من سياسات.

وسوف يتناول هذا الكتاب في الفصول اللاحقة مواضيع لها علاقة بعلم اجتماع التربية وهي:

- الثقافة والتربية

- التغير والتربية

- التنشئة الاجتماعية

- الديمقراطية وتكافؤ الفرص التعليمية

المراجع

1- السيد، سميرة، (1998)، علم اجتماع التربية، ط(3)، دار الفكر العربي، القاهرة، جمهورية مصر- العربية.

2- الجولاني، فادية، (1997)، علم الاجتماع التربوي، ط(1) مركز الاسكندرية للكتاب، الاسكندرية، جمهورية مصر العربية.

3- المرجع السابق.

4- لطفي، عبد الحميد، (1981)، علم الاجتماع، ط(2)، دار النهضة العربية، بيروت، لبنان.

5- الدقس، محمد، (2005)، التغير الاجتماعي بين النظرية والتطبيق، ط(3)، دار مجدلاوي للنشر- عمان، الأردن.

6- عبد الدايم، عبد الله، (1973)، التربية عبر التاريخ، ط(1)، دار العلم للملايين، بيروت، لبنان.

7- المرجع السابق.

8- أحمد، عبد السميع، (1990)، جدوى نظرية القهر في اجتماع التربية، مجلة التربية المعاصرة، عدد (16) ، السنة السابعة، مركز الكتاب للنشر، مصر.

9- Olive Banks, (1968), "Sociology of education" First edition, Batsford LTD, London, England.

10- الجولاني، فادية، مرجع سابق.

11- الشخيبي، علي، (2002)، علم اجتماع التربية المعاصر، ط(1)، دار الفكر العربي، القاهرة، جمهورية مصر العربية.

12- المرجع السابق.

13- دوكرية، جان جاك، (2001)، الملف المفتوح البنائية والتربية -مستقبليات، المجلد (31)، عدد (3) مكتب التربية الدولي، جنيف، سويسراً.

14- المرجع السابق.

15- بسامه، خالد المسلم، (1996)، علم اجتماع التربية (التنمية)، ط(1)، دار السلاسل، الكويت.

16- الشخيبي، علي، مرجع سابق.

17- أحمد، عبد السميع، (1990)، مرجع سابق .

18- كريب، ايان، (1999)، النظرية الاجتماعية من بارسونز إلى هابرماس، ط(1)، عالم المعرفة، الكويت.

19- المرجع السابق.

20- نصّار، سامي، وأحمد، جمان عبد المنعم، (1998)، مدخل الى تطور الفكر التربوي، ط(1) منشورات دار السلاسل، الكويت.

21- المرجع السابق.

22- كريب، ايان، (1999)، النظرية الاجتماعية، مرجع سابق.

23- المرجع السابق.

24- أحمد، عبد السميع، (1993)، دراسات في علم الاجتماع التربوي، ط(1)، دار المعرفة الجامعية، الاسكندرية، جمهورية مصر العربية.

25- المرجع السابق.

26- الجوهري، علياء، وليلى علي (1995)، التغير الاجتماعي، ط(1)، دار المعرفة الجامعية، القاهرة.

27-   البلاوي، حسن (ب.ت) التربية وبنية التفاوت الاجتماعي الطبقي – دراسة نقدية في فكر بوردو
.

28-   مـرسي، منـير، (1997)، الاتجاهـات الحديثـة في تعلـيم الكبـار، ط(1)، عـالم الكتـب، القـاهرة،
جمهوريـة مصر العربيـة. وكـذلك مـرسي، منـير، (1999)، الاصـلاح والتجديـد التربـوي في العصر
الحديث، ط(1) عالم الكتب، القاهرة، جمهورية مصر العربية.

29-   نصّار، سامي، واحمد جمان عبد المنعم، (1998)، مرجع سابق.

30-   علي، سعيد اسماعيل، (1995)، فلسفات تربوية معاصرة، ط(1) عالم المعرفة، القاهرة، جمهورية
مصر العربية.

31-   نوفل، محمد نبيل، (1985)، دراسات في الفكر التربوي المعاصر، ط(1)، مكتبة الانجلو المصرية،
جمهورية مصر العربية.

32-   فريري، باولو، (2003) نظرات في تربيـة المعـذبين في الأرض، ط(1) دار التنـوير للنشر، رام الله،
فلسطين.

33-   فريري، باولو، (2004)، المعلمون بناة ثقافة (رسائل الى الذين يتجاسرون علـى اتخـاذ التـدريس
مهنة)، ط(1)، ترجمة حامد عمار، وعبد الـراضي ابـراهيم، ولميـاء محمـد أحمـد، الـدار المصريـة
اللبنانية، القاهرة، جمهورية مصر العربية.

34-   علي، سعيد اسماعيل، فلسفات تربوية معاصرة، مرجع سابق.

35-   Ivan, Ilich, (1990), "Deschooling society (CIDOC), Guernavaca, Mexico.

36-   علي، سعيد اسماعيل، مرجع سابق.

37-   المرجع السابق.

38-   المرجع السابق.

39- نصّار، سامي، وأحمد جمان عبد المنعم، مرجع سابق.

40- Peter O. Peretti & Emmal Jones (2001), "Limitation of Deschooling as a viable model Education (EBSCO) on line.

41- بوستيك، مارسيل، (1986)، العلاقة التربوية ، ترجمة محمد النحاس، ط(1)، المنظمة العربية للتربية والعلوم والثقافة، تونس.

الفصل الرابع

الثقافة والتربية

- العلاقة بين الثقافة والتربية
- الثقافة والأنثروبولوجيا
- المجتمع والثقافة
- العولمة والثقافة والتربية
- العولمة والثقافة
- العولمة والتربية

الفصل الرابع
الثقافة والتربية

العلاقة بين الثقافة والتربية :

يركز علم اجتماع التربية على أهمية العلاقة بين الثقافة والنظام التربوي في أي مجتمع من المجتمعات البشرية، لان الثقافة (Culture) هي الأرضية التي ينشط بها النظام التربوي فقد احتلت ومنذ القدم اهتمام المشتغلين بالتربية والتعليم والأنثروبولوجيا والسياسة وعلم الاجتماع لأهميتها في فهم العوامل المؤثرة في العمليات الاجتماعية ولسعتها التي تشمل المجتمع ومؤسساته ونظمه وتفاعلاته المختلفة ومشكلاته ومعاييره الاجتماعية من: عادات وتقاليد وقيم سائدة...الخ، وكذلك فإن استمرارية الثقافة تعتبر الأساس الأول لبقاء المجتمع واستمراره وتقدمه، ومن ثم يلعب النظام التعليمي دوراً مهماً في استمرارية الثقافة وتنقيحها وتبسيطها والمحافظة على التراث الثقافي وتعزيزه ونقله من جيل لآخر، وبهذا تكون التربية قد عملت على استقرار المجتمع وتوازنه من خلال المؤسسات التربوية الموجودة فيه. هذا بالإضافة إلى أن التربية تعمل على تنقية التراث الثقافي من العناصر التي لم تعد تحقق حاجات الأفراد ولا تتناسب مع المعاصرة.

كما تهتم التربية باعتبارها نظاماً من انظمة التفاعل الاجتماعي بتأصيل الذاتية الثقافية وتحافظ عليها وعلى هوية المجتمع، إنها وسيلة المجتمع لاستمرار وجوده وتواصل أجياله مؤدية الدور الجامع للثقافة من خلال الانتماء للمجتمع والحفاظ على استمراره واستقراره والدفاع عن قيمه، والعمل على انتفاء التبعية الثقافية من خلال تحقيق التوازن بين الثقافة الوطنية والقومية والثقافات الأخرى التي لها علاقة وذلك من خلال الانتشار الثقافي. إلا أن هذا التوازن لا يعني الانغلاق لأن انغلاق الثقافة على نفسها يعني تكلسها

وذلك حين ترفض التعامل مع الثقافات الأخرى متغنية بالماضي ومن خلال ديموميتها الذاتيـة وتجاهل مـا سواها، ومع ذلك هناك أهمية قومية ووطنية لبناء عالم متعدد الثقافات انطلاقاً مـن تعـدد الاقطاب في السياسة والاقتصاد دون انكار وجود قواسم مشتركة في الثقافات العالمية يمكن تعزيزها والاستفادة منها.

وتجدر الاشارة إلى أن البرامج التربوية ومنذ القدم قامت بمسؤولية الاعداد الثقـافي للاجيـال الناشئة. وكانت في كل مراحلها تعكس ما يحدث في المجتمع مـن تغيرات ثقافية. فالعلاقة بين الثقافة والتربية اذن علاقة جدلية يؤثر كل منهما بالآخر ويتأثر به، لأن الثقافة هي مجال العمل التربوي ومنطلق مهم للتوجهات التربوية عبر التاريخ، فليس هناك من فصل بين التربية ومنظومة الثقافة.

وتعتبر الثقافة أحد المفاهيم الأساسية التي أوجدها علماء الانثروبولوجيا، إلا أن هناك علومـاً أخرى تستعملها في الوقت الحاضر مثل: علم الاجتماع وعلم النفس، والسياسة وعلم التربية. فهـذه العلـوم لها علاقة وثيقة جداً بالثقافة، لأن الثقافة تتشكل من عناصر عديدة يصعب حصرها، ولها علاقة بـالعلوم المشار اليها، وهذه العناصر تشكل وحدة واحدة متكاملة لتكوّن نسقاً واحداً، فهي عبارة عن نظام متكامل من السلوك المكتسب أو المتعلم هذا بالإضافة إلى مجموعات مـن العناصر والصفات والافكار وأنماط السلوك والعلوم والمخترعات التي تتكامل مع بعضها البعض. [1]

اضافة لما سبق تعتبر التربية من أكثر العلوم التي لها علاقة وثيقة بالثقافة فخلفية الفكر التربوي مرتبطة ارتباطاً وثيقاً بالثقافة في المجتمع الموجودة فيه لأن التربية تعرّف بانها اكساب الانسان ثقافة مجتمعة بالإضافة الى التعريفات الأخرى التي سوف تعرض في الصفحات اللاحقة. وعلى سبيل المثال فإن نجاح التربية في أي مجتمع مرهون بدرجة تفهم العلاقة بينها وبين الثقافة وخاصة في ضوء محورية الثقافة في عملية التنمية المجتمعية، وخاصة ان التربية أصبحت مرادفة للتنمية في عصر ـ المعلومـات، وان نجـاح التربية العربية يعتمد على درجة تفهم هذه العلاقة والانطلاق منها على أرض الواقع. لقد فسر كثيرون مـن المهتمين أن فشل التربية في الماضي يعود وبدرجة كبيرة الى اهمال العلاقة بينها وبين

الثقافة، وعدم دراسة تطوير التربية والتعليم في ضوء التطورات الاجتماعية وتغيراتها الثقافية وما ينعكس ذلك على مجال التربية والتعليم للتهيأ لمواجهة التحديات الناجمة عن هذه التغيرات السريعة والمتعددة المجالات.

وقد حاول كارل مانهايم (1893-1947) Karl Manheim في كتابة علم الاجتماع الثقافي (Cultural Sociology) معالجة مسألة العلاقة بين الثقافة والتربية وطريقة اعداد الجيل الصاعد للحياة والعمل ودور المجتمع في تثقيفه وتنمية قدراته العقلية والعضوية والاهتمام بصحته النفسية أثناء تعليمة وتدريبه حيث يبدأ المولود منذ نعومة أظفاره بتشرب ثقافته فيتعلم اللغة ويردد الكلمات ويتسمى باسمه ويرتدي ما يناسبه من الملابس التي تفرضها ثقافة مجتمعه، لذلك فإن مفهوم الثقافة العام يحمل معنى التكيف (Adjustment) والذي يشير إلى تدخل الإنسان في مواجهة الطبيعة وتعديلها بإضافة عناصر جديدة لم تكن موجود من قبل، فكل اضافة انسانية على البيئة الطبيعية والأجتماعية هي ثقافة.[2] وتجدر الإشارة في هذا المجال إلى أن بعض المفكرين يطلق كلمة حضارة على الجانب المادي أي على النسق التكنولوجي في الثقافة على اعتبار أن الثقافة تشمل جوانب لا مادية أيضاً من فلسفة ودين وفن وقانون واتجاهات سياسية واخلاق وقيم، وإن هذه الحضارة هي نوع معقد نتيجة ما يطرأ على الجوانب التكنولوجية من الثقافة من تغيرات هائلة، لذلك وجدت أشكال ثقافية على درجة عالية من التركيب والتعقيد والتي يطلق عليها أشكال أو أنماط الحضارة (Civilization).[3] ولابد من التأكيد على أن التنمية الثقافية تساهم في التقدم الاقتصادي، فلا تنمية اقتصادية ناجحة وشاملة دون تنمية ثقافية موازية.

لقد ساهم مانهايم في تقديم رؤى سوسيولوجية للتربية والتعليم في زمانه وبين أن البحث فيهما هو من الموضوعات المهمة في علم الاجتماع، واعتبر التربية وسيلة مهمة من وسائل الضبط الاجتماعي لأنها عملية إجتماعية متكاملة تهدف إلى إعداد الجيل الصاعد لحياته الاجتماعية من خلال تدريبه على ممارسة أدواره الاجتماعية المتوقعة منه بنجاح في حياته الاجتماعية والثقافية. لذلك لا يمكن فهم هذه العملية وتقويم مخرجاتها بدون تحليل طبيعة المجتمع المعنى وثقافته وبنائه الاجتماعي والمراكز الأجتماعية المحددة ثقافياً، أي ربط

التربية بسياقها الاجتماعي الذي تعمل فيه وأن يتم التخطيط لها في ضوء محيطها الأجتماعي والثقافي. إنها لا تتم في فراغ إنها مرتبطة بالمجتمع وثقافته وتعمل على تحقيق حاجات أفراده.[4]

ان الاختلاف بين الناس في المجتمعات البشرية يعود إلى الثقافة لأنها عبارة عن كل ما صنعته يد الانسان وعقله من أشياء ومظاهر في البيئة الأجتماعية وكان له دور في العملية الاجتماعية. ومعنى هذا أنها تشمل اللغة والعادات والتقاليد والمعايير الاجتماعية والمؤسسات الاجتماعية والأفكار وغير ذلك مما هو موجود في البيئة الأجتماعية وكان من صنع البشر.[5] واذا كانت الثقافة تبقى وتتغير وتستمر من جيل لآخر عن طريق حمل الأفراد لها، فان وسيلة النقل الثقافي هي التربية، فهي الأساس الذي يقوم عليه استمرار الثقافة وانتقالها من جيل لآخر انها سلوك مكتسب، فالثقافة والتربية لا يمكن فصلهما عن بعضهما البعض. وتتخذ التربية من عموميات الثقافة وسيلة لتوحيد المجتمع وتماسكه الأجتماعي فهي التي تكسب أفراد المجتمع الأنماط السلوكية المتشابهة، فالتعليم المشترك يعنى بمشكلة المحافظة على المجتمع كوحدة متكاملة مترابطة الأجزاء متحدة الأهداف. وتعتني المدرسة باعتبارها مؤسسة تربوية خاصة بعموميات الثقافة التي يجب على أفراد الجماعة اكتسابها وأن يوجهوا سلوكهم على أساسها، أي أنها تعنى بالمحور الثقافي الذي تدور حوله عموميات الثقافة من: قيم ومشاعر وعادات ومهارات ومعارف وأنماط سلوك والتي توفر للمجتمع وسائل حيويته واستقراره وتهيّئ لأفراده وسائل سيطرته على سلوكهم.

ماهية الثقافة وتعاريفها :

اختلفت تعريفات الثقافة لاختلاف وجهات النظر إليها واختلاف النزعات والاتجاهات السياسية. وكذلك اختلفت باختلاف الزاوية التي يُنظر منها إلى الموضوع. إلا أنه من الممكن ارجاع مجمل ما قيل في الثقافة من تفسيرات إلى مدرستين:[6]

1- المدرسة الغربية التي ظلت وفيّة لتقاليد عصر النهضة والتنوير والتي ترى أن الثقافة هي ثمرة الفكر الأنساني، وان العمل هو حلقة الوصل بين فكر الإنسان

وجهده والواسطة التي تربط بين العقل والوجود فالإنسان هو خالق النشاط ومحوّل الطبيعة لإشباع حاجاته المتعددة.

2- المدرسة المادية التاريخية والجدلية: التي ترى أن الثقافة في جوهرها ما هي الا ثمرة المجتمع، فالفلسفة الماركسية ترى أن واقع المجتمع المادي هو واقع موضوعي ومستقل عن إرادة البشر، أما حياة المجتمع العقلية (Culture) والتي هي مجموعة الأفكار الأجتماعية والنظريات والأديان، وعلم الجمال والمذاهب الفلسفية (أي كل ما يحدد الثقافة) فهو انعكاس للواقع الموضوعي. إن هذه الرؤيا لا تعطي وزناً كبيراً للأفكار في تحديد الثقافة وفي تطور الوسط الذي تنشأ فيه. إلا أن هذا لا يعني أن الأفكار لا تمارس بدورها رد فعل على تطور شروط الحياة المادية في المجتمع.[7]

وبما أن الثقافة هي ذلك الكل الذي يكتسبه الفرد باعتباره عضواً في المجتمع، وهي التي تحدد هوية المجتمع في فترة تاريخية معينة، فان ذلك ينطبق على الشخصية فهي "كل ما يميز الانسان عن سائر المخلوقات الأخرى لأنه كائن له ثقافة محددة وله شخصية مميزة".[8] وموضوع الثقافة موضوع أساسي في المجتمعات الانسانية لأن له ارتباط بموضوع التنمية المستدامة والتجديدات، وتحظى بانتشار واهتمام أكثر من الماضي حيث كان ينظر له في الماضي على أنه موضوع فردي وارستقراطي. إلا أنه في العصر الحاضر بدأ الناس يناقشون مفهوم الثقافة بشكل واسع فالجميع يدلون بآرائهم وكلهم مشغولون بوضع سياسة ثقافية جديدة. كما يلاحظ أن هناك محاولات لاعادة تشكيل مفهوم الثقافية في القواميس والمحافل الدولية، وأصبح هناك حاليا تعددية في مفهوم الثقافة حيث تطلق حاليا بالمعنى المجرد على العبقرية الانسانية وكذلك على انكباب الانسان بصورة منظمة على تنمية ملكاته من خلال دراسة العلوم والفنون والآداب بالملاحظة والتفكير والتدريب الجسمي في مجال التربية البدنية. كما تدل على الصعيد الاجتماعي القضايا الفكرية والأخلاقية والمادية والقيمية وأساليب الحياة التي تميز حضارة من الحضارات كالثقافة الإغريقية واللاتينية والغربية والإسلامية.[9] كما ارتبط مفهومها أيضاً في العصر الحالي بمفاهيم التفاعل

الثقافي والصراع الثقافي والتكامل الثقافي، مما يدل على أن مفهومها حالياً اغتنى باغتناء العصر بمؤثراتها المختلفة وخاصة أن هذا العصر هو عصر العلم والتقنية وثقافة المعلومات في ظل محاولات عولمة الثقافة وما تتطلبه من ثقافة لهذه العولمة.

وتجدر الاشارة في هذا المجال الى أن علماء الاجتماع يميزون بين الثقافة والمجتمع ويرون أن الثقافة هي نمط الحياة أو طريقة العمل والتفكير وأسلوب المعيشة بالنسبة للجماعة وكيفية مشاركة الأفراد في الفكر والعمل. أما علماء الثقافة فيؤكدون على أن دراسة الظواهر الثقافية يأتي من خلال ملاحظة السلوك ودراسة الانتاج الإنساني ووظائفه ومعرفة مدى التغيرات الحاصلة أي أن الثقافة هي مجموع الجهود الإنسانية. أما علماء النفس فيرون أن الثقافة هي مجمل العادات والتقاليد الإجتماعية.[10]

وفي التراث الإسلامي فالثقافة كلمة عربية أصيلة وفي معناها اللغوي يقصد بها الفهم والادراك والخدمة والمهارة. وفي مقدمة "ابن خلدون" يشير إلى أن الحيوان لا ثقافة له لذلك فإنه عدواني بطبعه، أما الإنسان فهو صانع الثقافة والذي وهبه الله الفكر واليدين ومن خلالهما تنشأ الصنائع وتعمر الأرض. إلا أن معالجة "ابن خلدون" للثقافة كانت ضمنية ولم تكن واضحة إلا أنه تناول مفهوم الحضارة بتفصيل أكثر معتبراً الحضارة على أنها العمران. [11] كما ان الكلمة لم تكن مستعملة في العصرين الأموي والعباسي، اذ لا أثر لها في اللغة الأدبية أو الرسمية والإدارية في تلك الفترة مع أن الثقافة العربية كانت في ذلك الوقت مزدهرة.

أما قاموس لسان العرب وفي المجلد العاشر يشير: "يقال ثقف الشيء بمعنى سرعة التعلم". والقواميس الحديثة تشير: "ثقف ، ثقافة: اي صار حاذقاً خفيفاً. وثقف الكلام أي فهمه بسرعة" .[12]

ويشير "مالك بن نبي" ان كلمة ثقافة في اللغة العربية لم تكتسب بعد قوة التحديد اللازمة لتصبح علماً على مفهوم معين. وهذا هو ما يفسر الحاجة إلى كلمة أجنبية تقرن بها لتحديد ما يراد منها. أو بعبارة أخرى أنها في اللغة العربية لا تزال كلمة تحتاج إلى مصطلح أجنبي مثل كلمة (Culture) لتستعين به، والتي جاءت في أوروبا ثمرة من ثمرات عصر

النهضة والتنوير عندما شهدت في القرن السادس عشر انبثاق أعمال كثيرة قيمة في الأدب والفن والفكر والسياسة والاجتماع. وهي مشتقة من الأصل اللاتيني (Cultuvare) وتعني الزراعة وهو اطلاق مجازي، وبعد ذلك نمت وتطورت في اللغات الأوروبية.[13]

لقد بين "بن نبي" أن سيرة الشعوب تخضع لنظام دوري متأثراً في ذلك "بابن خلدون" هذا النظام هو الذي يجعل الشعب في فترة من الفترات التاريخية يسجل مآثر جليلة تبقى في ذاكرة التاريخ، كما تسجل على الشعب في فترة معينة انعكاسات وهزائم حضارية تهوي به الى الانحطاط في آخر دورة من دورات الحضارة. كذلك يرى أن مشكلة أي شعب هي في جوهرها مشكلة حضارية ولا يمكن لأي شعب أن يستوعب أو يحل مشكلته ما لم يرتفع بنظرته إلى الأحداث العالمية والتعمق في فهم الأسباب التي تؤدي إلى بناء الحضارات وتقدمها. كما أنه يربط مفهوم الحضارة بحركة المجتمع.

ويلاحظ المتتبع والمهتم بهذا المجال أن القرن التاسع عشر أحدث تحولاً وتقدماً في طريق تطوير تعريف للثقافة حيث شهد هذا القرن توسعاً في دراسة الواقع الاجتماعي بصورة أكثر عمقاً وشمولاً من ذي قبل، وبدأ يشارك في دراسته كل من علوم: الانسان، والنفس والاقتصاد، والسياسة، وعلم الاجناس، وأصبحت دراسة الثقافة أحد مشكلات علم الاجتماع، وبدأت الحاجة ملحة إلى خطوة جديدة علمية في تحديد معنى كلمة ثقافة علماً بأن القرن التاسع عشر كان قرن التحليل والتشريح الكيماوي فكان من طبيعة هذا الفكر أن يدخل ميدان الثقافة ليعرف بنائها وعناصرها. ومن هنا نشأ فكر جديد معارض للفكر التقليدي في النظر إلى الثقافة على أنها ميراث من الماضي أي أنها مرادفة للتراث، وان النهضة في نظره عودة التاريخ القديم.[14] لقد كان مفهوم الثقافة قبل القرن التاسع عشر حبيس النزعات الفردية التي كانت تؤمن بمبدأ الانسانيات القديمة الاغريقية اللاتينية.[15]

ويميل الانثروبولوجيون الى استخدام مصطلح ثقافة عندما يبحثون في الثقافات البدائية والمعقدة على حد سواء. ويفضل علماء الاجتماع استعمال كلمة حضارة (Civilization) عند تناول الثقافة تحليلاً وتفسيراً ويطلقونه بدرجة أكبر على المجتمعات

الحديثة. كما أنهم يميلون إلى استخدام مصطلح تقاليد (Traditions) وهو مصطلح الصق بعادات الناس ليشير إلى تطور الثقافة (Culture) عبر العصور.

أما التربويون فإنهم يفضلون الأخذ بهذه الاتجاهات مجتمعة انطلاقاً من انسانية الثقافة وانتقالها من جيل لآخر عن طريق الاكتساب، وهذه هي مسؤولية التربية. وتعمل المجتمعات البشرية على المحافظة على ذاتها واستمرارها وتقدمها من خلال عملية الانتشار الثقافي والعلاقات بين الثقافات المختلفة، وعملية الانتشار الثقافي عبارة عن تماس وتداخل ثقافي عن طريق عملية الحراك الثقافي بين الثقافات المختلفة وهو ما يعرف عند الأوساط الأكاديمية باسم اكتساب الثقافة (Acculturation) ، ويلعب عامل الهجرة دوراً مهماً في ذلك. [16] بالاضافة إلى البعثات العلمية والسياسية والزواج والسياحة وثورة المعلومات من خلال وسائل الاتصال المتعددة والتي جعلت من العالم عبارة عن قرية صغيرة.

وبعد هذا العرض فإنه من الأهمية بمكان عرض تعريفات الثقافة لأهم رجال الفكر والمهتمين في هذا المجال.

يعرف رالف لنتون (Linton) الثقافة بأنها "كل تتداخل أجزاؤه تداخلاً وثيقاً، ومن الممكن التعرف فيه على شكل بنائي معين، أي التعرف على عناصر مختلفة وهي التي تكون الكل". [17]

ويعرفها العالم الانثروبولوجي البريطاني (ادوار تايلور) E. Taylor ويستدل عليه من خلال تحديده لمفهومها بقوله "إنها ذلك الكل المركب المعقد والذي يحتوي على المعرفة والعقيدة والأخلاق والفن والقانون والعادات والتقاليد وأي قدرات تكتسب بواسطة الانسان من حيث هو عضو في المجتمع". [18] إلا أن هذا التعريف يقتصر على محتوى الثقافة، ولكن الثقافة هي تنظيم قبل أن تكون محتوى، إلا أنه مع ذلك يعتبر من التعاريف المهمة التي تناولت الثقافة بطريقة كلية.

وعلى أية حال فإن الثقافة تحتوى على الأفكار والاتجاهات العامة المتوقعة والمقبولة والتي يتعلمها الإنسان من خلال واقعه الاجتماعي، ويمكن دراستها من ناحيتين: [19]

أ- النظر اليها باعتبارها هيكل خاص بالأنظمة وأنماط السلوك التي لها صفة الاستمرارية دون ارتباط ذلك دائما بأفراد معينين أو مجتمع معين.

ب- النظر اليها على أنها تفاعل الأفراد أو الجماعات أي أنها الانتاج النفسي الذي يتعلم وينتقل الى الآخرين عن طريق التعلم وليس عن طريق الوراثة.

ويعرفها البيولوجيون بأنها "الوراثة الاجتماعية معتبرين أن الثقافة هي اكتساب نظري تنتقل إلى الإنسان دون جهد في التكيف معها أو حتى مقاومتها" [20] إلا أنه تجدر الاشارة إلى أن الإنسان ليس ناقلاً للثقافة فقط بل هو صانعها ومنظمها ومطورها، ويشكّل حجر الزاوية في أي مشروع ثقافي أو تربوي ممكن أو محتمل. وكل مجتمع يسعى الى تحديد صورة انسانه الذي يعيش فيه والتي تتحدد تحت تأثير عدد من العوامل والمتغيرات الثقافية . ويعرفها التاريخيون بأنها " رواسب التاريخ معتبرينها مجرد مجموعة من العمليات ذات أصول تاريخية تتراكم خلال التاريخ وتترسب في الزمان التاريخي فتنمو وتنتعش وتترقى وتنتقل من منطقة الى أخرى" . [21]

ويعرفها كلباتريك (Kilpatrick) بأنها "كل ما صنعته يد الإنسان وعقله من أشياء ومظاهر في البيئة الاجتماعية، أي كل ما اخترعه الإنسان أو اكتشفه وكان له دور في العملية الاجتماعية".[22]

أما المفهوم النفسي فيرى أن الثقافة عبارة عن عملية انتقائية توجه ردود أفعال البشر نحو منبهات داخلية وخارجية.

الثقافة والأنثروبولوجيا :

تتكون كلمة انثروبولوجيا من مقطعين هما: (انثروبوس) وتعني انسان، "ولوجيا" وتعني علم. فبهذا تكون الانثروبولوجيا هي علم الانسان وتطور أعضائه منذ أن رأت عينيه النور، والتنبؤ بمستقبل الإنسان انطلاقاً من معرفة ماضيه. وتركز على دراسة الأقوام البدائية ودراسة الفرد في اطار الجماعة أي ضمن معايير الثقافة السائدة، أي دراسة

الانسان ضمن محيطه الثقافي. وعلاقة الأنثروبولوجيا بالتربية علاقة قوية لأنها الأهم في التطور الثقافي.

ومن الأهمية بمكان الاشارة إلى أن دراسة موضوع الثقافة بكل عناصرها وخصائصها وأبعادها مع الانثروبولوجيا الثقافية يشير إلى إندماجها مع فرع جديد من فروع المعرفة الانسانية. كما أن أحدث الدراسات الإنسانية التي أنشغل بها العلماء في الغرب ومن مختلف الاختصاصات في الولايات المتحدة الامريكية وانجلترا وفرنسا حيث تكاتفت الجهود العلمية فإنها كانت ولا تزال تهتم بالكشف عن خصائص الإنسان الاجتماعي الثقافي. ويعتبر (راد كليف براون) Radcliffe Brown من أشهر علماء الانثروبولوجيا الاجتماعية المعاصرين اذ اعتبر أباً للأنثروبولوجيا الحديثة، وأول من فتح مجال التركيز على المفاهيم الأنثروبولوجية العلمية الدقيقة، وأن جهوده كانت مميزة وواضحة في فصله بين الإثنولوجيا (Ethnology) وهو العلم الذي يركز في مجال دراسته النظرية والتطبيقية على دراسة الشعوب، وبين الأنثروبولوجيا الاجتماعية (Social Anthropology) ، وقارن بين العلمين واستنتج أن لكل منهما منهجه وموضوعه الخاص به. [23]

وتركز الانثروبولوجيا على دراسة الخصائص الثقافية ولها اتصال مباشر مع التربية. اذ انها تهتم بدراسة الانتظامات في السلوك والمعتقدات، وتهتم بعملية النقل الثقافي أي عملية التعلم، ودراسة الأمور التي يجتمع عن طريقها الافراد لتحقيق أهدافهم العامة، وتهتم بالتحولات في سلوك الناس وفي تجمعاتهم، وتبحث كذلك في تنشئة الطفل ضمن قوالب الطبقة او الفئة أو الجنس أو العنصر المنتمي اليه.

وتجدر الإشارة في هذا المجال الى أن علماء الأنثروبولوجيا في أمريكا يستخدمون مصطلح الاثنولوجيا كرديف للأنثروبولوجيا الاجتماعية التي تركز عليها الدراسات في بريطانيا. إلا أن أغلبية علماء الأنثروبولوجيا المعاصرين ومنهم "براون" ورالف بدينجتون (Ralf Peddington) يحبذون استخدام الأنثروبولوجيا الاجتماعية بدلاً من الأثنولوجيا. [24]

اضافة لما سبق فقد اعتمدت الأبحاث والدراسات في المجال الأنثروبولوجي على دراسة مشاهدات وملاحظات الرحالة الجغرافيون والمبشرين القدامى وهي ملاحظات عابرة كانت تتم بطريقة عشوائية غير منظمة أي كانت تفتقر إلى المنهجية العلمية، إلا أن الدراسات العلمية المنهجية والمتخصصة في مجال الأنثروبولوجيا كانت قد بدأت منذ أواخر القرن التاسع عشر وأوائل القرن العشرين بواسطة علماء الأنثروبولوجيا التطوريين الذين انطلقوا في دراساتهم معتمدين على نتائج دراسات (دارون) Darwin . ومن وجهة نظر مقارنة يجد المتتبع إلى أن الأنثروبولوجين الأوائل كانوا قد وجهوا اهتماماتهم الى دراسة أصل الثقافة واللغة والدين، أي التركيز على دراسة الأصول من أجل التأسيس لتاريخ الثقافة وأصول النظم الاجتماعية. ولكن خلال الحربين العالميتين ظهرت الدراسات الحقلية التي كانت أكثر التصاقاً بالعلم والتجربة وتميزت بدرجة كبيرة من الدقة والتجريد وشملت هذه الدراسات الحقلية معالجة النظم الاجتماعية وكل ما له علاقة بشكل ومحتويات البناء الاجتماعي، مما مهد الطريق لعلماء الانثروبولوجيا الاجتماعية المعاصرين التركيز في دراساتهم وبحوثهم على كل مظاهر الحياة السياسية والاقتصادية والاجتماعية منذ عصور ما قبل التاريخ مثل: دراسة التنظيم الاجتماعي للأسر، وظواهر الدين، والسحر والحياة البدائية، اضافة إلى دراسة المعتقدات والقيم وعناصر الضبط الاجتماعي والمتمثلة في المعايير الاجتماعية من قواعد وأعراف وتقاليد.. الخ. ان الثقافة وباختصار من وجهة النظر الانثروبولوجية تعني جملة النشاطات والمشروعات والقيم المشتركة لدى أمة من الأمم التي يشتق منها تراث مشترك من الصلات المادية والروحية تغتني عبر الزمان وتغدو في الذاكرة الفردية والجماعية إرثاً ثقافياً بالمعنى الواسع، وهو الذي تبنى على أساسه مشاعر الانتماء والتضامن والمصير والوحدة.[25]

إن تاريخ الانسان الثقافي هو مثل تاريخه البيولوجي عبارة عن تاريخ تلاق وتواصل وتجمع واذا كان من المستحيل تصور تكاثر البشر بدون هذا التواصل والتجمع فإنه من الصعب أيضاً تفتح قدرات الإنسان ونمو خبراته الاجتماعية بغير هذه الطريقة فبواسطة الاجتماع الثقافي تظهر الأشكال المختلفة للتنظيمات وتظهر اللغات والمخترعات، فاجتماع

الناس وتواصلهم اجتماعيا هو الأساس في نشأة الثقافة ونموها وهي ميزة الجنس البشري. وقد تطرق علم الاجتماع والأنثروبولوجيا الى تغير نشوء الثقافات وتطورها. ومن الأهمية بمكان الاشارة إلى أهمية العلاقة بين المجتمع والثقافة، فلا مجتمع بلا ثقافة وأيضا لا ثقافة بدون مجتمع، فكل مجتمع له ثقافته الخاصة ونظامه التربوي المرتبط بها، كما أن الثقافة لا توجد في فراغ فهي موجودة في المجتمع المعني والمحدد لها .

المجتمع والثقافة :

الثقافة والمجتمع متلازمان فلا مجتمع بدون ثقافة ولا ثقافة بدون مجتمع فلكل مجتمع طريقته في الحياة نابعة من ثقافته الخاصة التي تميزه عن غيره من المجتمعات البشرية فهي التي تعلّم أفراد المجتمع كيفية تعاملهم مع بعضهم البعض وما يتوقع منهم من تصرفات وترشدهم الى السلوكات الاجتماعية المقبولة. أنها السلوك اليومي المستمر للإنسان الذي يربطه مع الأفراد الآخرين ويميزهم عن غيرهم من أفراد الثقافات الأخرى العالمية. وينفرد الإنسان عن سائر الكائنات الحية بقدرته على إنتاج ثقافته بجانبيها المادي والمعنوي، والمحافظة عليها ونقلها الى الجيل اللاحق بعد تنقيحها وتبسيطها وتعزيزها من خلال النظام التربوي. والثقافات البشرية تختلف عن بعضها البعض في المضمون إلا أنها تتشابه في الشكل مع الثقافات الأخرى حيث تتكون عناصر كل ثقافة من حيث الشكل من: عموميات وخصوصيات وبدائل (المتغيرات). إلا أن محتوى كل منهما يختلف عن الآخر من ثقافة لأخرى. وقد يحصل أحياناً وجود تشابه قوي بين ثقافة مجتمعين إلا أن هذه التشابه لا يصل إلى حد التطابق. ولكن قبل التطرق إلى الخصائص العامة التي تشترك فيها جميع الثقافات لابد من تناول عناصر الثقافة بالشرح والتحليل. وهذه العناصر تتكون من:[26]

1- العموميات :

وهي أنماط السلوك المختلفة وطرق التفكير المشتركة بين أفراد الثقافة الواحدة وتختلف من ثقافة لأخرى وهي الأساس العام للثقافة والتي تميزها عن غيرها وتشمل: اللغة وطرق إشباع الحاجات المادية والروحية، وطريقة التحية وبناء المنازل ومختلف التصرفات الإجتماعية واشتراك الناس في هذه العموميات يؤدي إلى ظهور الاهتمامات المشتركة وتولّد

الشعور بالتضامن والمصير المشترك. وتتخذ التربية من هذه العموميات وسيلة لتحقيق وحدة المجتمع وتماسكه الاجتماعي واستقراره فهي التي تكسب أفراد الثقافة الواحدة الأنماط السلوكية المتشابهة في مراحل التعليم الأساسي.

2- الخصوصيات :

أنها تلك العناصر التي تشترك فيها مجموعة معينة من الأفراد لها بنيتها الاجتماعية الخاصة بحيث لا يشارك فيها جميع أفراد المجتمع الآخرين. وتشكل لب الثقافة وتتألف هذه الخصوصيات من ما يلي:

أ- خصوصيات عقائدية: فلكل عقيدة عناصر ثقافية خاصة بها تميزها عن العقائد الاخرى.

ب- خصوصيات طبقية: فكل فئة اجتماعية أو شريحة او طبقة من طبقات المجتمع خصوصياتها الثقافية، فخصوصيات الطبقات العليا من الشعب تختلف عن خصوصيات الطبقات الوسطى أو الدنيا، وهذا نابع من اختلاف الاهتمامات.

ج- خصوصيات مهنية أو فنية: فكل جماعة من أطباء ومهندسين وحرفيين ومهنيين كالحدادين والنجارين والخياطين وعمال البناء.. الخ لهم خصوصيات ثقافية نابعة من طبيعة المهنية التي يمارسونها.

د- خصوصيات عنصرية أو عرقية: فكل عرق أو عنصر ـ له خصائص ثقافية معينة تميزه عن غيره من الأجناس أو العروق الأخرى.

أما من حيث علاقة الخصوصيات بالنظام التربوي فيتجسد هذا في التعليم الخاص.

3- المتغيرات أو البدائل:

وتسمي بالاطار الخارجي للثقافة وهي تلك العناصر التي توجد عند أفراد معينين ولا تكون مشتركة بين أفراد الثقافة جميعهم، فهي ليست من العموميات بحيث يشترك فيها جميع أفراد الشعب، وليست من الخصوصيات بحيث يشترك فيها أفراد طبقة أو مهنة أو

فئة معينة، وتغطي مجالاً واسعاً مختلفاً من العادات والأنماط السلوكية وطرق التفكير وتظل عائمة على سطح الثقافة الى أن تجد المناخ المناسب لتتحول إما إلى عموميات أو خصوصيات فتثبت وتستقر.

ويرد في بعض المؤلفات تقسيم آخر لعناصر الثقافة حيث تقسم إلى عناصر مادية وأخرى لامادية (معنوية). كما أن البعض الآخر كان قد قسم الثقافة الى أربعة عناصر: عناصر مادية (معتقدات، قيم ومعايير) وعناصر رمزية (لغة واشارات ذات المعاني الثقافية) ومن خلال تفاعل هذه العناصر المختلفة يتكون التراكم الثقافي الذي تشكل في كل مجتمع على مر العصور ويؤدي إلى زيادة الخبرة البشرية. كما تتغير الثقافة من جيل لآخر ومن عصر لآخر، وتلعب اللغة دوراً مهماً في توصيل الأفكار والتعبير عن مشاعر الأفراد ومعتقداتهم وأساليب العمل وأنماط السلوك المختلفة مما يسهل عملية الاتصال والتواصل من خلال عملية التفاعل الاجتماعي المتشعبة بين أفراد الثقافة الواحدة والثقافة الأخرى. (27)

ومن الأهمية بمكان التأكيد إلى أن هذه العناصر المتنوعة المترابطة على درجة كبيرة من التعقيد والتشابك وهي التي تحدد الحدود لسلوكات الانسان ونشاطاته المختلفة ونمط شخصيته وامكاناته في التعامل مع بيئته الاجتماعية والطبيعية. وعلى الرغم من تشابه الثقافات في الشكل واختلافها في المضمون إلا أن هناك خصائص عامة تشترك فيها جميع الثقافات العالمية، ولعل من أهميها ما يلي:

1- الثقافة لها طابع اجتماعي لأنها تنشأ من خلال الاتصال والتفاعل الاجتماعي بين أفراد الثقافة الواحدة وما بين الثقافات العالمية من خلال عملية الاحتكاك الثقافي وخاصة في العصر الحاضر عصر المعلوماتية وتعدد وسائل الاتصال والانتشار الثقافي والتي ربطت العالم كله. والثقافة ضرورة لكل حياة اجتماعية لهذا تندرج في نسيج النظام الاجتماعي، وإن الإنسان الذي عاش وتربى في ثقافة معينة يشعر بالراحة لها، واذا انتقل للعيش في مجتمع آخر وفي ثقافة أخرى فإن ذلك يتطلب منه التغيير في أسلوب حياته وعاداته وسلوكه لأن الإنسان ابن ثقافته ومجتمعه.

2- الثقافة مكتسبة لأن الإنسان يكتسب ثقافته في المجتمع الموجود فيه، ولا يوجد مجتمع بلا ثقافة وكذلك لا وجود لثقافة في فراغ بدون مجتمع. كما أن الثقافة تتخذ طابعاً فوق الفرد وفوق المجتمعات الإنسانية، أي أنها تبقى بعد فناء الفرد والمجتمع وتستمر في النماء والتطور.

3- الثقافة ذات طابع انساني لأنها تخص الإنسان وحدة القادر على الابتكار والتطوير والتحديث لتلبية حاجاته المادية والروحية، وهذا مرتبط بوجود الجهاز العصبي المتطور والقدرات العقلية القادرة على الاختراع ووجود لغة خاصة بالإنسان وقيم ومعايير اجتماعية تنير له السبل التي يجب عليه أن يسلكها. وبما أن الثقافة ذات طابع إنساني فإنها تتكون من أفكار وأعمال غير منعزلة عن بعضها البعض وإنما هي عبارة عن عناصر متداخلة مع بعضها البعض، فالنظم الاقتصادية والسياسية والتربوية والدينية والاخلاقية يكمل بعضها البعض الآخر.

4- الثقافة متغيرة من وقت لآخر، إلا أن التغير قد يسير ببطء شديد أحيانا نتيجة انعزال المجتمع أو جموده أو وجود قوى في قمة الهرم السياسي لا ترغب في التغير بل تحاول ترك القديم على قدمه، أو يسير التغير بسرعة كبيرة نتيجة انفتاح المجتمع على غيره وتوافر الحوافز والشروط المهيئة والداعمة للتغيير. فالثقافة دائماً في نمو مستمر.

5- الثقافات متشابهة في الشكل حيث تتشابه ثقافات العالم في إطارها الخارجي، ففي كل ثقافة يوجد ثلاثة قطاعات: المادي والاجتماعي والرمزي وهناك نظام أسري واقتصادي والذي يمثلها عناصر الثقافة الشكلية من عموميات وخصوصيات وبدائل، ألا ان مضمون الثقافات مختلف وأحيانا بدرجة كبيرة قد تصل إلى حد التناقض. فمثلا هناك ثقافات تبيح نظام تعدد الزوجات في حين هناك ثقافات أخرى تحرم ذلك وتعتبره جريمة. كما يوجد هناك ثقافات تبيح تعدد الازواج.

6- الثقافة قابلة للانتشار بطرق عديدة أهمها من خلال التربية والتعليم ووسائل الاتصال المتعددة التي تساهم في عملية النقل الثقافي. كما أنها لم تنشأ نتيجة عامل

واحد بل نشأت عن طريق الاتصال والتواصل من خلال عمليات التفاعل والتداخل بين الانسان والطبيعة والمجتمع.

اضافة لما سبق فإن الاتجاه البنائي الوظيفي كاتجاه في علم اجتماع التربية يدرس الثقافة من خلال فكرتي البناء (Structure) والوظيفة (Function) مع تطبيق المنهج التكاملي في تفسير الظواهر الاجتماعية وتحليل الواقع وسماته الثقافية. وهذا الاتجاه ينظر للثقافة كوحدة عضوية يرتبط كل عنصر فيها مع العناصر والأجزاء الأخرى. فالبناء الثقافي يتكون من مجموعة من النظم والأنساق التي ترتبط بمختلف أنشطة الانسان كالنظم الاقتصادية والبيئية والنظم الاجتماعية والسياسية، وترتبط ايضاً بالطقوس الدينية، أي الدراسة الكلية المتكاملة التي تساعد على إشباع الحاجات المختلفة التي يرغب الانسان الحصول عليها وبطريقة تحليلية. لذلك نشطت الدراسات الحقلية التي تعتبر وسيلة مهمة لتحقيق المنهج البنائي الوظيفي. (28)

ولأهمية العلاقة بين المجتمع والثقافة فمن الأهمية بمكان التطرق الى وظائف الثقافة الاجتماعية، فهناك وظائف أساسية تتمثل فيما يلي: (29)

أ- أنها عبارة عن غطاء يعمل على التماسك الاجتماعي في المجتمع الواحد. فمن خلال عموميات الثقافة يشترك أفراد المجتمع الواحد في الكثير من السلوكات والأفكار وطرق التفكير والمعايير الاجتماعية والتوقعات والقواعد العامة واللغة. ومن هنا تكسب الثقافة أفرادها صبغة التشابه وتحقق الاطار العام للسلوك الاجتماعي الذي يؤدي الى تماسك المجتمع ووحدته ويشعر الفرد بالانتماء الاجتماعي لمجتمعه.

ت- توفر الثقافة في المجتمع الموجودة فيه السبل والطرق المختلفة لتحقيق أفضل أنواع التفاعل مما يوفر قدراً من الوحدة المجتمعية التي تقف حائلاً ضد التفتت وضد مختلف أنواع الصراع مما يمهد الطريق لتحقيق الوحدة الوطنية.

ج- توفر الثقافة في مجتمعها وسائل اشباع الحاجات المختلفة وإرضاء تلك الحاجات ويتوقف وجود نمط ثقافي معين على هذا الارضاء، وأن الإخفاق المستمر للنمط الثقافي في إشباع وإرضاء تلك الحاجات قد يؤدي الى فشل ذلك النمط.

وتجدر الاشارة إلى أن النمط الثقافي المرن يخلق حاجات متعددة للفرد ويمده بوسائل إرضائها أو إشباعها، فالاهتمامات الفنية والجمالية تخلقها الثقافة ثم تهيّئ للفرد وسائل إشباعها وبالوسائل المقبولة المرضي عنها من الثقافة.

د- تمد الثقافة الأفراد بالقوانين والنظم والتعليمات التي تتيح التعاون الذي يؤدي إلى التكيف بمختلف أنواعه، هذا بالإضافة إلى تزويد الأفراد بالتغيرات المتعلقة بكافة المواقف مما يساعدهم في تحديد أنماط سلوكهم دون صعوبة.

هـ- تساعد الثقافة الأفراد على التنبؤ بالكثير من السلوكات والتوقعات الفردية والجماعية في المواقف المختلفة، أي أن الأفراد اذا عرفوا الأنماط الثقافية للجماعة يمكنهم التنبؤ بأن سلوك أي فرد ينضم اليهم سوف يكون حسب هذه الانماط في أغلب الأحيان .

و- تقدم الثقافة لأفرادها مثيرات مختلفة يستجيبوا لها عادة بالطرق العادية الموجودة فيها، ويتضح هذا حين انتقال الفرد إلى ثقافة أخرى يواجه فيها نفس المثيرات ولكنه يجد استجابات مختلفة مما يحدث له القلق والاضطراب الذي لا يصادفه في ثقافته الأصلية.

وفي هذا المجال لابد من التأكيد على أن الثقافة من أجل المحافظة على كيانها ونمطها العام وتماسكها فإنها تعمل على إدماج المتغيرات (البدائل) في كيانها لضمان البقاء والنمو، وهذا ما يسمى بعملية التكامل الثقافي في المجتمع (Cultural integration) الذي هو عبارة عن عملية تعمل على ادماج عنصر جديد في حياة الجماعة سواء جاء هذا العنصر- اليها عن طريق الاتصال بجماعات أخرى أو عن طريق التجديد الداخلي. وتعتبر العناصر المادية أسهل اندماجاً من العناصر المعنوية التي قد تحتاج إلى جهود أصعب ووقت أطول حتى تندمج في حياة الجماعة، فالثقافة تشكل كلاً واحداً متكاملاً أي أن العناصر الثقافية تنتظم داخل المجتمع وتتواجد مع بعضها وتشكل نظاماً مستقاً، وإن عدم تحقق التكامل

الثقافي والذي قد يحصل أحياناً يسبب القلق والاحباط لأفراد المجتمع فيظهر أحيانا أنواع من الصراع قد تكون خطيرة على استقرار المجتمع ومستقبله مما قد يؤدي إلى فقدان التكيف بكافة اشكاله. أما اذا حصل التكامل الثقافي فهذا يؤكد على أن المجتمع قد حقق الانسجام الداخلي وذلك بارتباط عناصر الثقافة مع بعضها البعض ومع عناصر المجتمع الموجودة فيه مما يؤدي إلى التوازن الثقافي. وفي بعض الأحيان لا تكون عناصر الثقافة متكاملة نتيجة ظروف داخلية وخارجية فمثلاً اذا حصل تقدم واضح في بعض جوانب الثقافة دون أن يرافقه تقدم في الجوانب الأخرى من الثقافة، فهذا يؤدي إلى التخلف الثقافي (Cultural Lag) ، ففي حالة حصول تقدم في النظام الاقتصادي في المشاريع الصناعية والتجارية والزراعية دون مصاحبة ذلك تقدم في النظام التعليمي فإن هذا يعيق عمل النظام الاقتصادي مما يؤثر على كفاءته. وهذا دليل على أن أنظمة المجتمع مترابطة ومتداخلة، والتي توحد العناصر الثقافية. وتعتمد المجتمعات الحديثة على وسائل الاتصال المختلفة من اجل الابقاء على التماسك الاجتماعي وعلى وحدة الثقافة، وتعتبر المعتقدات والقيم أهم العوامل وهذا بدوره يؤثر على عملية التنمية الاجتماعية الشاملة.

وتجدر الاشارة إلى أنه نتيجة للافرازات الصناعية والتكنولوجية المعاصرة سوف تظهر فئات تحكم باسم القانون وتتسلط على بناء داخل كل تنظيم صناعي أو اقتصادي ويكون لها ثقافة مميزة لها. لقد جاءت ثقافة ذوي الياقات البيضاء نتيجة ما أفرزته موجة التكنولوجيا وانتشار ثقافة التصنيع. فلقد ساعد نمو البيروقراطية في زيادة حجم فئة أصحاب الياقات البيضاء، كما ضاعف من هيبتها وسلطاتها حيث تتركز في أيديها وبحكم القانون كل أنواع السلطة المتعارف عليها في التنظيمات الادارية وتزداد قوتها وجبروتها كلما تعقدت الضوابط البيروقراطية. أنها فئة تفرض القرار دون سابق انذار وبنوع من القهر والظلم على عكس أساليب الادارة الديمقراطية الانسانية التي تعمل لإصدار ما يرضى عنه الكل عن طريق المناقشة الواعية المتفتحة فينطلق القرار الجماعي من قاعدة "ذوي الياقات الزرقاء" الى قمة "ذوي الياقات البيضاء". (30)

وقد كشف (مانهايم) عن عدد من المسائل تدخل في صلب سوسيولوجيا الثقافة والمعرفة حلل فيها أثر سوسيولوجيا المعرفة في أساليب الدعاية والاتصال كاشفاً عن أيدولوجية "ذوي الياقات البيضاء" وذلك من خلال انقسام المجتمع الصناعي كتنظيم إلى أدوار او فئات تحت وطأة التنظيمات الصناعية المعقدة فتفككت لذلك طبقة العمال وانقسمت إلى فئات متنافسة من حيث الأدوار والمراكز فأصبح يوجد ما يعرف بأصحاب البلاطي السوداء (Black Coats) وهم من:الفنيين وعمال من ذوي الياقات الزرقاء (Blue Collars). وهناك كبار المهندسين والموظفين من ذوي الياقات البيضاء (White Collars) الذين أحاطوا أنفسهم بهالة من الهيبة التي شجعت على نمو الطفيليين الذين يدورون في فلك الادارة العليا. وهذا المظهر بحسب (مانهايم) هو سلوك مرضي يؤثر على كفاءة الانتاج انطلاقاً من وجود الحساسيات المختلفة في ثقافة المصنع بين العمال ورؤساء العمل مما أوجد فجوات في الاتصال أثرت على العمل والانتاج. وتجدر الاشارة إلى أن المهارات تقل كلما ابتعد العمال (أصحاب الياقات الزرقاء) عن مرؤوسيهم (أصحاب الياقات البيضاء) لذلك لابد من التأكيد على أهمية وضرورة الاقتراب والتعاون لأن عكس ذلك يؤدي إلى التسيب والتنصل من المسؤولية مما قد يؤدي إلى الترهل.[31] ومن الأهمية بمكان التأكيد إلى أنه كلما تطورت جهود الإنسان الاقتصادية فإن هذا قد يؤدي إلى تطور العنصر المادي من الثقافة.

ومن الأهمية أيضا الاشارة في هذا المجال إلى أنه نتيجة منطقية لمحدودية الثقافة في منظومة المجتمع الانساني فقد نشطت في الربع الأخير من القرن العشرين جهود التنظير الثقافي لاستيعاب الظواهر المستجدة لمجتمع المعلومات والاقتصاد المعرفي حيث أكد هذا التنظير أهمية المدخل المعلوماتي في عملية الثقافة والتنظير الثقافي. ففي هذا العصر وهو عصر العلم والتكنولوجيا وبفضل تطور الديمقراطية بحيث أصبحت أسلوب حياة للناس مما أدى هذا إلى المطالبة بدمقرطة الثقافة في الكثير من بلاد العالم العطشى- إلى ذلك. لقد أصبح يطرح من خلال التنظير الثقافي وفي الكثير من بلاد العالم بما يسمى "بسلطة الثقافة" بدلاً من "ثقافة السلطة"، أي المطالبة بأن تصبح الثقافة في المجتمع عملية تشكل مشهداً ثقافياً مجتمعياً متكاملاً متناسقاً مبنياً على قيم انسانية حية تعبر عن الاتجاهات الاجتماعية

المختلفة وتشارك فيها مختلف البنى السياسية والتيارات الثقافية، بحيث تصبح الثقافة مشتملة على كل ما هو موجود في المجتمع بما يحقق الابداع الذي هو ثمرة الثقافة المتفتحة الذي يساهم في نجاح التنمية الشاملة وغرس بذور النهضة والتنوير، إنه ثمرة الإنجاز الثقافي المميز في مختلف الاختصاصات.

اضافة لما سبق فمن الأهمية الاشارة إلى أن بعض علماء الاجتماع في الغرب وخاصة في بريطانيا وفي المجال الثقافي يرون استقلالية الثقافة وعدم حساسيتها وتأثرها بالعوامل الاجتماعية، بعكس المجتمعات العربية التي تركز على علاقة الثقافة بمجتمعاتها في ظل التعريف الأشمل لمفهوم التنمية الاجتماعية الذي حل محل التعريف التقليدي الذي حصرها في نطاق التقدم الاقتصادي والتكنولوجي. فالتعريف الجديد يدعم حرية من يقومون بالجهد التنموي في اختيار ما يرونه ذا قيمة بالنسبة لهم معتبرين الثقافة هي مصدر كل قيمة.

ويؤكد (نبيل علي) أن الفكر يرتبط بالثقافة ارتباطاً قوياً، ففكر الثقافة يعتبر عنصراً أساسياً في منظومتها، ويرتبط الفكر بباقي عناصر المنظومة الثقافية من خلال علاقات تبادلية هي: فكر اللغة، فكر التربية، فكر الاعلام، فكر الابداع، فكرة التراث والقيم والمعتقدات.(32)

إن نجاح المجتمعات العربية في دخول عصر المعلومات يتوقف على النجاح في اعادة تشكيل العلاقة بين السياسة ومنظومتي الثقافة والمعلومات، ومدى الدور الذي يمكن أن تلعبه تكنولوجيا المعلومات في اشاعة الديمقراطية وترسيخها وتنميتها بحيث تصبح أسلوب حياة، وكذلك ترشيد العلاقة بين الحكّام والمواطنين. إن إشاعة الديمقراطية في المجتمعات العربية تعني إتاحة المشاركة الفعلية للناس وتطبيقها كأسلوب حياة يشمل كافة المجالات، وهذا يتطلب دمقرطة الثقافة حيث تتدخل في هذا الموضوع عوامل اقتصادية وسياسية وتربوية ودينية وامنية، وكذلك عدم توافر المعلومات واقتصار الأجهزة على القوى الرمزية.

ان التحديث الثقافي في العالم العربي يؤكد على دور العلوم في النهوض في المجتمعات العربية في هذا العصر، ولأن العلم وتطبيقاته لها أهمية كبيرة في تحديث المجتمع،

وان تنمية منظومة العلوم والتكنولوجيا ودمجها العضوي في المجتمعات العربية يشكل جزءاً مهماً في المشروع الحضاري المتكامل لهذه المجتمعات، وإن ظاهرة التحديث تتطلب انتشار التعليم والتركيز على التخصص في مجال المعرفة وفي العمل والنشاطات الاجتماعية، كما يتطلب نمواً في الاقتصاد ومشاركة واسعة النطاق في الحياة السياسية. ان التحالف الوثيق بين العلم والتقنية هو مصدر قوة للإنسان العربي المعاصر، وسوف يبقى مصدراً لقوته في المستقبل الذي سوف يشهد ثورة في العلم وتطبيقاته، وهذا يتطلب من العالم العربي امتلاك القدرة على الابداع والتنمية الشاملة ضمن منهج فكري وعلمي واضح المعالم.

ومن الأهمية بمكان التأكيد في هذا المجال إلى أن عملية التحديث ستواجه تحديات داخلية وخارجية يفرضها المشروع الغربي المسوّق عبر العولمة والذي يخفى أهدافاً تختلف عن أهداف المشروع النهضوي والقومي العربي، هذا إلى جانب غياب هذا المشروع على المستوى العملي وغياب التنمية الشاملة الناجحة بكل ما تحمله من أبعاد، فالشباب العربي يعاني من تمزق في الهوية وقلق في المرجعية القيمية والفكرية والحضارية، مما يتطلب تفعيل مشاريع النهضة والتنوير والإصلاح، وتأهيل النظم الاقتصادية والاجتماعية والثقافية والتربوية لتصبح قادرة على المساهمة البناءة في تكوين وتنشئة مواطن فاعل ومتفتح مع محيطه المحلي والعالمي وواعٍ بمسؤوليته ومهامه التاريخية بكل ابعادها.

ومن هذه المنطلقات فإنه لابد من التأكيد على أهمية التبادل الثقافي بين الشعوب لأنه شرط البقاء لكل الثقافات الإنسانية ونموها بدون سقوط في الجمود والتحجر. وهذا يتطلب خلق الحوافز وتوفير الامكانيات التي تنظم هذا التبادل وتسمح له أن يتحقق بمعنى الاخذ والعطاء وليس بمعنى الاستسلام للثقافة الاقوى أو الاستهلاك فقط. ويتطلب الأمر أيضاً صياغة خطط التنمية الثقافية بما يتلاءم مع هذا الواقع. ولابد من تطوير مفهوم السياسة الثقافية العربية وتحرير المجال الثقافي الداخلي والتركيز على الروح العلمية وفحص ونقد آليات الواقع الاجتماعي والثقافي والتخلص من آليات التأخر والتبعية والدعوة إلى تحديث الفكر وطرائقه وتأسيس فكر نقدي عقلاني. وهذا يتطلب برامج رائدة تلبي هذه الطموحات.[33]

ويؤكد (محمود أمين العالم) أن التحديث الثقافي ما هو إلا الوجه الآخر للتحديث المجتمعي الشامل ولا سبيل لأحدهما دون الآخر ويتحقق عن طريق الالتحام الحي المباشر لجميع المتغيرات في حركة الواقع الوطني والاجتماعي والقومي لربط الثقافة بالواقع العربي ربطاً ابداعياً ومعرفياً، فليس بالتقنية والنقد الابستمولوجي نستطيع تغيير عقولنا، وليس بتحليل المدلولات نستطيع أن نكتشف حقائقنا الدفينة وآمالنا المستقبلية، ولكن كل هذا نرحب به اذا ساعد على شحذ معرفتنا بالواقع وضاعف من مقدرتنا على التغيير والتحديث بروح من الفهم والنقد والرؤية الشاملة والمسؤولة وبالعمل والابداع.[34] وهذا كله مرتبط بوجود تربية ديمقراطية صحيحة ومبنية على أسس ومفاهيم تربوية حديثة ومعاصرة هدفها بناء الإنسان الحضاري.

وفي أواخر الخمسينيات وأوائل الستينيات من القرن العشرين ومع بروز ما سمي في ذلك الوقت بالثورة السلوكية اكتسح مفهوم الثقافة السياسية مجال علم السياسة إلا أن هذا المفهوم تراجع في السبعينيات من القرن نفسه لأنه أعتبر مفهوماً محافظاً واستاتيكياً ومجرد تحصيل حاصل، وأتهم بأنه يتجاهل علاقات القوة ويعجز عن تفسير التغير الاجتماعي. وتعود الجذور الفكرية للبحث في موضوع الثقافة السياسية الى الدراسات والابحاث الخاصة بالطابع القومي على يد كل من: (روث بندكيت) Ruth Bendict و(مرجاريت ميد) Margaret Mead (وجيوفري جورير) Geoffery Gorer هذه الابحاث والدراسات كانت قد ركزت على دراسة المعتقدات والممارسات الفردية التي تشكل ثقافة أمة من أمم العالم.[35]

وتعني "الثقافة السياسية" مجموعة أنماط التوجه نحو العمل السياسي أو الموضوعات المتعلقة بالسياسة[36]، وهذا غير منعزل عن الفعل التربوي. ويضيف بعض المختصين في هذا المجال إلى أن كل فعل فهو فعل سياسي، وبما أن صفة السياسي تشير إلى علاقات القوة فلا يوجد في الحياة ما لا يُعد سياسياً بدءاً من الزواج، فالتسوق، فتربية الجيل الصاعد وحتى الذهاب الى المدرسة والمؤسسات التربوية الأخرى. فاذا كانت الثقافة سياسية حسب ما مرَّ فإنه يمكن اعتبار صفة السياسة صفة زائدة لا حاجة لها. وأضاف باحثو

الثقافة السياسية بان الثقافة هي " مجموعة من التوجهات تجاه الحكومة (لتمييزها عن التوجهات نحو الاقتصاد أو الدين أو الاسرة.. الخ) وتشمل هذه الاتجاهات الخاصة بما تفعله الحكومة (أو ما يجب أن تفعله) وأيضاً ما يحاول الذين لا ينتمون إلى الحكومة أن يجعلوها تفعله.

ويتضح من التعريفات السابقة للسياسي أن الحدود الفاصلة بين ما هو سياسي وغير سياسي ليست نهايته قاطعة وليست جزءاً من طبيعة الأشياء. ان تعريفات ما هو سياسي تتسم بالانحياز الثقافي فعندما يتهم فرد آخر بأنه يُسيس موضوعا ما، فالنزاع هنا يدور حول رؤية كل منهما لحدود الالتزامات الحكومية، وهذا يعني أن وضع الحدود بين "السياسي" وغير السياسي هو جزء من الصراع بين أنماط الحياة المتنافسة. فمثلاً الذين يؤمنون "بالمساواتية: يقللون من التمايز بين ما هو سياسي وبين ما هو غير سياسي، فحسبهم أن تعريف الأسرة أو الشركة على أنها مؤسسة غير سياسية أو خاصة هو وسيلة لطمس علاقات القوة غير المتكافئة. أما أصحاب النزعة الفردية فإنهم يسعون إلى احلال التنظيم الذاتي محل السلطة لذلك يوجهون أصابع الاتهام للغير "بتسيس" الأمور، ولذلك فمن مصلحتهم تعريف السياسة في أضيق نطاق ممكن من أجل توسيع نطاق السلوك الذي يعتبر خاصا، وبالتالي يقع بعيداً عن مجال التقنين الحكومي. ومن هنا يأتي رفضهم للمبادئ المساواتية انطلاقاً من أن الموارد الخاصة تؤثر في صنع القرار العام لأن قبول هذا الادعاء يعني التسليم بالتدخل الحكومي.

وبينما يرى أصحاب المساواتية أن السياسة هي مجال طبيعي. أما الانسان فإن نضاله لتحقيق ذاته فهو أمر فردي. في حين يرى أصحاب النزعة القدرية (القدريون) أن السياسة مصدر خوف ورهبة.

وعلى الرغم مما قيل فإن دراسة الثقافة السياسية تحتل موقعاً مركزياً في علم السياسة على الرغم من الانتقادات الموجهة اليها في أنها تنظر للقيم كأمر مسلّم به. وتجدر الاشارة الى أن الثقافة السياسية تنتقل من جيل لآخر ولكن ليس كمسلمات أو بالمصادفة

وإنما تتعرض للتغير. ولا يمكن لأية نظرية ثقافية أن تكون جديرة بالتصديق اذا ما اعتبرت الأفراد مجرد آليات أوتوماتيكية تتلقى المعايير السياسية ثم تتمثلها بشكل سلبي.

إضافة لما سبق فإن كل شعب عنده أنماط متنوعة للحياة، وان الدراسات في الثقافة على الرغم من انحيازها المسبق (غالباً نحو اكتشاف الطابع الأول) فإنها تكشف عن وجود تنوع في الثقافة السياسية داخل كل مجتمع من المجتمعات الانسانية، وفي علاقة المجتمع بالثقافة والثقافة بالمجتمع، فمن الأهمية بمكان التأكيد على وجود ما يسمى بثقافة العيب والتي تحددها المعايير الاجتماعية في كل ثقافة، ولذلك تختلف من ثقافة لأخرى .

ثقافة العيب:

لقد جرت العادة عند المفكرين والمهتمين أو عند الحديث عن الثقافة إلى أنها تقتصر على الأفكار وحدها، إلا أنها بالمفهوم الواسع تشمل الفكر ومشتقاته وأسلوب حياة الناس في أي مجتمع من المجتمعات وما يرتبط بذلك من معايير اجتماعية ثقافية من معتقدات والممارسات والسلوكات الاجتماعية المتشعبة الجوانب. وهناك اتفاق بين المختصين في مجال الثقافة والأنثروبولوجيا على أن الثقافة هي نتاج تراكمي وأنها عمل إنساني جماعي يتضمن عمليات التداخل والتفاعل والإضافة والتعديل. إضافة لهذه المنطلقات فإن الثقافة لفظ يستخدم في الأوساط العلمية والأكاديمية وغيرها من الأوساط الموجودة في المجتمع المعني. وبمعنى أدق هي ما يميز شعباً عن آخر أو نظاماً إجتماعياً عن نظام آخر. وقد أشير في الصفحات السابقة الى مجموعة مختلفة من التعاريف التي تتناول موضوع الثقافة ولا حاجة لتكرار ذلك. وبما أن المجتمعات البشرية تختلف عن بعضها البعض في الثقافة، وان لكل مجتمع ثقافته المميزة له، فإن له أيضاً بعض العموميات الثقافية التي تندرج داخل عناصر الثقافة ويمكن تسميتها "بثقافة العيب" تمييزاً لها عن النمط الثقافي السائد المقبول في المجتمع، إنها ثقافة لا تتفق مع الفكر التربوي المعاصر. وثقافة العيب أيضاً تختلف من مجتمع لآخر، لأنها تندرج في صلب مضمون الثقافة وتلعب المعايير الاجتماعية في الثقافات المختلفة دوراً مهماً في تحديد ما هو مقبول ومسموح به، وما هو غير لائق ويندرج تحت مسمى "ثقافة العيب"، ويلعب الموروث القديم وما تضمنه من معايير اجتماعية دوراً مهماً في

هذه الثقافة، كما تلعب بعض الاعتقادات بأن مستويات الدخل في بعض الحرف أو المهن متدنية دوراً في تعميق هذه الثقافة مما يشجع الأفراد على الابتعاد عنها.

وتحدد ثقافة العيب بأنها " مجموعة من المفاهيم والقيم والمواقف والعادات وأنماط من السلوك الخاطئة عند بعض الأفراد أو الجماعات في مجتمع ما متفق على أنها عيب وأن ممارساتها أو الموافقة عليها ولو حتى كان لفظيا فإنه غير مقبول، لذلك يعزف عنها الناس ولا يؤيدونها أو يمارسونها علنا، ولا يدافعون عنها ويعتبرها بعض المختصين في هذا المجال أنها ايجابية لأنها تساهم في ضمان استقرار المجتمع وتوازنه وضبط سلوك أفراده". وتختلف ثقافة العيب من ثقافة لأخرى. فما هو عيب في ثقافة ما ربما يعتبر شيئاً مقدساً أو ايجابياً يرضى عنه الأفراد في الثقافات الأخرى وذلك لاختلاف مضمون الثقافات ومعاييرها الاجتماعية على الرغم من تشابه ثقافات العالم في الشكل كما أشير لذلك في الصفحات السابقة. فعلى سبيل المثال يعتبر في بعض الثقافات أن من ثقافة العيب ممارسة بعض المهن أو القيام ببعض الأعمال اليدوية أو احترام الزوجة ومساواتها بالرجل، وأحيانا ترفض بعض الأسر من زواج بناتها من أفراد يعملون في بعض المهن كالمهن في مجال نظافة الشوارع أو البيوت، أو القيام بأعمال الصيانة والحدادة أو العمل في مجال المخابز أو في الزراعة، وعكس ذلك بالنسبة للأولاد الذكور. إلا أن هذه النظرة بدأت تتلاشى نوعا ما بفعل التربية الديمقراطية التي أدت إلى التقدم الحضاري والاجتماعي والثقافي والتحديث في الفكر والعمل، كما أن الانفتاح الثقافي على المجتمعات المتقدمة ساهم في تجاوز ما يسمى بثقافة العيب، هذا بالاضافة إلى الاقبال على التعليم. كما أن هناك مظاهر لثقافة العيب في بعض المجتمعات المحافظة ترتبط بقضايا الكرم أو الشرف أو الثأر أو الحب قبل الزواج.

وتلعب ثقافة العيب عائقاً في الكثير من الأحيان في وجود الكثير من المشكلات وخاصة تلك المشكلات المتعلقة بالحياة الأسرية، مما تؤدي في بعض الحالات الى التفكك الأسري، حتى أنه أحيانا وتحت مظلة ثقافة العيب يمنع الحوار في مناقشة الكثير من العلاقات الأسرية، أو حتى البحث عن حلول أو إجابات شافية، بل تبقى مجرد استفسارات يقف المجتمع عاجزاً حائراً عن إيجاد الحلول لها، فتبقى النار مشتعلة تحت السطح إلى أن

تأكل الأخضر واليابس. وهناك قضايا وممارسات بسيطة جداً يدرجها الناس في بعض الثقافات تحت مسمى ثقافة العيب تؤدي إلى ارتكاب جريمة أحيانا، مع أنها لا تستحق من ذوي العلاقة مثل هذا التصرف الذي يعمل على تفكيك العلاقات الاجتماعية بين أفراد المجتمع الواحد ويخلق حساسيات قد تستمر سنوات عديدة وتعيق استقرار المجتمع وتطوره، وربما تؤدي أحيانا الى استمرارية وجود القلق النفسي والاحباط. وتاريخيا وبصفة أساسية تأثرت هذه المشكلة وتعمقت أحيانا وبدرجات متفاوتة عند مختلف الشعوب في درجة علاقتها بأكبر تقسيمين عرفتهما الإنسانية خلال تاريخ الطويل وهما:

التقسيم الأول: الفصل ما بين العمل الفكري والعمل اليدوي أو المهني أي ليس هناك ثقافة واحدة بل ثقافتان: ثقافة المادة والعمل وثقافة الفكر والروح، فأصبح هناك ثقافات تركز على العمل المادي النافع اجتماعياً، والتفريق بين مناهج الثقافة العامة والمناهج المهنية، أي الفصل بين الجوانب النظرية من ناحية والجوانب العملية التطبيقية ولا سيما المهنية، والذي أرسى قواعده الفكر المثالي منذ أقدم العصور وانسحب هذا الأمر على التعليم، فاعتبر التعليم أو الدراسات النظرية والاكاديمية وفي مختلف التخصصات أفضل وأرقى قيمة من التعلم المهني، فاعتبرت الدراسات النظرية والأكاديمية هي للسادة علية القوم، بينما اعتبرت الدراسات المهنية وما تبعها من أعمال يدوية أو فنية في مجالات الصناعة أو الزراعة أو الخدمات أو في مجال آخر هو من اختصاص الطبقات الدنيا من الشعب. وكانت هذه النظرة سائدة في المجتمعات القديمة واستمرت وبدرجات مختلفة إلى يومنا هذا. فيجد المتتبع لذلك أن الكثير من الشباب وفي أنحاء مختلفة من العالم أنهم عاطلون عن العمل أو مهمشون ولا يقبلون على العمل في بعض المهن في القطاعات الحياتية المختلفة أو في الأعمال اليدوية التي تعتمد على القدرة العضلية خوفاً من أن المجتمع سوف ينظر إليهم نظرة دونية انطلاقاً من المعايير الاجتماعية التي يحددها المجتمع لأفراده، وهذه النظرة نظرة غير حضارية لأن الحضارات العملاقة قامت على العمل واحترامه دون تفريق بين ما هو مهني أو أكاديمي، بل بالعكس تعطي اهتماماً كبيراً للأعمال المهنية أكثر من اهتمامها بالنواحي الأكاديمية.

التقسيم الثاني: وهذا التقسيم الذي كان سائداًَ في المجتمعات القديمة وموجود الآن وبدرجات متفاوتة في المجتمعات المعاصرة النامية وهو الفصل ما بين حقوق النساء وعملهنّ، وحقوق الرجال وعملهم، وهذا الفصل ارتبط تاريخيا بسيادة العائلة البطريركية والتي كانت تنشئ أبناءها على مفهوم السيادة للذكور من الأبناء فقط ومجال الحرية فيها محدد على أساس الذكورية أي لصالح الابن الذكر والذي يسمح له بممارسة مختلف المجالات الحياتية: من صناعة، وعلم وتعليم، وثقافة وزراعة وخدمات ومختلف الأنشطة، في حين قيدت وحددت مجالات الحرية والعمل بالنسبة للبنات مما ساهم في دعم مبدأ عدم المساواة بين الجنسين، وأعاق أحيانا وفي بعض المجتمعات تطبيق مبادئ حقوق الانسان. إلا ان المجتمعات الصناعية المتقدمة ونتيجة الطلب المتزايد على القوى العاملة ذكوراً واناثاً استطاعت أن تتجاوز هذا الفصل انطلاقاً من مبادئ حقوق الانسان، وسيطرت التربية الديمقراطية.

وتجدر الاشارة في هذا المجال إلى أن هذين التقسيمين بقيا وبدرجات متفاوتة في بعض الثقافات، وتلاشيا جزئياً أو كلياً من ثقافات أخرى نتيجة عوامل كثيرة لا مجال لبحثها هنا.

وقد لعب دوراً مهماً في ذلك عصر النهضة والتنوير وسيطرت العقلانية وتطبيق مبادئ الديمقراطية من: حرية وعدالة ومساواة وتقدم العلم والتكنولوجيا وسيطرت النظرة الواقعية ونتيجة التغيرات التي شهدها العالم في الفكر والعمل فبدأت مثل هذه النظرة تتغير شيئاً فشيئاً وأصبح ما كان يسمى "بثقافة العيب" محارباً عند بعض الثقافات، إلا أنه بقي في بعض الثقافات وبدرجات متفاوتة نتيجة سيطرت العادات والتقاليد القديمة ومحاربة التغير الاجتماعي والثقافي باتجاه الديمقراطية الصحيحة.

وإضافة لما سبق فإن انتصار مفهوم "لا سلطان على العقل إلا العقل نفسه (العقلانية) في بعض المجتمعات بعد انحسار التشكيلة الاقتصادية الاجتماعية الاقطاعية قد ساهم في التخفيف من حدة القضايا المندرجة تحت مظلة "ثقافة العيب" كما أحدثت الواقعية بأنواعها: الحسية، الانسانية، والاجتماعية ونتيجة الثورة الصناعية تأثيراً كبيراً على الفكر والثقافة والتربية، في مختلف بلاد العالم فظهرت الدراسات التحليلية للمهن واستقطبت المهن

بمختلف فروعها الرجال والنساء على حد سواء، وبدأت تتلاشى التقسيمات الكبرى "الحواجز والرواسب" في أغلب حضارات العالم. وأيضاً لابد من التأكيد على مساهمة الأفكار التقدمية في هذا المجال ومحاربتها لكل مظاهر التخلف الثقافي لأن التخلف عملية متكاملة لا تتجزأ.

ومن الأهمية بمكان التأكيد على أن الحياة العصرية، وخاصة في ظل التفجر المعرفي وثورة الاتصالات وتكنولوجيا المعلومات والحضور في العالم من خلال التحديث قد ساهمت في التخفيف من حدّة هذه المشكلة الثقافية، وكذلك ساهمت أفكار التسامح والانفتاح الفكري والحضاري والحوار بين الحضارات والاعتماد على العلم والتقنية ومنجزاتهما في مختلف مجالات الحياة في محاربة هذه المشكلة والقضاء عليها أحيانا من خلال نقل الرواسب الثقافية من الجمود الى حركة متفتحة إلى الأمام، ومن التقليد الأعمى إلى التجديد في ظل ثقافة ديمقراطية قائمة على الشفافية كجزء من الثقافة العامة لمحاربة كافة أشكال العنف والانحراف والفساد .

أن أهمية العلم وثقافة العمل والانتاج في الحياة مهمة جداً لأنها تتعلق بتكوين العادات والاتجاهات السليمة المتعلقة به. كما أن انصهار العلم في الحياة المدرسية وما ينطوي عليه من ملاحظة منظمة واستقراء وتجارب يعمل على محو الانفصال بين المعرفة وتطبيقاتها العملية، هذا الانفصال الذي ترك أثراً سلبياً على مجمل ثقافات العالم وعمق ودعم ما يسمى بثقافة العيب وخاصة في المجال المهني والعمل اليدوي الذي يعتمد على الطاقة الجسمية مما ساهم في تكريس التخلف وإعاقة التقدم الحضاري وعدم توطين التكنولوجيا والسيطرة عليها وانتاجها.

إن الفكر الثقافي الواقعي لا يحط من قيمة الأفكار والدراسات النظرية والأكاديمية البحتة إلا أن تثبيتها والسيطرة عليها يتم عن طريق التجربة الحسية التي تُعطي اهتماماً كبيراً للثقافة المهنية والتي تتجسد من خلال التربية المهنية التي تحارب بعض مظاهر ثقافة العيب وتدعم السلوكات العملية المتعلقة بالعمل والانتاج دون فصل او تقسيم، لأن اعتماد الصناعة وتطويرها وكذلك الأمر بالنسبة للزراعة ومجالات الحياة الأخرى ينطلق من التركيز

على الفعل العملي والأنشطة الخلاّقة، فالعمل بمختلف أشكاله لا يعتبر عيباً لأن الفكر لا قيمة له الا عندما يتحول إلى أعمال وأفعال وممارسات مقبولة تؤدي إلى تنظيم المجتمع واستقراره، كما أن الحد من الثقافة الاستهلاكية يلعب دوراً مهماً في هذا المجال.

ويدخل ضمن ثقافة العيب في بعض المجتمعات موضوع الفقر والذي أصبح يندرج تحت مسمّى له علاقة بالثقافة وهو ثقافة الفقر، فالناس الذي يعيشون في مجتمع ينتشر فيه الفقر في كل مكان وخاصة في البلدان النامية يتميزون بشعور سائد لديهم في أنهم يتقاسمون ثقافة متميزة لديهم ومختلفة عن ثقافة المجتمع الكلية بحيث أن معاييرهم الاجتماعية وسلوكهم ووجهات نظرهم تختلف عن غيرهم فيشعرهم هذا بالدونية، ويسود في هذه الثقافة القلق والحرمان والاحباط واليأس وممارسة الجريمة والأدمان على تعاطي الكحول وفقدان الأمل نتيجة ما يعانونه من أشكال الاضطهاد والنظرة الدونية اليهم من أصحاب الياقات البيضاء والاغنياء.

إن ثقافة الفقر التي تعتبر ضمن ثقافة العيب في بعض المجتمعات هي رد فعل الفقراء على مكانتهم الهامشية في مجتمعات طبقية عالية الفردية، إنها تمثل جهداً للكفاح والتغلب على المشكلات وبالتالي التخلص من الفقر. إن الغاء الفقر في ظل النظام العالمي الجديد والعولمة والتوجهات الليبرالية الجديدة أمر صعب جداً، كما أن الغاء ثقافة الفقر أمر أصعب من ذلك.[37] وتجدر الاشارة في هذا المجال إلى ان الفقر يكون أحياناً نتيجة عيب في الثقافة.

ولإعادة فحص بعض مظاهر ثقافة العيب والتخلص من بعضها التي لا تتلاءم مع الحداثة، وكذلك التصدي لها ومحاربتها، لابد من العودة إلى التربية والتأهيل والتدريب وتفعيل دور التربية والتعليم في المجال الثقافي بحيث يصبح كل متعلم مثقفاً يساهم في تطوير ثقافة مجتمعة وتبسيطها وتخليصها من الشوائب لنقلها إلى الأجيال اللاحقة، وخاصة في ضوء محورية الثقافة في عملية التنمية الشاملة. هذا بالاضافة إلى تنمية الحس بالمواطنة وتمثلها عند أفراد المجتمع بشكل عام والمثقفين بشكل خاص باعتبارهم النخب التي تقع على عاتقها المسؤولية الكبرى في هذا المجال.

إن التربية والتأهيل والتدريب وتفعيل دور التربية السليمة له دور مهم في المجال الثقافي بحيث يصبح كل متعلم مثقفاً يساهم في تطوير ثقافة مجتمعة وتبسيطها وتخليصها من الشوائب لنقلها إلى الاجيال اللاحقة، وخاصة في ضوء محورية الثقافة في عملية التنمية الشاملة، فالتربية أصبحت مرادفة لكلمة تنمية وخاصة في هذا العصر (عصر المعلوماتية، والثورة في وسائل الاتصال).

وقد فسر رجال التربية والمهتمين من المفكرين إلى أن فشل التربية القديمة كان لإهمالها العلاقة بينها وبين الثقافة، وعدم دراسة التربية في ضوء تطور المجتمعات وتغير ثقافاتها إلى الأمام. لذلك لابد للفضائيات المتعددة في العالم العربي من لعب الدور الفعال في التصدي لثقافة العيب ومحاربتها أو التخفيف من حدتها في ضوء مرجعية ثقافية ديمقراطية.

وتجدر الاشارة هنا إلى أن المجتمعات المعاصرة لابد لها من الجمع في برامجها التربوية بين الفكر والفعل الموازي له في الحياة، وخاصة الفكر النافع كتدريب الطلبة على العمل الانتاجي واليدوي والخدماتي اثناء الدراسة، لإزالة حواجز العيب لديهم بعد التخرج، والانتقال من الكلاملوجيا إلى التكنولوجيا وتوظيفها وإنتاجها وليس فقط نقلها واستهلاكها دون الاستفادة من علومها وفنونها ونظرياتها. ان الاستفادة بشكل مبرمج ومدروس ومنظم من وسائل الاتصال الجماهيرية المختلفة في توجيه الأطفال للاعتماد على انفسهم، وتغيير نظرة المجتمع نحو العمل واحترام فروع المهن المختلفة التي تبنى على أساسها الحضارة المعاصرة لهو عمل يستحق التقدير. هذا بالإضافة إلى تعميم التعليم والتدريب المهني ورفع المستوى الاقتصادي والمكانة الاجتماعية لمنتسبيه وادخال التكنولوجيا الحديثة إلى فروع الحرف والمهن اليدوية مما يفسح المجال لكسر ثقافة العيب. وأخيراً لابد من تغيير النظرة الى المرأة وتعليمها وعملها وتمكينها من التغلب على مختلف الصعاب التي تواجهها، وهذا يتطلب تغيير وعي المرأة تجاه نفسها، وتغيير وعي الرجل تجاهها، وكل هذا يتطلب أيضا التغيير في وعي المجتمع نحو دمقرطة الثقافة من خلال تطبيق ديمقراطية التعليم ومبادئ حقوق الانسان، وبمختلف الوسائل وإعادة تشكيل المفاهيم التربوية بحيث تصبح معاصرة، وجعل التربية أداة فعالة لاصلاح الافراد والمجتمعات والقضاء على ازدواجية الفكر والعمل وتبديل التربية سن تربية اسهلاكية الى تربية انتاجية على كافة المستويات، وهذا كله يتطلب ضرورة التنسيق بين نظم التعليم وبرامجه المختلفة وحاجات سوق العمل، والتغيير الجذري في النظم والوسائل والاستفادة من منجزات الثورة المعلوماتية المعاصرة.

وهذا كله يضع على علم اجتماع التربية المعاصر مهام جديدة لإعادة انتاج علاقات تربوية بين النظم المختلفة تنطلق من أرضية انسانية مبنية على الديمقراطية والحقوق المدنية للانسان.

العولمة والثقافة والتربية :

العولمة فكرة حديثة نسبياً في علم الاجتماع على الرغم من شيوعها بعض الوقت في فروع معرفية كدراسات التجارة العالمية، والعلاقات الدولية. ولهذا جاء بحثها هنا لأهميتها في علم اجتماع التربية المعاصر لتأثيرها على البنى الاجتماعية والثقافية والتربوية وما يتبع ذلك من تغير في العلاقات. ويظهر مفهوم العولمة على الساحة الدولية كأحد أهم المفاهيم التي كثر حولها الجدل بين مؤيد ومعارض لها، وقد وجب التطرق اليها وتحليلها من منطلق التحرر منها أو الاستفادة من فوائدها وليس تبريرها. وما زال تعريف مفهوم العولمة (Globalization) يشوبه الغموض في الأدبيات العربية التي تناولت الموضوع، وهناك الكثير من التعريفات التي ركز كل منها على جانب معين من جوانب العولمة، فركز البعض في التعريف على البعد المكاني، في حين نظر اليها آخرون في ارتباطها مع نشوء الرأسمالية العالمية، وأنها ظاهرة قديمة وليست حديثة وآخرون استعملوا مصطلح الكوكبة بدلاً من العولمة، وآخرون استعلموا مفهوم العالمية والذي يعني وجود قواسم مشتركة بين أفراد وجماعات الثقافة المختلفة، وينتسب هذا المفهوم إلى البشرية جمعاء أي أن العالمية تتضمن حساً إنسانياً وتعني تصميم الشيء وتوسيع مجاله ليشمل الكل (العالمي)، وبهذا تعني الانفتاح والتعاون السلمي بين الشعوب من خلال الاحترام المتبادل، أي قيامها على مبدأ المساواة بين هذه الشعوب وحضاراتها المختلفة. في حين أن العولمة عبارة عن تطلع اقتصادي سياسي تكنولوجي وثقافي وتربوي تذوب فيه الحدود الفاصلة بين العالم والحضارات وتتدخل في خصوصيات الانسان لفرض نظام واحد ونمط واحد وبالتالي تسعى لتعزيز

هيمنة الدول الكبرى القوية وأقواها وهي أمريكا (أمركة العالم)، معتمدة على كثافة انتقال المعلومات وسرعتها إلى درجة أصبح الناس يشعرون أنهم يعيشون في عالم واحد وكأنه قرية صغيرة. لقد تقوّت وتمت العولمة حالياً نتيجة الثورة الصناعية الثالثة (الثورة المعلوماتية) وهي نظرية شمولية وذلك لطابع الهيمنة الذي يميزها واستنادها للقوة ورفضها للاختلاف فهي حالة مضادة للحرية، انها صناعة القلة التي تمتلك العصا والمحفظة في إنتاج المعرفة وادارتها. وتلعب الأهداف الاقتصادية كأهم محرك للعولمة إلا أن أثرها يتجاوز مجال الاقتصاد فأهدافها غير المعلنة هي تغيير البشر والدول والمجتمعات والحضارات ولها نتائج ضارة تتمثل في عدم المساواة وتهميش بعض الدول وزيادة إفقار الملايين من البشر، بالإضافة الى القضاء على التوازنات الايكولوجية والتلوث.

إن السمة الرئيسة لفكرة العولمة هي أن الكثير من المشاكل المعاصرة لا يمكن دراستها بشكل مناسب ووافٍ على مستوى الدول الوطنية، ولكنها تحتاج لأن تصاغ في نظرية تعتمد على الإجراءات العالمية وهي إجراءات فوق مستوى الدول الوطنية لأن العولمة ظاهرة تشير إلى تحول تاريخي في تنظيم العالم الرأسمالي، إلا أنه مع ذلك فإن العولمة تتيح فرصاً، هذا اذا ما أُخذت في مضمونها الانساني العالمي التعاوني على قدم المساواة ولكنها تفرض تحديات اقتصادية واجتماعية وسياسية وثقافية وتربوية، ولذلك لابد من تهيئة الأرضية القادرة على الصمود والمواجهة والاستفادة من الفرص التي تتيحها وخاصة بالنسبة للبلدان النامية بما فيها عالمنا العربي. وتجدر الاشارة في هذا المجال إلى أن أغلب الدول النامية بما فيها الاقطار العربية قد انخرطت مكرهة في خضّم عملية تحول في هياكلها مدفوعة بضرورات التكيف مع مقتضيات النظام العالمي الجديد تحت مظلة العولمة وليس بالاعتبارات الخاصة بالمصالح القومية والوطنية لهذه الدول، خاصة اذا ما عرفنا أن حتمية العولمة هي تجسيد لروح عصر المعرفة.

ففي هذا القرن أصبح من الصعب التحدث عن التنمية بمفهومها الشامل في أي مجتمع معين دون أخذ المخاطر والأضرار التي تصاحب عملية العولمة بعين الاعتبار، والذين يبسطون العولمة من المثقفين العرب ويرون فيها قطار حياة علينا ركوبه وإلا فسوف يتركنا

ويسير بدوننا، فهؤلاء يبسطون مشروع العولمة، فالعولمة خطر داهم وأصبح مفهومها شائعاً وكأنه أمر حتمي وغالبا ما يصورها البعض على أنها علاج ناجح، وخاصة في بعدها الاقتصادي، أو على أنها خطر ينبغي الحذر منه. إلا أن العولمة أصبحت واقعاً ملموساً يجب فهمها ومعرفة كيفية التعامل معها، وهذا يتطلب الانتقال من مرحلة الحذر والدفاع إلى مرحلة المواجهة ومعرفة كيفية التصدي، وهذا ناتج عن طبيعة العلاقة بين الأنا والآخر، فاذا كان الآخر أقوى فإنه يحاول فرض معاييره على المجتمعات الأضعف والتاريخ شاهد على ذلك.⁽³⁸⁾ إلا أن البديل الأنجع للعالم العربي هو حوار الثقافات الذي يعزز الجوامع المشتركة بين هذه الثقافات والاستفادة من الايجابيات والذي يشكل أرضية صلبة ومفتاحاً ناجحاً للمستقبل.

إن الجديد في ظاهرة العولمة لا يتمثل في وجود التبادلات بين بلاد العالم والتجارة عابرة القارات بل في التعجيل والسرعة الملحوظة فيها، فمعدل نمو التجارة والتبادلات المالية العالمية كان أعلى من معدل نمو الانتاج العالمي على مدى المائتي عام الماضية، مما أدى إلى حدوث تغيرات في طريقة توزيع سلطة القرار في مجال الاقتصاد العالمي، وخاصة في ظل حرية التجارة وعدم وجود ضوابط عليها وتبنى سياسة الخصخصة، مما أدى إلى وجود مؤسسات فاعلة اكتسبت نفوذاً كاسحاً في هذا المجال مثل البنوك والشركات متعددة الجنسيات (البنك الدولي وصندوق النقد الدولي) ومنظمة التجارة العالمية، فأصبحت نسبة كبيرة من القرارات التي تمس حياة الناس في مختلف بقاع الأرض تتخذ على نطاق غير وطني من جانب المنظمات العالمية والشركات متعددة الجنسيات. ففي ظل علاقات القوة تضطر الاقتصادات القومية إلى تعديل أوضاعها وفق المتطلبات الجديدة للاقتصاد العالمي، مما يتطلب منها تهيئة نفسها وبناء الأرضية القوية في جميع المجالات لمواجهة هذه التحديات، لأن النظام العالمي الجديد ينطوي على تحديات كثيرة فهو كشبكة للتبادلات والقوة والذي يشجع ما يسمى "بالنموذج التنموي" والذي يتكون من عادات الاستهلاك، وأشكال وصور الانتاج، وطرائق الحياة، وأيدولوجيات ومراجع ثقافية ومعايير للنجاح الاجتماعي والتي تضمن علاقات القوة والسيطرة لهذا النموذج التنموي على سائر النماذج الأخرى. ومن ثم

يميل هذا النظام العالمي الجديد إلى تشجيع عملية تجانس المجتمعات والحضارات من خلال خلق ما يسمى بالثقافة الكونية التي تنهل أسباب وجودها من مصادر فوق وطنية أو قومية أي من ما يسمى بمصادر عالمية على سبيل المثال، مما قد يؤدي الى انتهاء عهد السيادة الثقافية لكل مجتمع على حدة، وانتهاء الاستقلال والسيادة الوطنية من خلال انتهاء عملية اعادة انتاج الثقافة الوطنية أو القومية.

لقد ركزت أبحاث العولمة على ظاهرتين حديثتين وهما : [39]

الظاهرة الأولى: التغيرات النوعية والكمية في الشركات عابرة القارات ومتعددة الجنسيات من خلال إجراءات مثل عولمة رأس المال والانتاج.

الظاهرة الثانية: التحولات في الأساس التكنولوجي والمجال العالمي لوسائط الاعلام (نظرية النظام العالمي الجديد)، والتي تشكل ايدولوجيته وهي ايدولوجية ما بعد الحداثة نظام مرتبط بايدولوجيات نهاية التاريخ.

وترتكز نظرية النظام العالمي على أساس الممارسات عبر القومية، وهي ممارسات تعبر حدود الدول وهي تعمل في مجالات: الاقتصاد، السياسة، والثقافة والتعليم.

ولأهمية السياق التاريخي في انتاج العولمة على الصعيدين النظري والواقعي فلابد من تناول جذورها التاريخية، فالمتتبع لهذا الموضوع يجد ان للعولمة جذوراً تاريخية، فالديانات التي اتخذت طابعاً مؤسسياً ورؤيا عالمية أحيانا قد ولدت منذ زمن بعيد قبل ظهور الشركات غير الوطنية، وكذلك الجامعات الأولى في العالم التي جذبت اليها الطلبة والأساتذة من خلفيات جغرافية وثقافية متعددة، كما أن المناطق الاقتصادية الاقليمية غير الأوروبية كانت تتفاعل فيما بينها في وقت مبكر يعود إلى 1250م-1350م قبل ميلاد الرأسمالية الأوروبية، كما أن نسبة من سكان العالم كانت تتحرك عبر الحدود القومية في القرن التاسع عشر أكبر مما عليه الآن، ويشار غالباً إلى أن فترات من العولمة تلت فترة مولد الامبراطوريات. [40] وهذا يؤكد على أن العولمة تعتبر جزءاً من الإرث العالمي للبشرية ومرتبطة بتطور التاريخ لصالح القوى والبنى القوية. إلا أنه يجب التأكيد على أن مفهوم العولمة ظهر أول ما ظهر في مجال

الاقتصاد، وان خطرها بدأ تاريخياً مع طغيان القوة المالية الاحتكارية التوسعية للرأسمال العالمي، الذي أثر في تنمية الفوارق بين الناس وتعميم الفقر بالاعتماد على انتاج كم ضخم من السلع بأقل ما يمكن من العمالة دون الأخذ بعين الاعتبار انعكاس ذلك على النواحي الاجتماعية.

وتجدر الاشارة في هذا المجال إلى أن المنافسة الحرة وهي أساس النظرية الرأسمالية ترى أنه لابد من إسقاط الحواجز والحدود والثقافات حتى تستطيع أن تنمو وتقوى، كما أنها تؤمن أن البقاء للاقوى. كما أن العالم لم يعرف نظماً دولية أو عالمية إلا بعد الثورة الصناعية وظهور التشكيل الإمبريالي الغربي بشقيه الاستعماري الاستيطاني، والاستعماري العسكري، والذي بدأ يسعى إلى تأسيس جيوب استيطانية في بعض الأماكن من العالم، إلا ان ملامحه بدأت تتحدد في منتصف القرن التاسع عشر حينما بدأ يعي ذاته كأنه حركة لا حدود لها وان مجالها العالم بأسره، وأن العالم عبارة عن مادة استعمالية - أي مصدراً للموارد الطبيعية، وللطاقة الرخيصة، وسوق للسلع. إنه من هذه النظرة يحاول أن يفرض بالقوة حالة التفاوت بين شعوب العالم وأممه، فهو كان يرى أن الغرب مركز العالم وأنه صاحب المشروع الحضاري الوحيد الجدير بالبقاء. وفي هذا الاطار ظهرت الايدولوجيات العنصرية والفاشية والنازية.[41] فالعولمة تاريخياً هي نتاج الفكر الرأسمالي الامبريالي نفسه الذي لا يعترف بحدود جغرافية أو حواجز ثقافية. فبعد انتهاء الحرب الباردة بقيت الرأسمالية هي النظام الوحيد في طرحه لنموذج سياسي واقتصادي وثقافي وتربوي متكامل له صبغة سياسية ليبرالية باعتبارها الوعاء السياسي للاقتصاد الحر والمنافسة التجارية الحرة، وان بناء انظمة ليبرالية يتطلب شرعية ثقافية وتربوية ومفاهيم وقيم تتماشى مع هذا الفكر بحيث تتكامل العناصر الثلاثة: ثقافة وتربية - اقتصاد - سياسة لبناء المجتمع الرأسمالي الحر.[42]

وقد لخص (المسيري) أسباب ظهور هذا النظام العالمي الجديد بما يلي:[43]

1- إدراك الغرب أزمته العسكرية والثقافية والاقتصادية وإحساسه بالتفكك الداخلي، وعجزه عن فرض تطلعاته بالقوة.

2- إدراكه استحالة المواجهة العسكرية والاقتصادية والثقافية مع الدول النامية التي أصبحت واعية لقواعد اللعبة الدولية.

3- إدراكه أن بعض البلاد الفقيرة السائرة في طريق النمو بدأت تظهر فيها نخب محلية مستوعبة للمنظومة القيمية والمعرفية والاستهلاكية الغربية، وهي نخب من الممكن أن تحقق للغرب ما يريده دون مواجهات عسكرية، وهذا هو منطق الالتفاف بدلاً من المواجهة.

وفي مطلع التسعينيات من القرن العشرين ظهرت في الغرب نظريتان مصدرهما أمريكا وهما:[44]

النظرية الأولى: ورائدها (صموئيل هنتجتون) Huntington وعنوانها صدام الحضارات، مؤكداً أن الاختلاف بين الحضارات حقيقة موجودة وان الصراع بينها سيحل محل الصراع الايدولوجي وان بؤرة الصراع سوف تكون بين الغرب والحضارتين الاسلامية والكونفوشية. والذي قد أشار أيضاً إلى أن اللاعبين الأساسيين في القرن الواحد والعشرين سوف تكون الحضارات، وان الصراع سوف يكون بينها أكثر مما هو بين الدول الوطنية، وقد كتب هذا رداً على فكرة (فرانسيس فوكوياما) Francis Fukuyama بأن العالم وصل إلى مرحلة نهاية التاريخ والذي انتصرت فيه الديمقراطية والليبرالية الغربية مضيفاً إلى أن أساس الصراع ليس الأيدولوجيا أو الاقتصاد بل أن الصراع هو ثقافي حضاري، وأن صدام الحضارات سوف يسيطر على السياسة الدولية.[45] مؤكداً أن الحداثة هي الغرب، وان الحضارة الغربية هي الحضارة العالمية التي تناسب كل المجتمعات فهي اذن حالة طبيعية ملازمة لطبيعة الانسان، ومن ينحرف عنها فهو غير طبيعي. انه يؤمن بأن التاريخ له مسار واحد وهو النموذج احادي الخط على الرغم من أنه يتكلم عن التعددية والصدام بين الحضارات.

النظرية الثانية: ورائدها (فوكوياما) وعنوانها نهاية التاريخ والتي يرى فيها أن الحضارة الغربية فقد انتصرت على غيرها من الحضارات.

يـرى (فوكايامـا) أن المفكـرين هيجـل ومـاركس يريـان أن التـاريخ سـوف يصـل إلى نهايتـه حيـنما تصـل المجتمعات البشرية إلى شكل ما يشبع احتياجات الناس الاساسية، وهو عند هيجل الدولـة الليبراليـة وعنـد ماركس المجتمع الشيوعي. ويستخدم فوكوياما العلوم الطبيعية (المادية) لتفسير التاريخ، فحسب رأيه أنهـا تمثل النشاط الاجتماعي المهم الوحيد الذي يجمع الناس على اتسامه بالنمو والتراكم والغائية ويتجه صوب الرأسمالية والسوق الحرة أي الرأسمالية العلمية على اعتبار أنها الممثل الوحيد والحقيقي للمبدأ الطبيعـي المادي وقد حلت محل الاشتراكية العلمية التي كانت تدعي أنها تمثل المبدأ الطبيعي، وبهذا تحول الانسـان في الغرب والشرق إلى الانسان الاقتصادي (المادي) الذي يمكنه ادارة حياتـه عـلى أسـس علميـة رشـيدة.[46] وتجدر الاشارة الى أن هذه المنطلقات عن نهاية التاريخ تعني نهاية الانسان وانتصار الطبيعـة (المـادة)، أي تحول العالم الى كيان خاضع للقوانين المادية والتي تحول الانسان الى مادة استعمالية. إن ما يجري في العالم حالياً وخاصة في دول أمريكا اللاتينية يعني أن اطروحة فوكوياما أصبحت في عـداد المـوتى فبـدأ فوكويامـا بإعادة تقييم الوضع الدولي. ان نهاية التاريخ تعني نهاية التاريخ الانساني وبدايـة التـاريخ الطبيعـي، إلا أن التاريخ الانساني حي ويتطور ويفتح أفاقاً جديدة ومنطلقات أيدولوجية مرتبطة بذلك.

والنظريتان تكملان بعضهما البعض وتهدفان العالم كلـه ولـيس بلـداً واحـداً. وحسـب المـنهج الخفـي فـإن العرب في بؤرة هـذه الصراع والصـدام، وأن الثقافـة العربيـة مسـتهدفة وهـي في خطـر وربمـا ستضـيع في أطروحات العولمة والحضارة العالمية الواحدة. إلا أن هذا لا يعني الانعزال والتقوقع بل لابد من الاسـتفادة من الايجابيات والتجديد في الفكر وادواته ومناهجه لمواجهة السلبيات والتغلب عليها.

ويشير (تيزيني) إلى أنه مع تشكل النظام العالمي الجديد في حدود عام 1985م برزت إلى الحيـاة الثقافية والفكرية ثلاث ظواهر هامة:[47]

أ- هيمنة الولايات المتحدة الأمريكية كقوة واحدة على الساحة الدولية والتي تمثلـت هـذه القـوة في بروز النظام العالمي الجديد.

ب- تجسد هذا النظام لأول مرة كتطبيق لمفهوم الهيمنة في حرب الخليج الثانية وبشكل واضح.

ج- جاءت هذه الظاهرة مطابقة لمزاعم أمريكا بأنها أصبحت سيدة العالم.

انطلق النظام العالمي الجديد على أرض الواقع في الثورة في مجال المعلومات والاتصالات التي ربطت العالم وكأنه قرية صغيرة.

ويضيف بأن العولمة تتميز بأنها ثنائية الطابع كما يلي:

- أنها امتداد للنظام الرأسمالي الامبريالي حيث تشارك معه في قانون فائض القيمة.

- أنها أيضا تقوم باجراء قطيعة ابستمولوجية مع هذا النظام.

ويضيف أيضا إلى أن الاقتراب من مفهوم القطع الابستمولوجي يتوقف على تعريف النظام العالمي الجديد الذي هو "النظام الاقتصادي السياسي والثقافي والعسكري الذي يسعى للتأثير على الطبيعة والبشر لكي يهضمهم ويمثلهم ثم يتقيأهم سلعاً فيما بعد"[48] فالنظام العولمي حسب رأيه يسعى الآن الى توحيد البشر على عكس النظام الاستعماري الامبريالي القديم الذي كان يسعى الى تفتيت البشر، فالنظام العالمي يرفع راية وحّد تسد بعد ان كان يقوم سابقاً على مبدأ فرّق تسد، أنه يسعى لخلق هوية حاسمة على مستوى العالم (كوزموسوقية)، أو السوق الكونية التي تقوم على آلية السلع وتصميمها لتصبح الهوية الوحيدة في العالم، وخاصة في ظل التوجه نحو سيطرة التجارة الحرة.

إن هذه الرؤى تتطلب إسقاط كل الهويات التي تشكلت تاريخياً واستندت إلى مفاهيم الديمقراطية والعقلانية والعلمانية بدعوى أنها استنفذت تاريخياً. وفي نفس الوقت يسعى إلى إحياء كل هذه الهويات. ان هذا التناقض في توجهات النظام العالمي الجديد يسعى من ورائها إلى التفكيك من جهة، ومن جهة أخرى إعادة البناء بحيث يصبح المجتمع الدولي مجتمعاً مفككاً باتجاه السلع الكونية وموحداً باتجاه كل ما يسعى للوقوف ضد الهوية الكونية. أو بتعبير آخر كما يشير (تيزيني) السعي إلى تفكيك كل الهويات الفعالة تاريخياً: كالوطنية، والقومية، والعقلانية، والتعددية والتي عندها القدرة على التقدم الى الأمام ومواجهة هذا

النظام، وفي نفس الوقت يفعّل الهويات الرجعية والطائفية والأثنية والمذهبية باعتبارها دوائر مغلقة يشتعل فيها الصراع الداخلي فيما بينها. ومثل هذا التوجه يطلق عليه اسم (الثقافوية) ويمثلها مجموعة من المفكرين الألمان وغيرهم والذي يرى أن أوروبا في القرن الحادي والعشرين تخلت عن مفاهيمها الاقتصادية الاجتماعية مثل: الطبقة، التفتيت الاجتماعي، والثوابت الاجتماعية لصالح مفهوم "الثقافة" الذي سيطر على كل هذه المفاهيم. واحتلت "الثقافوية" كل أشكال الخطاب الأخرى وأصبح كل شيء يفسر ويرجع إلى عناصر ثقافية. ان "الثقافوية" تعمل على إبراز التمايزات الثقافية على غيرها من صراعات اقتصادية واجتماعية ساعية إلى إثارة الاهتمام بالأصول السلالية والدينية والطائفية، ومن ثم إبراز مشكلة الهوية الأصلية على أنها مشكلة المشكلات. لذلك تلح على قضايا السكان الأصليين والسكان المهاجرين على أنها مشكلة ملحة خاصة في فرنسا والمانيا وبلجيكا والولايات المتحدة الامريكية. وأصبحت مشكلة (الثقافوية) ليس البطالة بل المهمشين وكيفية استيعابهم داخل تلك المجتمعات وهي مجتمعات ما بعد الصناعة والحداثة حيث يعيش هؤلاء على تخوم مجتمعاتهم. وإضافة لما سبق فإن تيار ما بعد الحداثة والثقافوية يسعيان إلى تفكيك البنى القائمة والاهتمام بالكشف عن كل ما ينتمي إلى الأصول البعيدة ربما الى البيئة الطوطمية الأولى. وبهذا تترك العلوم الاجتماعية الساحة الثقافية خالية أمام التنظير الأنثروبولوجي. ان الثقافوية قد تؤدي إلى التعصب والعنصرية والتطرف فكراً واجتماعاً وثقافة، اذن لابد من الانفتاح والتآنس حتى لا تؤدي الثقافوية الى استبعاد الآخر.

ويرى (التريكي) أن العملية الكفيلة بدراسة الحضارات والثقافات دراسة علمية وفي روح من التواصل بين الثقافات هي ما يسمى "بالثقافية" التي من مزاياها ما يلي: [49]

1- اذا اعتبرت الثقافية لقاء وتواصلاً بين الثقافات فإنها لا تلغي الأقليات الثقافية بل تستوعبها وتضمن وجودها وحرياتها ومكانتها.

2- اذا اعتبرت الثقافية تحاوراً ايجابياً بين شعوب العالم فإنها مع ذلك لا تلغي الاختلافات والصراع والتصادم بين الحضارات فواقعيتها تفرض عليها أن تعطي لكل ذلك دوره في تطور المجتمعات الانسانية، إلا ان

مهمتها هي في تخفيف ما قد ينجم من توترات من خلال الحوار والتقليل من التميزات الثقافية.

3- واذا اعتبرت الثقافية هي اقرار للغيرية فإنها سوف تُلغي في مستوى المبادئ على الأقل امكانية التباهي بفكر الهيمنة. فميزة الثقافية تكمن في جميع مزايا النظرية الاستيعابية ومزايا النظرية الصدامية مع امكانية التعايش السلمي بين الشعوب ورفض الحروب والهيمنة وكل أسباب الانتهاكات الثقافية.

ويشير (المسيري) الى أن جوهر النظام العالمي الجديد عبارة "عن مجموعة من القوانين والقيم الكامنة فيه والتي تفسر- حركة التاريخ وسلوك القائمين وأولوياتهم واختياراتهم وتوقعاتهم" وحسب إدعاءات أصحابه فإنهم يسعون إلى إتاحة "نظام عالمي جديد" يكون متحرراً من الارهاب باحثاً عن العدل والأمن والسلام، وعصر تستطيع كل الأمم العيش فيه برضا، وتفاهم، وتسامح، واحترام متبادل، وأنه نظام يهدف إلى تبسيط العلاقات وتجاوز العقد التاريخية والنفسية، والنظر للعالم كأنه وحدة متجانسة واحدة، وانه نظام رشيد يضم العالم بأسره ولا يوجد فيه تعارض بين المصالح الوطنية والعالمية، ويسعى لضمان العدالة للجميع وخاصة المجتمعات الصغيرة والفقيرة انطلاقاً من ضمان حقوق الانسان من خلال المنظمات الدولية والبنك الدولي وقوات الطوارئ الدولية في اطار ما أطلق عليه مسمى (الشرعية الدولية) ويمكن حل أية تناقضات قد تنشأ حسب رأيهم من خلال ما سمى (الاجراءات الرشيدة) بدون صراعات عسكرية، وسوف يخضع كل شيء حسب (أخلاقيات الاجراءات) التي تنطلق من المبادئ والقيم الديمقراطية الليبرالية، وهذا يعني الاتفاق على قوانين وإجراءات اللعبة العالمية مع اهمال الأهداف أو الماهية. [50] اضافة لذلك فإن أصحابه يؤكدون إلى أن العالم تغير الآن ولابد من رؤى جديدة، فقد تغير النظام الرأسمالي الامبريالي حسب رأيهم المبني على توازن القوى بينما الآن أصبحت الديمقراطية هي الأساس، وان النظام العالمي الجديد قد أصبح من سنن الحياة وجزءاً من النظام الطبيعي، وأنه مدعوم من وسائل الاتصال العالمية التي حولت العالم إلى قرية صغيرة، فتدفق

المعلومات يجعلها متاحة للجميع مما يؤدي إلى تحقيق القدر الأكبر من الانفتاح الدولي وتحقيق القدر الأكبر لديمقراطية القرار عالميا.

ومن الأهمية بمكان التأكيد على أنه في ظل العولمة تصبح سيادة الدول الوطنية - وبالأخص الدول السائرة في طريق النمو- في مهب الريح لأن الزخم الأيدولوجي الذي رافق العولمة أسهم في إشاعة مبدأ التدخل العالمي، فالعولمة الاقتصادية وهي الأقوى بدأت تأخذ الآن أبعاداً سياسية، وعسكرية، وثقافية، واعلامية لهيمنة الثالوث العالمي (الولايات المتحدة الامريكية، أوروبا الغربية، واليابان) تحت الهيمنة شبه التامة لأمريكا، وهي حاليا الراعي لمشروع العولمة، وهي بعيدة عن الانفتاح على الآخر وتسعى لتفكيك الكيانات الوطنية الصغيرة والمتوسطة لصالح التكوينات الكونية الكبرى[51] وفي الوقت نفسه لصالح سلطات تحت مركزية ومفتته تنشأ بفعل العولمة ولفائدتها، مقابل السيادة الوطنية الذي نشأ وترعرع واستقر كأحد أسس الأمن العالمي بعد الحرب الكونية الثانية، والتي هي الآن في خطر وذوبان.

إلا أن هناك عدة دول في العالم تقف ضد العولمة هذه على اعتبار ان لها خصوصيتها الثقافية والأيدولوجية والاقتصادية والتربوية دون انكارها لمبدأ العالمية.

وتجدر الاشارة في هذا المجال إلى أن البلاد العربية لابد لها من التغلب على قصورها الذاتي الداخلي والتجديد في مناهج التفكير وانتاج المعرفة حتى تستطيع مواجهة مختلف التحديات الخارجية التي تفرضها العولمة.

العوامل المؤثرة :

إضافة لما سبق لابد من الاشارة أن البوادر الأولى للعولمة تاريخياً كان منذ بداية تطور التجارة العالمية، إذ بدأت تتطور شيئاً فشيئاً وبدرجات متفاوتة كلما ازداد حجم التجارة العالمية وازداد تحرير التبادل التجاري والخدماتي، وتحرك رأس المال العالمي بحرية وبدون حواجز. وهذا ارتبط بنشوء الرأسمالية التجارية التي نشأ معها فكرة الاكتشافات الجغرافية التي مهدت السبيل لاستقرار الأوروبيين في مناطق أخرى من العالم غير أوطانهم

الأصلية انطلاقاً من الأيدولوجية التوسعية المعتمدة على الهيمنة والسيطرة تحت اداعاءات الاستراتيجية الدولية.

هذا بالاضافة إلى تطور الرأسمالية الصناعية التي بحثت لها عن أسواق جديدة لم تكن موجودة من قبل، مما أدى إلى زيادة الاستثمار الرأسمالي (Increasing Capital Investment) وتركز الانتاج بمختلف أشكاله وتضخم رأس المال الذي أدى إلى قيام احتكارات ضخمة بدأت تبحث لها عن أسواق جديدة، مما أدى إلى تصدير رؤوس الأموال الى الخارج لجني أكبر قدر من الأرباح وفرض المزيد من السيطرة. وتبع هذا كله سيطرة أيدولوجية لفتح قوى السوق. (Dominant ideology of Regulation by Market Forces) وتوسّع مفهوم أيدولوجية السوق الحر، واتسع بذلك دور الشركات متعددة الجنسيات وتخطيها الحدود القومية، حيث أصبح الكثير من الشركات تقوم بانتاج السلع الكونية، كما تبع هذا تعاظم دور الكيانات الاقتصادية العملاقة ودخولها في اتفاقيات وتحالفات أثرت على مجمل العلاقات الاقتصادية والسياسية والثقافية والتعليمية في العالم، ولعب شيوع أيدولوجية الخصخصة ومناهجها في جميع دول العالم دوراً داعماً لهذه التوجهات.

وتجدر الاشارة إلى أن انهيار الاتحاد السوفيتي والمنظومة الاشتراكية أدى إلى تمتين ايدولوجية النظام الدولي الجديد وزاد من التلاقي بين البلدان الغربية الصناعية، كما أدى اختفاء الخلاف الايدولوجي الأساسي في الغرب - إلى حد ما- الى تقوية الاحساس بأن ثمة نظاماً عالمياً جديداً أصبح في طور التقدم، وهو نظام علماني شامل تولد من خلال التشكيل السياسي والحضاري الغربي ومن كل معطياته المعرفية والاقتصادية وقيمه الحضارية.

اضافة لما سبق فقد لعبت العوامل التكنولوجية دوراً مهماً في هذا المجال والتي جاءت بعد الثورة العلمية والتكنولوجية وثورة الاتصالات والمعلومات نتيجة التطور العلمي والتكنولوجي الهائل بعد الثورة الصناعية والذي أدى إلى ثورة في المعرفة والاتصالات وحولت العالم الى شبكة اتصالات كونية عبر الأقمار الصناعية والألياف الضوئية، مما أدى إلى

تقليص المسافات، وهكذا فبدلاً من الحدود القومية فإن العولمة بـايدولوجيتها بـدأت تطـرح حـدوداً غـير مرئية ترسمها شبكات السيطرة العالمية على الاقتصاد والسياسة والثقافة وأذواق البشر. [52] وقد كان هناك دور مهم يعود للتغيرات الجو سياسية (Geopolitical change) نتيجة ظهـور أمـم قويـة ومحاولتها التوسـع والسيطرة على حساب دول أخرى، كذلك أيضاً فإن من أهم النتائج الأساسية للعولمة هـو إقصـاء وتغييب البعد الانساني في الأنشطة الاقتصادية والتجارية والتنموية وتكريس مبـدأ الغايـة تـبرر الوسـيلة مـع جعـل الربح هو القيمة الاسمى، كما ان سيطرة مفهوم الحق للأقوى سوف يعمق صدامات الحضارات ويقلل من البعد الانساني في علاقة الحضارات مع بعضها البعض مـما سـوف يـؤدي إلى زعزعـة مفهـوم أن العـالم وحدة واحدة.

ومن الأهمية بمكان التأكيد إلى أن عصر المعرفة ومجتمعات المعرفة الآخذة في التكوين أصبحت فيها العولمة أهم الظواهر والعوامل المؤثرة خاصة في ظل الثورة المعلوماتيـة التـي يشـهدها العـالم حاليـا والتي هي العنصر المؤثر في حضارة المستقبل.

العولمة والثقافة:

تقع العولمة في قلب الثقافات المعاصرة، كما أن الممارسات الثقافية تقع في قلب العولمة، فالعولمة حتى تتم لابد لها من بعد ثقافي يهيء لها الانتشار اقتصاديا وسياسياً واجتماعياً، فهي ظاهرة متعـددة الأبعاد. ويعتبر البعد الثقافي من أصعب الأبعاد التي تحاول العولمة انجازه وخاصة وإن التحليـل الثقـافي يشير إلى تعقد الثقافة وإنها ظاهرة محيرة فهي نظام حياة له معانيه لأي شعب وكيف يعيش؟ ومشـاركة الآخرين في الهوية، بينما العولمة تحاول التأثير في احساس الناس بهويتهم وبيئتهم وفهمهم المشترك لقيمهم ورغباتهم ومعتقداتهم وأفراحهم وأحزانهم وخـبراتهم الحياتيـة وطـرق معيشـتهم وهـذه كلهـا أمـور مـن الصعب تحقيقها. [53]

وتنطلق العولمة بالنسبة للثقافة من افتراض وجود ثقافة عالمية تنشط في أماكن أخـرى مـن العـالم محاولـة السيطرة والانتشار عن طريق خلق بيئات ثقافيـة جديـدة مـن خـلال إذابـه الثقافـة الوطنيـة أو القوميـة، وإحلال ثقافة الأقوى مكانها. ويساعد على انتشار هذه الثقافة ثورة

المعلومات وتكنولوجيا الاتصال الحديثة التي أدت إلى تدفق المعارف والمعلومات والاخبار بسرعة فائقة وبحرية أوسع عبر الشبكات العنكبوتية ووسائل الاتصال الجماهيري والاعلامي الالكترونية، والتلفزة والمحطات الفضائية من أجل السيطرة على الرأي العام العالمي وإحلال ثقافة العولمة بحجة الانفتاح الثقافي العالمي الذي ينشر ثقافات ومفاهيم وقيم وأنماط من السلوك الانساني مشتركة بين أبناء المعمورة مما يسهلُ التحدث عن عالم بلا حدود ثقافية. وحتى تتم العولمة الثقافية لابد من القضاء على الدول الوطنية التي تميزها ثقافة محددة، وإن هذه الدول ستصبح هدفاً من أهداف عملية التفكك ذاتها لأن استمرارها سيشكل عوائق أمام عملية التدفق العولمي. ان هذه المنطلقات والتصورات الجديدة معارضة للمنطلقات الامبريالية القديمة السابقة والتي كانت تتسم بضرورة وجود الدول الوطنية التي عبرت عنها المرحلة الكنزية تعبيراً دقيقاً، في حين أنه وبفضل تصورات العولمة الحالية فالهدف هو إقصاء هذه الدول ومعها الكنزية باتجاه حالة جديدة هي حالة التجارة العالمية المفتوحة التي لا يقف أمامها أي مكون ثقافي وطني أو قومي. وحتى يتم ذلك بنجاح لابد من تعميم المعايير والقيم الثقافية الغربية وبالأخص النموذج الامريكي (الأمركة) وجعله نموذجاً عالمياً يجب تقليده من كافة الدول وتقديمه كنموذج ثقافي ناجح وتعميمه على العالم. ودعما لهذه التوجهات لابد من طمس الهويات الثقافية لبعض المجتمعات وتعطيل تطورها عن طريق تغذية حالات الصراع الداخلية. فمثلاً لقد نمت داخل الثقافة العربية قضية الثنائيات والصراعات الداخلية والتي فرضت نفسها على سطح الثقافة مثل مقولات الأصالة والمعاصرة، التحديث والتقليد، مما يجعل هذه الثقافة تعاني من هذه الازدواجية وتحاول الخلاص منها من خلال مشروع نهضوي تنويري حضاري. إلا أنها لحد الآن لم تنجح في ذلك.[54] فأغلب المفكرين العرب يحاولون من خلال تحليلاتهم لهذه المواضيع العودة للماضي والاختباء وراء عباءته دون التركيز على الاستفادة من عبره، أو أنهم يقفزون في تحليلاتهم للمستقبل دون تحليل للحاضر واسباب تخلفه واقتراح الحلول للانطلاق للمستقبل بقوة بعد تهيئة الأرضية الصلبة لذلك.

ويشير (الجابري) الى أن المجتمع المعولم يشهد ثقافة واحدة أي احتواء العالم كله واختراق الآخر وبالذات البلدان النامية وهي أيدولوجية تعبر عن إرادة السيطرة على العالم وأمركته. (55) وهذا بعينه الاستلاب الثقافي لثقافات الشعوب المغلوب على أمرها.

وتحت ظل العولمة وعن طريق الغزو الفكري والثقافي والذي سوف يتم من خلال الانفتاح وازالة الحدود قد تنشأ مظاهر التحلل الخلقي والتفكك الأسري، وقد تنشأ مشكلات تحديد الهوية للأفراد والجماعات، ومشكلات تتعلق بتحقيق التكامل الاجتماعي وسط مناخ من انعدام الأمن والفقر الشديد من خلال إدامة ما يسمى بثقافة الفقر. كما وتجدر الاشارة وفي مجال علاقة العولمة مع الثقافة انه يجب عدم النظر الى الثقافة والتعامل معها كسلعة فالثقافة فيها عناصر الابداع والهوية الذاتية للشعوب. ان الثقافة الآن أصبح ينظر إليها كسلعة معولمة الانتاج تتمايز فيها انتاجاً وتسويقاً الشركات العملاقة متعددة الجنسيات من خلال شبكات تتحكم فيها هذه الشركات.

إن العولمة سوف تكون مفيدة اذا نظر اليها على أنها انفتاح عالمي مبني على الحرية والعدل والمساواة وبروح من التعاون والأخوة والتسامح وبوجود ضوابط اخلاقية ومورس هذا كله على أرض الواقع وبروح انسانية عالمية. أما اذا مورست بشكل يشير على أنها اغتصاب ثقافي أو اختراق لثقافات الشعوب الأخرى واحضار أنماط غريبة عن الثقافات الأصلية بهدف زعزعة القناعات الثقافية الوطنية فإنها لن تلقى الترحيب، خاصة وأن شعوب العالم أصبحت أكثر وعياً من السابق نتيجة التدفق الإعلامي والمعرفي وانتشار التعليم بشكل أوسع مما كان عليه في الماضي.

وفي هذا المجال لابد من الاشارة إلى ما يلي:

1-   يجب أن تتخلى العولمة عن عدوانها الرمزي على ثقافات الشعوب الأخرى من خلال آليات الاختراق والالتفاف الذي يحصل أحيانا عن طريق ممارسة الضغط والعنف وأحيانا بوسائل أخرى تهدد أساسيات سيادة الدول الوطنية وثقافاتها.

2- على العولمة أن لا تنكر ثقافة الآخر وأن تنظر لثقافات الشعوب نظرة إنسانية وبروح من التعاون والاحترام المتبادل والتسامح والأخذ والعطاء وبروح من التشاقف البناء، وعدم اعتبار وجود ثقافة أقوى لها السيطرة وثقافات أخرى يجب أن تخضع لها. كذلك لابد أن يصبح التسامح ثقافة وليس ضغطاً، وخلق مثل هذه الثقافة فهو من أصعب المهام، إلا أن تطبيق الديمقراطية الصحيحة ومحاربة ازدواجية المعايير يسهم في تعميق هذه الثقافة.

3- على الدول النامية عدم التلقي السلبي لما يأتي من الخارج دون غربلة وبانبهار شديد، مما قد يؤدي إلى الاستخفاف بالثقافة الوطنية . فالتقليد يجب أن يأخذ بروح إدراكية إنتقائية، وأن الانفتاح على الحضارات العالمية مهم جداً وعنصر إيجابي ولكن يحتاج إلى جهود وامكانيات ووسائل، لأن الانغلاق الثقافي عبارة عن انتحار وموت للثقافة. فالثقافات تغتني وتتطور من خلال التماس والانفتاح على الآخر والافادة والاستفادة من الإيجابيات والتخلص من السلبيات، وهذا يتم بالحوار البناء.

4- لابد من التركيز من خلال الأنظمة التربوية على بناء الانسان الفاعل القادر على مواجهة التحديات المختلفة وهو الانسان الذي هو ذات الحضارة وغايتها وليس بناء الانسان المنفعل الذي غالباً ما يكون وقوداً للحضارة.

5- ان التعلم على كافة مستوياته والمحافظ على هوية الشعوب والمبني على الفكر النيّر هو القادر على مواجهة تحديات العولمة.

ان النظرة النقدية المتفحصة للعالم اليوم تكشف على أنه أصبح ظاهرة فريدة جديدة حبلى بالتناقضات والبشائر والنذر والتحولات النوعية، انه عالم يعاني من تحولات جذرية ويشهد ثورة ثقافية اقترنت بتطورات علمية وتكنولوجية، ويشهد حالياً ثورة فكرية في الثقافة والفكر والاتصال والعلوم والأسس والمناهج، وأهم أبعادها ثورة الاتصالات والمعلومات وثورة المعرفة. لقد أصبح العالم يدرك أن ما كان فكراً حداثياً في الماضي بات اليوم تقليداً بالياً. لذلك فهناك مهام تاريخية جديدة لصياغة ثورة ابداعية تقودها فلسفة تنويرية جديدة وبناء

محيط عقلي كوكبي يلتزم بقيم إنسانية وفكر إنساني أصيل جامع بين البشر- دون تمييز، وهـذا مـا نتمنـاه وتتمناه شعوب العالم التي تأمل أن يكون هـذا العـالم يشـكل عقـلاً كوكبيـاً متـآزر الفعاليـة وأداة تكييـف لمصلحة البشرـية جمعـاء لا لـدمارها وفـرض سـيطرة قـوى الليبراليـة الجديـدة والتكـتلات الكوزموبوليتـة الاقتصادية العملاقة التي تركز فقـط عـلى حركـة السـوق متغافلـة دور الـدول الوطنيـة في تحقيـق الأمـن والاستقرار الاجتماعي. هذه القوى الجديدة هدفها تحقيق أكبر قدر من الـربح الـذي هـو فـوق الشـعوب وأهم منها حسب منطلقاتها الفكرية.

أن الطريق الأمثل للبشرية في هذا العصر هو التـزام نهـج عـالمي جديـد مـن التعـاون واسـتثمار المعارف الجديدة في إطار هذا التعاون العادل وعلى قدم المساواة بحيث تتاح مصادر المعرفة لجميـع أهـل العلم والفكر والانتاج وعلى صعيد العالم كله مـن أجـل خلـق تضـامن عـالمي وتعـاون إنسـاني في روح مـن الشفافية والتسامح ينتفي فيه طغيان أحد على آخر.(56)

اضافة لما سبق فتجدر الإشارة إلى أن القـرن العشرـين شـهد أخطـر ثـورة ثقافيـة كونيـة الأبعـاد والأصداء لا تزال آثارها الى يومنا هذا واقترنت بتطورات علمية وتكنولوجية وتغيرات في الخارطـة الدوليـة واتساع في نطاق حركة التحرر الوطني، وقد أثر ذلك على عالم اليوم فأصبح ساحة صراع ضمن منهج جديد يحمل اسم ما بعد الحداثة، وانهارت نظريات وفلسفات وأصبح العصر الآن عصر- النهايـات والمابعـد. لقـد أصبح العالم في فراغ البحث عن الجديد - عولمة العالم- وكأنه قرية ولكن بـلا ضـابط ولا قـوانين، والأخطـر من ذلك اقترانه بالعداءات الاثنية والعرقية، وأصبحت الثقافة واقعاً يجمع بين إنفتاح وانغلاق في آن واحد: انفتاح أعلامي وعلمي وثقافي مقابل ثورات انغلاق على الذات تحت شعار الدفاع عنها. أن فكرة ما العمل؟ تحت ظل هذه التحديات تقتضي من المفكرين والساسة ورجال العلـم والتربيـة العمـل مـن أجـل تحقيـق كيفية جديدة تحقق العيش من خلال علاقات دولية واجتماعية واقتصادية وثقافية وتعليمية افضـل ومـن خلال تأسيس فهم متبادل وفي ظل التعاون مع عدم إنكار وجود الفوارق الذهنية بين شعوب العالم والـذي يعود إلى جغرافية

الفكر انطلاقاً من أن البشر متشابهون في طرق التفكير لأن طبيعة الفكر واحدة فالبشر يدركون بحواسهم ويستدلون بعقولهم بطريقة واحدة. وهذا لابد أن يشكل تراثاً مشتركاً للبشرية. كما أن كل فرد يجري العمليات المعرفية نفسها، ويعتمد على نفس الأدوات الفكرية من خلال الإدراك والذاكرة والتحليل والتصنيف والاستدلال بغض النظر عن الاختلاف في الثقافة من حيث المعتقدات والقيم والذي لا يرجع الى اختلاف في العمليات المعرفية بل لأن أفراد هذه الثقافات واجهوا جوانب مختلفة من الحياة من خلال عمليات التفاعل الاجتماعي والتي تتم من خلال الاتصال والتواصل، أو لأنهم ركزوا من خلال تنشئتهم على معارف أخرى. أن الأمر يعود إلى تلقين أفراد الثقافات المختلفة عادات فكرية مختلفة منذ ميلادهم مما أدى إلى فوارق ثقافية في عادات التفكير، وفي استخدام أدوات مختلفة في فهم العالم. وهذا هو الأصعب الذي يقف ضد أي توجه تقدمي مبذول لتحسين العلاقات بين شعوب العالم أكثر مما هي عليه الآن. وربما لن تتحقق النتائج المرجوة بالكامل إلا اذا تعرض الجميع لمؤثرات ثقافية متماثلة وان لم تكن متطابقة، وهذا في ظل العولمة الحالية من الصعب تحقيقه، ولكن مع عدم إنكار وجود الكثير من العموميات الثقافية التي من الممكن أن تشكل نقاط التقاء، وإن الاختلاف ضروري وعائد الى الخصوصية الثقافية والتي ترتبط بهوية أي دولة أو شعب من الشعوب.

ويقف المثقفون في العالم العربي من علاقة العولمة بالهوية الثقافية في ثلاثة اتجاهات:[57]

الاتجاه الأول: وأصحابه من المرحبين الذين يرون في العولمة مسألة طبيعية وليس هناك من خطر على الهوية، بل إنها تعني الهوية بروح جديدة، ووجهة النظر تنطلق من أسس تحديثية.

الاتجاه الثاني: وأصحابه من الرافضين الذين يرون أن العولمة تهدد الثقافة العربية والهوية الذاتية وتعمل على طمسها، وأصحاب هذا الاتجاه يغلب على تصورهم الصفة العاطفية.

الاتجاه الثالث: وأصحابه من المفكرين والمثقفين العقلانيين وهم من المعتدلين الذين يرون أن العولمة قد تحمل خيراً كما يمكن أن تجلب الشرور، ولكن علينا الاستفادة من كل ما هو مفيد منها، والتفاعل معه بصورة عقلانية وتجنب المضار، وينطلق هؤلاء من أسس موضوعية.

ومن الأهمية بمكان التأكيد بأن العالم العربي بحاجة إلى التعاون البناء في شتى المجالات وبالأخص في مجالي الثقافة والتربية والتعليم وتبادل العلم والمعرفة، وهذا يتطلب توفر إرادة العمل الجماعي الواعي، اضافة إلى احتياجه إلى مؤسسات فاعلة تُعد الأفراد للتكيف مع التغيرات السريعة المتلاحقة والاستفادة منها لخدمة عملية التنمية الشاملة .

وتجدر الاشارة في هذا المجال إلى أن التعليم الذي نحن بحاجة إليه وهو التعليم الذي يعمق الهوية والانتماء والانفتاح على أفكار الشعوب وحضاراتها انفتاحاً يكون عادلاً وبروح الحوار لا انفتاح له صفة التبعية وسيطرت مفهوم الأقوى يجب أن يسيطر على الأضعف.

العولمة والتربية :

ان الاستقراء النسبي للنظم التعليمية في مواجهة العولمة أصبح أمراً بارزاً في ضوء التغيرات العميقة في التعليم ونظمه والتي أحدثت في المراحل الأولى للعولمة الحالية والتي شهدت تطوراً كبيراً في الاقتصاد العالمي. أن هذه التغيرات الهائلة والمتعددة الجوانب في الاقتصاد والثقافة يجعل المتتبع أن يتوقع من العولمة إحداث تغييرات عميقة في نظم التعليم الوطنية خاصة انه بدأ يدور الحديث في وقتنا الحاضر عن "كيف يجب أن يتغير التعليم؟" وكيفية زيادة الوعي بالثقافات الأخرى من خلال البرامج الثقافية والتربوية. كما أن هناك آخرين ينادون بالبحث عن المعرفة والمهارات القادرة على المنافسة العالمية. ولهذا يجد المتتبع بعض الاهتمام العالمي بموضوع العولمة وتأثيرها على التربية والتعليم على المستوى العالمي. وهناك أصوات تنادي بخفض الاتفاق على التربية والتعليم والخدمات الأخرى، والذي بدوره يؤثر على تحقيق تكافؤ الفرص التعليمية وخفض نوعية التعليم، كما يؤثر ذلك سلباً على التكافؤ بين الجنسين. وهناك طروحات أخرى تنادي بخصخصة التعليم العام.[58] كما أن المقترحات التي ظهرت في الخمسينيات من القرن العشرين حول اللامركزية في التعليم كانت تتلاءم مع الانتقال من الإنتاج المركزي إلى الانتاج اللامركزي أو المحلي أو المرن. وهذه النقلة ينظر إليها على أنها إحدى العوامل المؤدية للتكامل الاقتصادي. إلا أن النتائج تشير الى أن اللامركزية لم تؤدِ إلى زيادة في تعليم الطلبة كما لم تؤدِ الى تحسين في كفاءته أو زيادة في كفاءة صنع القرارات، كما أنها وفي نفس الوقت لم تؤدِ إلى زيادة الكفاءة في صنع القرارات

الفعالة، لان اللامركزية حتى تحقق أهدافها لابدّ من ارتباطها بوعي اجتماعي وثقافي وتربوي.

ولا أحد ينكر أن سرعة تطور المعرفة في مجالات العلم والتكنولوجيا وفروع الاقتصاد والإنتاج المختلفة تتطلب الحاجة إلى اعداد تربوي وتعليمي وتدريبي جيد على كافة المستويات، كما يتطلب ذلك أيضا إلى إحداث تغييرات في محتويات التربية لتكون أكثر واقعية ومرتبطة مع التدفق الهائل في المعرفة وربط ذلك مع اقتصاد السوق والاقتصاد المعرفي، ولكن يجب أن ينطلق ذلك من المصالح الوطنية ومن الحفاظ على الهويات الوطنية والقومية للشعوب. ولا ينكر أحد أنه لابد من اعادة بناء بعض المناهج المتعلقة بالعلم وبالتقنيات وبالطرق الحديثة في التدريس، لأن التطورات الحالية والسريعة والتي شملت كافة المجالات تتطلب ذلك، وتتطلب مهارات جديدة من الأفراد والتي لخصتها اليونسكو في نشرتها عام 1996م كما يلي: تعلّم لتعرف، تعلم لتعمل، تعلم لتعرف كيف تعيش مع الآخرين، وتعلم لتكون، مما دعاها للمناداة بوجود برامج مبنية على قاعدة تنافسية مركزة على قضية التحصيل العلمي لمهارات المنافسة في كل مرحلة ومستوى من مستويات الدراسة. وكذلك العمل على إنتاج المعرفة وليس الاكتفاء بنقلها، وأيضا تشجيع المطالعة بحيث يصبح الكتاب جزءاً من نسيج المجتمع.[59]

ولكن تجدر الاشارة الى أنه من الصعب إخضاع النظم التربوية كليا في العالم للعولمة مع عدم انكار إمكانية الإستفادة من الفرص التي تتيحها العولمة طالما أنها لا تمس الجوهر والثوابت الثقافية والوطنية. والكل يتحسس ويعرف أن العولمة تتضمن العديد من المخاطر، وعلى التربية استشراف هذه المخاطر ومحاولة تهيئة الأرضية لمواجهتها من خلال استراتيجية دقيقة وواقعية ومرتبطة بالقناعات الذاتية، مع عدم انكار أهمية التفاهم الدولي والتضامن والتعاون بين الأفراد والجماعات والشعوب الأخرى في سياق إنساني وبدون التفريط في الثوابت والخصوصيات التاريخية.

ومن الأهمية بمكان في هذا المجال التأكيد على أنه في ظل العولمة فإنه من المحتمل حدوث آثار سلبية على نظم التعليم الوطنية بسبب ما سوف تحدثه العولمة من تغيرات

اقتصادية وتكنولوجية وسياسية واجتماعية وثقافية، وإن التربية ليست بمعزل عن هذا كله لأنها لا تعمل في فراغ فالنظم التعليمية في أي بلد تضرب بجذورها في البيئة الموجودة فيها بكل مكوناتها.

وانطلاقاً من محورية التربية في بناء المجتمع وصنع الانسان، وهذا هو الدور الايجابي لها، وقد أشارت لذلك دساتير المجتمعات وشعارات حركة الاصلاح الديني والاجتماعي واستراتيجيات التنمية الشاملة. كما أن دورها السلبي يتمثل في ما لعبته وتلعبه في مخططات الهيمنة من استعمار وغزو ثقافي وعولمة. لذلك لابد أن تصبح التربية من خلال دورها الايجابي الشغل الشاغل للجميع في هذه المعمورة وخاصة في مجال العلوم الانسانية بشكل عام وفي علم اجتماع التربية المعاصر بشكل خاص. وفي مجال أهمية التربية للمجتمع فيجد المهتم أنها أحيانا هي المحرك لمجتمعاتها وأحيانا أخرى خاضعة لأهواء المتنفذين في السلطة. إلا أنه مع ذلك ستبقى التربية هي محرك التنوير والاصلاح في كافة صوره وأشكاله على الرغم من أنه وتحت ظل النظام العالمي الجديد والسعي نحو العولمة عموماً وعولمة التربية خصوصاً ربما سوف تُستغل التربية تحت شعار حماية حقوق الانسان والنظر إلى عولمة التربية كشرط مهم لنجاح العولمة الاقتصادية انطلاقاً من أنه عن طريق التربية يمكن تنمية النزعات الاستهلاكية لدى الصغار زبائن المستقبل [60]. وهذا يشوه الدور الانساني للتربية.

أن القرن الحادي والعشرين يتطلب لمواجهة التحديات رؤية واسعة مستنيرة للتربية والتعليم تنطلق من قواعد علمية وتكنولوجية ومهارات ملائمة ونظرة واقعية تتلاءم مع تطورات الحياة والاهتمام بتنمية استراتيجية التفكير الابداعي عند المتعلمين وتوفير القدرة على ممارسة النقد البناء والتعلم الذاتي والمشاركة في التجارب العالمية والمعرفية والمهارات الضرورية وتعلم كيفية العيش مع الآخرين على قدم المساواة من خلال السعي إلى مجتمع عالمي متكامل وعادل، وتشجيع تربية ثقافة المطالعة حيث تواجه البلاد العربية انحساراً أو تراجعاً في هذا المجال، وكذلك تشجيع الترجمة لروائع المؤلفات العالمية الى العربية، وأيضا

الترجمة من العربية الى اللغات الأجنبية لروائع الكتب والدراسات العربية لبناء الانسان القادر على مواجهة التحديات.

إضافة لما سبق لابد من التأكيد على أن العولمة سوف تسعى الى تعميم النظرة البرغماتية في مناهج التعليم وأساليبه لإعادة بناء إنسان معولم، وذلك من خلال التأثير على صنع القرارات التربوية وفرض بعض الاتجاهات التربوية تحت شعار الديمقراطية وحقوق الانسان. ولكن المطلوب في هذا المجال أيضاً العمل من خلال التربية والتعليم على اعداد الجيل ليكون قادراً على مواجهة تحديات العولمة من خلال ما يلي:

1. على التربية أن تسهم في تهيئة الجيل الصاعد لقراءة العولمة قراءة واعية من خلال التفكير الناقد البناء وفهمها وتحديد معالمها، واستخلاص النتائج.

2. ادخال تكنولوجيا المعلومات الى الأنظمة التعليمية وتنشئة المتعلمين على استخدامها استخداماً أمثل، لأن عولمة الاتصالات والمعايير الثقافية وسيطرة رؤوس الأموال الضخمة أحدث تغييرات هائلة على بلاد العالم وبالأخص الدول النامية، لذلك لابدّ من إعادة التأهيل والتدريب وفي مختلف المجالات من أجل مواجهة مختلف التحديات.

3. بناء مناهج تربوية متلائمة مع روح العصر بحيث تكون قادرة على بناء الشخصية بناء كاملاً شاملاً لجميع جوانبها.

4. تربية الجيل الصاعد على ثقافة العولمة من أجل التفاعل الجيد معها وفق أسسها ومنطلقاتها واستيعاب متطلباتها من أجل معرفة كيفية مواجهة تحدياتها.

5. التركيز من خلال المناهج وكل مجمل العملية التعليمية - التعلمية على منظومة القيم المرتبطة بروح العصر العلمية والتكنولوجية.

6. اعداد المعلمين اعداداً جيداً وتزويدهم بكافة متطلبات مهنة التعليم، ويدخل في هذا المجال القادة التربويين وكل ما علاقة بالتربية والتعليم.

وفي هذا المجال هناك بعض الايجابيات التي وفرتها العولمة لبعض دول العالم، لعل من أهمها:

- انتقال التكنولوجيا والمعرفة وما يتصل بها من مهارات بين مجتمعات العالم.
- ازدياد التبادل العلمي والثقافي والتربوي والتجاري بين الدول مما وفر أرضية للاستفادة من التجارب الإنسانية.
- ازدياد التعاون الدولي في مجالات علمية وتعليمية وبحثية مختلفة.
- التعرف على مناهج وطرق التدريب في الدول المتقدمة.
- الاستفادة من أساليب التدريس التي تتماشى مع التقدم العلمي والتكنولوجي.

وأخيراً تجدر الاشارة إلى أن العولمة لم تنجح في التقريب بين شعوب العالم، فالعلاقات الانسانية أصبحت موضع جدل ونقاش، ومقولة أن العالم أصبح عبارة عن قرية صغيرة هي مقولة شكلية اقتصرت فقط على مجالات الاتصالات من خلال الاجهزة المختلفة الا أن التفاعل الاجتماعي الانساني وجهاً لوجه آخذ في الانحسار، وسوف يشهد العالم اذا بقيت الأمور هكذا أن تصبح العلاقات الانسانية في موضع خطر.

المراجع

1- التل، سعيد وآخرون، (1993)، المرجع في مبادئ التربية، ط(1)، دار الشروق، عمان، الأردن.

2- اسماعيل، قباري، (1982)، علم الاجتماع الثقافي، ط(1)، منشأة المعارف بالاسكندرية، جمهورية مصر العربية.

3- المرجع السابق.

4- السيد، سميرة أحمد، (1998)، علم اجتماع التربية، ط(2)، دار الفكر العربي، القاهرة، جمهورية مصر العربية.

5- النجيحي، محمد لبيب، (1976)، الأسس الاجتماعية للتربية، ط(6)، مكتبة الأنجلو المصرية، القاهرة، جمهورية مصر العربية.

6- بن نبي، مالك، (1979)، مشكلة الثقافة، ط(1)، دار الفكر، بيروت، لبنان، ص29.

7- المرجع السابق.

8- الجلبي، علي عبد الرزاق وآخرون، (1998)، علم الاجتماع الثقافي، ط(1)، دار المعرفة الجامعية، جامعة الاسكندرية، جمهورية مصر العربية.

9- المرجع السابق.

10- اسماعيل قباري، علم الاجتماع الثقافي، مرجع سابق.

11- الجلبي، علي عبد الرزاق وآخرون، مرجع سابق.

12- بن نبي، مالك، مشكلة الثقافة، مرجع سابق، ص19.

13- المرجع السابق.

14-   المرجع السابق.

15-   الجيّار، سيد ابراهيم، (1985)، دراسات في تاريخ الفكر التربوي، ط(4)، دار غريـب، القـاهرة، جمهورية مصر العربية.

16-   اسماعيل، قباري، مرجع سابق.

17-   بن نبي، مالك، مرجع سابق، ص30.

18-   الحلبي، علي عبد الرازق، (1998)، مرجع سابق.

19-   المرجع السابق.

20-   اسماعيل قباري، مرجع سابق، ص17 .

21-   المرجع السابق.

22-   Kilpatrick, W.H. (1956), "Philosophy of education", Macmillan Co. NewYork.

23-   اسماعيل، قباري، مرجع سابق.

24-   المرجع السابق.

25-   المرجع السابق. وأيضا عبد الدايم، عبد الله وآخرون (2005)، التربية والتنوير في تنميـة المجتمـع العربي، مركز دراسات الوحدة العربية (سلسلة كتب المستقبل العربي)، ط(1)، بيروت، لبنان.

26-   الرشدان، عبد الله، وجعنيني، نعيم، (2002)، المدخل الى التربيـة والتعلـيم، ط(4)، دار الشروق، عمان، الأردن، ص168-169.

27-   السيد، سميرة أحمد، (1998)، علم اجتماع التربية، مرجع سابق .

28-   اسماعيل، قباري، علم الاجتماع الثقافي، مرجع سابق.

29-   الرشدان، وجعنيني، مرجع سابق، ص 201-203.

30- اسماعيل، قباري، مرجع سابق.

31- المرجع السابق.

32- علي، نبيل، (2001)، الثقافة العربية وعصر المعلومات، ط(1)، مطابع الوطن، الكويت.

33- جعنيني، نعيم، (1995)، وقائع المؤتمر التربوي العربي (التحديات الاجتماعية وتربية المعلم العربي للقرن الحادي والعشرين)، اليونسكو، بوندباس من 2-5 تشرين أول 1995، الجامعة الأردنية، عمان، الأردن.

34- العالم، محمود، (1993)، ملاحظات أولية حول الثقافة العربية والتحديث، مجلة الوحدة (الواقع الراهن للثقافة العربية)، مجلد (19)، عدد (101) الرباط، المملكة المغربية.

35- مجموعة من الأساتذة (1997)، نظرية الثقافة، ط(1) عالم المعرفة، الكويت.

36- المرجع السابق.

37- تيمونز، روبيرتس، وهايت ايمي (2004)، من الحداثة الى العولمة، ط(1)، ترجمة سحر الشيشكلي، عالم المعرفة، الكويت.

38- ايريك، مايد، (1999)، نحن والعولمة من يربي الآخر؟ المعرفة، العدد (46)، وزارة المعارف السعودية.

39- كوميليان، كرستيان، (1997)، تحديات العولمة، مستقبليات ، المجلد (27)، العدد (1) مارس، جنيف، سويسرا . وأيضاً تيمونز، روبيرتس وايمي هايت، من الحداثة إلى العولمة، ترجمة سحر الشيشكلي، مرجع سابق.

40- مايكل كمارتون، وصبحي والطويل، (1997)، العولمة الاقتصادية والسياسات التعليمية، مستقبليات، مكتب التربية الدولي، مجلد (27)، عدد (1) مارس، جنيف، سويسرا .

41- المسيري، عبد الوهاب، (1999)، عولمة الالتفاف بدلاً مـن المواجهـة، المعرفـة، عـدد (46)، وزارة المعارف السعودية.

42- غندور صبحي، (1999)، الترهيب بصدام الحضـارات والترغيب بالعولمـة، المعرفـة، عـدد (46)، الرياض، السعودية.

43- المسيري، عبد الوهاب، مرجع سابق.

44- غندور صبحي، مرجع سابق. وايضا الجابري، محمد (1997)، قضـايا في الفكر المعـاصر، ط(1)، مركز دراسات الوحدة العربية، بيروت، لبنان.

45- Huntington, (1993) Academic Journal of Foreign affaris, Also Book "The clash of civilizations and the Remarking of world order" .

46- المسيري، عبد الوهاب، والتريكي فتحي (2003)، الحداثة ومـا بعـد الحداثـة، ط(1)، دار الفكـر: دمشق.

47- تيزيني، الطيب، (2004) الدولة الوطنيـة وتحـديات العولمـة في الـوطن العربي، دراسة تحـت عنوان التنوع الثقافي والطبقي والديني والعرقي في اطار الوحدة العليا لمصالح المجتمـع، ط(1) مكتبة مدبولي، القاهرة، جمهورية مصر العربية.

48- المرجع السابق.

49- المسيري، عبد الوهاب، مرجع سابق. وأيضاً المسيري، عبـد الوهـاب، والـتريكي فتحـي، (2003)، الحداثة وما بعد الحداثة، ط(1)، دمشق: دار الفكر المعاصر.

50- المرجع السابق.

51- الجمّال، مصطفى، (2004)، الدولة الوطنيـة وتحـديات العولمـة في الـوطن العربي (ط1) دراسـة بعنوان "تأملات في أيدولوجيا التدخل الإنساني الدولي" ، مكتبة مدبولي، القاهرة.

52- الجابري، محمد، (1997)، قضايا في الفكر المعاصر، ط(1)، مركز دراسات الوحدة العربية، بيروت، لبنان.

53- Tomlinson, John (1999) "Globilization and culure polity press and Blackwell publishers press, Cambridge - Oxford.

54- تيزيني، الطيب، (2004)، الدولة الوطنية وتحديات العولمة في الوطن العربي، مرجع سابق.

55- الجابري، محمد، مرجع سابق.

56- نيسبت، رتشارد، (2005)، جغرافية الفكر، ط(1)، ترجمة شوقي جلال، عالم المعرفة، مطابع السياسة، الكويت.

57- الخوالدة، محمد، (2003)، مقدمة في التربية، ط(1)، دار المسيرة، عمان، الأردن.

58- مالجين، نويل، (1997) مرجع سابق.

59- Madhukar, Indira, (2003), "Impact of Globilisation on education Learning to live together"- Authors press, India at Tarun offset , Delhi.

60- علي، نبيل، مرجع سابق.

الفصل الخامس
التغير والتربية

- مقدمة
- التغير الاجتماعي
- عوامل التغير الاجتماعي
- نظريات التغير الاجتماعي
- التغير الثقافي
- نظريات التغير الثقافي
- التغير التربوي
- التغير التربوي للمستقبل

الفصل الخامس

التغير والتربية

مقدمة :

تختلف المجتمعات البشرية من حيث درجة قبولها للتغير والعمل من أجله والافاده منه، فهناك مجتمعات جامدة راكدة وهناك مجتمعات مرنة حيوية من حيث سرعة التغير. والمجتمعات القديمة كانت تتصف بالثبات والاستقرار، اما المجتمعات المعاصرة فإنها تمتاز بالتغير المستمر. وكان موضوع التغير موضع اهتمام الفلاسفة والمفكرين الاجتماعيين ورجال السياسة والاقتصاد والتربية منذ القدم، إلا أنهم كانوا ينظرون اليه بمعنى التطور انطلاقاً من منظور الصيرورة.

أصبح التغير حقيقة حتمية ويشمل مختلف مجالات الحياة ومظاهرها والوجود والافراد والجماعات في هذا العصر عصر المخترعات والتقنيات الحديثة والأفكار الجديدة وتعدد أنواع الصراعات والتنافس والعولمة وتحدياتها مما يحتم على المجتمعات البشرية ضرورة اعادة مراجعة منظومة القيم والمعايير والعلاقات الاجتماعية، وبالتالي يتطلب هذا مراجعة التربية وطرقها ووسائلها من خلال فلسفات تربوية تتلاءم مع عصر المعلوماتية الجديد. إلا أن تغير الرواسب الاجتماعية من عادات وتقاليد واتجاهات ومفاهيم أساسية وثوابت لا تتغير بالسرعة التي تتغير بها القاعدة المادية في المجتمع، ولكن الانسان يمتاز بقدرته على التغيير من خلال تنمية قدرته على مواجهة التحديات المختلفة وتوجيهها والتحكم فيها واحداث المزيد من التغييرات التي يحتاجها المجتمع والحياة المعاصرة. وهذا يعتمد على توفر الامكانيات ومن خلال الاستخدام الأمثل لمنجزات العلم والتكنولوجيا والاستفادة من عبر الماضي وتوظيفها في الحاضر والتخطيط للمستقبل بعد التخلص من السلبيات المعيقة. وهذا يتطلب اخراج النظم التربوية من العزلة لتتفاعل كعنصر متكامل مع عناصر الثقافة واستغلال عناصر البيئة وامكانياتها من خلال المدارس باعتبارها تشكل قلب أي

اصلاح تربوي وتفاعلها مع المؤسسات التربوية الأخرى لتصبح قادرة على المساهمة في التغيرات الاجتماعية والثقافية المطلوبة. ويحتاج هذا أيضا إلى تربية جديدة لا تقوم على إضافة مواد جديدة أو أساليب جديدة كما هو متبع في الكثير من البلاد النامية بل الحاجة ملحة لنظرة تربوية جديدة شاملة تستمد عناصرها من هذا العصر- وامكانياته وتحدياته، وان تتحول الى قوة فعالة في مواجهة التغيرات في جميع المجالات واحداث تغييرات جديدة ملائمة واستخدامها بشكل أفضل. هذا بالإضافة إلى أن هذه التربية يجب ان تكون شاملة وموحدة الأسس والاتجاهات والوسائل والمحتوى مع كل مؤسسات التوجيه والتكوين والتنشئة متجنبة الازدواجية والصراعات التي من الممكن أن تحدث في شخصيات الجيل الصاعد، وبناء شخصيته النامية المتكاملة في جميع جوانبها. وبهذا تكون التربية قوة فعالة في احداث التغيرات المطلوبة وفي جو من الحرية المسؤولة والاختيار الأمثل من بين المتغيرات المختلفة وتحقيق التحديث والابداع. هذا بالإضافة الى أن المجتمع مطلوب منه توفير الامكانيات المختلفة، فالمداخل الاجتماعية والثقافية للتربية من حيث النظرية والتطبيق تسير في هذا المنحى.

ان الحركة والتغير ظاهرة شاملة وكامنة في الوجود المادي وغير المادي وفي المجتمع والطبيعة وعند الأفراد فكل شيء يحيط بالانسان هو في تغير مستمر، فالثبات موت وعدم. وقد عبر هذه الحقيقة الكثير من المفكرين والفلاسفة القدامى بقولهم أن الفرد لا يستطيع أن يضع يده أو رجله في مياه النهر مرتين لأن هناك مياه جديدة سوف تلامس اليد أو الرجل. لقد أشار الفيلسوف اليوناني هيراقليطس قبل الميلاد (540-475 ,Heraclitus الى أن التغير والتبدل الشامل والحركة والتطور تشكل قانون الوجود والحياة، وان الثبات موت وعدم وهذا هو الفهم الديالكتيكي للطبيعة فهناك ظواهر تحل محل ظواهر اخرى[1]. فالثبات يشبه محاولة الفرد الابقاء على توازنه فوق دراجته دون تحريك البدالات، مع أن تحريك البدالات ضروري لاستقرار الراكب وتقدمه للامام، لهذا فإن التغير ضروري ومهم للحفاظ على الانماط الثقافية.[2]

وشهدت المجتمعات البشرية قديمها وحديثها تغيرات كثيرة ويستدل عليها من الاختلاف الحاصل بين الحالة الجديدة والقديمة في فترة زمنية محددة، إلا أن نظرة القدامى للتغير كانت عامة حيث أنهم لم ينتبهوا الى القوانين التي تتحكم به والاستفادة منها في التحكم والضبط والتوجيه، بينما حاليا أخذ العلماء والمفكرون والمخططون والحكومات في التحكم في عملية التغيير وتوجيهها أكثر من الوصف، وهذا يتجلى من خلال عمليات التنمية الشاملة المخططة ، وقد كان لتطور الفكر والعلوم أثر كبير في ذلك.

لقد كان لظهور فكرة التقدم (Progress) في الفكر الاجتماعي بعد عصر النهضة والتنوير أثر مهم في هذا الاتجاه، وهي فكرة سابقة لمفاهيم لاحقة مثل: التغير الاجتماعي، والتطور، وذلك لأن مصطلح التقدم ارتبط بفلسفة التاريخ، أما مفهومي التغير الاجتماعي والتطور فارتبطا بظهور علم الاجتماع وعلم الأحياء. ولقد كان انتشار مفهوم التقدم مرتبطاً بالتحولات التي شهدتها أوروبا في عصر النهضة والاصلاح الديني ونتيجة الاكتشافات الجغرافية في نهاية العصور الوسطى، وتأثيرات عصر التنوير ومبادئ الثورة الفرنسية، فكل هذا أدى إلى زيادة ثقة الإنسان بنفسه وعقله وقدرته على إحداث التغييرات، مما أدى الى ثورة فكرية تقوم على الفلسفات والأفكار الجديدة المعتمدة على العلم وسيادة العقل في المعرفة وعدم اعتبار الماضي فقط على أنه الفترة الذهبية، والإيمان بأن الحاضر والمستقبل هما أساس التقدم(3) . وهذا يشير إلى أن فكرة التقدم تمتعت بحيوية كبيرة في الفكر الأوروبي لقرون عديدة، والتي سيطرت على نظريات معظم المفكرين الاجتماعيين خلال القرن التاسع عشر ثم عادت للظهور في القرن العشرين تحت مضامين التنمية الاقتصادية والتحديث.(4)

إلا أنه في هذا العصر وتحت ظل سيطرة مفاهيم العولمة فقد هوجم مفهوم التقدم في التاريخ، والحقيقة في المعرفة، والجمال في الفن، والعلاقات الانسانية بشكل عام.

وفي مجال أهمية تطور المعرفة والفكر يميز (كارل مانهايم) Karl Manheim بين ثلاثة مستويات وهي عبارة عن اتجاهات تهدي العقل في سيره وتوجهاته:(5)

1- مرحلة "المحاولة والخطأ " أو الاكتشاف بواسطة الصدفة .

2- مرحلة اتجاه الفكر نحو الاختراع .

3- مرحلة التخطيط .

لقد وضع مانهايم اتجاهاً عاماً يسير فيه الفكر وفسر أن طبيعة الحاجات الانمائية تخلق انواعاً من التفكير كما يلي :

1- مرحلة المحاولة والخطأ (الاكتشاف بالصدفة) :

لقد ارتبط الفكر في منطلقاته الأولى بحاجات الانسان الفيزيقية، أي ارتبط الانسان بالبيئة وانبثق عن ذلك الفكر البدائي إذ ظهرت أنواع الفكر الانساني الساذج والمرتبطة بالمحاولة والخطأ أو التعرف على الأشياء من خلال المصادفة.

2- مرحلة الاتجاه نحو الاختراع :

فنتيجة للتطور الهائل في البناء الاجتماعي طرأ على المجتمعات البشرية تغييرات عميقة جذرية في النظم والاتساق مما أدى إلى تقدم واضح في مناهج الفكر وطرق المعرفة نتيجة استخدام الانسان لمختلف الأدوات والنظم التي استطاع بواسطتها تحقيق ما يصبو إليه. ففي هذه المرحلة (مرحلة الاختراع) وهي مرحلة تغيير رئيسية اتجه فيها الفكر نحو تكوين الأهداف المحددة نتيجة توزيع الأنشطة الفكرية لتحقيق تلك الأهداف. فالفكر في هذه المرحلة أصبح يركز على أشياء بعيدة غير مباشرة لا تقع تحت البصر أو السمع، أي التفكير في موضوعات ما وراء البيئة، مما أدى إلى تطورات تكنولوجية هائلة، وتقدم آلي، والى اختراعات أكثر تعقيداً وتركيباً، واستخدام البخار والكهرباء.

3- مرحلة التخطيط :

وتجلى منهج التفكير المخطط حين تقدم الانسان وتخطّى مرحلة الفكر العشوائي ومرحلة الاختراع، وهنا ظهرت أنواع جديدة من المعارف، وبلغ الفكر درجة عالية من التطور والتقدم وتداخلت ميادين الفكر، في عالم تعددت فيه أنساق البناء الاجتماعي وتحول المجتمع

إلى مجتمع متغير متعدد الأبعاد، فأصبحت عملية التخطيط ضرورية لتنظيم التغير وفهمه والسيطرة عليه وربط النظرية مع التطبيق والاتجاه نحوالعمل والانتاج. وفي هذا المجال يلعب الفكـر السـياسي دوراً مهـماً في عملية التخطيط والتغير ومجالات المعرفة المختلفة.

أن كارل مانهايم في تصوره هذا يؤمن بالنزعة التاريخية وبالاتجاهات العلميـة في علـم الاجتماع مستنداً الى الاتجاه القائل بنسبية المعرفة والأخذ بالنزعة البنائية والوظيفية في التفسير التاريخي والتحليـل الاجتماعي والثقافي .

وتجدر الاشارة في هذا المجال إلى أن التغير بجميع صوره وأشكاله يـبرهن عـلى العلاقـة القائمـة والمتبادلة بين مختلف الظواهر هذه العلاقة التي تنشأ عنها عملية الحركة الموحدة الجوانب في العالم كلـه. وقد أثبت العلم وسير تطور المعرفة العلمية أن العالم عبارة عن كل واحد ترتبط اجزاؤه المختلفة وظواهره وعملياته ارتباطاً وثيقاً فيما بينها، كما أن مختلف اشكال حركة التغير يتحـول بعضـها الى بعـض، وأن حيـاة الناس غير ممكنة بدون التفاعـل المتبـادل مـع الطبيعـة، والمجتمـع الانسـاني لا وجـود لـه خـارج الطبيعـة وتغيراتها، كما أن نواحي الحياة الاجتماعية المختلفة مترابطة فيما بينها، وهذا ما يشير إليه قـانون السـببية الذي يبين أسباب نشوء وتطور وتغير الظواهر الاجتماعية .

إن معرفة العلاقة السببية الواقعية تستخدم أساساً لنشاط النـاس العمـلي فـإذا عرفت الاسـباب أمكن للبشر خلق الظواهر التي يريدها المجتمع، أو عرقلة نشوء الظواهر الضـارة بـه أو اللامرغـوب بهـا والنضال ضدها.

وتحقيقاً لأهداف هذا الكتاب لابد من تناول المواضيع الآتية شرحاً وتحليلاً وهي كما يلي:

أولاً: التغير الاجتماعي.

ثانياً: التغير الثقافي .

ثالثاً: التغير التربوي .

أولاً: التغير الاجتماعي :

يعتبر مصطلح التغير الاجتماعي (Social Change) مصطلحاً حديثاً نسبياً خاصة بعد أن وضع (وليم اوجبرن) William Odgburn كتابه المعروف حول التغير الاجتماعي حيث كثرت الدراسات بعد ذلك في مجال العلوم الانسانية التي تناولت هذا الموضوع. [6] إلا أن هذا لا ينفي وجود التغير قديما واحساس الناس به، وله مصدران: أما أن يأتي من داخل النسق الاجتماعي نتيجة للتفاعل الاجتماعي في المجتمع، أو من مصدر خارجي يأتي من خارج المجتمع.

ويشير بعض المفكرين الاجتماعيين الى أن التغير الاجتماعي وهو ذلك التغير الذي يطرأ على توزيع فئات السن في المجتمع، ومتوسط تحصيل الفرد التعليمي، ومعدلات المواليد والوفيات، والتغير في نمط العلاقات بين الأفراد، والتغير في الوضع الاجتماعي للمرأة والعلاقات الأسرية أو التغير في نمط الحياة في المجتمعات البشرية وأنماط المعيشة وتوزيع السكان. [7]

ومن التعاريف المهمة للتغير الاجتماعي هو أن "التغير الاجتماعي يشير إلى كل تحول يحدث في النظم والانساق والأجهزة الاجتماعية سواء كان ذلك في البناء أو الوظيفة خلال فترة زمنية محددة". ويعرفه (كنجلسي ديفز) Kingsley Davis بأنه "التحول الذي يقع في التنظيم الاجتماعي سواءء كان ذلك في تركيبه أو بنيانه أو في وظائفه". [8]

اضافة لما سبق فإن التغير الاجتماعي عبارة عن ظاهرة اجتماعية عيانية تحدث في المجتمعات البشرية كافة، فأي نظرة لأي مجتمع فإن المتتبع يجد أن هناك تحولات كثيرة تحدث في نظمه وأجهزته الاجتماعية سواء كان ذلك في البناء الاجتماعي أو في الوظائف الاجتماعية نتيجة عوامل مختلفة من ظروف اقتصادية وتربوية وجغرافية وثقافية او أيدولوجية أو حركة السكان أو كنتيجة للانتشار الثقافي أو لعوامل تعود للاكتشاف داخل المجتمع. وبما أن النظم الاجتماعية مترابطة فإن التغير الذي يحدث فيها يصيب الأجزاء الأخرى في المجتمع ومختلف جوانب حياة الانسان ولكن بدرجات متفاوتة . أما مسارات التغير فإما أن تكون إلى الأمام وتحقق تطورات اجتماعية كثيرة، وفي هذه الحالة يدعى

بالتغير التقدمي، أو يكون التغير عودة إلى الوراء حيث يؤدي بالمجتمع إلى التأخر ويسمى هذا النوع من التغير بالتغير التراجعي، فأي نسق اجتماعي (Social System) يحتوى على نوعين من العمليات:(9)

الأولى: تعمل على الحفاظ عليه وضمان استمراره مثل: التنشئة الاجتماعية، والضبط الاجتماعي.

الثانية: تعمل على تغييره، لأن التغير صفة الوجود والتغير هو حركة أساسية وحالة لوجود المادة، والتغير مرتبط مع بعضها البعض .

ويجد المتتبع في هذا المجال أنه في العصور الوسطى المظلمة ونتيجة سيطرة الأفكار اللاعقلانية والمحافظة سيطرت فلسفة الثبات والاستقرار حيث عمل الاقطاع على الحفاظ على الأوضاع الموجودة. ونتيجة للثورة الصناعية وبزوغ الليبرالية الديمقراطية الرأسمالية فقد ظهر عصر التنوير الذي انطلق من أيدولوجية ترى أن الانسان قادر على تغيير ظروف حياته نحو الأفضل بالعقل. ويعتبر ظهور الفكر الجدلي التاريخي على يد (هيغل) Hegel وكذلك (ماركس) Marx هو أعظم انتصار لفلسفة التغيير على فلسفات الثبات .(10)

ومن أهم صفات التغير الاجتماعي كما بينها العالم (جي روشي) Gi Rochi في كتابه التغير الاجتماعي ما يلي:(11)

1- يحدث التغير الاجتماعي في البناء الاجتماعي ككل مؤثراً على هيكل نظام المجتمع في جميع مكوناته.

2- يعد ظاهرة عامة توجد عند مجموعات من الأفراد وله تأثير كبير على أسلوب حياتهم وتفكيرهم.

3- يحدث في فترة زمنية محددة أي يتضمن نقطة مرجعية لمقارنة ما وصل اليه التغير في الفترة المحددة للدراسة مع ما كان عليه في الماضي.

4- له صفة الاستمرارية فهو غير مؤقت وليس سريع الزوال، كما أنه له صفة الشمولية حيث يمس فئات كبيرة من الشعب مغيراً في طراز معيشتها وحياتها الاجتماعية.

عوامل التغير الاجتماعي :

لكثرة العوامل المتداخلة في التغير الاجتماعي فإنه يتميز بالتعقيد، كما أن عملية تصنيف هذه العوامل وتحديد أهميتها مرتبط بالمواقف الأيدولوجية، ولكن مع ذلك فمن الأهمية بمكان التطرق الى بعض العوامل المسببة في التغيير الاجتماعي ولعل من أهمها ما يلي:

1- التقدم العلمي والتقني نتيجة النظريات العلمية الجديدة وما أدت اليه من نمو الأفكار العلمية الذي أدى الى الاختراعات الحديثة في مختلف مجالات الحياة، فالاختراعات عملية اجتماعية تتضمن عدداً من الاضافات او التعديلات والتي ساهمت في تغيير الحياة الاجتماعية. والاختراع والاكتشاف مهمان في احداث التغيرات الاجتماعية والثقافية. وتجدر الاشارة الى ان البيئة الثقافية التي يتوفر فيها مستوى عال من الذكاء تكثر فيها الاختراعات لأن هذه البيئة غنية بما فيها من مثيرات تساعد على احداث الاختراع والاكتشاف.

2- العوامل البيئية : إن التغيرات في البيئة تؤدي أحياناً الى تغيير نمط المعيشة في المجتمعات المختلفة، وأن درجة التأثير على الحياة الاجتماعية تختلف باختلاف المجتمعات البشرية فبينما لا يكون تأثير المناخ كبيراً أحياناً فإن جفاف المصادر أو اكتشاف البترول أو المعادن الثمينة يكون تأثيره كبيراً على نمط الحياة الاجتماعية والذي يؤدي إلى زيادة في الدخل القومي مما يؤثر على المجتمعات التي لها علاقة بذلك في الاهتمام بتطوير التعليم ونظمه لمواجهة احتياجاتها من القوى البشرية المدربة والمؤهلة. [12] وتشير الدراسات الى وجود علاقة وثيقة بين التغيرات الاجتماعية والثقافية والاقتصادية في المجتمع وبين التغيرات في البيئة. الا أنه رغم أهمية العوامل البيئية الجغرافية في إحداث التغير الاجتماعي إلا أنها لا تعتبر عوامل حاسمة لأن تطور الحياة الاجتماعية أسرع من تطور البيئة الجغرافية [13] كما أن الانسان يتمرد على البيئة أحيانا ويتغلب عليها.

3- الثورة وظهور القادة والمفكرين والمصلحين: فالثورات تحدث تغييرات شاملة وسريعة في الحياة بمختلف مجالاتها الى الأمام وربما أحيانا الى الوراء كما أن ظهور القادة والمصلحين والمفكرين يؤدي إلى تغييرات في النظم السائدة والتفكير وطرق الحياة.

4- عامل الهجرة: قد يحدث التغير الاجتماعي نتيجة الهجرة الداخلية أو الهجرة الخارجية والتي قد تؤدي إلى تغيرات مادية وفكرية واقتصادية واجتماعية، فالهجرة الى أمريكيا من أوروبا الغربية جعل من الثقافة الامريكية مزيجاً من الثقافات الاوروبية مما أدى إلى سيطرة الطابع الأوروبي الغربي على نمط الحياة الامريكية، فالتغير في التركيب السكاني أدى الى تغيرات في التنظيم الاجتماعي للمجتمع الامريكي، وينطبق هذا الحال أيضاً على الزيادة السريعة في النمو السكاني أو النقص في ذلك إلى تغييرات على بُنى المجتمعات البشرية.

5- العوامل الاقتصادية والتكنولوجية : فالعامل الاقتصادي بما فيه من نشاطات مختلفة يعتبر من العوامل المهمة في التغير الاجتماعي، فالانشطة والعلاقات الاقتصادية لها أهمية في الحياة الاجتماعية، وان الاختلاف في أساليب الانتاج واستعمال التكنولوجيا الحديثة يؤدي إلى تغير في طريقة حياة الناس وتزيد في عمليات الانتاج.

6- تعتبر التربية عاملاً مهماً من عوامل التغير الاجتماعي والثقافي لأن المدرسة ومؤسسات التعليم العالي تنوب عن المجتمع في صقل شخصيات الاجيال وتثقيفها وتعليمها الجزء الراقي من الثقافة. فالنجاح في تحقيق التنمية الشاملة يحتاج إلى تعليم عالي المستوى وعلى درجة من الرقى.

7- العوامل الايدولوجية: من أفكار جديدة واتجاهات فلسفية جديدة تساهم في تغيير حياة الناس وقوالب العمل والسلوك مما يؤدي إلى تغيرات في النظم الاجتماعية. فكل تغير في الايدولوجية لابد أن يتردد صداه في النظم الاجتماعية. فالتاريخ حافل بحركات فكرية كثيرة احدثت تغيرات عميقة في النظم الاجتماعية والانسانية.[(14)]

8- الاحتكاك الثقافي بين الشعوب والذي يعني انتشار عناصر ثقافية من مجتمع إلى آخر من خلال عملية الاتصال الثقافي والذي يؤدي إلى نقل أنماط كثيرة من السلوك وبعض القيم العالمية الى مجتمعات أخرى مما قد تساهم في إحداث تغيرات اجتماعية كثيرة. فمن هذا المنطلق يعتبر الاحتكاك بين شعوب العالم أحد العوامل المهمة في اغناء التجربة الانسانية وعاملاً مهماً في التطوير والاستفادة من خبرات الغير وتوظيف النافع منها في احداث تغيرات اجتماعية وثقافية وتربوية.

9- الحروب والفتوحات التي تؤدي إلى تغيرات شاملة لمختلف جوانب الحياة الاجتماعية والثقافية، إلا أنه في أغلب الأحيان فإن هذه الحروب قد تؤدي إلى الدمار واحداث تغييرات اجتماعية سلبية.

10- الثورة في عالم الاتصالات والمعلومات والتي جعلت من العلم عبارة عن قرية صغيرة مما أثر على أساليب حياة الناس بشكل عام وإلى انتقال الاخبار والمعارف بسرعة فائقة مما أدى إلى تغيرات اجتماعية وثقافية وتربوية عميقة ومؤثرة.

نظريات التغير الاجتماعي :

من خلال الاطلاع على الادبيات في هذا المجال فإن المتتبع يجد العديد من النظريات لعل من أهمها ما يلي:

1- المادية التاريخية والديالكتيكية : وهي نظرية تقدمية ترى أن التغير الاجتماعي ينتقل من مرحلة أدنى إلى مرحلة أعلى .

لقد نظرت المادية التاريخية والديالكتيكية الى الواقع الاجتماعي بوصفه واقعاً متحركاً متغيراً باستمرار، وان الحركة الاجتماعية تختلف اختلافاً جوهرياً عن الحركة في المجالين الطبيعي والبيولوجي، فحركة تطور المجتمعات البشرية لا تتم بصورة تدريجية بطيئة فالتحولات التراكمية الكمية في حالة نضوجها تتحول الى حركات ثورية تقلب الواقع بصورة نوعية. [15] أما بالنسبة للعلاقة بين العامل الموضوعي والعامل الذاتي فترى وجود علاقة متبادلة بينهما في عملية التغير الاجتماعي الأمر الذي يجعل العامل الذاتي متضمنا

وباستمرار في العامل الموضوعي، إنها نظرية جدلية ترى تعدد العوامل والاسباب التي تقف وراء التغير الاجتماعي وعملياته وأن هذه العوامل مترابطة، وعلاقاتها السببية تفترض وجود عامل أساسي من بين جملة العوامل، وخاصة انها تعطي العامل الاقتصادي الدور الأكبر في هذا المجال. وأن هذا التغير يسير وفق قوانين خاصة يمكن اكتشافها والتحكم فيها لما فيه خير المجتمعات البشرية كافة محاربة بذلك الظلم الاجتماعي باعتباره عملية لا تتفق مع القيم الانسانية العالمية والتي أفرزتها البشرية خلال تطورها الطويل.

وتتناول هذه النظرية تأسيس اطار فلسفي يتولى الكشف عن القوى التي تحكم وتسيّر التطور البشري، كما أنها تقوم بتحليل طبيعة التفاعلات التي تقع في اطار النظام الرأسمالي. وقد بينت أن هناك نمطين للتغير الاجتماعي: [16]

النمط الأول: يحاول تحليل التغير المجتمعي من مرحلة بنائية إلى أخرى، وهو ما اعتبره بعض المفكرين نظرية في التطور المجتمعي.

النمط الثاني: يحاول تحليل التغير داخل بناء المجتمع في كل مرحلة من مراحل التطور التاريخي وبخاصة في المرحلة الرأسمالية.

ان الجدل المادي التاريخي والديالكتيكي يؤكد مبدأ الحتمية وأولوية الاقتصاد على الثقافة، والانتقال من مجتمع طبقي الى مجتمع خالي من الطبقات.

ويشير (الزعبي) إلى أن الماركسية بمنهجها المادي التاريخي والجدلي تنظر إلى الحياة الاجتماعية كشكل خاص من أشكال حركة المادة فلذلك تحتوى في ذاتها أسباب ومصادر التطور، وأن الملكية الخاصة لوسائل الانتاج عندما فصلت الانسان عن منتوج عمله أدت إلى الضياع الانساني، وأنها بقسمتها الناس إلى مالكين لوسائل الانتاج وغير مالكين أوجدت المناخ الطبيعي للصراع بينهم، هذا الصراع الذي اعتبر المحرك الاساسي للتاريخ إلى الامام ينقل المجتمعات البشرية من تشكيلة اقتصادية واجتماعية إلى تشكيلة أخرى، وانتقال السلطة من طبقة إلى أخرى. ويضيف الزعبي إلى أنه ينظر إلى تاريخ العصور القديمة على أنه تاريخ الرق والذي سبقته التشكيلة الاقتصادية – الاجتماعية البدائية. وان القرون

الوسطى المظلمة تمثل عصر الاقطاع . وان التاريخ المعاصر هو عصر الانتقال من الرأسمالية الى الاشتراكية. وهذا التطور لا يحدث انقطاعاً في حلقات سلسلة التطور التاريخي المتصلة، فضمن كل مرحلة تتواجد مراحل مختلفة وطبقات رئيسية وثانوية، فمثلا في روما القديمة كان النبلاء والفرسان والعامة ثم الارقاء. وفي القرون الوسطة كان الأقطاعيون وبجانبهم الأتباع ورؤساء الحرف والصناع ثم الاقنان. وفي العصر الحاضر يوجد الرأسماليون والعمال، أي مالكي وسائل الانتاج والمأجورين بجميع فئاتهم وهو المستغلون.

ان هذه النظرية قد فسرت التغير بكافة صوره واشكاله تفسيراً مادياً ديالكتيكيا وليس ميكانيكياً، أي ان التغير يحدث نتيجة التناقض بين قوى الانتاج وعلاقات الانتاج المرتبطة بها ضمن اسلوب الانتاج المعني بحيث تصبح التشكيلة الاجتماعية الاقتصادية عاجزة عن تلبية مصالح أفرادها مما يؤدي إلى توفر المناخ للانتقال الى تشكيلة أعلى تكون قادرة على الاستجابة لمصالح الأغلبية فيها. وسوف يتم التوسع في المادية التاريخية والديالكتيكية في موضوع التغير الثقافي وخاصة في صراع الاضداد الثقافية، فالتغيرين الاجتماعي والثقافي مترابطين.

2- النظريات الخطية الارتقائية : وهي شبيهة بالمادية التاريخية والديالكتيكية من حيث اتجاه التغير إلا أنها تختلف عنها في الايدلوجية والمضمون حيث ترى المادية التاريخية والديالكيتكية أن التغير الاجتماعي يسير في خط متصاعد ارتقائي إلى الأمام وفي مراحل مختلفة حيث تعتبر كل مرحلة جديدة أفضل من التي سبقتها. وان هذه النظريات من الممكن تعميمها على كافة المجتمعات البشرية. ولعل من أهم ممثلي هذا الاتجاه الفيلسوف والمفكر الطبيعي روسو (1712-1778) Rosseau وأوغست كونت مؤسس الاتجاه الوضعي في علم الاجتماع (1779-1857) August Conte [17] وسوف نعرض هاتين النظريتين كما يلي:

أ- نظرية العقد الاجتماعي لروسو :

لقد فسرت هذه النظرية تطور الحياة الانسانية في مراحل أربع تطورية ومتعاقبة معتبرة أن كل مرحلة أرقى من المرحلة التي سبقتها بالنسبة لاتجاه التغير وهي:

- مرحلة الحياة حسب الفطرة والطبيعة، حيث يعيش الانسان حياة طبيعية بسيطة دون أن تلوثها بهارج الحياة المعقدة فيعيش فيها حسب فطرته الطبيعية والتي تحدد مختلف نشاطاته الاجتماعية.
- مرحلة الحياة المعتمدة على الملكية الفردية والانتاج اليدوي. وهي مرحلة بناء أسرة للفرد ويحقق الاستقرار مما يتطلب هذا تشكيل بعض المعايير الاجتماعية من عادات وتقاليد وما يرتبط بها من نشاطات اجتماعية مختلفة.
- مرحلة التنافس والصراع وعدم المساواة والتي يبدأ الأقوى بفرض معاييره وسيطرته مما يستدعي الأمر التحضير لتأسيس الدولة من أجل ضبط مختلف النشاطات والتغيرات الاجتماعية.
- مرحلة التعاقد : وفي هذه المرحلة يتم قيام الدولة واختيار الحاكم على أسس تعاقدية بين أفراد المجتمع الواحد.

وقد وجه النقد لهذه النظرية واعتبرت نظرية خيالية عاطفية (فروسو) كان مؤسساً للحركة الطبيعية ومعتبراً أن العواطف وهوى النفس أحسن تعبير وأصدقه عن طبيعة الانسان وهي الأساس الصحيح الذي تقوم عليه التربية والاجتماع لبناء مجتمع مثالي تتوفر فيه المثل العليا للحياة من أجل بث روح جديدة في المجتمع وتحقيق العدالة وذلك من خلال قوانين الطبيعة معتبراً ان المدن ما هي الا مقابر للجنس البشري من النواحي الطبيعية والخلقية.

ب- النظرية الوضعية لاوغست كونت :

يعتبر (أوغست كونت) A. Conte 1779-1857 من أصحاب الاتجاه البنائي الوظيفي الذي يركز ويستخدم مفاهيم الاتزان والنظام والاستقرار. لقد توصل إلى قانون الحالات الثلاث وهو حسب رأيه نظرية في تقدم البشرية الذي يرى أن التفكير الانساني في

المعرفة قد مر بمراحل ثلاثة أشير إليها في الفصول السابقة، ولكن مع ذلك يُشار إليها هنا بتفصيل أوسـع وهي كما يلي: [18]

- المرحلة الدينية (اللاهوتية)، وهي مرحلة تفسر فيها الظواهر بعلل أولية. وهـذه المرحلة تعبـر عن الحياة الاجتماعية في العصور القديمة، وتعتمد علـى الفهـم الـديني والآلهة والانظمة التـي تنفق مع هذا الفهم، وتمتاز بسيطرة رجال الدين وتفسر الاحداث من وجهة نظر دينية.

- المرحلة الفلسفية (الميتافيزيقية) والتي امتـدت مـا بـين (1300-1800م) وتستبدل فيهـا العلل الأولية بعلل أكثر عمومية، وتسيطر الأفكار الفلسفية كالحريـة والفضيلة والخيـر...الـخ . إلا انـه يرى أنه من المستحيل الوصول إلى السبب الرئيسي أو الجوهر الحقيقي للأشياء.

- المرحلة الوضعية (العلمية) وقد حدد بدايتها من عام 1800م الى ما لا نهاية ويصبح فيهـا العلـم هو السند الحقيقي للتغير والابتعاد عن الأسباب المجردة واستبعاد المطلق ووضع مكانه النسبي
.

أن قانون الحالات الثلاث يؤكد فكرة كونت في التطور الارتقائي، مضيفاً إلى أن الارتقاء واضح في جانبين وهما: حالتنا الاجتماعية وطبيعتنا الانسانية. والتقدم في رأيه مظهر مـن مظاهـر التطور العقلي وقوانينـه مستوحاة من قـوانين تطور فكر الانسـان التـي تصور انتقـال الفكر مـن المرحلـة اللاهوتيـة الى المرحلـة الميتافيزيقية ثم الى المرحلة الوضعية.

إن هذا القانون انتقد من كثير من علماء الاجتماع والمفكرين وخاصة أنه يقوم على تصورات مجردة غير صحيحة. [19] لقد قدّر كونت دور العلم في الحياة الاجتماعية أعلى تقدير واعتبره قوة عظمـى تسـاعد الانسان على التنبؤ بسير التاريخ وتجنب الحوادث غير المرغوبة. غير أنه في الوقت نفسه دعا الى اللاأدريـة، وحدد العلم في أطر ضيقة من التجربة الذاتية المحضة، وبـذلك يكون قـد قلص أجنحـة الفكر الانسـاني واعاقه عن الوصول الى الحقيقة الموضوعية او ادراك العالم كما هو موجود. أن نظرية كونت ذاتيـة مثاليـة مع أن

العنصر الايجابي في نظريته هو اقراره بالطابع الحتمي لتطور المجتمعات البشرية، غير أنه كان بعيداً عن الفهم العلمي لقانون ومنطق التاريخ، كما أنه وقف موقفاً معارضاً للمنهج المادي الديالكيتكي. لقد اعتبر ان المرحلة الوضعية (Positivism) هي المرحلة الأخيرة لتطور المجتمع وخاتمة التاريخ. [20]

3- نظريات تعاقب الحضارات (الدورة الاجتماعية):

ترى هذه النظريات أن عملية التغير الاجتماعي تأخذ شكلاً دائرياً الى أن تنتهي في سيرها الى نقطة البداية التي انطلقت منها، فهي تكرار دوري لعملية التطور التاريخي والحضاري (بشقيه المادي والمعنوي)، أنها ترى أن المجتمعات الانسانية تعيد دورتها الاجتماعية من جديد مع اختلاف بسيط وهي كما يلي:

أ- النظرية الدائرية العامة ويمثلها ابن خلدون (1332-1406م) الذي قدّر للدولة عمراً يساوي ثلاثة أجيال تعادل مائة وعشرين سنة تموت بعدها، وتنشأ على أنقاضها دولة جديدة تُعيد نفس الدورة السابقة وهكذا، أي أن عمر الجيل الواحد يساوي (40 سنة). والجيل الأول يمتاز بالبداوة والخشونة. أما الجيل الثاني وعمره (40 سنة) فيمتاز بالملك والترف منتقلاً من البداوة إلى الحضارة، ومن قساوة العيش إلى الترف. أما الجيل الثالث فينسى البداوة والخشونة كأن لم تكن، وتكثر في هذه المرحلة الموالي ثم تنقرض الدولة. [21] أي أن هذه النظرية ترى أن الحضارة لأي مجتمع تمر في دائرة مغلقة تبدأ بالميلاد وتسير نحو النضج والاكتمال، ثم تتجه نحو الشيخوخة، وتعود مرة أخرى إلى الرقي وتخلق لنفسها حضارة وتستعيد مجدها، إلا أنها تعود لتبدأ الدائرة من جديد.

ب- النظرية الدائرة اللولبية: وتنطلق هذه النظرية من اعتبار أن الظوهر الاجتماعية المختلفة تسير على شكل دائرة ولكن في اطار لولبي بحيث لا تعود الى البداية نفسها كما في النظرية السابقة، ولكنها تعود إلى نقطة قريبة منها. ويمثل هذه النظرية الفيلسوف وعالم الاجتماع الايطالي فيكو Vico (1668- 1744) [22]

جـ- نظرية التغير الدوري الجزئي : يمثل هذه النظرية المفكر أوزوالد شبنغلر (1880-1936) Spranger والذي يتنكر لعملية التطور التاريخية التصاعدية من خلال تنكره لفكرة التقدم التاريخي إلى الأمام. لقد اعتقد أن التاريخ عبارة عن حضارات فريدة ومستقلة تمثل تكوينات عضوية لكل منها مصيرها الفردي، وتمر بفترات من النشوء والأزدهار فالموت.[23] مبيناً أن لكل مجتمع نمطه الخاص في التغير وفق ثقافته. إلا أنه يؤكد إلى أن العلاقة بين الثقافات ليس لها من أهمية تذكر في عملية التغير.

أن نظريته هذه نظرية يشوبها الغموض لأنها تقوم على منطلقات لا تزال موضع جدل، فهي عبارة عن مجموعة من التعميمات. وقد بدأ بالتأكيد السطحي على أن النمو يعتبر خاصية مشتركة بين التجمعات العضوية والتجمعات الاجتماعية.

إن شبنجلر يؤكد سقوط الحضارة الغربية من خلال نظرته للتاريخ الانساني على أنه تاريخ حضارات قومية منعزلة. واذا كان أنه قد تحدث عن الحضارات فإن حديث توينبي يدور حول المدنيات القديمة المنطوية على نفسها.

أن فلسفته في التاريخ تعارض مفهوم شبنجلر البيولوجي في تصوره للتاريخ حين فسر الانهيار الذي أصاب المانيا في الحرب العالمية الأولى وعمم هذا التفسير على العالم الغربي بل على العالم كله. لقد بين "توينبي" أن تاريخ العالم يسير في دورات كبرى من الارتفاع والانخفاض وأنه محصلة كلية للحضارات المختلفة التي تمر بالمراحل نفسها: الولادة، النمو، ثم السقوط والتفكك والانهيار، وان المدنية التي تختفي لا تؤثر تأثيراً جوهرياً على سير التاريخ العالمي، ويلعب عامل التحدي المضاد قيمة أساسية في عملية نمو وانحلال الحضارات والتي لا تتم بصورة عشوائية بعيدة عن تدخل البشر.[24] إن الميزة التي يصنف بها المدنيات على أساسها ترتكز على الأفكارالدينية التي تحملها الأقلية المبدعة التي تقود حركة عامة الناس (الخاملة) حسب رأيه. وفي أعماله الأخيرة يؤكد على بقاء ثماني مدنيات هي: الهندية، الصينية، اليابانية، الكورية، مدنية الشرق الأوسط، المدنية العربية، البيزنطية (الارثوذكسية)، الروسية (الارثوذكسية) والمدنية الغربية. وكل هذه المدنيات مؤهلة للانحلال

والتفكك باستثناء المدنية الغربية لاعتناقها الدين المسيحي حسب رأيه لأنه سوف يكون المنقذ لها، الا أنه لا يعبرعن ثقته الكاملة بأن هذه المدنية ستبقى مستمرة.

إن نظريته تعاني من التشاؤمية التاريخية نافية طابع التطور الاجتماعي الارتقائي التقدمي، فالتطور عنده لا يسير إلا بشكل دائري، كما أن المدنية التي تموت لا تساهم في تقدم المجتمعات الانسانية الطويل والبعيد نافياً بذلك أن التحولات الكمية سوف تقود في النهاية الى تغيرات كيفية. ان وجهة نظره تنطلق من نفي وحدة التاريخ الانساني مركزاً على القانون الالهي الذي يدير مصير المدنيات المختلفة.

إن هذه النظريات الدائرية هي نظريات تشاؤمية لا ترى في عملية التغير على المدى البعيد أي جديد.

4- نظريات أخرى:

وتضم النظريات الآتية:

أ- نظرية العبقرية: وهي نظرية قديمة وتربط ظهور التغير بوجود عباقرة أفذاذ كالقادة والمصلحين والرجال الوطنيين الذين يساهمون في تغيير فلسفات المجتمع الاجتماعي وتقاليده ونظمه.

ب- نظرية الانتخاب الطبيعي: والتي ترى أن التغير يحصل من خلال عملية الاختيار والبقاء للأفضل والأقوى وهو في النهاية الذي سيؤثر في عمليات التغير المختلفة.

ج- وهناك نظريات تعرف بالنظريات العاملية والتي تفسر التغير الاجتماعي من خلال عامل واحد من عوامل التغير: كالعامل الاقتصادي أو التكنولوجي، أو الايكولوجي، أو الديمغرافي أو الثقافي وهي نظريات حديثة نسبياً، وبسبب قصرها التغير على عامل واحد فقد هوجمت وتعرضت للنقد الشديد. وقد ذهب (مور) الى استبعاد مثل هذه النظريات التي ترجع التغير إلى عامل واحد مبرراً ذلك إلى أنه لابد من الرجوع إلى أكثر من عامل واحد في عملية التفسير. (25)

وتجدر الاشارة بعد هذا كله إلى أن التحديات والتجديدات ومجمل التغيرات التي يحدثها التغير الاجتماعي في بناء المجتمع ووظائفه وكل ما يتعلق بذلك يتطلب من المؤسسات التربوية والتعليمية ايجاد الحلول لها عن طريق الوعي والمعرفة بالمشكلات الجديدة الناجمة والتي فرضت نفسها على المجتمع وعلى جهازه التربوي، مما يتطلب من المعلمين والمربين وذوي الاهتمام والاختصاص المراجعة والتجديد لاستيعاب كل التغيرات الحاصلة.

ومن جهة أخرى تعتبر التربية عاملاً مهماً من عوامل التغير الاجتماعي فالعلاقة جدلية بينهما. وفي هذا المجال يشير عبد الدايم بوجود ثلاثة اتجاهات في العلاقة بين التربية والتغير الاجتماعي: [26]

الاتجاه الأول: ويرى أن التربية قادرة على تغيير المجتمع وأن صياغة المجتمع لابد لها أن تمر بإعادة صياغة التربية، وأن التربية وحدها قادرة على قيام بكافة التغيرات انطلاقاً من الحاجة إلى إنسان جديد، وهذه مهمة التربية في إعداده وتأهيله وتكوينه. وقد أيد هذه النظرة كل من : افلاطون، وروسو ومربي عصر ـ النهضة والتنوير، ورواد النهضة الحديثة في التربية من أمثال بستالوتزي وروجرز وأوبير الذي قال "لا ثورة في الدولة أن لم تسبقها ثورة في التربية". وإن جميع الذين قالوا بهذا الاتجاه يربطون بين التربية والسياسة.

الاتجاه الثاني: ويرى أن التربية عاجزة عن تغيير المجتمع وهي تابعة وخاضعة له. وهذا اتجاه رافض وهو موجود عند بعض علماء الاجتماع الذين ينطلقون من أن الدولة أو المجتمع هي التي تحدد للمدرسة أهدافها وليس المدرسة هي التي تحدد أهداف الدولة. ومنهم أميل دوركهايم الذي أراد تثبيت الأوضاع القائمة.

الاتجاه الثالث: وهو موقف توفيقي ويرى أن التربية تغير المجتمع والمجتمع يغير التربية وينطلق هذا الاتجاه من الأفكار التالية:

أ- التربية وحدها عاجزة عن إحداث التغير الاجتماعي ولابد أن يضاف لجهودها جهود مختلف ميادين الحياة الاقتصادية والاجتماعية والسياسية والثقافية. فاستناداً الى منهج تحليل النظم فإن التربية لا توجد في فراغ، إنها نظام فرعي من نظام كلي شامل

بينها صلات أخذ وعطاء وروابط تأثر وتأثير متبادل، وان تغيير المجتمع إما أن يكون كلياً شاملاً لكل مقوماته، وإما أن لا يكون. ويرى علم اجتماع التربية المعاصر هذا التوجه في اعتباره أن التربية هي نظام وعملية متداخلة ومتفاعلة مع بقية النظم الاخرى الموجودة في المجتمع.

ب- دور التربية في التغيير يظل أساسياً له الصدارة لأنه يتعلق بتغير الانسان صانع التغيير، وهو شرط لأي تغير اجتماعي، وأن التربية تلعب دوراً أساسياً في عمليات التنمية الشاملة.

ج- علاقة التربية التبعية كنظام مع بقية النظم الأخرى الموجودة في المجتمع لا يحول دون تأثيرها في بعض الجوانب من الهيكل الاجتماعي أن لم يكن فيها بأسرها.

ومن الأهمية بمكان التأكيد أن التربية تغير المجتمع، والمجتمع يغير التربية فالصلة بينهما وثيقة ودائرية، وعن طريق هذه الحركة الجدلية بين التربية والمجتمع يتم الحفاظ على المجتمع وتطويره في آن واحد.

إن المطلوب من نظام التربية والتعليم في أي مجتمع مواجهة كافة التحديات التي يحدثها التغير الاجتماعي والتصدي للمشكلات الناتجة من أجل مساعدة الجيل الصاعد على التكيف مع الانماط الجديدة . ومن جانب آخر فان نظام التربية والتعليم يحدث التغيرات الاجتماعية عن طريق الاسهام في بناء المجتمع بما يوفره من قوى مؤهلة ومدربة قادرة على مواجهة المشكلات والتحديات المختلفة. لذلك لابد من ربط المدارس بالتغيرات الحادثة في المجتمع الموجودة فيه، أي ربط نظام التربية والتعليم مع باقي الأنظمة التي تسبب التغيرات وبالحاجات التي قد تنتج عن هذا التغير. ان المدرسة جزء لا يتجزأ من النظام الاجتماعي القائم لهذا تتأثر بما يسود المجتمع من تغيرات اجتماعية متعددة، كما أنها عامل فعال في بناء النظام الاجتماعي من خلال توجيه الانظار إلى التغيرات وإعداد العقول لها.

ثانياً: التغير الثقافي:

لابد هنا من التأكيد على أهمية التغير الثقافي فهو عبارة عن التحول الذي يتناول كل التغيرات التي تحدث في أي فرع من فروع الثقافة بما في ذلك التكنولوجيا والفلسفة والفنون ويشمل أيضا صور وقوانين التغير الاجتماعي نفسه. ويوجد علاقة جدلية متبادلة ومترابطة ما بين التغيرين الاجتماعي والثقافي فهناك كثير من العوامل والعناصر متداخلة فمن الصعوبة أحيانا الفصل بدقة بينهما فأحيانا يستخدم أحد المصطلحين بدلاً من الآخر، فعلى سبيل المثال فإن تغير وضع المرأة الاجتماعي تطلب في نفس الوقت تغيراً في المعايير المحددة لدورها والمعايير والقيم المرتبطة بعملها وتحصيلها العلمي مما تتطلب هذا تغييراً في التشريعات المنظمة لعملها وحمايتها ودفعها قدماً إلى الامام.

أما بالنسبة للتغير الثقافي فإن ما يميز الحياة الحاضرة فهو سرعة التغير الثقافي حتى يجد المتتبع لهذا الموضوع أن الأشياء التي يحاول الانسان الإبقاء عليها دون تغيير يصيبها التغير إن أرادوا ذلك أو لم يريدوا. وإضافة لما ورد في مجال التغير في الصفحات السابقة فإن التغير يتخذ له صوراً متعددة لعل من أهمها: [27]

1- التغيرات الاقتصادية وحركة السكان على مدى طويل، فقد تنمو وتزدهر المدن ثم تضمحل ويسري ذلك على التجارة فقد تزدهر مراكزها وأساليبها ثم تضحمل. وقد يتقدم النشاط الصناعي في بعض الميادين ثم يصيبه الكساد. وقد تنتشر موضوعات ثم تختفي لتحل محلها موضوعات جديدة. وتشمل التغيرات الاقتصادية أيضاً التغيرات التكنولوجية والمخترعات. وان أهم ما يمتاز به التغير التكنولوجي انه يحدث في فترة زمنية قد تطول أو تقصر، إلا أنه يتضمن تغيراً في الفكر والتطبيق على حد سواء، فإذا كانت صفة الاستمرار تميز التغير التكنولوجي كذلك فإن هذا يحدث في الميادين العلمية لأن المعرفة العلمية تتزايد باستمرار وتمر بمراحل كثيرة من الاختبار والتحليل والاستنتاج والتكامل.

2- التغيرات ذات الصفة الدائرية المنتظمة تقريباً مثل حركات النجوم والذرت وتتابع الفصول، وكذلك نمو الكائن الحي من الطفولة الى النضج الى الشيخوخة فالوفاة .

هذا كله يدل على أن التغير بكافة صوره وأشكاله صفة مميزة للوجود، والتاريخ بكافة تخصصاته يؤكد هذه الحقيقة، وهناك بعض المفكرين يعتقد أن المجتمعات البشرية والمدنيات تسير وفق هذا المنحى خلال تغيرها، وينطبق ذلك على الشؤون الانسانية والحركات السياسية والتغير في القيم والعادات والتقاليد، والتغير في العناصر الثقافية المادية والمعنوية مثل: التغير في الاختراعات أو إضافات كلمات جديدة للغة أو تعديل لنظرية أو أسلوب أو طريقة للتدريس أو الانتاج أو اتجاهات جديدة أو عناصر فنية جديدة أو معايير اجتماعية.

إلا أنه يجب التأكيد على أنه من المستحيل تغيير الثقافة بكاملها لتصبح ثقافة أخرى مع عدم إنكار أن الثقافات تنمو وتتطور وتتغير مع بقاء مبادئها الأساسية دون تغيير جذري انطلاقاً من أن سلوك الناس هو سلوك مكتسب، مما يتطلب إحداث تغييرات كثيرة فيه. وهذا يؤدي إلى تطور الثقافات الانسانية من خلال ادخال أشياء وأدوات جديدة ومصادر جديدة للطاقة وللحياة التي تغير من أنماط تفكير البشر للتعامل مع الواقع الجديد. ودرجة التغير الثقافي تختلف من مجتمع لآخر ومن زمان لآخر ومن ثقافة لأخرى فبعض المجتمعات يتغير بسرعة كبيرة في حين يحتاج البعض الآخر الى وقت طويل حتى يتغير اجتماعياً وثقافياً.

وقد حاول بعض علماء الأنثروبولوجيا الاجتماعية تأكيد حدوث التغيرات الثقافية من خلال دراسة سمات الحياة الاجتماعية ومعرفة طبيعتها ومكوناتها وإعادة بناء تاريخ المجتمعات بقصد إعادة التركيب التاريخي لسائر الأمم والشعور والحضارات كما حددها (فرانز بواس) Frans Boas شيخ علماء الانثروبولوجيا الأمريكان في أواخر القرن التاسع عشر من خلال منهج اثنولوجي تاريخي يبحث عن كل نزعة من ملامح الماضي التاريخي لمختلف الثقافات السائدة في بنية ثقافة بالذات. وعند أصحاب مناهج المقارنة فإن الاهتمام يتركز على انتهاج طريقة محددة يقارن بها العلماء بين مختلف أنماط الحياة الاجتماعية والثقافية. وفي ضوء هذه المقارنة يتم التوصل إلى تأكيد التغير الثقافي استناداً إلى فكرة التطور وتحديد اتجاهه في مسار أنماط الثقافة.[28]

إن التناقضات الطبقية وما ينتج عنها من صراعات ثقافية تؤدي إلى إحداث تغييرات اجتماعية وثقافية متعددة. ومن وجهة النظر السوسيولوجية يعتبر اختلاف المعتقدات والأفكار والآراء ومظاهر الحياة الأسرية والتعليم عوامل رئيسية بارزة للصراع الثقافي. ويرتبط الصراع الثقافي ارتباطاً عكسياً بمدى التكامل الثقافي، ففي الثقافات ذات الدرجة العالية من التكامل تقل احتمالات حدوث الصراع نظراً لما يسودها من اتفاق حول الكثير من القيم والمعايير الاجتماعية والمعتقدات وغير ذلك من موجهات السلوك. ويزيد الصراع من خلال ما تتصف به الثقافة من تعارض بين مقوماتها الأساسية وما يسود المجتمع من عدم تجانس والذي ربما يؤدي في النهاية إلى تعدد الثقافات الفرعية. ويقر علماء الاجتماع أن المجتمع الحديث مجتمع لن يصل الى تكامل تام لتعدد ثقافاته الفرعية ولو أنه قد يصل الى نوع من التوازن الذي يضمن سير الحياة فيه. وعندما تتعدد الثقافات الفرعية ويزيد الصراع الثقافي الى درجة كبيرة وخاصة في مجال المنظومة القيمية فإن هذا قد يؤدي الى مشاكل اجتماعية كثيرة تؤثر على استقرار المجتمع المعني.[29]

ان الثقافة من أجل المحافظة على كيانها ونمطها العام تعمل على دمج كافة المتغيرات من خلال عمليات التكامل الثقافي. وعندما يحدث التغير في المجتمع فإن عناصره المختلفة تتغير بدرجات متفاوتة، فالعناصر التي تتغير بدرجة أقل من العناصر الأخرى توصف بأنها متخلفة ثقافياً. ومعنى هذا أنه اذا حصل تغير في جانب معين من جوانب المجتمع فإن بعض النواحي التي ترتبط بالجانب المتغير لابد لها من التغير، فإذا لم تتغير فهذا يعني اصابتها بتخلف ثقافي، وعادة يصعب ادماج العناصر الثقافية اللامادية لأنها تحتاج لوقت أطول من عناصر الثقافة المادية كي يتقبلها أفراد المجتمع وذلك لارتباط العناصر اللامادية في الثقافة بأسلوب حيادة الناس وقيمهم ومعتقداتهم وهي عوامل مهمة في الشخصية التي تميز أفراد ثقافة معينة. هذا بالاضافة إلى أن نتائجها قد تحتاج إلى وقت أطول لكي تظهر على السطح. وتمر عملية التكامل الثقافي بمراحل ثلاث مهمة وهي:[30]

المرحلة الأولى : تقديم العناصر الثقافية لأفراد المجتمع عن طريق وسائل متعددة. وقد ينتشر ـ العنصر ـ الثقافي الجديد اذا ما اقبل عليه الناس وخاصة أصحاب المكانة العلمية أو الاجتماعية أو الفنية ورجال الاعلام، وأيضاً اذا ما ثبت من خلال التجربة فائدة هذا العنصر وعدم تعارضه مع قيم ومعتقدات وعادات المجتمع وتقاليده.

المرحلة الثانية: وهي مرحلة القبول وخاصة بعد مرور العنصر الثقافي بالمرحلة الأولى بسلام واتضاح أهميته ووظيفته في المجتمع وإشباعه لحاجاته مما يؤدي إلى قبوله.

المرحلة الثالثة: وهي مرحلة الاندماج لتحقيق التكامل الثقافي مما يؤثر على استقرار المجتمع وتوازنه واستمراره .

التحديث :

إن ظاهرة التحديث تتطلب انتشار التعليم بشكل يعم الجميع والاهتمام بالعلم وتطبيقاته العملية في كل مجالات الحياة، والتركيز على التخصص في مجال المعرفة وفي العمل والنشاطات الاجتماعية المختلفة، والتركيز على التنمية الشاملة وتطبيق اقتصاد المعرفة.

وتجدر الإشارة إلى أن التحالف الوثيق بين العلم والتكنولوجيا وخاصة تكنولوجيا المعلومات هو مصدر قوة الانسان المعاصر وسوف يبقى مصدر قوته في التربية المستقبلية التي سوف تقوم على تحقيق ثورة علمية ومعرفية من أجل تلبية حاجات المجتمع المتنامية. ان التحديث يتطلب تحقيق الابداع والابتكار وتحرير المجال الثقافي الداخلي لأي مجتمع وتطوير مفهوم الثقافة وتحديث الفكر وطرائقه، والتفتح على المناهج الجديدة وتأسيس فكر نقدي عقلاني يحارب الاوهام والخرافات.

إن التحديث الثقافي مرتبط بتحديث المجتمع تحديثاً شاملاً فالتغيرات كافة مرتبطة مع بعضها البعض، هذه التغيرات مرحب بها وخاصة اذا كانت تساهم مساهمة فعّالة في شحذ المعرفة وتساعد على مضاعفة القدرة على تحديث الواقع وخاصة بالنسبة إلى العالم العربي وبروح من الفهم والنقد البنّاء والرؤية الشاملة المسؤولة وبالعمل والابداع لا بالأقوال

فقط. فلا تحديث للحياة في العالم العربي تحديثاً ابداعياً يكون نابعاً من الذات العربية بدون هذه الثقافة الديمقراطية. فدمقرطة الثقافة هي مفتاح للتحديث الذي من أهم خصائصه: التصنيع، والحراك الاجتماعي والعقلانية والاختلاف في الوظائف والادوار نتيجة تقسيم العمل والتخصص الدقيق. وحاليا يرتبط هذا التباين بالتميز والاستحقاق ولا يرتبط حسب العرق أو الطائفة أو النسب.

وتجدر الاشارة في هذا المجال الى ان محور الحداثة ومحركها في العالم العربي لا يمكن انجازه بدون النهضة والتنوير. فبدون هذا سوف تبقى القوى الاجتماعية الرئيسة في العالم العربي عاجزة عن امتلاك أدوات الحداثة حتى تتمكن من تجاوز أنماط التفكير الموروثة عن عصور الجهل والانحطاط وتحطيم المعوقات التي تقف أمام الانفتاح على روائع التراث العالمي في علاقة متينة مع عبر الماضي من أجل تكوين وعي عصري حي وفعّال يتفاعل بصورة جدلية مع الثقافة من أجل تخليصها من الشوائب وتطويرها.

نظريات التغير الثقافي:

من أهم النظريات التي سوف تورد في هذا السياق النظريات التالية وهي ذات علاقة ومكملة لنظريات التغير الاجتماعي للعلاقة الوثيقة والتأثير المتبادل بين التغيرين الاجتماعي والثقافي.

1- نظرية الانتشار الثقافي: (Theory of Cultural Diffusion)

يكّون الانتشار الثقافي أساساً مهماً من أسس التغير الثقافي من خلال تقديمه للعناصر الثقافية الجديدة، فهو عبارة عن انتشار عناصر ثقافية من مجتمع لآخر، أو من جماعة لأخرى نتيجة للاتصال والاحتكاك الثقافي شاملاً للأساليب والظروف والأهداف وكل ما يتصل بذلك من علاقات.

وتشير هذه النظرية الى أن التغيرات الثقافية الحاصلة في ثقافة ما تعود الى عامل الاستعارة الثقافية أي استعارة سمات ثقافية من ثقافات أخرى، اما عن طريق الاستعمار أو الهجرة أو من خلال وسائل الاتصال والاعلام الجماهيري، او عن طريق التبادل الثقافي. ان

هذه النظرية رغم أهميتها في حدوث التغيرات الاجتماعية والثقافية إلا أن هناك عوامل وآليات أخرى داخل المجتمعات الانسانية لها دور كبير في ذلك وخاصة في مجال الاختراع، فالقيم السائدة والأفكار وكل عناصر الثقافة تتفاعل مع بعضها في مناخ توفر الارادة الذاتية والتي تساهم في إحداث التغير بشكل عام.[31]

إن هذه النظرية لم تشر الى المتغيرات أو البدائل (Alternatives) والتي تشكل الاطار الخارجي للثقافة، والذي يشير إلى تلك العناصر الثقافية التي توجد عند بعض الأفراد ولا تكون مشتركة بين أفراد المجتمع الواحد جميعهم، كما لا تكون سائدة بين طبقات أو فئات لها تنظيم اجتماعي معين، إنها تغطي مجالاً واسعاً من الأفكار والعادات والأنماط السلوكية وطرق التفكير، وتظل عائمة على سطح الثقافة حتى تتحول إما الى عموميات أو خصوصات لتثبت وتستقر بعد ذلك.[32] هذا بالإضافة إلى أنها لم تبين كيفية انتشار السمات الثقافية من مجتمع لآخر وأسباب هذا الانتشار.

ومن الأهمية بمكان التأكيد في هذا المجال الى أن النظريات التي انطلقت من تحديث المجتمع والثقافة هي نظريات تطورية محدثة وخاصة أنها تحاول الابتعاد عن كل ما وجه من نقد للاتجاهات والنظريات الكلاسيكية المجردة وخاصة أنها تحاول تلمس الواقع المعيش والتغيرات الاجتماعية والثقافية المرتبطة مع بعضها البعض من خلال الاستفادة من منجزات الحضارة الغربية وخاصة أنها تركز على التصنيع والتغير التكنولوجي كأحد أهم العوامل الرئيسية في عملية التغير والتحديث. وبوجه عام من أجل رفع الانتاج بحيث يزيد على معدل الاستهلاك. وتجدر الاشارة أيضاً أنها تركز على المجتمعات الصناعية لما فيها من دقة وانتظام وعقلانية وحراك اجتماعي وترشيد اداري وتنمية شاملة مما يحقق آثاراً ايجابية على شخصية الفرد هذا بالاضافة إلى محاولتها التخلص من المعايير الاجتماعية السلبية.

2- نظرية التطور لدارون :

وضع العالم الانكليزي شارلز دارون (1809-1882) Darwin نظرية حول التطور تبين أن الكائنات الراقية تشكلت من كائنات بسيطة أدنى بفعل قانون الانتخاب الطبيعي الكامن في الطبيعة نفسها، وأن الانسان نتاج الطبيعة ونتاج لتطور طويل للمادة الحية،

فالتطور ينتقل من الأدنى إلى الأرقى، ومن البسيط إلى المعقد، بعكس النظريات المثالية التي ترى أن أنواع الحيوانات والنباتات لا تخضع للتغير وانها مخلوقة. [33]

إن (دارون) كان قد ربط التطور بعاملين وهما: قابلية الاختلاف والاصطفاء الطبيعي، ويحصل التغير نتيجة هذا الانتخاب أو الانتقاء ببقاء الأصلح والأفضل والاقوى لمعركة الوجود، وأنه هو الذي يقوم بعملية التغير بجميع صوره واشكاله.

ان الدارونية الاجتماعية وهي نظرية اجتماعية ذات اتجاه بيولوجي تنقل آلياً الى المجتمع بعض قوانين التطور البيولوجي التي وضعها دارون، مؤكدة ان الصراع في العالمين الحيواني والنباتي هو صراع من أجل الوجود والبقاء، وهذا الصراع تكون نتيجته بقاء البنيان الأقوى. أما الظلم الاجتماعي والذي يتمثل في اللامساواة فهو نتيجة طبيعية لعملية الاصطفاء الطبيعي، اي تعتبره وضعاً طبيعياً ودائماً في المجتمعات .

وهناك مجموعة من النظريات التطورية (Evolutionary Theories) لتفسير التغير الثقافي وهي مجموعة من المحاولات التي بذلت في هذا المجال من منظور العملية التطورية التي استعارت فكرتها من البيولوجيا وتأثرت في تطبيقها "بشارلز دارون" في كتابه أصل الانواع. وتعتبر هذه النظريات كمدخل تحليلي وتفسيري للتغير الثقافي والتي تنطلق من فكرتين اساسيتين وهما: [34]

الفكرة الأولى: وترى أن التغير الثقافي يحدث بمعدلات أكثر تباطؤاً، ومن أصحابها سمنر (Simner) الذي أشار إلى أن أي محاولة لإعادة التنظيم الكلي للثقافة هي محاولة صعبة تشبه تماماً المحاولة لإعادة تنظيم الكرة الأرضية عن طريق اعادة تنظيمها عن طريق توزيع وحداتها الجزئية. ويقدم أوجبرن (Odgburn) بعض التعديلات الأساسية لنظرة (سمنر) والذي يؤكد فيها على الطابع المحافظ للثقافة والذي يميز بين الثقافة المادية والمعنوية، حيث يوضح كيفية توافق الكثير من عناصر الثقافة اللامادية للظروف المادية، بمعنى أنها تتضمن انتظام السلوك الانساني في علاقة بموضوعات مادية بحتة. غير أن المشكلة في نظره تتمثل في أن ظروف المجتمع المادية قد تتغير بدرجة أسرع من قدرة المجتمع على تطوير صور أو

أشكال جديدة من الثقافة اللامادية التي تنظم هذه الظروف. وهذا يتطلب من التغيرات اللامادية للثقافة أن تتواكب مع تغيرات الجانب المادي السريعة والمتلاحقة.

الفكرة الثانية: وتدور حول تحديد المراحل التطورية للتغير الثقافي. حيث يجد المتتبع لذلك أن علماء الانتروبولوجيا الأوائل انشغلوا بأشكال الحياة البدائية والحديثة للثقافة. ويتصور (سمنر) أن المجتمع البدائي يتصف بالطابع الاناني والعسكري، وفي نفس الوقت يقدّم قانوناً للتطور يؤكد اتجاه الحياة الاجتماعية نحو زيادة التباين والاختلاف أو اللاتجانس وبالتالي نحو الاخلاق الغيرية.

إن هذه الاتجاهات في عصرنا الحالي فقدت بريقها وفقدت ما كان لها من ذيوع وانتشار في الماضي ووجهت لها العديد من الانتقادات وخاصة في القول بوجود شكل ثقافي واحد على أنه اكثر بدائية من الأشكال الاخرى. فقد تبين ان الشعوب التي عرفت بأنها شعوب بدائية كانت تمارس طرقاً للحياة أكثر تعقيداً في بعض المجالات من المجتمعات الحديثة والمعاصرة . كما كشفت بعض الدراسات إلى أن الطرق والوسائل الحياتية السائدة في بعض المجتمعات الحديثة لا تختلف كثيراً عن غيرها من المجتمعات البدائية، في حين أن الاتجاه التطوري يعتبرهما نموذجين متعارضين، كما أن الاتجاهات التطورية كانت قد فسرت التغير الثقافي على أنه يحدث في خط مستقيم الأمر الذي أدى إلى رفضها حالياً مع بقاء بعض المحاولات التي حرصت على بقاء الطابع التطوري لتفسير التغير الثقافي، ولكن على أنه انتقال في خطوط متعددة متشابكة.

ويميل التفسير السوسيولوجي حالياً إلى الاتجاه نحو بناء تفسير أقل تعقيد، والذي يركز على عوامل التغير وشروطه وملابساته التي أن وجدت ارتبط بها عدد من التغيرات الثقافية.

3- صراع الاضداد الثقافية :

ان هذه النظرية تفسر التغيرات المختلفة انطلاقاً من طبيعة الاضداد الموجودة في المجتمع الانساني. وتضم عدة اتجاهات في تفسير التغيرات الاجتماعية والثقافية، إلا أنها تشترك في رؤية أن وراء عملية التغير يكمن عامل صراع الاضداد الذي يدفع المجتمع إلى

التطور، والذي يوجد بأشكال مختلفة ونابع من داخل المجتمع ويوفر الشروط لتحقيق الابداع وتجديد طاقات المجتمع. وتعتبر هذه النظرية أنه لولا هذا الصراع لانهارت المجتمعات البشرية. كما أن هذه النظرية تفسر التغير الاجتماعي بالرجوع إلى الاضداد الثقافية داخل المجتمع، فكلما زادت هذه الاضداد أدت الى زيادة حدة الصراع وهو أساس التغير في كل العمليات.[35] وتؤكد الفلسفة المادية التاريخية والجدلية أن الأشياء والظواهر المختلفة هي وحدة بين أضداد والتي لا تتعايش سلمياً في آن واحد، فالطبيعة المتناقضة للأضداد واستبعاد كل منها للآخر يسبب بالضرورة صراعاً بينها، فالقديم والجديد، والناشئ والبائد لا بد أن يتناقضا ويتصارعا وهو أمر مهم لتحقيق أهداف التطور والتغيير. وفي المجتمعات الطبقية يحدث التضاد بين القوى المنتجة وعلاقات الانتاج ويعبر عنه بصراع الطبقات أو صراع الأضداد الذي هو مصدر لتطور الواقع حسب الفلسفة المادية التاريخية والجدلية.[36]

ومن الأهمية بمكان الاشارة إلى أن بعض الانظمة السياسية تحاول التدخل لكبت الصراع والتخفيف من حدته وكبته، أو تأجيله أو ترحيله مما يولد توترات وعدم استقرار وخلل، فمثل هذه الانظمة التي تتصف بالعنف والشدة توجد أنظمة أخرى كالأنظمة الديمقراطية القائمة على مبادئ الحرية والمساواة وحقوق الانسان، أنها انظمة تتصف بالاستقرار والمحافظة على التوازن وتوفر القاعدة لديمومة المجتمعات.

أن هذه النظرية ترى أن التوتر يختفي بزوال أسبابه وان الانتقادات التي وجهت من معارضيها تنطلق من اعتبار أن التناقض موجود في ثقافة المجتمع وليس بالضرورة أن يؤدي إلى صراعات وتغييرات جذرية داعمين آراؤهم من منطلق ان الصراع في المجتمعات الحديثة والذي يحدث نتيجة للاصلاحات المستمرة قد خفت حدته من خلال المصالحات المستمرة لتلك المتناقضات. وعلى الرغم من هذا النقد إلا أن الفلسفة المادية التاريخية والجدلية تعتبر ان الصراع وخاصة الصراع بين طبقات المجتمع وفئاته أي بين المستغِلين والمستغَلين هو سمة أساسية ملازمة للمجتمعات البشرية الطبقية، ولا يزول إلا بزوال العوامل المؤدية الى هذه التناقضات، كما أنها تعتبر أن الصراع هو المحرك الأساسي للتاريخ البشري فهو موجود في المجتمعات الطبقية وانه من المستحيل انكاره والتغاضي عنه أنه حقيقة واقعية.

ثالثاً: التغير التربوي :

على الرغم من أن للتغير ديناميته والتي تتعدى الأحداث والقوة المؤثرة في المجتمع، الا أن التربية والنظام التعليمي في المجتمعات البشرية المعاصرة يعدّان كإحدى القوى الفعالة والمؤثرة، فالتربية تعتبر أحد أهم العوامل في إحداث التغيرات الثقافية لأن التربية السليمة قوة تهيّئ للتغيرات من خلال عمليات البحث والاكتشاف والاستفادة من التقدم العلمي والتكنولوجي والاختراعات والتجديدات، كما أنها تهدف باستمرار الى اعداد الكفاءات اللازمة. فالنظام التعليمي يقدم العناصر الثقافية الجديدة ويهيئ الجيل الصاعد لفهم طبيعة التغير ويكسبه مجموعة من القيم والمهارات والاتجاهات والمعارف والخبرات المفيدة للتكيف مع متطلبات الحياة، وهذا يساعد على التقليل من حدة الصراعات الثقافية في المجتمع ويساعد في تحقيق التماسك الاجتماعي [37] كما أن التربية أداة النظام السياسي القائم من أجل مواجهة واحداث التغيرات المختلفة. ولكن يجب أن توجه في احداث تغييرات اجتماعية وثقافية مبنية على أسس ديمقراطية. والعلاقة بين التغيرات الاجتماعية والثقافية والتربية علاقة متبادلة حيث يؤثر كل منهما في الآخر، فالتربية والتعليم عليهما مهمة مواجهة التحديات المختلفة التي يحدثها التغير بكل مجالاته، والتصدي للمشكلات الناتجة من أجل مساعدة الجيل الصاعد على التكيف مع الانماط الجديدة. كما أن التربية من جانب آخر تسهم في إحداث التغيرات المختلفة عن طريق اسهامها في بناء المجتمع من خلال توفير قوى مؤهلة قادرة على مواجهة كافة تحديات التغير.

ومن الأهمية بمكان الاشارة إلى أن الفلسفات التربوية المعاصرة والتي تؤمن بدرجة كبيرة بالتغير كانت قد نادت إلى ايجاد برامج تربوية مختلفة باختلاف نظرة فلاسفتها الى طبيعة التغير وصفته ومجراه. فمنهم من اعتقد أن صفة الوجود تتمثل في التغير السريع ولمواجهته لابد من حسن التفكير وبناء الأسس المتينة للمواجهة، لذلك على المدرسة أن تنمي عادات التفكير السليم عند المتعلمين حتى يتمكنوا من مواجهة المواقف الحياتية الجديدة باستمرار. ورأى البعض الآخر منهم أن التربية هي أداة التجديد الثقافي تنمي التفكير وتزيد من قدرة الفرد على التنبؤ والتخطيط من خلال دراسة مواقف الحياة ومشكلاتها، هذا

بالاضافة إلى الاستفادة من رصيد الخبرات الانسانية المتنوعة والمفيدة في تحسين وتطوير ومواجهة احتمالات المستقبل والتحكم فيها.

إن التغيرات المختلفة تفرض القيام بتغيرات تربوية موازية تفرض مطالبها على المدرسة والنظام التعليمي في أحد الصور التالية: [38]

1- قد يكون التغير في العملية التعليمية - التعلمية أو في السياسة التعليمية، أو قد جاء لسد حاجة اجتماعية أو حلاً لمشكلة اجتماعية أحس بها المسؤولون في المجتمع واقتنعوا بأن التربية قادرة على ايجاد الحلول الناجحة. مثال ذلك الحاجة إلى قوى بشرية مؤهلة ومدربة ومطلوب من المراكز التربوية والتعليمية حل هذه المشكلة بإعداد وتأهيل الأعداد المطلوبة لسد حاجة قطاعات المجتمع المختلفة.

2- قد يكون التغير التربوي جاء نتيجة الأحساس بوجود قيم في المجتمع يجب المحافظة عليها، أو أن هناك قيماً جديدة لابد من تحقيقها أو ان هناك قيماً تعمل المؤسسة التعلمية تحقيقها وتتعارض مع ما يتطلع إليه المجتمع من قيم واتجاهات جديدة.

3- قد يحدث التغير التربوي نتيجة ظهور معارف جديدة يجب إدخالها إلى الميدان التطبيقي في المؤسسات التربوية والتعليمية وتسهم في حل المشكلات التي تعترض سبيل المدرسة والمجتمع، أو لظهور مهارات جديدة يحتاجها المواطن في المجتمع نتيجة الانتشار الثقافي والثورة المعلوماتية.

4- قد يحدث التغير التربوي نتيجة توجّه السياسة التربوية نحو الأخذ بالمفاهيم الحديثة المعاصرة في التربية بدلاً من البقاء ضمن المفاهيم التقليدية.

5- قد يحدث التغير التربوي نتيجة تحديات على نظام التعليم يحس بها المسؤولون فيسارعوا إلى إحداث تغيرات تربوية جديدة لمواجهة هذه التحديات والتغلب عليها.

إن التغير التربوي لابد أن يأخذ بعين الاعتبار صورة الإنسان الحضاري المعاصر ويضع الاسس لذلك وهذا يتطلب من مؤسسات التعليم المختلفة إعداد الجيل الصاعد

وتهيئته وإكسابه المرونة للتكيف مع كافة التغيرات وخاصة الاعداد الفني والمهني لمواجهة التغيرات التكنولوجية والثورة في مجال الاتصال والمعلومات والاعلام، فالتحالف الوثيق بين العلم والتقنية هو مصدر قوة الانسان المعاصر. فهذا التحدي يتطلب من العالم العربي امتلاك القدرة على مواجهته بالتأهيل والتطوير والتنمية الشاملة ضمن منهج علمي وفكري واضح المعالم يحقق الابداعات المطلوبة. كما يتطلب ذلك أيضاً الاعداد والتدرب على استخدام أساليب التعليم الحديثة وتكنولوجيا التعليم لرفع مستوى اداء الطلبة والاعداد المهني والفني للمعلمين، وتطوير مناهج التعليم، فالاعداد المهني والفني يؤدي إلى رفع الكفاءة الانتاجية.

والمطلوب من المعلم فهم المطالب الاجتماعية والثقافية التي تفرض تحدياتها على المدرسة وأن يناقشها ويقومها، لذلك فهو محتاج لمعرفة المعارف التربوية السائدة. ويحتاج أيضاً إلى معرفة المعارف الاجتماعية والمشكلات الاجتماعية في المجتمع وكيفية حلها والتي تفرض تحدياتها على النظام التعليمي. هذا بالإضافة لمعرفة وتقدير قيم المجتمع الأساسية.

إضافة لما سبق فقد تحدث الدول تغيرات تربوية للمحافظة على قيم الجماعة وتماسكها، وهنا تأتي أهمية التربية والتعليم في التوعية والتهيئة واجراء الدراسات وطرح الحلول والبدائل. وكذلك لابد من التربية والتعليم العمل على المحافظة على معايير المجتمع ومقوماته الاساسية [39] ، وخاصة تلك التي تشكل الأسس والمقومات لاستقراره واستمراره، دون نسيان عملية التعزيز والتنقيح لبعض العناصر التي تحتاج لذلك انطلاقاً من عملية التحديث.

وتجدر الاشارة إلى أن إعداد الجيل الصاعد وتهيئته لمواجهة التغيرات المختلفة والاستفادة منها لابد من إحداث التغيرات الاجتماعية والثقافية والاقتصادية والتي تفرض مطالبها على التربية لتقوم بدورها في ذلك من خلال تغيير محتواها ووسائلها وطرقها لتصبح قادرة على مواجهة التحديات الجديدة من خلال اعداد الجيل الصاعد للحياة والعمل واكسابه المرونة والتفكير العلمي والفهم للأدوار الجديدة المتوقعة والتكيف معها والاستفادة

منها معرفياً وتكنولوجياً وتطبيقياً. وحتى يتم هذا على أكمل وجه لابد من فهم هذه التغيرات وابعادها ودرجة مناسبتها للمجتمع المعني، ومعرفة كيفية انتقاء العناصر الملائمة.

ان هذا كله يتطلب فلسفة تربوية مناسبة لهذه التغيرات التي تحدد الأهداف والمناهج وطرق وأساليب التقويم لتحقيق مخرجات مناسبة تتلاءم مع متطلبات التنمية الشاملة، وذلك من أجل بناء القدرة الذاتية التي هي جواز المرور إلى المستقبل.

إن التنمية الشاملة تحتاج الى تخصصات دقيقة لزيادة كفاءة الانتاج والخدمات في المجتمع، وفي هذا المجال لابد من الاهتمام بالتخطيط التربوي لربط التعليم بقطاعات الانتاج المختلفة ومواقع الانتاج ومتطلبات التنمية الشاملة . ومن خلال الإطلاع على التاريخ بشكل عام وتاريخ التربية بشكل خاص يجد المهتم بذلك أن المجتمعات البشرية قديمها وحديثها كانت تسعى إلى رسم صورة محددة للانسان في تلك الحقبة التاريخية التي يعيش فيها وضمن فلسفة المجتمع وتوجهاته والتحديات التي تواجه هذه المجتمعات، لذلك كانت تحدث تغييرات تربوية اضافة الى التغييرات الاجتماعية والثقافية، وان مستوى التغييرات في التربية والفكر التربوي لا ينفصل عن مستوى تطور الحياة الاجتماعية والاقتصادية، فالتطور التربوي لا يكون إلا ضوءاً للتطور الانساني.[39] فالتربية تنتج المجتمع وتعيد انتاجه وفقا لما يرتضيه المجتمع لنفسه ووفقاً لطموحاته وتوجهاته وتمنياته. ويشير (وطفه) وزميله (الشريع) إلى أن التربية لا تكون مهمازاً للحضارة إلا بمقدار مشيئة المجتمع، فعندما يريد المجتمع أن ينهض أو عندما تتأصل فيه ارادة النهوض فانه يحرّض طاقة التربية في الأجيال وعند المفكرين من أجل بلوغ الغاية الكبرى للحضارة"[40] وهذا يحتاج الى تغييرات تربوية واقعية ومعاصرة، فالمجتمعات البشرية لا يمكنها النهوض من غير تغيرات تربوية تؤدي إلى احداث نهضة تربوية، فهناك علاقة جدلية بين التربية والحضارة، ولا يمكن للحضارة أن تقوم ما لم تنجح التربية في توجيه المشروع الحضاري وتحقيق النهضة والتنوير.

كما من الأهمية بمكان الاشارة الى أن الحضارات تتخاطب تاريخياً وتتفاعل ولا يمكن لها أن تعيش منعزلة عن بعضها البعض، فالتاريخ يبين تخاطب الحضارات، فعلى

سبيل المثال يجد المهتم كيف تخاصبت الحضارتين الرومانية والاغريقية؟ وكيف تخاصبت الحضارات العربية الاسلامية والحضارات الشرقية؟ فكل حضارة جديدة تستنير بومض الحضارات القديمة وتتفاعل معها لاثراء الحضارة واغنائها، وهذا يعني أن الحضارات لا تتصارع في الجوهر وانما تتكامل مع بعضها وتصبح أكثر غنى وثراء [41] ، وبعد هذا كله لابد من التأكيد على أن التغير التربوي يجب أن ينطلق ويبنى على أساس مفاهيم وتصورات التربية الحديثة والمعاصرة وأن تكون المدارس فعالة توفر جواً من الحرية والاستقلال والثقة بالنفس للمتعلمين، وتتضمن هذه المدارس منظومة من الأفكار التربوية أهمها: [42]

- أن تكون العملية التربوية بالتعاقد وليس بالفرض والاكراه.

- وضع المتعلمين في مواجهة صعوبات وتحديات حقيقية لها محتوى تربوي.

- توليد احساس الحرية والمسؤولية عند المتعلم في كافة مستويات الأنشطة الصفية واللاصفية.

- يكون شعار هذه المدارس المبادرة والحرية والمسؤولية.

كما تعد المدارس المفتوحة من المدارس المهمة والتي يجب أن تركز عليها التغيرات التربوية للتهيئة لتربية المستقبل التي تكون قادرة على إعداد الجيل الصاعد إعداداً تربوياً شاملاً ليكون قادراً على مواجهة مختلف التحديات والتغلب عليها.

- يجب أن تفيض المدارس بمختلف النشاطات والفعاليات.

- تكون اللغة في هذه المدارس لغة واقعية أي أن مفرداتها نابعة من حياة المتعلمين وتعبر عن التواصل الفعال.

- تحقيق المصالحة بين الثقافة والمدرسة والحياة بكل مكوناتها.

- تكون المعرفة تجريبية نابعة من علاقة المتعلم بالتجارب الحياتية الحية.

- تكون جماعات المتعلمين داخل هذه المدارس مجموعات حقيقية بكل ما تنطوي عليه هذه الجماعات من ممارسات وفعاليات.

ولو نظرنا الى بعض البلاد العربية لوجدنا أن بعض المدارس فيها لا تزيد عن كونها مؤسسات تتمسك بقيم قديمة بعيدة عن واقع المدارس الفعالة، ولا تتقبل التغيرات التربوية النابعة من المفاهيم الحديثة والمعاصرة للتربية، كما أنها لا تزال تمارس وعياً ثقافياً بدائياً.

ان العالم العربي قد دخل الألفية الثالثة، وهذا يتطلب من مدارسه أن تقوم بأدوار ايجابية في تكريس القيم العلمية والعقلانية وتعميق ممارسة النقد البناء، ومحاربة المفاهيم البالية، والتطلع نحو الأفضل انطلاقاً من توجهات التربية المستقبلية. (43) فمن هذا المنطلق تصبح المدارس العربية مدارس مطورة تقوم بالتغييرات التربوية من أجل انجاح عمليات التطوير التربوي، فهذا هو الدور التجديدي للمدرسة الذي يرى أن وظيفة المدرسة لا تكمن فقط في المحافظة على القديم وتركه كما هو، أنها الآلية التي يتم بواسطتها التقدم للأمام فتكون مصدراً لأفكار وبرامج اجتماعية جديدة واحداث تغييرات رئيسية، أي أن وظيفتها ابداعية تقوم على تنمية المبادرات عند المتعلمين. ان التربية التجديدية تؤمن بدور المدرسة في إحداث التغيرات الاجتماعية والثقافية، وبأنها يجب أن تكون المكان الذي تمارس فيه جميع أنواع النشاطات اللاصفية الموجهة والبرامج الاجتماعية.

أن التربية في البلاد العربية حالياً حائرة ما بين التبعية والطوبائية محاولة التوفيق بين المتناقضات، ولم تنجح في بلورة فلسفة تربوية عربية تكون ملائمة للتغييرات التربوية لعصر المعلومات على الرغم من المحاولات التي بذلت في هذا المجال. فمفكري التربية في العالم العربي يحاولون خلق نموذج تربوي عصري، إلا أن هذا الامر ليس بالسهل وخاصة في ظروف التبعية والهيمنة وما تفرضه العولمة من تحديات على كافة المستويات وهي تحديات صعبة مما يتطلب العمل على بناء أسس ورؤى جديدة في ظل هذه المتغيرات المتسارعة خاصة المتغير المعلوماتي الذي يترافق مع غياب فلسفة تربوية عربية متكاملة ومتناسقة تتجاوز من خلالها النظم التربوية العربية انحيازها الى مبدأ "تعلم لتعرف" على حساب مبادئ أخرى وهم التعلم من أجل مشاركة الآخرين والتعلم من أجل أن تكون، والتعلم من أجل العمل والممارسة والتنمية الناجحة (44)

لقد ركزت التربية القديمة على ماذا نعرف؟ لا كيف نعرف؟ ولكن في العصر الحاضر وهو عصر ـ الانفجار المعرفي يجب اعطاء الأولوية للكيفية التي تحصل بها المعرفة، وعلى كيفية اتقان ادوات التعامل معها. من هذا المنطلق ونتيجة لغياب أسس التربية الحديثة وبقاء الكثير من عناصر التربية التقليدية مسيطرة على الفكر التربوي، لذلك طغت المادة التعلمية على أساليب التفكير التي تهدف الى تحقيق النضج العقلي والمحاكمة العقلية، فغابت قضية تنمية المهارات الذهنية وسيطرت اللاعقلانية على أنظمة التربية وأصبحت القضية تتمثل في الحصول على المعرفة من أجل ذاتها ولذاتها وحفظها وخزنها في الذاكرة لا في تطبيقها وممارستها وتفعيلها على أرض الواقع، ويتم هذا في ظروف غياب الحوار والنقد الذاتي البنّاء. وهذا الوضع غير منعزل عن غياب المشروع النهضوي التنويري العربي لاعادة الروح الى التربية وكافة مناشط الحياة والذي يحتاج إلى مخاطبة العقل وإلى أسس بناء تربية صحيحة مستمرة وليس فقط الاقتصار على التعليم، فالتعليم هو جزء من التربية. فلابد اذن من الانطلاق من مبدأ التربية أولاً. ويشير (الجابري) إلى ضرورة تأصيل النهضة العربية في خطاب عقلي، فلسفي لا أيدولوجي يقوم على مراجعة شاملة لآليات العقل العربي ومفاهيمه وتصوراته لوضع استراتيجية للتربية والتعليم [45] هذه الاستراتيجية تكون مطالبة بإصلاح التربية بحيث تصبح أداة فعالة لإصلاح المجتمعات العربية.

كل هذا يبين أن التربية العربية تعاني عجزاً مزمناً وهذا العجز يحتاج إلى تغييرات تربوية جذرية في البنية والمفاهيم والنظم والوسائل، ويقترح (زريق) جملة من المبادئ لتحقيق التغير الجذري في التربية العربية وهي: [46]

— امتلاك ملكة التفكير العلمي.

— تطوير ملكة التعلم الذاتي.

— الانتقال من التلقين والحفظ إلى تنمية شخصية المتعلم من جميع جوانبها.

— تكوين ملكة الابداع.

— تكوين ملكة التعلم عن طريق حل المشكلات.

- تحقيق مبدأ التكيف مع الواقع.

- تكوين منظومة قيمية مترابطة ومتكاملة.

اضافة لما سبق فمن الأهمية بمكان التأكيد في هذا الاطار على العمل من أجل تحقيق التربية للجميع، والقضاء على الازدواجية في الفكر والعمل، واعطاء أهمية كبرى للتربية العملية والتعليم المهني وتحقيق مبدأ التربية المستمرة، وتبديل التعليم من تعليم استهلاكي الى تعليم انتاجي مرتبط بسوق العمل والاقتصاد المعرفي، واعطاء أهمية بالغة للتخطيط مما يتطلب هذا تغييراً جذرياً في النظم والطرق والاستفادة من مختلف الوسائل السمعية والبصرية وتطوير الإدارة التربوية لتصبح قيادة تربوية بأبعادها المختلفة .

التغير التربوي للمستقبل :

تتوقف الصور المختلفة للمستقبل الى حد ما على كيفية تصور طبيعة المستقبل واستشرافه والمنطلقات التي يجب الانطلاق منها، وما يتصل بها من القرارات التي تتخذ في الحاضر، حيث ان تحديات المستقبل تزداد وتنمو في ظل العولمة وفي ظل الابتكارات التكنولوجية الحديثة والتي انتجت كماً كبيراً من المعارف، مما طرح قضية كيفية معالجتها واستخلاص النتائج وربطها بالواقع المعاش ومدى الاستفادة منها. وقد شهدت الدراسات المستقبلية نمواً لا بأس به في السبعينيات من القرن العشرين انطلاقاً مما يلي: [47]

1- التغيرات الكيفية التي حصلت في العالم والتي أثرت على أساليب معالجة المعارف والمعلومات وتدفق المعارف الهائل والتي جاءت نتيجة التغيرات الاجتماعية والثقافية والاقتصادية والتربوية وما أحدثته من تراكمات كمية أدت إلى تغيرات نوعية.

2- التفجر المعرفي وتدفق المعلومات الهائل بشقيه الكمي والكيفي وانعكاساته على المؤسسات ذات العلاقة وعلى الباحثين والدارسين ورجال العلم والسياسة والاقتصاد والتربية وعلى الاخص المهتمين بالدراسات المستقبلية.

3- ظهور علم تحليل النظم والذي تطور بشكل كبير نتيجة الاستخدامات المتعددة للحاسوب في الحياة من خلال التحليل الاحصائي والرياضي في إطار علمي

متكامل ومترابط مما أثر على المعرفة وتطبيقاتها وما يتصل بها من مجالات متعددة.

وجدير بالذكر في هذا المجال الى أن ثورة الاتصالات والمعلوماتية وعولمة السياسة والاقتصاد والتوجه نحو مجتمع المعرفة (الاقتصاد المعرفي)، أدت إلى حدوث تغيرات ثقافية وقيمية وأثرت كذلك على الأفكار والأدوات والأزياء والفنون والأخلاق والقيم الجمالية. وبالأجمال أثرت على صورة الانسان الذي ترسمه المجتمعات المعاصرة. كل هذه المتغيرات لعبت دوراً كبيراً في رسم معالم صورة التربية والتعليم وخاصة مدارس المستقبل. كما أن الدعوة إلى الالتزام بالمبادئ والمعايير الدولية المختلفة كان وسوف يكون له انعكاسات على المؤسسات التربوية. اضافة لذلك فإن السعى الى عولمة الاقتصاد سوف تحمل في طياتها قيماً ثقافية وتربوية وأخلاقية وجمالية متعددة سيكون له انعكاسات أيضاً على نظم التعليم في العالم عامة والمجتمعات العربية خاصة.

ومن الأهمية بمكان التأكيد إلى أن أشكال التغيرات الاجتماعية والثقافية المتوقع حدوثها مستقبلاً ستؤثر حتماً في شكل ومعالم المؤسسات التعليمية وفي أدوارها ووظائفها وفي علاقاتها وتعاملها مع المؤسسات الاجتماعية الأساسية في المجتمع وخاصة الأسر ومؤسسات الرعاية الاجتماعية.[48]

إن قانون التغير بكافة صوره وأشكاله يؤكد على أن الماضي من المستحيل أن يكون بديلاً عن الحاضر أو المستقبل، إلا أن هذا لا ينفي عدم الاستفادة من عبر الماضي وتوظيفها في الحاضر لبناء أرضية صلبة للانطلاق إلى المستقبل، الذي سوف يتحول مع مرور الزمن الى حاضر ثم إلى ماضي. كما أن التغيرات كافة تسعى لاستشراف المستقبل من خلال الجهود الاستطلاعية والدراسات المختلفة. أن أحد أهم الاشكاليات للدراسات المستقبلية هو أن المستقبل ليس له وجود كشيء مستقل لذلك من الصعب الإمساك به، إلا أنه من الممكن دراسة أفكار عنه. لذلك ومن هذا المنطلق لا يستطيع الانسان رسم صورة كاملة للمستقبل فالاختبارات مفتوحة ومشروطة بالواقع الموضوعي.[49] اضافة إلى أن الدراسات المستقبلية الجادة تتكامل فيها أشكال المعارف والمناهج وان مستقبل التربية لا يتم بدون أخذ كافة

التغيرات المؤثرة وخاصة اذا ما سلّمنا ان التربية هي الأساس الذي ينتج العقول المبدعة وأيضا تنتج الانسان الحضاري الذي يشكل ركيزة ووقوداً للحضارة أيضاً، كما أن الحاجة ملحة الى تنظيم العلم والمعرفة وما يترتب عليه من تفعيل دور التعليم والجامعات ومؤسسات البحث والتطوير واعطائها دوراً مميزاً بين المؤسسات الاجتماعية الأخرى وخاصة من أجل مواجهة التحديات الداخلية والخارجية والمتمثلة في المعلوماتية، الثورة الديمقراطية، والعولمة، التكتلات الاقتصادية والاستراتيجية الكبرى.

هذه التحديات تحتاج إلى تربية عقل منتج بدلاً من العقل المستهلك وما يتطلبه ذلك من تغييرات في كافة المجالات والعمل من أجل استجابة النظام التربوي الى متطلبات سوق العمل وما يتطلبه من تغييرات في الطرق والوسائل التربوية لتقديم تعليم متميز لا يعتمد على الحفظ والتكرار والطرق التقليدية التي تعتمد على تحصيل المعرفة من أجل المعرفة بل يجب الاضافة اليها، وايضا المعرفة من أجل الحياة والعمل والانتاج والتحديث.

وتجدر الاشارة أيضا إلى أن البحث والتقصي- لمعرفة المعالم الأساسية للمؤسسات التعليمية المستقبلية جهد شاق ومحفوف بالمصاعب والمشاكل النظرية والمنهجية لأنه مرتبط بمدى كفاءة وصدق المناهج والأدوات والطرق والوسائل المستخدمة في التحري عن المستقبل والتعرف على ملامحه ومن ثم التخطيط للتعامل معه، اضافة إلى أن التفكير والتخطيط للمستقبل يعتمد على افتراضات ورؤى ومعلومات كمية وكيفية وهذا يشكل إحدى الصعوبات، ثم هناك الصعوبات لوجود مدارس فكرية مختلفة وكل منها له تصوره ومنطلقاته. فبعض هذه المدارس يرى أن المستقبل هو امتداد للماضي والحاضر، والبعض الآخر يرى أن المستقبل يمكن تحديده والتحكم فيه انطلاقاً من التخطيط طويل المدى والإرادة القوية، وهناك من يعتقد أنه من غير الممكن معرفة المستقبل وما يخبئه من مفاجآت، لذلك لابد من التخطيط قصير المدى. وهناك آخرون يؤسسون افتراضاتهم على أساس الحتمية التاريخية المادية والجدلية، أو انطلاقاً من تصورات دينية. وهذا ما يؤكد أن رسم صورة حقيقية للمستقبل صعبة لاختلاف المتغيرات والعوامل والرؤى لكنه ليس مستحيلاً.

أن القرن الحادي والعشرين يفرض على الدول العربية حتى يكون لها مكان في المستقبل ادراك أن عالم اليوم هو عالم جديد يتغير بسرعة وقد تغيرت فيه المعرفة والمعلومات وطبيعة المجتمعات والأنظمة الاجتماعية ونظم التفكير، كما تغير فيه المجتمع والثقافة نفسها، وأن الاختباء بعباءة الماضي لن يساعد في مواجهة التحديات الداخلية والخارجية لأن ما هو جديد اليوم ليس هو جديد غداً، وان الشيء الجديد هو الاحساس بالجدة والتغير، وهذا هو منطق العالم اليوم، لذلك لابد من أحداث تغييرات تربوية لمواجهة المستقبل. ان ما يحتاجه الفرد العربي ليكون قادراً على الصمود والمواجهة واثبات الوجود في ظل العولمة هو بناء القدرة التي تعتمد على مجموعة من المقومات التي تمثل الحصانة والفاعلية فلا حصانة بدون قدرة.

وهنا في هذا المجال وتأكيداً لما ورد في الصفحات السابقة لابدّ للنظام التربوي العربي التركيز على ما يلي:

- تكوين القدرة إلى التفكير الناقد البناء من خلال الحوار والتفاعل وتحمل المسؤولية والتعرف على كيفية حل المشكلات المختلفة.
- القدرة على اكتساب المعرفة وتوظيفها وتبادلها وانتاجها.
- تنمية القدرة العقلية للابداع والتميز، وتوفير بيئة تربوية لذلك.
- امتلاك الكفايات الوظيفية لسوق العمل.
- تنمية قدرة المتعلم على المشاركة والتحديث والتعامل مع تكنولوجيا المعلومات واجادة بعض اللغات العالمية والتمكن من التعلم الذاتي المستمر من المهد إلى اللحد.
- تنمية القدرة على الفهم والتفكير السليم والتحليل والاستنباط والربط بين المتغيرات.
- تجديد كفايات المعلم وأدواره في عصر المعلومات والاقتصاد المعرفي.
- وجود ادارة تربوية تتحلى بصفات القيادة التربوية.

- أن يتجه التغير التربوي في اتجاه دعم التعليم المهني، والعمل من خلال كافة مؤسسات المجتمع المدني على تغيير النظرة اليه.

- تغيير دور المدرسة العربية التي تُعاني من أزمة تتجلى في تدني التحصيل العلمي وضعف القدرات التحليلية والابداعية لدى المتعلمين، وطغيان النزعة الكمية على النوعية في المناهج وكافة المجالات الدراسية في زمن صارت فيه المدرسة غير قادرة وحدها على احتكار المعرفة فلم تعد المصدر الوحيد للمعرفة، كما أنها تواجه عجزاً في مسايرة التطورات المعاصرة في الحقل التربوي والتعلمي.

- تطور التعليم غير النظامي (التعلم مدى الحياة) .

- ربط التعليم بالتربية، وذلك لأن التربية المستقبلية تتطلب التركيز على مفهوم المنهاج المتكامل لا مفهوم المقرر (المواد التي تُدرس)، وهذا يعني وضع خطة عمل تربوية طويلة المدى تتناول المضمون والأساليب والتقويم وشخصية المتعلم من جميع جوانبها، في حين ان المناهج التي تعتمد على المقررات تجزئ المعرفة الى أجزاء بعيدة عن الواقع وتجعل المدرسة منفصلة عن الواقع ولا تساهم في ربط التعليم بالتربية، ولابد من تسخير المعارف لتحقيق النمو والنضج الفكري.

وهذا كله يحتاج من المسؤولين وأصحاب القرارات وضع سياسات تربوية واقعية تأخذ بعين الاعتبار تحليل الواقع الحالي وكشف آلياته ووضع خطط لمواجهة التغيرات التربوية للمستقبل.

المراجع

1- الرشدان، عبد الله، (1999)، علم اجتماع التربية، ط(1) ، دار الشروق، عمان، الأردن، ص268 .

2- Harry Eckstein, (1998), "Culturalist Theory of Political Change", American Political Review, U.S.A.

3- علي ، ابراهيم، (1982)، التغير الاجتماعي والتنمية، ط(1) ، مكتبة الطالب، العين، الامارات العربية المتحدة.

4- الجوهري محمد، وشكري علياء، وليلة علي، (1995)، التغير الاجتماعي، ط(1)، دار المعرفة الجامعية، القاهرة، جمهورية مصر العربية.

5- اسماعيل، قباري، (1982)، علم الاجتماع الثقافي، ط(1)، منشأة المعرفة بالاسكندرية، جمهورية مصر العربية.

6- جعنيني، نعيم، (1995)، التحديات الاجتماعية وتربية المعلم العربي للقرن الحادي والعشرين، (وقائع المؤتمر التربوي العربي، تربية المعلم العربي في القرن الحادي والعشرين 2-5 تشرين أول 1995) يونيدباس بالتعاون مع كلية العلوم التربوية في الجامعة الأردنية، عمان، الأردن.

7- السيد، سميرة، (1998)، علم اجتماع التربية، ط(3)، دار الفكر العربي، القاهرة، جمهورية مصر العربية.

8- الرشدان، عبد الله، مرجع سابق، ص269 .

9- الزعبي، محمد، (1982)، التغير الاجتماعي بين علم الاجتماع البرجوازي وعلم الاجتماع الاشتراكي، ط(3)، دار الطليعة، بيروت، لبنان.

10- المرجع السابق.

11- التل، سعيد وآخرون (1993)، المرجع في مبادئ التربية، ط(1)، دار الشروق، عمان، الأردن.

12- السيد، سميرة، مرجع سابق.

13- الرشدان، عبد الله، مرجع سابق.

14- المرجع السابق.

15- الزعبي، محمد، مرجع سابق.

16- الجوهري محمد، شكري علياء وليلة علي، مرجع سابق.

17- الدقس، محمد، (2005)، التغير الاجتماعي بين النظرية والتطبيق، ط(3)، دار مجدلاوي، عمان، الأردن.

18- الدقس، محمد، المرجع السابق.

19- الرشدان، عبد الله، مرجع سابق.

20- بوبوف، س. (1974)، نقد علم الاجتماع البرجوازي المعاصر، ترجمة نزار عيون السود، وطيب تيزيني، ط(2)، دار دمشق، دمشق، سوريا.

21- الزعبي، محمد، مرجع سابق.

22- الدقس، محمد، مرجع سابق.

23- الزعبي، محمد، مرجع سابق.

24- المرجع السابق.

25- الدقس، محمد، مرجع سابق.

26- عبد الدايم، عبد الله (1991)، نحو فلسفة تربوية عربية، ط(1) مركز دراسات الوحدة العربية، بيروت، لبنان.

27- عفيفي، محمد، (1970)، التربية والتغير الثقافي، ط(3)، مكتبة الانجلو المصرية، جمهورية مصر العربية.

28- اسماعيل، قباري، (1982)، علم الاجتماع الثقافي، ط(1)، منشأة المعارف بالاسكندرية، جمهورية مصر العربية.

29- الحلبي، علي وآخرون، (1998)، علم الاجتماع الثقافي، ط(1)، دار المعرفة الجامعية، الاسكندرية، جمهورية مصر العربية.

30- السيد، سميرة، مرجع سابق.

31- الدقس، محمد، مرجع سابق.

32- الرشدان، عبد الله، وجعنيني نعيم، (2002)، المدخل إلى التربية والتعليم، الاصدار الرابع، دار الشروق، عمان، الأردن .

33- أفانا سييف، (1979)، أسس المعارف الفلسفية، ط(1)، دار التقدم، موسكو، روسيا.

34- الحلبي، علي وآخرون، مرجع سابق.

35- الدقس، محمد، مرجع سابق.

36- أفانا سييف، مرجع سابق.

37- أحمد، حمدي، (1995)، مقدمة في علم اجتماع التربية، ط(1)، دار المعرفة الجامعية، الاسكندرية، جمهورية مصر العربية.

38- النجيجي، محمد، (1971)، الأسس الاجتماعية للتربية، ط(1)، مكتبة الانجلو المصرية، القاهرة، جمهورية مصر العربية.

39- السيد، سميرة، مرجع سابق.

40- وطفه، علي، والشريع، اسعد (2004)، التربية تاريخاً والفكر التربوي تطوراً، ط(1)، شركة مطبعة الفيصل، الكويت.

41- المرجع السابق.

42- المرجع السابق.

43- جعنيني، نعيم، (2001)، المدرسة الفعالة من وجهة نظر معلمي المدارس الرسمية في محافظة مأدبا، مجلة كلية التربية – جامعة المنصورة، العدد (47)، الجزء الثاني، جمهورية مصر العربية.

44- جعنيني، نعيم، (2004)، الفلسفة وتطبيقاتها التربوية، ط(1)، دار وائل للنشر والتوزيع، عمان، الأردن.

45- الجابري، محمد عابد، (1984)، تكوين العقل العربي، ط(1)، دار الطليعة، بيروت، لبنان.

46- زريق، قسطنطين، (1980)، نحن والمستقبل، ط(2)، دار العلم للملايين، بيروت، لبنان.

47- الحر، عبد العزيز، (2001)، مدرسة المستقبل، ط(1) مكتب التربية العربي لدول الخليج، مطابع الدوحة الحديثة المحدودة، قطر. وأيضا عويدات، عبد الله (1997) التربية والمستقبل، ورقة عمل معدة الى دورة الادارة العليا للقيادات التربوية في الأردن، شباط، 1997، عمان، الأردن.

48- المجلة العربية للتربية، (2000)، مدرسة المستقبل، المنظمة العربية للتربية والثقافة والعلوم، عدد (2) ديسمبر.

49- عويدات عبد الله، (1997)، مرجع سابق.

الفصل السادس
التنشئة الاجتماعية

- ماهية التنشئة الاجتماعية
- أهداف التنشئة الاجتماعية
- خصائص التنشئة الاجتماعية
- أنماط التنشئة الاجتماعية
- نظريات التنشئة الاجتماعية
- مؤسسات التنشئة الاجتماعية
- الأسرة كنظام اجتماعي
- المدرسة كنظام اجتماعي
- التربية كنظام اجتماعي
- جماعة الرفاق
- وسائل الاعلام والتثقيف
- المؤسسات الدينية
- التفاعل الاجتماعي
- التعاون
- التنافس
- الصراع
- التفاعل الصفي
- الضبط الاجتماعي
- نشأة الضبط وتطوره
- التربية كنظام والضبط الاجتماعي
- خصائص الضبط الاجتماعي
- أنواع الضبط الاجتماعي
- وسائل الضبط الاجتماعي

الفصل السادس
التنشئة الاجتماعية

ماهية التنشئة الاجتماعية :

تعتبر عملية التنشئة الاجتماعية (Socialization) من العمليات القديمة التي مارستها مختلف شعوب العالم منذ أقدم العصور باعتبارها ضرورة اجتماعية هدفها إعداد الفرد ليصبح عضواً في مجتمعه ولتنشئة الأجيال على ما نشأت عليه من أجل الحفاظ على الموروث الثقافي من أجل التكيف مع الحياة وتحقيقاً لاستمراريتها، وقد اهتم بها اهتماماً بالغاً علم اجتماع التربية المعاصر.

وبما أنها عملية اجتماعية، كانت الأسرة وما يحيط بها هي الاطار الاجتماعي الأول لها، ولعدم توفر مؤسسات نظامية في العصور القديمة كان المجتمع هو المدرسة الأولى التي تتم فيها هذه العملية. ومع تطور الحياة الاجتماعية أصبح من الضرورة وجود التخصص الوظيفي بحيث يصبح كل فرد متخصصاً في مهنة ما فأنشأت المدارس، ووجد أناس مسؤولون عن التعليم النظامي وهم المعلمون وخاصة بعد أن بدأ يتلاشى دور عوامل الوراثة في تحديد المكانة الاجتماعية للفرد وذلك مع التقدم الاقتصادي والاجتماعي والثقافي والتربوي وتقدم العلوم فأصبح التعليم يلعب دوراً مميزاً من خلال مؤسساته المختلفة وأصبح للمدرسة دور مهم في عملية التنشئة الاجتماعية، وأصبحت تشكل عاملاً مهماً في الحياة وفي الحراك الاجتماعي من خلال أدوارها المميزة المتعددة ومن خلال ما تقدمه من مهارات وتطوير شخصيات المتعلمين من جميع جوانبها مما كان له أبعد الأثر في عملية التنشئة الاجتماعية. [1] أنها أحدى المؤسسات الأساسية في المجتمع التي تقوم بالتشكيل الاجتماعي للأفراد.

وفي العصر الحاضر ومع التقدم العلمي والتقني والثورة المعلوماتية ازدادت أهمية التنشئة الاجتماعية وذلك مع دخول المرأة ميادين العمل المختلفة وانخراطها في أمور الحياة الاجتماعية مما حتم عليها البقاء مدة أطول خارج أسرتها فزاد الاهتمام لذلك بمؤسسات التنشئة الاجتماعية المختلفة من أسرة ومدرسة ومؤسسات اجتماعية أخرى متنوعة ومتعددة.[2]

وفي هذا المجال لابد من الاشارة إلى أن هذه العملية تحتاج إلى اللغة لتحقيق الاتصال الاجتماعي وتوجيه الجيل الصاعد وتسهيل اتصاله مع الآخرين وفهمه لهم. هذا بالاضافة الى تكوين الذات الاجتماعية، فاللغة هي وعاء الفكر وعن طريقها يتم تكوين اتجاه السلوك عند الناشئة بالنسبة إلى مواقف لم يخبروها من قبل. كما أنها أداة التعبير عن المشاعر وتحقيق النمو الاجتماعي، وتكوين العلاقات الاجتماعية المختلفة واشراك الناشئة في ثقافة مجتمعهم وتكوين وعيهم، فبهذا المعنى أنها غير منفصلة عن الحياة الاجتماعية بكل مكوناتها.

واضافة لما سبق فإن ماهية التنشئة الاجتماعية تتمثل في وجود هدفين أساسيين للمجتمعات البشرية من أجل الحفاظ على تكاملها وهما: المحافظة على البقاء والاستقرار. ثم الاستمرارية والتوازن والتماسك. ويتطلب هذا المحافظة على المعايير الاجتماعية من عادات وتقاليد وانماط سلوك مختلفة وضوابطها والقيم والمعتقدات وخاصة في ظل التغيرات المتعددة التي يشهدها العالم حالياً. وحتى يتم هذا كله لابد من نقله إلى الأجيال اللاحقة من خلال مؤسسات التنشئة الاجتماعية المختلفة وذلك بعد تبسيطه وتنقيحه واضافة المستجدات الجديدة. لذلك فعملية التنشئة الاجتماعية بالمعنى الواسع للكلمة هي تلك العملية التي يتم بواسطتها هذا النقل والتبسيط والتنقيح والاضافة. كما أن هذه العملية تهتم بتحقيق تماسك المجتمع وتوازنه واستقراره وهذا لا يتحقق إلا من خلال تحقيق قدر مشترك من العادات والتقاليد والقيم والمعايير السلوكية. إنها من العمليات الأولية التي تؤثر على حياة الطفل منذ أن ترى عيناه النور بهدف تحقيق النمو له لينتقل من كائن بيولوجي الى كائن اجتماعي من خلال مختلف عمليات التعليم والتي تتم أحيانا من خلال التقليد والمحاكات بطرق مقصودة

أو غير مقصودة. فمنذ اليوم الأول لميلاد الطفل يبدأ كفاحه من أجل البقاء ويساعده في ذلك الكبار المحيطين به، فمن خلال عنايتهم به تبدأ عملية التشكيل الاجتماعي لاكتساب الطرق المختلفة للتكيف في الحياة فهذه العملية تتمثل في تقبل الصغار لأنواع السلوك المقبولة في المجتمع الذي يتم فيه نموهم عن طريق التعليم تحت اشراف الكبار. فبعد احساس الطفل بحاجاته البيولوجية يبدأ ادراكه لذاته وعلاقتها مع الآخرين عن طريق تكوين العادات الاجتماعية تدريجيا في محيط الأسرة وكل ما يحيط به ليتحول الى كائن اجتماعي. [3] ونتيجة للتغيرات المتعددة التي تشهدها مجتمعات العالم كافة والتي أصبحت تفرض نفسها بسرعة متلاحقة أصبح مفهوم التنشئة الاجتماعية مفهوماً له صفة الاستمرار مدى الحياة. [4] وهذا يتلاءم مع مفاهيم التربية الحديثة المعاصرة والتي ترى في التربية عملية مستمرة من المهد الى اللحد وأنها غير منعزلة عن ثقافة المجتمع. فالتنشئة الاجتماعية لها علاقة وثيقة بالثقافة للمحافظة عليها وتنميتها وتحديثها، لذلك لابد لها من عملية التواصل من جيل لآخر ومن مرحلة تاريخية لأخرى من خلال عمليات النقل والتحويل والانتشار الثقافي حيث تؤدي هذه العملية دور أساسي مهم في عملية تحقيق التواصل الثقافي. [5]

ويحذر بعض المربين والمفكرين من الأفراط والمغالاة في هذه العملية حتى لا تؤدي إلى ضعف ثقة الطفل الناشئ بنفسه فيصبح معتمداً على غيره، مما يؤدي هذا الى نتائج سلبية تتمثل في العصيان والعدوان أحيانا. أما التفاعل الاجتماعي الصحيح القائم على اتزان ضغوط الجماعة في علاقتها مع الحرية الفردية فتؤدي إلى تنشئة اجتماعية سوية تتفاعل مع المنظومة الاجتماعية وتساهم في رقي المجتمع. [6]

أما بالنسبة لمفهومها فلقد كان من أهم المفاهيم المستخدمة في دراسات وأبحاث التنشئة الاجتماعية حتى نهاية الخمسينيات من القرن العشرين مفهوم "التبعية" والذي يعني اعتماد الفرد على الآخرين الى درجة يصبح فيها هذا الاعتماد هدفاً يسعى الفرد إلى تحقيقه. [7] إلا أن بعض المفكرين والمربين وجهوا النقد إلى هذا المفهوم واقترح المفكر (بولبي) Bowlby استخدام مصطلح "التعلق" باعتباره يعتمد على العلاقات المتبادلة من خلال التفاعل الاجتماعي الذي يتضمن التماسك والألفة. [8]

وهناك تعريفات كثيرة للتنشئة الاجتماعية لاختلاف النظريات والأفكار والفلسفات. فالفلاسفة يعرفونها على أنها عملية تحويل الانسان من كائن بيولوجي يعتمد على قابلياته النظرية الى كائن اجتماعي. في حين يرى علماء الاجتماع أنها عملية يتم بواسطتها التواصل الاجتماعي والثقافي في مجمل الحياة الانسانية. ويركز علماء النفس على الجوانب النفسية والأهليات الأساسية عند الطفل التي تساعده في تشرب عادات وتقاليد وقيم وأنماط السلوك المتمثلة في عناصر الثقافة في المجتمع، أي أنهم يركزون على ميول الانسان وتكوين اتجاهاته. أما التربويون فينظرون اليها على أنها العمليات التي تهيئ الأجيال الجديدة للقيام بوظائفها الأساسية في الحياة الاجتماعية. إلا أنه يمكن القول بأن التنشئة الاجتماعية تحتوى على كافة العمليات التي يتم بها دمج الفرد في اطار الجماعة التي يعيش معها بدءاً من الأسرة، فالمدرسة، فجماعة الرفاق، ثم المجتمع الواسع بما فيه من مؤسسات وعلاقات ومعارف ومفاهيم وقيم وعادات واتجاهات الى أن يتشكل هذا الفرد ويتصف بصفات الجماعة المحيطة به. [9]

إن جميع هذه التعريفات تلتقي في النظر اليها بوصفها محور اللقاء والتواصل بين الفرد والمجتمع. وعلى هذا الأساس ينظر مؤسسو علم اجتماع التربية ومنهم (دوركهايم) Durkheim على أن التربية شيء اجتماعي، أي أنها تنشئة اجتماعية للجيل الجديد من قبل الراشدين وذلك بتعليم النمط الثقافي للمجتمع بهدف تكوين الشخصية المناسبة لذلك. أي أن التربية عنده عملية اجتماعية يمارسها الكبار على الصغار لضمان التواصل الاجتماعي. أما الدراسة العلمية للتنشئة الاجتماعية فهي حديثة العهد وتعود إلى أواخر الثلاثينيات وأوائل الاربعينيات من القرن العشرين عندما نشر العالم (بارك) Park دراسته عن التنشئة الاجتماعية عام 1939م، على اعتبار أنها عملية اجتماعية تشكل الاطار المرجعي لدراسة المجتمعات البشرية. [10] وتشمل التغيرات التي تحدث للطفل منذ أن ترى عيناه النور إلى أن يتخذ له مكانا مرموقا بين الكبار.

ويؤكد المربي السوفيتي (أنطون ماكارنكو) A. Makarinko على أهمية هذه العملية في تشكيل شخصية الناشئة بقوله "أنا أومن بالقدرة غير المحدودة للتربية، وأعتقد أنه اذا

كان الفرد سيئاً في التنشئة فالمخطئ الوحيد هو المربي واذا كان حسن التنشئة فهو مدين بذلك للتنشئة في طفولته". ويضيف بأن الفرد يكون سيئاً اذا وجد في بناء اجتماعي سيّئ وفي ظروف سيئة، فالأثر التربوي من خلال عملية التنشئة الاجتماعية يؤتي ثماره عندما يتحول الى أنماط سلوكية سليمة. [11]

ولهذه العملية الاجتماعية أهداف وخصائص وهي:

أهداف التنشئة الاجتماعية :

تختلف أهداف التنشئة الاجتماعية من ثقافة إلى أخرى، إلا أن المهتمين بها يتفقون على الأهداف الآتية:

1- مساعدة الطفل على جعل ثقافة المجتمع جزءاً منه من خبرات اجتماعية يتعلمها الطفل أو المراهق أو الراشد في البيت والمدرسة والبيئة التي يعيش فيها.

2- تحقيق الاستقلالية الذاتية للطفل، أي الاعتماد على النفس والثقة بها من خلال اتاحة الفرصة للفرد ليعبر عن ذاته ويعوّدها على مواجهة مواقف الحياة المختلفة ومشكلاتها وكيفية حلها والمشاركة في اتخاذ القرارات.

3- تعلم المعايير الاجتماعية والقيم والعادات والتقاليد والضوابط المتعارف عليها من ثقافة المجتمع، وتعليم الجيل الصاعد ماهية الصح والخطأ في السلوك والممارسات الحياتية لتحقيق التكيف الأمثل والتآلف مع الآخرين، لأن التكيف والتآلف هما أساس البقاء، فما داما قائمين فالحياة قائمة والتنشئة هي العملية التي تؤمن هذا من خلال توفير القدرة على التلاؤم بين دوافع الانسان الداخلية وظروفه الخارجية. كما تعمل على تحقيق الصحة النفسية لأهميتها في تحقيق التوازن النفسي والاستقرار الاجتماعي.

4- غرس الهوية الوطنية والقومية عند الناشئة وفق قدراتهم وثقافة مجتمعهم لتحقيق الانتماء على أكمل وجه، وغياب هذه الهوية يعني الضياع فهي الخصوصية الذاتية للمجتمع التي من خلالها الانطلاق والتفتح على ثقافات الشعوب الأخرى.

5- غرس الطموح في نفس الطفل لتحقيق النجاح في الحياة والذي يعتبر مطلباً اجتماعياً واقعياً أكدت عليه التربية الحديثة والمعاصرة.

6- تعليم الناشئة أدوارهم الاجتماعية حسب ثقافة مجتمعهم لتحقيق التكيف المطلوب.

7- تهدف عملية التنشئة الاجتماعية الى التقليل من شأن التنافس الفردي الذي لا يعود بالفائدة الا على الشخص نفسه فقط، والى التعظيم من التنافس الجمعي التعاوني الذي يعود بالخير على الجماعة كلها.

خصائص التنشئة الاجتماعية:

تتميز عملية التنشئة الاجتماعية بعدة خصائص لعل من أهمها:

1- إنها عملية تعلم اجتماعي يتعلم الفرد من خلالها الأدوار والمعايير الاجتماعية للمجتمع وقيمه من خلال عملية التفاعل الاجتماعي. كما يكتسب الفرد بواسطتها معارفه وعلومه واتجاهاته.

2- إنها عملية تهدف إلى تهيئة الفرد للتكيف مع ظروف الحياة المتعددة والآخذه بالتعقد والتغير.

3- إنها عملية مستمرة تمتد من الطفولة المبكرة وتمتد الى مراحل العمر المختلفة وهذا يعود لطبيعتها الدينامية التي تتضمن التفاعل والتغير.

4- إنها عملية فردية ونفسية بالاضافة إلى كونها عملية اجتماعية تهدف لاكساب الفرد خبرات المجتمع.

5- إنها عملية من عمليات المجتمع الأساسية تهدف إلى بناء المجتمع وتماسكه واستقراره واستمرار نموه من جميع الجوانب المختلفة.

6- إنها عملية معقدة متشعبة لها أهداف كثيرة وتستعين بأساليب ووسائل متعددة مختلفة تؤثر على شخصية الفرد لنقله من كائن يعتمد على استعداداته الفطرية إلى

كائن اجتماعي له فردية اجتماعية تتفق إلى حد مع مع شخصية الآخرين في المجتمع دون ذوبانها فيها.

7- إنها عملية تعتمد على الفروق الفردية وخاصة في المجتمعات الحديثة حيث أصبحت التربية سابقة على التعليم وتوجه جل اهتمامها الى اهتمامات الطفل. إن التفاعل ما بين استعدادات الطفل وبيئته المادية والاجتماعية يؤدي إلى تقبل هذه العملية، ومن ثم نجاحها في إكسابه المعايير الاجتماعية والقيم التي ترضى عنها ثقافة المجتمع.

ومن الأهمية بمكان في هذا المجال الإشارة الى أنه لا يوجد نمط واحد للتنشئة الاجتماعية بل هناك أنماط مختلفة في الشكل والمضمون.

أنماط التنشئة الاجتماعية :

يمكن حصر أنماط التنشئة الاجتماعية من خلال ثلاثة تيارات فكرية اجتماعية مختلفة:[12]

1- الاتجاه الديمقراطي (التقدمي) :

وهو اتجاه فكري وفلسفي واجتماعي معارض للتسلط ويتجسد نمطه في الأخذ والعطاء واحترام الآخر في عملية التنشئة الاجتماعية مما يجعل المتعلمين يشعرون بمسؤوليتهم انطلاقاً من مبدأ احترام انسانية الفرد، واتاحة الفرص أمامه للنمو بشكل سليم في جميع جوانب شخصيته، فالمعلم والمتعلم عبارة عن حدّين متعاونين ومتكاملين.

ويركز هذا النمط على احترام طبيعة المتعلم واهتماماته اكثر من التركيز على المنهاج، فالمنهاج يوضع لخدمة المتعلم انطلاقاً من الأخذ بعين الاعتبار الفروق الفردية بين المتعلمين واهتماماتهم، ويسمح هذا النمط بتفتح شخصية المتعلم واطلاق طاقاته المكنونة، ويساهم في تنمية اتجاهات التفكير الناقد البناء وبذلك يفسح المجال لظهور القيادات المبدعة بين الطلبة.

2- الاتجاه التسلطي (التقليدي) :

يتمثل نمط التنشئة الاجتماعية بحسب هـذا الاتجـاه بالتسلط فالمعلم هـو الكـل والأسـاس في العملية التعليمية – التعلمية، أما المتعلم فهو عبارة عن مستقبل وعقله عبارة عن بنك تخزن فيه المعارف والمعلومات لحين الحاجة واستحضارها دون مناقشة. وهـذه السلطة المطلقة للمعلم تستند إلى قوانين وأنظمة ولوائح قاسية تطبق بحذافيرها دون أخذ وعطاء وتوقع العقوبة البدنية أحيانا اذا خالف المتعلم ذلك. ولا يؤمن هذا النمط بالفروق الفردية فالمعلومات والمعارف تُحشى حشواً آلياً في عقول المتعلمين مـما يؤثر سلباً على شخصياتهم وتجعلهم ميالين للاستكانة وفقـدان الاستقلالية والثقـة بـالنفس، أو يحـدث العكس فينشأ المتعلم تنشئة اجتماعية غير سليمة فيميل الى العنف والانتقـام ولا سـيما في غيـاب الارشـاد والتوجيه وبدون سلطة رقابية.

3- الاتجاه الطبيعي (التحرر المطلق) :

يؤمن هذا النمط من التنشئة الاجتماعية بأن طبيعة المتعلم خيّره، لذلك على المعلم ترك المتعلم للطبيعة يتعلم بموجب قوانينها دون توجيه أو إرشاد مباشر. ويؤمن بالحرية المطلقة بدون ضـوابط والتـي ربما تصل أحيانا الى حد الفوضى وخاصة في ظل ظروف انعدام المسؤولية والحرية المعقلنة. إن هذا الاتجـاه يركز على العواطف معتبراً أنها تعبر أحسن تعبير عن طبيعة الانسان، وأن من واجب التنشـئة العمـل عـلى تهيئة الفرصة للطبيعة الانسانية كي تنمو متبعة قوانين الطبيعة بدون تدخل مـن المجتمـع بـل مـن الخـبرة الذاتية التي تتم من خلال استخدام الأنشطة والخبرات المناسبة للنمو بدون استخدام الضـغوط أو اللجـوء للسلطة أو القوة في التعلم وحفظ النظام.

وفي هذا المجال تجدر الاشارة الى النظريات المفسرة لعملية التنشئة الاجتماعية وذلك للأهمية.

نظريات التنشئة الاجتماعية:

تعرف النظرية على أنها نسق فكري استنباطي منسق حول وقائع وظواهر متجانسة، وتحوي اطاراً تصورياً ومفاهيم تجريدية توضح مختلف العلاقات بين مظاهر الواقع المختلفة وتنظمها بطريقة لها معنى [13] ، وبما أنها تعتمد على الواقع فإن لها بعداً تجريبياً كما أنها تتضمن التنبؤ الذي يساعد على فهم ما سوف يحدث للظاهرة المدروسة مستقبلاً بتعميمات احتمالية.

وتعد نظريات التنشئة الاجتماعية إحدى المنطلقات الأساسية في علم اجتماع التربية نظراً لترابطه بقضايا نظرية وتأثره بمفاهيم علمية متعلقة بميادين أخرى في العلوم الاجتماعية، فموضوعاته هي من الموضوعات القليلة المشتركة بين: علم النفس الاجتماعي وعلم التربية، وعلم الانثروبولوجيا، وعلم النفس لارتباطها بأبعاد الحياة الانسانية المتعددة من اجتماعية ومعرفية ونفسية وتربوية. كما تبرز الأهمية لارتباطه بقضايا تطبيقيه تتعلق ببناء شخصية الانسان الاجتماعية، كما كان لاستخدام معطياته التطبيقية اهتمام لا ينكر لدى رجال السياسة. ولعل من أهم النظريات التي تناولت التنشئة الاجتماعية وخاصة تلك التي قامت على أسس تتعلق بتكوين القدرة لدى الانسان على التكييف والتفاعل الاجتماعي ما يلي:

1- نظرية فرويد :

لقد شكلت نظرية فرويد Freuid (1856-1939) في التحليل النفسي- محوراً أساسياً من محاور نظريات التنشئة الاجتماعية، فهي نظرية في السلوك الانساني تفسر- نمو الانسان وتطوره. ومقولته عن التقمص * (Identification) تتيح للفرد تمثل أدوار اجتماعية جديدة واستبطان مفاهيم المجتمع وقيمه وتصوراته عبر سلسلة من علاقاته مع الآخرين الذين يحيطون به ويشكلون موضوع تقمصه ونماذج سلوكه. [14] أنها تنظر للفرد على أنه يتكون من مجموعة من الرغبات تعمل على أساس جذب المتعة وتجنب الألم. وسمى فرويد

---

* **التقمص** : عملية نفسية يتمثل فيها الفرد مظهراً من مظاهر الآخر أو صفة من صفاته.

الرغبات الهو (Ed) ، فعند ولادة الطفل تنحصر قدرته على الأحساس بالمؤثرات الخارجية دون التأثير فيها أي عدم قدرته على جذب المتعة وتجنب الألم فهو معتمد كلياً على الآخرين، أنه يمثل الحالة الفطرية الأولية. ثم مع نموه شيئاً فشيئاً يبدأ اكتساب قدراته وضبط السلوك فيصبح قادراً على التأثير في بيئته، أي يستطيع تحقيق المتعة وتجنب الألم. وسمى فرويد هذه المرحلة بالأنا (Ego) ثم يبدأ الفرد يكتشف أنه يوجد في هذا العالم أفراد آخرون غير أمه لهم الأمكانيات في حرمان المتعة عنه أو ايقاع الألم به فهنا يبدأ باتخاذ وضع يتناسب مع عالم الآخرين فتنمو عنده تدريجياً ضوابط داخلية ينتج عنها الأنا العلوي (Super Ego) الذي يشكل الجانب الاجتماعي الثقافي عنده، ويرمز الى العادات والتقاليد والقيم السائدة في مجتمعه. وبالتالي فإن التفاعل الذي بين الأنا الأعلى والهو عبر تدخل الأنا يمثل الجانب الأساسي في عملية التنشئة الاجتماعية. وعن طريق التفاعل بين عضوية الفرد وثقافة مجتمعه يتكون الفرد اجتماعياً ويحظى بعضوية الجماعة. لقد حاولت هذه النظرية تفسير السلوك الأنساني بأصول بيولوجية فأرجعت السلوك أصلاً إلى عامل الجنس (Libido) وربطته بعملية التنشئة الاجتماعية، وهذا يظهر في التنافس بين الأب والأبن على الأم (عقدة أوديب). وتنافس الأم مع البنت على الأب (عقدة الكترا) . إن هذا يتم وفق آليات داخلية نفسية ماثلة في جدل العلاقة بين الفردي والاجتماعي. كما أنها أعطت أهمية للثواب والعقاب في عملية التنشئة وأغفلت العوامل الاجتماعية والثقافية.

2- نظرية التفاعل الرمزي :

تنطق هذه النظرية من اعتبارها الحقيقة الاجتماعية حقيقة عقلية تبنى على التخيل مركزة على قدرة الفرد على الاتصال من خلال الرموز والمعاني التي تنقل للغير، أي أن صورة الذات والتعرف عليها تحصل من خلال تصور الآخرين لها وشعورهم الخاص بها. وهكذا يبني الفرد نفسه وينمّي تصوره لذاته من خلال تفاعله مع الآخرين وتفاعلهم معه، فتتكون من خلال ذلك ومن كيفية تفسيره لاستجابات الآخرين صورة لنفسه. وقد ركز (ميد) Mead على قدرة الانسان على الاتصال والتفاعل من خلال رموز متفق عليها اجتماعيا من خلال اللغة. وقد حاول العالم السويسري (بياجيه) Piaget ملاحظة الأطفال من خلال لعبهم

وسؤالهم عن اعتقادهم ماذا يفعلون وأسباب ذلك واستنتج تعميمات حول المعايير الأخلاقية في نمو الشخصية. هذه النظرية تربط ادراك الانسان بالكليات، بينما فرويد في نظريته يربط نمو الادراك بالجزئيات معتقداً أن الكل ما هو إلا مجموع أجزائه. كما أنها ترى أن عملية التنشئة مستمرة مدى الحياة وتحصل من خلال التفاعل وتركز على أهمية اللغة في التعلم، وأن قدرة الانسان على استخدام الرموز تساعد في تطوير الطفل من كائن بيولوجي الى كائن اجتماعي.

3- نظرية الدور الاجتماعي:

ترى هذه النظرية أن الطفل يكتسب مكانته ويتعلم دوره من خلال عملية التفاعل الاجتماعي. ويتعلم دوره بواسطة ما يلي:[15]

أ- التعلم المباشر من خلال الملاحظة ويتعلم الطفل الأساسيات في الحياة فمثلا يتعلم الطفل الذكر ارتداء ملابسه الخاصة به وان لا يرتدي ملابس أخواته.

ب- مواقف الحياة التي يتعرض لها الطفل فيتعلم أدواره الاجتماعية فإن قام بسلوك حسن لقى المدح والتأييد، واذا سلك سلوكاً سيئاً فيواجه بالذم والمعارضة مما يدفعه الى تعديل سلوكه.

ج- النموذج والذي بواسطته يجعل الطفل من الآخرين المهمين له نموذجاً له يقتدي به .

وتنطلق النظرية البنيوية الوظيفية من مفاهيم الموقف والدور في تحليل عمليات التنشئة الاجتماعية مشيرة إلى أن عمليات الحياة الاجتماعية تتكون من أدوار مختلفة يتكامل من خلالها الأفراد ويتفاعلون لاكتساب عضوية الحياة الاجتماعية، ويتعلم الفرد الأدوار والمراكز التي تمتد من المهد الى اللحد من خلال عمليات التنشئة الاجتماعية المختلفة.

4- نظرية دوركهايم :

يعتبر (دوركهايم) Durkheim من الأوائل الذين أشاروا إلى أهمية المدخل الاجتماعي عند دراسة التربية. لقد حدد الملامح الرئيسة للتنشئة الاجتماعية، وذلك في سياق وصفه للعملية التربوية التي تم عبرها انتقال الانسان من حالته اللاجتماعية (البيولوجية)

الى حالته الاجتماعية الثقافية وذلك من خلال نسق من الأفكار والمعايير الاجتماعية والقيم التي يستنبطها الأفراد من المؤسسات الاجتماعية. إنه يتصور التنشئة الاجتماعية من خلال ازاحة الجانب البيولوجي لصالح نماذج السلوك الاجتماعي المنظم عند الأطفال. فالحقيقة الاجتماعية عنده عبارة عن نسق من التصورات والمشاعر والأفكار الجمعية التي تتغلغل الى ضمائر الأفراد ومع ذلك تبقى خارجه ومستقلة عنهم. وبالتالي يرى أن عملية التنشئة هي العملية التي يباشرها الضمير الجمعي في ضمائر الأفراد وعقولهم لتكوين الأنساق على نحو ما يريده المجتمع. والتربية هي الوسيلة التي يعتمدها المجتمع في تجديد شروط الحياة الاجتماعية والثقافية.

لقد تركت نظريته آثارها على الاتجاهات والنظريات اللاحقة وشكلت مصدراً مهماً للفكر الاجتماعي في دراسة التنشئة الاجتماعية وخاصة في نظرية الدور والمواقف في الاتجاهات البنيوية الوظيفية في الولايات المتحدة الامريكية (فبارسونز) (Parsons) يرى أن أي نسق وعلى أي مستوى يجب ان يفي بمتطلبات: التكيف، تحقيق الهدف، التكامل، المحافظة على النمط (اي المحافظة على حالة من التوازن) [16]

5- نظرية أريك أريكسون :

تأثر (اريكسون) Erikson بالتحليل النفسي وخاصة بفرويد فانطلق من أن عملية التنشئة تمر بمراحل مختلفة مرتبطة بالتعلم مع ارتباطها بصفة أقل بالعوامل البيولوجية وهذه المراحل هي: [17]

– مرحلة تعلم الثقة بالنفس: والتي تتحقق من خلال عمليات الاشباع والأمان، وتقابل هذه المرحلة المرحلة الفمية عند فرويد.

– تعلم الذاتية: وتقابل المرحلة الشرجية عند فرويد، فالطفل الذي يتلقى المعاملة الحسنة أثناء عملية الاخراج الهضمي يصبح أكثر استقلالاً. وعكس ذلك يشعره بالعار وتمتد من (2-4) سنوات

– تعلم المبادأة : وتتم من خلال اللعب فيتعلم الطفل التعارف مع أقرانه، وإذا فشل في ذلك فيشعر بالذنب، وتستمر هذه المرحلة حتى سن السادسة من العمر.

– تعلم الاجتهاد: ويتعلم الطفل من خلالها المهارات الضرورية اللازمة في الحياة.

– تعلم الصداقة: يكوّن الطفل الصداقات من خلال تفاعله الاجتماعي وعكس ذلك يؤدي به الى العزلة .

– تعلم الهوية: ويتعلم الطفل تحقيق بعض الانجازات لاثبات هويته.

– تحقيق التكامل: ويأتي هذا بعد تحقيق النجاح في العمليات السابقة فيصل إلى أعلى قمة من التكيف وهو التكامل والاندماج، وفشله في ذلك يقوده إلى اليأس .

6- الاتجاه البنيوي الوظيفي :

تحت تأثير (تالكوت بارسونز) T. parsons (وسوركين) Sorkin جرى تمييز بين ثلاثة أنساق اجتماعية وهي: النسق الاجتماعي الذي يتحدد في جملة العوامل الاجتماعية المترابطة والمتكاملة في وحدة وظيفية. والنسق الثقافي كنظام من الأفكار والتصورات. ونسق الشخصية الذي يتحدد في الدوافع والحاجات والميول والاستعدادات في كل متكامل.[18] وتشترك هذه الانظمة في أي فعل اجتماعي فنتيجة التفاعل فإن كل نسق يقتضي وجود النسق الآخر من اجل استمرارية النشاط والعمل. وتكمن عملية التنشئة الاجتماعية في التفاعل بين هذه الأنشطة الثلاثة. وتنطلق هذه النظرية من مفاهيم الموقف والدور في تحليل عمليات التنشئة الاجتماعية، فالحياة الاجتماعية تتكون من نظام من الأدوار يتكامل من خلالها الأفراد ويتفاعلون في اكتساب عضوية الحياة الاجتماعية. وهكذا فان عملية التنشئة الاجتماعية عملية تهدف إلى تعليم الطفل نسقاً متواصلاً من الأدوار والمراكز المستمرة طوال حياته.

وبعد هذا العرض لنظريات التنشئة الاجتماعية، لابد من الاشارة إلى أن إحدى سمات التنشئة الاجتماعية المهمة هي تعلم الأدوار المهنية. فالتصنيع في المجتمعات الصناعية

جاء نتيجة عمليات تدريجية مما جعل التعليم منسجماً في أدواره ومتكيفاً مع التطورات الصناعية والابداعية التقنية. أما في البلاد النامية وبالخصوص في العالم العربي - وفي ظل السياسة العشوائية للتصنيع - لم يستطيع التعليم تمكين الأفراد من استيعاب التغيرات السريعة مما وضع على عاتق عمليات التنشئة الاجتماعية مهام جديدة لمواجهة التحديات المختلفة . وبما أن التكنولوجيا ليست فقط أدوات وتقنيات وانما هي أيضا نظام فكري واجتماعي مما يفرض على نظام التعليم باعتباره نظاماً اجتماعياً ومن خلال تنشئة اجتماعية صحيحة العمل على تكييف الأفراد لأدوارهم الاجتماعية الجديدة في ظل العولمة وخاصة أن العالم العربي لابد أن يخوض مستقبلاً انتاج التكنولوجيا وتوظيفها والذي يتطلب:[19]

- العمل على التطوير النوعي للانسان العربي وبذل أقصى الجهود للاستثمار البشري ورفع كفاءة الانسان العربي العلمية والمهنية. فالانسان الفاعل في القرن الحادي والعشرين وهو الانسان المتعدد المهارات القادر على التعلم الذاتي والذي يقبل اعادة التدريب والتأهيل عدة مرات خلال حياته.

- العمل على ايجاد نظام تعلم قادر على استيعاب التكنولوجيا وتوظيفها وتطويرها، وهذا يتطلب توفير مدارس عصرية ومعلمين مؤهلين تأهيلاً نظرياً وعملياً من خلال برامج نوعية.

- العمل على تنمية التكنولوجيا العربية وهذا يتطلب انشاء المزيد من مراكز البحوث العلمية والاستفادة من نتائجها في التنمية الشاملة.

- جعل المدارس أمكنة للتعلم الفعال وبناء شخصية المتعلمين من جميع جوانبها لا مؤسسات مهمتها فقط التحضير للامتحانات ومنح الشهادات، وان لا تكون مصدراً رئيسياً للتفاوت الاجتماعي والاداة الأقوى على استمراره واعادة انتاج قيم الفئات المحظوظة فقط، وان لا يكون هدفها فقط تحصيل المعرفة في ذاتها ولذاتها بل وايضاً العمل على تطبيقها بنجاح.

– تلافي النقص في التخطيط والذي يؤدي إلى مشكلات كثيرة كالبطالة والفقر وعدم التوازن بين كـم التعليم وكيفيته ووجود فجوة كبيرة بين التعلم الاكاديمي والمهني.

مؤسسات التنشئة الاجتماعية :

اذا كانت المؤسسات التربوية النظامية تقوم بعمليات التنشئة الاجتماعية فهناك مؤسسات أخرى في المجتمع تشاركها هذا الدور وهي: الأسرة والمؤسسات الاعلامية وجماعة الرفاق والمؤسسات الدينية، لذلك يجب التطرق اليها ومعرفة علاقتها ودورها في هذه العمليات مرتبة كما يلي:

أولاً: الأسرة كنظام اجتماعي.

ثانياً: المدرسة كنظام اجتماعي.

ثالثاً: جماعة الرفاق.

رابعاً: وسائل الاعلام والتثقيف.

خامساً: المؤسسات الدينية.

أولاً: الأسرة كنظام اجتماعي :

تعد الأسرة نظاماً اجتماعياً (Social System) لأنها الخلية الأولى في المجتمع وأبسط أشكاله المجتمع وتوجد أشكالها المختلفة في كل المجتمعات وكل الأزمنة، كما أنها النظام الذي يوفر وسائل المعيشة لأفراده، فهي الوسط الأول الذي يحيط بالطفل بعد ولادته ويشكله ليكون عضواً في مجتمعه.

إنها إحدى الجماعات الأولية الصغيرة التي تقوم فيها العلاقة وجهاً لوجه. ويؤكد علماء النفس والتربية الأثر المهم لها وخاصة في السنوات الأولى من عمر الطفل ففيها تتفتح شخصية الطفل ويبدأ يتعلم أنماط السلوك المختلفة والعادات والتقاليد الاجتماعية. ولعل أهم ما تعطيه الأسرة للطفل هو تحديد دوره في ثقافة مجتمعه تبعاً لجنسه وسنه ومستواه الاجتماعي والاقتصادي واعطائه فكرة عن نفسه. وتعتبر الأسرة مصدراً للطمأنينة بالنسبة للطفل لأنها:[20]

1- أنها مصدر خبرات الرضا اذ يصل الطفل الى اشباع معظم حاجاته من خلالها.

2- أنها المظهر الأول للاستقرار والاتصال في الحياة وعلى هذا كان استقرار شخصية الفرد وارتقائه يعتمدان كل الاعتماد وفي أغلب الأحيان على ما يسود الأسرة من علاقات مختلفة.

ومن ناحية أخرى يرى علماء الاجتماع أن الصلة بين الوالدين والأبناء هي من أمتن الصلات، ومن هنا كانت نشأة الاطفال بين والديهم أفضل فرصة للنمو الجسمي والاجتماعي والعقلي والخلقي، وأنها خير ضمان لتهذيب الانفعالات والوجدان، وخير واسطة للسمو بالسلوك العام للجيل الصاعد. ويضع علماء الأخلاق الأسرة في المقام الأول حين يتحدثون عن بناء المجتمع، فالحياة الأسرية بما فيها من علاقات وارتباطات وسلوكات ومعاملات وما تؤمن به من مثل ومعتقدات تؤثر تأثيراً كبيراً على حياة أبنائها وميولهم واتجاهاتهم. ومن هنا تنشأ الأخلاق الحميدة أو الرديئة.[21] وهذا يشير إلى أنها أقوى الجماعات تأثيراً في سلوك أطفالها.

وقد اعتبرت الأسرة كنظام اجتماعي لأن من الطرق الرئيسية التي يلجأ اليها علماء الاجتماع عند تحليل أي نظام اجتماعي هو التساؤل عن الوظائف الاجتماعية التي يحققها هذا النظام، فالوظائف الأساسية للأسرة هي: [22]

أ- الوظيفة الاقتصادية: فالأسرة تحتاج إلى دخل اقتصادي ملائم لإشباع الحاجات الأساسية من سكن ومأكل وملبس.

ب- الوظيفة البيولوجية: فالأسرة تعتبر الخلية الأساسية والمسؤولة في كافة المجتمعات الانسانية عن تزويدها بالأعضاء الجدد للحفاظ على استمرارية الحياة وتجديد قوة العمل والانتاج.

ج- الوظيفة الاجتماعية: اذ تقوم الأسرة بمشاركة أطفالها في المواقف والخبرات المختلفة لتدريبهم على أنماط السلوكات الاجتماعية وتعليمهم الأدوار الاجتماعية وترسم لهم الحدود فيما يتعلق بالحقوق والواجبات والحفاظ على أمنهم الاجتماعي.

د- الوظيفة التربوية: فالأسرة هي التي تقوم بتربية الجيل الصاعد واعداده وتشاركها في ذلك عدة مؤسسات. إلا أنها ما زالت الدعامة الأولى في عملية التنشئة الاجتماعية.

هـ- الوظيفة النفسية: أن الأسرة مسؤولة عن تكوين شخصية الطفل بايجابياتها وسلبياتها.

وتجدر الاشارة في هذا المجال إلى أن علاقة الأبوين ببعضهم البعض لها أهمية بالغة في نفسية أطفالهم، فالسعادة الزوجية تحقق في أغلب الأحيان تنشئة اجتماعية سليمة، كما أن دور الأم هام جداً في هذه التنشئة فهي مصدر اشباع الحاجات النفسية والفسيولوجية للأطفال حيث تغدق عليهم الحب والعطف والحنان وتخفف من آلامهم وتبث الطمأنينة في نفوسهم وتخفف من شعورهم بالقلق والخوف أو الأحباط. كما أن فقدان الطفل لأبيه يشكل خطراً على شخصيته وخاصة في السنوات الأولى من عمره مما قد يؤدى إلى اضطرابات نفسية. هذا بالإضافة إلى أن الأسر التي يسودها الخلاف بين الأبوين فإنها تغرس في نفوس

الأطفال آثاراً نفسية مؤلمة واختلالاً في توازنهم الانفعالي مما يؤثر على تكوين شخصياتهم في المستقبل.

وقد بينت الكثير من الأبحاث والدراسات على الجانحين أن نصف الأحداث المنحرفين قد عانوا من قصور عاطفي كان نتيجة وفاة الوالدين أو أحدهما، أو لافتراقهما، أو لقلة الاهتمام والرعاية الأسرية. [23] كما أن أسلوب التربية الخاطئ داخل الأسرة يعتبر من العوامل المؤثرة سلباً على شخصية أطفالها، اضافة إلى أن أخلاق الأبوين يعتبر عاملاً مهماً في تشكيل النمو الاجتماعي للأبناء وخاصة في النواحي الأخلاقية. [24] هذا بالاضافة إلى دور الأسرة المهم في تحصيل المتعلمين ونجاحهم أو رسوبهم أو تميزهم.

وفي هذا المجال تجدر الاشارة إلى أن الكيفية التي تمارس بها الأسر لمهماتها التربوية تتمثل في ما يلي:

− الاستجابة لأفعال أطفالها التي يقومون بها باستمرار فتصبح نمطاً سلوكياً خاصاً بهم.

− استعمال الثواب والعقاب في تعديل سلوك الأطفال وفق القيم الثقافية التي يقرها المجتمع. وهذا يختلف من ثقافة لأخرى.

− حث الطفل على المشاركة في المواقف الاجتماعية المختلفة التي يتفاعل معها من أجل تعلم معايير المجتمع واتجاهاته وأنماط السلوك المختلفة.

− تجنب معاملة الطفل بقسوة زائدة لكي لا ينشأ شخصاً ذليلاً أو يغلب على سلوكه روح التمرد والعصيان.

− تلعب الأسرة دوراً تربوياً مهماً في عملية الضبط الاجتماعي لأطفالها فهي التي تحدد أنماط سلوك الطفل بعد مولده وتعمل على تهذيبها.

ويعرف (وليام أوجبرن) W. Odgburn الأسرة بأنها "رابطة اجتماعية تتكون من زوج وزوجة وأطفالهما، أو بدون أطفال، أو من زوج بمفرده مع أطفاله، أو زوجة بمفردها مع أطفالها". كما أنها من الممكن أن تشمل أفراداً آخرين كالجدود وبعض الأقارب حين يكونون

مشاركين في معيشة واحدة مع الزوج والزوجـة والأطفـال. وهـذا التعريـف يختلـف عـن بعـض التعريفات الأخرى التي تعتبر أن الزواج بلا أطفال لا يشكل أسرة، بينما يرى أوجبرن أن الزواج بـلا أطفال يكوّن أسرة . (25)

أن الدراسات الاجتماعية للأسرة تشـير إلى نظم الأسرة تقـوم علـى اصطلاحات يرتضيها العقـل الجمعي، وقواعد تختارها الجماعات، وليس فقط وكما يبدو للبعض من اعتبار أن الأسرة عبـارة عـن نظام قائم على دوافع الغريزة وصلات الدم فقط.

ومن الأهمية بمكان التأكيد إلى أن الأسر تتأثر بالتغيرات الاجتماعية والثقافية بشكل مباشر، فلقد أدى التحديث والتقدم العلمي والتكنولوجي الى تغيرات كثيرة في وظائف الأسرة ونظرتها للحياة، وأثرت على بنائها ونظامها القيمي، فأصبح الأفراد يتطلعون الى الحرية والاستقلالية والمشاركة في اتخاذ القرارات الخاصة بشؤون الأسرة والحياة. وهذا الوضع اختلف من مرحلة تاريخية لأخرى لذلك فمن الأهمية بمكان التطرق إلى الأسرة عبر التاريخ وباختصار.

الأسرة عبر التاريخ :

كـان الأطفـال في المجتمعـات البدائيـة قـديماً يتعلمـون عـن طريـق الاشـتراك الفعلـي المباشـر في مختلف أنشطة الحياة عن طريق المحاكاة والتقليد. فالابن كان يتعلم من أبيه سر مهنته من خلال تقليده في عمله، وكان يرافقه في مختلف مناسبات الحياة ليتعلم الحياة وأنشطتها. أما البنت فكانت تتعلم مـن أمها وتقلدها في أعمالها المنزلية المختلفة. فكانت الأسرة – بغض النظر عن شكلها- هي الوحدة الاقتصادية الاجتماعية والثقافية والتربوية التي تقوم بتربية وتدريب الأبنـاء عـلى شـؤون وأنشطة الحيـاة لأن الحيـاة كانت بسيطة لا تحتاج إلى مهارات عالية وتنطلق من الفطرة الطبيعية، فلم تكن هناك حاجة ملحة لوجود المدارس كما هو الحال اليوم.

لقد كانت نظرة اليونان القديم إلى الطفل شبيهة بنظره المجتمعـات البدائيـة، فلـم يكـن مركـز المرأة اليونانية عالياً الا من ناحية كونها زوجة لا من ناحية كونها أما، فقيمتها كمربية

لم يكن له وجود مما نتج عن ذلك أهمال تربية الأم ، وبالتالي تربية الأطفال بصورة منظمة مما يشير إلى التربية الأسرية عندهم كانت ضعيفة، وعهد في الطبقات الغنية الى المربيات لتربية الأطفال. أما الرومان قديما فاهتموا بالتربية الأسرية وأعلوا من شأنها واشترك فيها الأب والأم. [26] وبعكس ما كانت تؤمن به التربية الشرقية القديمة من منطلقات محافظة كانت التربية عند اليونان والرومان تؤمن بالتجديد والابتكار ونمو الشخصية الإنسانية نمواً حراً الى حد ما.

وقبل الديانة المسيحية كان العبرانيون شعباً بدائياً محور حياتهم هو الأسرة، فلذلك تبوأت التربية الأسرية مكاناً رفيعاً عند اليهود لاشتراك الأب والام في تربية الأطفال خلقياً ومهنياً. فقد جاء في التوراة على لسان أم تنصح ابنها ما يلي: "استمع يا ولدي لتعاليم أبيك ولا تنسى تعاليم أمك". وكانت الديانة اليهودية تعتبر أن الطفل المُربّى نعمة من الله على والديه، وأن الطفل عديم التربية نقمة على والدية ومصدر عار لهم. [27]

وتجدر الاشارة الى أنهم لم يعرفوا الدولة ولا رئيس لهم إلا الآله، ولم تكن عندهم مدارس بل كانت الأسرة هي المسؤولة الأولى عن تربية الناشئة وتوجيههم نحو الاخلاص للآله (يهوه)، وتزويدهم بالقواعد الأخلاقية والمعتقدات الدينية عن طريق القدوه، وكان ضرب الاطفال واجباً، وركزوا كثيراً على التربية الفكرية وتعليم الأطفال شؤون الثقافة والفكر. [28] لقد اهتموا بالتربية اهتماماً كبيراً واعتبروها القوة التي تبقى عاداتهم وتقاليدهم على مر العصور، وهي تربية دينية وقومية وفكرية تشمل شؤون الثقافة والفكر، وتعمل هذه لتنمية شخصية الفرد نمواً حراً.

ومع مجيء الديانة المسيحية ارتفعت قيمة التربية الأسرية والتي أعلت من شأن المرأة ومساواتها بالرجل والاعلاء من شأن التربية الأخلاقية التي تخاطب العاطفة والوجدان وتدعو إلى صقل الروح وتهذيب الاخلاق من خلال الترويض الاخلاقي الذي يركز على السلوك واعداد الفرد بطرق قاسية جسدياً وعقلياً وأخلاقياً لحياة أخرى بعيدة عن الحياة الحاضرة.

ومع ظهور الديانة الاسلامية حصل تأثير كبير في الحياة الفكرية اذ دعا الاسلام الى التفكير بطريقة تنير العقل وتدعو إلى البحث والتعمق، مركزاً على التعلم واكتساب المعرفة لإعداد الانسان الصالح. وهدفت التربية الإسلامية الى كسب المعارف والتزود بالثقافة وتحقيق التوازن الحسي- والعقلي والروحي وتكوين شخصية الانسان من جميع جوانبها الاجتماعية والخلقية والروحية للبلوغ الى الكمال، واعتبرت مسؤولية تربية الجيل الصاعد مسؤولية كل فرد وأنها تربية شاملة لجميع قوى الانسان وربط العلم بالعمل، وقوامها الحرية والانفتاح على البيئة المحلية والعالم أجمع. كما تؤمن أيضاً بالتدرج والفروق الفردية والاستمرار في التعلم من المهد إلى اللحد. ونظر الإسلام للمعلم نظرة احترام وتقدير، وأن يكون متديناً صادقاً في عمله ومتواضعاً ووقوراً وقدوة للمتعلم. فعلماء الدين المسلمين كانوا قد صاغوا التربية الاسلامية في صدر الاسلام في طابع تأديبي أخلاقي. [29] واهتموا أيضاً بأمر عقوبة الطفل على أن تبدأ بالانذار فالتوبيخ فالتشهير فالضرب الخفيف، واذا تجاوز الطفل حدود المقبول فينصح بالضرب الشديد وخاصة حين لا تنفع الأساليب السابقة. [30]

وفي عصر النهضة والاصلاح الديني زادت أهمية التربية الأسرية، وذلك بعد القرنين الخامس عشر والسادس عشر فجاءت شاملة لجميع ميادين الحياة وبثت روحاً جديدة في الفكر والعلم والفن والاجتماع ومختلف جوانب الحضارة الانسانية، وكذلك مختلف نواحي التربية والتعليم، معتمدة على أساليب تهذيبية مرنة بعكس الأساليب الجامدة التي كانت سائدة في العصور القديمة المظلمة. لقد حاربت الجمود وشجعت الابتكار، فكانت تربية انسانية تهتم بتربية شخصية الطفل من جميع جوانبها، واشاعت روح المرح والحرية في المدارس بفضل سيطرت الفكر والفلسفة الواقعية. إلا أنه في القرنين السابع والثامن عشر- تجددت نزعة إلقاء تبعية تربية الجيل الصاعد على المرضعات والحاضنات نتيجة الثروة واهتمام الأمهات بمتع الحياة والانشغال بالعمل فتركن تربية الأطفال للمربين الخصوصيين. [31]

مما تقدم يتضح اهتمام شعوب العالم بالتربية الأسرية وأهميتها في غرس الأخلاق عند الأطفال ولا سيما في السنوات الأولى من حياتهم، ففي الأسرة تبذر البذور الأولى لتكوين الشخصية النامية للأطفال، وأن اكثر الأمراض النفسية كالأنانية وفقدان الاستقلالية والثقة بالنفس والفوضى في السلوك والنفاق إنما تنشأ بذورها الأولى في الأسرة، ويصعب على المدرسة والمجتمع استئصالها بشكل كامل بعد أن تتمكن وتترسخ في الشخصية. إلا أن هذا لا ينفي امكانية تعديلها عن طريق مؤسسات التنشئة الاجتماعية المختلفة.

اضافة لما سبق حول الأسرة فإنه من الأهمية بمكان التطرق إلى تطور شكل الاسرة ووظائفها.

تطور شكل الأسرة ووظائفها :

يجد المتتبع لهذا الأمر أن الأسرة في الماضي كانت ممتدة جداً أكثر مما هي عليه الآن بحيث يُلاحظ عند بعض الشعوب أنها كانت تضم جميع الأقارب وكذلك الأرقاء والموالي وكل من يتبناهم رئيس الأسرة أو يدّعي قرابتهم فيصبحون أعضاء في أسرته ولهم نفس الحقوق كما هو الحال في الأسر الممتدة. ثم أخذ نطاق الأسرة نتيجة التغيرات والتطورات الكبيرة يضيق شيئاً فشيئاً إلى الحد الذي استقر عليه الآن في معظم المجتمعات المعاصرة بحيث في بعض المجتمعات - وهي المجتمعات الصناعية المتطورة - أصبحت لا تشتمل إلا على الزوج والزوجة وأولادهما أو بدون اطفال كما هو الحال بالنسبة للأسر النووية. وان كان هذا لا يمنع أحيانا وجود بعض الأشكال القديمة للأسرة في بعض المجتمعات. فقد عرفت البشرية أشكالاً مختلفة للأسرة والتي تحددت بدرجة تطور حياتها في جوانبها المختلفة. ومن أشكال الأسر أيضاً الأسر متعددة الزوجات والتي تتكون من رجل واحد وعدة زوجات، وهناك أسر متعددة الأزواج كما هو الحال في التبت وينسب فيها الطفل إلى أمه.

وكانت الأسر قديما تقوم بكفاية نفسها من مستلزمات الحياة فتنتج كل ما تحتاج اليه، وهذا بعكس ما هو موجود حالياً حيث نتيجة تطور المجتمعات من خلال تطور الصناعة والتكنولوجيا والثورة المعلوماتية أخذت المجتمعات بمؤسساتها المختلفة تسلب الأسر وظائفها واحدة بعد الأخرى، إلى أن نشأت مؤسسات أخرى تقوم بالوظائف البديلة عنها،

فأصبح المجتمع بشكل عام المشرف على جميع الشؤون التي كانت تقوم بها الأسر سابقاً. إلا أنه وعلى الرغم مما فقدته الأسر من وظائف سابقة فإنها ما تزال تحتفظ بوظائف مهمة يمكن تلخيصها فيما يلي: (32)

1- أنها لا تزال أصلح نظام لتجديد المجتمع عن طريق التناسل مما يضمن نمو المجتمع واستمراره وبصورة مقبولة واخلاقية يرضى عنها المجتمع.

2- أنها المكان الطبيعي لنشأة العقائد الدينية واستمرارها.

3- أنها تعد المدرسة الأولى التي يتعلم فيها الطفل لغة مجتمعة، كما أنها لا تزال مسؤولة الى حد كبير عن التنشئة والتوجيه بمشاركة المؤسسات الأخرى ذات العلاقة.

4- انها الوحدة الأولى التي يتلقى فيها الطفل تربيته الاجتماعية والسلوك والآداب.

5- ان وجود عادات وتقاليد خاصة بها يؤدي إلى ربط أفرادها ببعضهم البعض وبالتالي بالمجتمع الذي يعيشون فيه.

6- انها تشكل وحدة اقتصادية وخاصة في بعض المجتمعات حيث يقوم الأب بإعالة زوجته وابنائه، وتقوم الأم بأعمال المنزل. إلا انه حاليا وفي المجتمعات الصناعية المتطورة يعتبر الفرد هو أساس الوحدة الاقتصادية، فتعمل الزوجة أو بعض الأبناء حسب ظروف الأسرة مما يرفع من دخلها الاقتصادي.

فبعد هذا العرض لا بد من الاشارة إلى أنه نتيجة للتغيرات الاقتصادية والاجتماعية والثقافية والتربوية في مجتمعات العالم كافة فقد حدث خلل في تماسك الأسرة ، مما أدى إلى تفكك الرباط الاسري الذي كان يميز العائلة الممتدة سابقاً لأنها كانت تشكل الوحدة الاقتصادية الأساسية المتضامنة في المجتمع، فقد تغير هذا الشكل الى شكل الأسر النووية، والتي أصبح فيها الفرد يشكل الوحدة الاقتصادية فأصبحت الدولة هي الوحدة الأساسية المسؤولية.

وقد صاحب هذا التغير تغيراً في القيم والاتجاهات والمعايير الاجتماعية والمفاهيم مما أوجد بعض المشاكل داخل الأسرة وأدى إلى خلل في بعض وظائفها.

وتتأثر وظائف الأسرة بعدة عوامل بنيوية وكل عامل له دور خاص ويتكامل مع العوامل الأخرى، وأن تأثير هذه العوامل يشكل نظاماً متكاملاً في التنشئة الاجتماعية لتكوين شخصية الفرد. ولعل من أهم هذه العوامل ما يلي: [33]

أ- المستوى الثقافي والتعليمي للوالدين والذي يلعب دوراً مهماً في بناء أساسيات التعلم لدى الأطفال من قراءة وكتابة وحساب . ولقد بينت الدراسات أن هناك اختلافاً في أساليب التنشئة الاجتماعية بين الأسر يعود الى المستويات الثقافية والتعليمية للوالدين فكلما ارتفع المستوى العلمي والثقافي للوالدين فإنهما يميلان إلى استخدام الأسلوب الديمقراطي في التربية. وعلى العكس من ذلك يميل الأبوان الى استخدام الشدة في معاملة الأطفال كلما تدنى مستواهما الثقافي والعلمي. وبينت كذلك بعض الدراسات وجود ترابط وثيق بين مهنة الأب ومستوى النمو العقلي لأطفاله فيرتفع ذكاؤهم تدريجياً كلما ارتفع مستوى الأب في السلم المهني.

ب- العامل الاقتصادي والذي يلعب دوراً مهماً من خلال وضع الأسرة الاقتصادي الذي يؤثر على مستوى التنشئة الاجتماعية للأطفال من خلال تأثيره على نموهم وذكائهم والنجاح في تحصيلهم الدراسي وفي تكيفهم الاجتماعي. وبينت بعض الدراسات في هذا المجال الى أن الوضع المادي الجيد للأسرة يضمن شروطاً موضوعية لتنشئة سليمة، ولكن هذا ليس صحيحاً في جميع الحالات. وعكس من ذلك فإن النقص والعوز يؤدي في أغلب الحالات الى الشعور بالقلق والتوتر والحقد في نفوس الأطفال نتيجة الحرمان والخوف والقلق والاحباط والتي تعتبر من العوامل السلبية في المجتمعات البشرية.

ج- حجم الأسرة والذي يلعب دوراً مهماً في عملية تنشئة أبنائها، فالأسر كبيرة الحجم تجعل الآباء يميلون أحيانا إلى أسلوب السيطرة في تحقيق الرعاية ومطالب الأبناء، بينما الأسر صغيرة الحجم فإن الآباء يميلون الى الحوار والاقناع في التربية مما يؤدي إلى

تحقيق ثقة بالنفس أكثر عند الأطفال. وتجدر الاشارة الى أن التنشئة الاجتماعية المعتمدة على القسوة المفرطة وسوء المعاملة والاهمال الزائد والحرمان في العطف تؤدي إلى آثار سلبية على شخصية الأطفال، وكذلك فإن الافراط الزائد في التربية المتساهلة والمتسامحة قد تؤدي أيضاً إلى آثار سلبية على شخصية الأبناء.

د- العلاقات الديمقراطية المتكاملة تؤدي إلى تحقيق التوازن والتكامل في شخصية الطفل: كالجرأة والميل للمبادرة والاستقلالية والنقد البناء والاحساس بالمسؤولية والقدرة على التكيف الاجتماعي. وتشير الدراسات والبحوث في هذا المجال الى أن أطفال الأسر الديمقراطية يتميزون عن غيرهم بما يلي: [34]

- أنهم أكثر تعاوناً من أطفال الأسر المتسلطة.

- أنهم أكثر اصالة وتلقائية وابداعاً من أبناء الأسر المفتقرة إلى التربية الديمقراطية.

- انهم يعتمدون على أنفسهم ويمتازون بروح المبادرة والاستقلالية.

- أنهم أكثر اتصافاً بالود والمرونة وأقل اتصافا بالسلوك العدائي.

- أنهم أكثر قدرة على ممارسة النشاطات المختلفة وحتى في الظروف الصعبة .

ويرى بعض المهتمين والمربين إلى أن حياة الطفل الأسرية تؤثر على درجة تكيفه في الحياة المدرسية، فإذا كانت الأسرة لا تنمّي عند أطفالها الاعتماد على الذات واستعمال أساليب تربوية تتمثل في الافراط في التسامح أو الحماية الزائدة في المعاملة فهذا يؤثر على درجة تكيفهم الاجتماعي في الأيام الأولى في الحياة المدرسية وتشكل عائقاً من معوقات التفاعل الاجتماعي وينعكس هذا على مستوى التحصيل الدراسي المتمثل في النجاح أو الرسوب أو التميز الدراسي.

ثانياً: المدرسة كنظام اجتماعي:

تعد المدرسة نظاماً اجتماعياً (Social System) غير منعزل عن بقية الأنظمة الأخرى في المجتمع. وان هذا النظام المدرسي يتسم بسمة المجتمع الذي أوجده وهو منظم حسب التصور المعطى للحياة الاجتماعية والاقتصادية والثقافية والسياسية وأيضا بحسب الروابط الاجتماعية التي تحرك هذا المجتمع. ولهذا اهتم علماء الاجتماع بصورة مباشرة أو غير مباشرة بالصلات بين العلاقة التربوية والنظام الاجتماعي القائم لاعتبارهم التربية مؤسسة هدفها تكييف الجيل الصاعد مع حياة الجماعة.

لقد أصبح مقبولاً في العصر الحاضر الاعتراف بأن المدرسة ليست هي المسؤولة وحدها عن تنشئة الجيل الصاعد واعداده للحياة والعمل للتكيف على أكمل وجه، فهي لا تضطلع بعبء التربية والتعليم كله في المجتمع، فهناك مؤسسات أخرى متعددة تسهم في تربية الفرد واعداده للحياة ولا يقل دورها عن دور المدرسة، كما أنه لا يقلل من أهميتها اعتبار المدرسة أنها ما زالت وستبقى موئلاً للتربية والعلم والمعرفة ومكاناً للبحث والتطبيق، أنها أداة التقدم والتربية المنظمة ودورها أساسي لا يمكن أنكاره في كل عملية نهضوية.[35] وهذا يشكل أحد منطلقات علم اجتماع التربية الرئيسية في العصر الحاضر الذي يعتبر المدرسة مؤسسة اجتماعية متخصصة ذات صفة تربوية أنشأها المجتمع لسد حاجة من حاجاته الأساسية وهي تنشئة أفراده اجتماعيا ليكونوا أفراداً صالحين في مجتمعاتهم. وهي نظام اجتماعي خاص (Social System) من أنظمة التفاعل الاجتماعي، ولا تعمل وحدها بمعزل عن بقية انظمة المجتمع من خلال التفاعل الاجتماعي وبوجود الضبط الاجتماعي الذي تحدده المعايير الاجتماعية وقوانين وأنظمة سير المجتمع.

إن دراسة المدرسة وتحليل بنيتها ووظائفها دراسة منهجية في الوقت الحاضر فلابد أن تدرس وتحلل كوحدة اجتماعية مستقلة لأنها تتميز بمميزات خاصة بهم وهي:[36]

1- تضم المدرسة أفراداً معينين وهم المدرسون الذين يقومون بالتعليم، ثم المتعلمين الذين يتلقون التعلم من علوم ومعارف وأنماط سلوك مختلفة.

2- ان المدرسة لها بنيتها الواضحة التحديد ولها ثقافة خاصة بها وهي الثقافة المدرسية.

3- تمثل المدرسة مركزاً للعلاقات الاجتماعية المتداخلة المعقدة وهي علاقات تتم من خلال التفاعل الاجتماعي وعملياته في المدرسة.

4- يسود المدرسة شعور بـ (نحن المدرسية) التي تميزها عن محيطها، فجميع من بداخلها يرتبط بشعور واحد موحد.

وكنتيجة لتفكك الأسرة في المجتمعات الصناعية المتقدمة نتيجة عوامل كثيرة لا مجال لتناولها بالشرح والتحليل هنا، فقد تراكمت المسؤوليات الملقاة على عاتق المدرسة والقي عليها عبء القيام بالكثير من وظائف الأسرة، ولذلك لم تعد مهمتها قاصرة على النواحي العقلية والمعرفية بل تطورت إلى العناية ببناء شخصية الطفل من جميع جوانبها الجسمية والعقلية والانفعالية والاهتمام بالسلوك والاتجاهات والمواطنة الصالحة بتركيزها على حاضر التلميذ من جميع جوانب شخصيته، وهي بهذا التركيز تعدة للمستقبل في الوقت ذاته مستفيدة أيضاً في هذا من عبر الماضي التي لا تزال مفيدة ونافعة في هذا العصر.

أما بالنسبة لعلاقتها مع التراث الثقافي فانها تعمل على تطويره وتبسيطه ونقله بعد تنقيحه من الشوائب وفي تناسب مع مراحل النمو المختلفة التي يمر بها المتعلم، انطلاقاً من مفاهيم التربية الحديثة المعاصرة التي ترى أن هذا التراث ليس غاية في حد ذاته وانما وسيلة، وأن الهدف من العملية التربوية هو نمو شخصية المتعلم نمواً كاملاً شاملاً حسب ما تؤهله استعداداته وقدراته. في حين ترى التربية القديمة أن التراث الثقافي هام في ذاته ويجب نقله للاجيال اللاحقة دون زيادة أو نقصان إلى المتعلم، وأن ينظم في مواد دراسية تفرض على المتعلم ويجب حفظها وتكرارها عند الحاجة دون الأخذ بعين الاعتبار قابلياته من استعدادات وقدراته.

إن هذا يشير إلى أن التربية غير منعزلة عن محيطها الاجتماعي الثقافي، وهذا ما يؤكده علم اجتماع التربية حين يركز على المدخل الاجتماعي للتربية مما يستدعى هنا التطرق الى التربية باعتبارها عملية وضرورة اجتماعية.

التربية ضرورة اجتماعية :

لقد ظهرت التربية ضرورةً وعمليةً اجتماعيةً هدفها إعداد الفرد اجتماعياً ليصبح عضواً صالحاً في مجتمعه، وبما أنها ضرورة وعملية اجتماعية فقد كان اطارها الاجتماعي الأول الأسرة والبيئة الاجتماعية المحيطة بالفرد وما فيها من علاقات متعددة، ولبساطة الخبرات الحياتية كان التقليد أسلوبها لتعلم ضرورات الحياة ومعايير المجتمع وقيمه. فعن طريق تفاعل الطفل مع أبيه ومجتمع الكبار كان يتعلم دوره كرجل، وكذلك تتعلم البنت من أمها وحتى أترابها دورها وما هو متوقع منها القيام به في الحياة. من هذا يتوضح أن المجتمع كان المدرسة الأولى الكبيرة، واطلق اسم التربية غير المقصودة على هذا النوع من التنشئة الاجتماعية. [37] كما عرفت الانسانية نوعاً آخر من التربية لم يمارس في مؤسسات تعليمية مقصودة منظمة يسمى بنظام الصبية (Aprenticeship) الذي كان يتم عن طريق اجتماع عدد من الناشئة في متجر أو معمل معين حول صاحبه يتعلمون منه عن طريق التقليد من أجل إتقان مهنته. وتعتبر عملية ممارسة الطقوس الدينية وما رافقها من أعمال تدشين اجتماعية عملية مهمة مهدت الطريق للانتقال إلى أسلوب التربية المقصودة. هذا من جهة ومن جهة أخرى فإن تراكم التراث الثقافي الذي حصل مع تقدم المجتمعات البشرية أدى إلى وجود حاجة ملحة لتربية تكون أكثر فعالية، كما أن ظهور اللغة المكتوبة والطباعة والتدوين أدى هذا كله الى نشوء المدرسة كنظام اجتماعي يعمل مع بقية الانظمة الاخرى الموجودة على حفظ التراث الثقافي وتنقيحه وتبسيطه واثرائه ونقله الى الجيل اللاحق. [38]

وكلما تقدمت المجتمعات البشرية دعت الضرورة الى تقسيم الخبرات الى مراحل ومستويات فوضعت على عاتق المدارس مهمة تقسيم التعليم الى سلّم متدرج يبدأ من مراحل الطفولة المبكرة إلى مرحلة التعليم الجامعي، وتوزيع مواد الدراسة حسب العمر ومستوى النضج ووجود التقويم لينتقل المتعلم من مرحله أدنى إلى مرحلة أعلى. وموازياً مع هذا

التطور كان لابد من وجود أناس متخصصين في اعداد وتأهيل الأجيال الصاعدة فوجد ما يسمى بمهنة التعليم ووجود أناس متخصصين هم المعلمون ، كما وجدت وسائل وأساليب لإنجاح العملية التعليمية - التعلمية . وتجدر الاشارة هنا الى أنه في مصر ـ القديمة كان ظهور المدارس مرتبطاً بالمعابد وبمتطلبات دواوين الحكام.(39)

التربية كنظام اجتماعي:

إن التربية (التعليم) من وجهة نظر علم اجتماع التربية ينظر اليه كنظام اجتماعي يستخدمه المجتمع ويعتمد عليه كجزء ضروري من التكوين الاجتماعي العام للمجتمع بهدف تكوين أنماط معينة من السلوك والمعايير من أجل تكامل البناء الاجتماعي في المجتمع. لذلك فالتعليم عبارة عن نظام تربوي أنشأه المجتمع لنقل المعرفة والثقافة من جيل لآخر وتكوين الاتجاهات والقيم المرغوبة لدى الناس وبناء شخصياتهم بما يتفق وفلسفة وأهداف المجتمع وتطلعاته.

وتزداد أهمية التعليم كنظام اجتماعي مع تقدم المجتمعات البشرية من خلال تطور التصنيع والتحديث وتكنولوجيا المعلومات التي حققت قفزة كبيرة في امتلاك المعرفة واستخدامها، لذلك أصبحت النظم التعليمية أكثر تعقيداً وأشد اتصالاً ببقية النظم الاجتماعية الاخرى داخل المجتمع مما يسهل عليه الإسهام في التكامل الاجتماعي عن طريق التنشئة الاجتماعية داخل نسق قيمي مشترك تتحدد فيه أدوار ووظائف كل عضو من أعضاء المجتمع. كما أن التعليم ينظر اليه كنظام اجتماعي لما يقوم به من تحقيق التحولات الاجتماعية كمساهمته في خلق مجتمعات حديثة قائمة على المساواة وتكافؤ الفرص، وكذلك ما يقوم به من أدوار في تكوين الوعي الاجتماعي عند الأفراد، وغرس قيم واتجاهات مرغوب بها، وتعليم الأفراد المهارات والمعارف والأهداف القيمية من خلال إعداد الأفراد اعداداً جيداً ليكتسبوا المواطنة. ويساعد النظام التعليمي في الحراك الاجتماعي من خلال اعداده الأفراد للوظائف المطلوبة في المجتمع فهو أداة ضرورية وأساسية من أجل حراك وتنقل اجتماعي صاعد للأفراد وخاصة في البلدان التي تفتقر الى القوى المدربة والمؤهلة للعمل، فيعمل الحراك الصاعد على تعويضهم عن أوضاعهم الاجتماعية.

إن المدرسة بوصفها اجتماعياً تربوياً تتضمن وحدات أساسية تتمثل في النسق الاداري المتمثل في الادارة المدرسية، وكذلك في النسق الفني والمعياري. ويشير النسق الفني للهيئة المسؤولة عن التدريس كمهنة. وتمثل الرابطة المعيارية النسق الانتظامي للمدرسة بين الإدارة والهيئة التدريسية وبين المدرسة كتنظيم اجتماعي تربوي والمجتمع كنسق اجتماعي يضم المدرسة وغيرها من المؤسسات الاجتماعية.

ويشير النسق الانتظامي المعياري لقواعد النشاط الاجتماعي والذي يمثل القواعد المتعارف عليها في المجتمع والتي تحدد تقسيم العمل والأدوار الاجتماعية، ويشمل أيضاً تقويم الأهداف وتحديد الوسائل والامكانيات المناسبة لتحقيق الأهداف والتنسيق فيما بينها.[40]

أما بالنسبة للعلاقات البنائية للتنظيم التربوي فتتمثل في الأدوار المتمايزة سواء بالنسبة للادارة أو التدريس. فالمستويات الادارية المتسلسلة تحددها العلاقات البيروقراطية ومسؤوليتها عن المناهج الدراسية واتخاذ القرارات المتعلقة بالعملية التعليمية - التعلمية. بينما عملية التدريس هي عملية متخصصة في نطاق المعرفة التربوية.[41]

وبقدر ما يكون العنصر الشخصي في المدرسة مستوعباً للأهداف المحددة بقدر ما تتوفر المشاركة الفعالة من خلال التفاعل الاجتماعي داخل المؤسسة التعليمية، وهو تفاعل متعدد الجوانب بين جميع الأطراف الموجودة داخل المؤسسة المدرسية.

وفي العصر الحالي فالمدرسة عليها واجب تربوي يتمثل في التخطيط للبرنامج الدراسي الجيد، وتوفير مختلف الأنشطة اللاصفية المكملة للمنهاج التربوي ويشترك فيها المعلم والمتعلم متفاعلين اجتماعيا جنباً إلى جنب، وهذا يساعد المتعلمين على اكتساب مختلف المهارات المطلوبة للدراسة والحياة والعمل لتحقيق التكيف الفردي والاجتماعي وتنمية صفات القيادة والمشاركة في أنشطة المجتمع المختلفة. وتعد الوظائف التي تقوم بها المدرسة جزءاً من عملية التنشئة الاجتماعية ولعل من أهم الوظائف المدرسية ازاء مؤسسات التنشئة الاجتماعية الاخرى ما يلي:[42]

1- تقوم المدرسة بالتنسيق مع النظم الاجتماعية الأخرى الموجودة في المجتمع من أجل تربية وتعليم المتعلم على أحسن وجه.

2- تقوم المدرسة باستكمال ما بدأته المؤسسات الاجتماعية الأخرى من نشاطات اجتماعية وتربوية.

3- تعد المدرسة أداة تصحيح ، وذلك لتصحيح الأخطاء التي قد ترتكبها مؤسسات التنشئة الاجتماعية الأخرى وتعمل على تلافي النواقص وملء الفراغ الذي قد ينشأ.

وبشكل عام فمن وظائف المدرسة أيضاً الاعداد والتأهيل التربوي والعلمي لمناشط الحياة المختلفة، والتكيف مع المجتمع والاعداد للمهن المختلفة في المجتمع. والمدرسة تعد أيضاً راعية تقوم بوظيفة الرعاية في اعداد الطلبة من أجل ممارسة المهن في المستقبل، كما أنها تقوم بالمحافظة على التراث وتبسيطه وتنقيحه وتعزيزه ونقله للاجيال اللاحقة.

اذن من هذه المنطلقات تصبح المدرسة مؤسسة اجتماعية تربوية تشكل نظاماً اجتماعياً قيماً على الحضارة. وقد أشار الى ذلك أحد المربين بقوله "هناك مؤسسات رئيسة خمسة قيمة على الحضارة العالمية محتفظة بماضيها وصائنة لحاضرها وهي: الأسرة، المدرسة، الدولة، مؤسسة العمل، والمؤسسات الدينية". وتقوم كل منها على فكرة جوهرية تبرر وجودها وتبين الخدمة التي تقوم بها تجاه الحضارة. أما الفكرة التي تقوم عليها المدرسة فهي تربية وتنشئة الجيل الصاعد تنشئة جسمية وعقلية وعاطفية معاً. وعلى هذا تكون المدرسة قد قدمت الى الطفل ما قدمته العصور الى الجنس البشري بأسرة [43]

وتعود أهميتها وضرورتها الاجتماعية أيضاً لأنها نظام من أنظمة التفاعل الاجتماعي فهي الحلقة الثانية بعد الاسرة توكل اليها مهمة بناء شخصية الفرد بناء شاملاً متكاملاً ليندمج في المجتمع الأكبر، إنها حلقة الوصل بين الأسرة والمجتمع في مناخ من الاتصال والتواصل الاجتماعي الثقافي والتربوي .

ولأهمية دخول العالم الألفية الثالثة وما يفرضه ذلك من تحديات لا بدّ من التركيز على العلاقة التفاعلية بين المدرسة والمجتمع، فالمدرسة تعد من أهم المؤسسات التربوية التي تبنى عليها العملية التربوية الناجحة، وأن دورها يجب أن يأخذ بعين الاعتبار الواقع الاجتماعي المعاش بكل أبعاده وليس فقط حصر دورها في نقل التراث الفكري والمعرفي. فالمدرسة بالاضافة لهذا معنية باعداد الجيل للمستقبل من خلال اعداده للحياة الواقعية المعاشة. وفوق هذا كله أنها معنية باكسابه قيماً واتجاهات جديدة للحياة تساعده في بناء شخصية ديناميكية متطورة وبناء عقله المبدع لمواجهة مختلف التحديات التي تفرضها العولمة والثورة المعلوماتية المعاصرة.

وتجدر الاشارة الى أن التفاعل بين المعلم والمتعلم هو من أهم العلاقات الاجتماعية والتربوية في المدرسة، وان اعتبار المدرسة نظاماً اجتماعياً يتضمن تفاعل المعلم وعلاقاته المختلفة ليس فقط مع تلامذته بل مع زملائه من أعضاء هيئة التدريس وكذلك علاقته مع الادارة المدرسية . واقترح (بروكوفر Brookover) مجموعة من العوامل التي تحدد تنظيم جماعات المعلمين حسب: العمر أو مدة الخدمة في المهنة أو الجنس أو القيم أو الاهتمامات داخل المدرسة وخارجها.[44]

هذا من جهة ومن جهة أخرى لابد من التأكيد إلى أهمية التفاعل الاجتماعي والتربوي بين التلاميذ أنفسهم في داخل المدرسة لما له من أثر على شخصياتهم وتحصيلهم الدراسي، فالتفاعل الاجتماعي يجب أن يكون كلاً متناسقاً وشاملاً لمجتمعها بما فيه من تفاعلات وعمليات اجتماعية.

وفي السياق التاريخي فالعلاقة بين المدرسة والمجتمع مرت بمراحل ثلاث وهي كما يلي:[45]

المرحلة الأولى: كان المجتمع ينظر الى المدرسة على أنها مؤسسة مستقلة يعتمد عليها في تربية أجياله، ويتم التركيز فيها على كسب المعارف على طريق التقليد والحفظ والتكرار دون الاخذ بعين الاعتبار ما يدور في المجتمع المحيط بالمدرسة من تفاعلات اجتماعية وتربوية. وهذا هو حال المدرسة التقليدية .

المرحلة الثانية: في هذه المرحلة تطورت النظرة للعلاقة بين المدرسة والمجتمع نتيجة التطورات المختلفة فأصبح من الضروري العمل على ارتباط المدرسة بالمجتمع وأصبح محور الاهتمام في العملية التربوية مركزاً على طبيعة الطفل لا على المناهج الدراسية رغم أهميتها. واطلق على مدارس هذه المرحلة بالمدارس التقدمية.

المرحلة الثالثة: وفيها أصبحت المدارس جزءاً من المجتمع غير منفصلة عنه، ولا تنأى بنفسها عن ظروفه وأحواله فأصبحت مناهجها ونشاطاتها وثيقة الصلة بالمجتمع نابعة من أوضاعه وظروفه. وقد أكدت منظمة اليونسكو العالمية أهمية هذه العلاقة مشيرة إلى أن التفاعل الناجح بينهما لابد أن يراعي أحوال المجتمع كافة بحيث تعطي المدرسة امكانية المساهمة في تنمية المجتمع وتحديثه وفتح أبوابها لخدمته، وتشجيع الأفراد والمؤسسات للاسهام في تقديم المساعدات المختلفة الضرورية. [46] فهي بهذا المعنى مركز اشعاع حضاري وثقافي في المجتمع المحلي الموجودة فيه بشكل خاص والمجتمع الكبير بشكل عام. وهذا هو حال المدارس المطورة الفعّالة التي تأخذ بعين الاعتبار منطلقات الواقع ومخططة في الوقت نفسه للمستقبل.

ثالثاً: جماعة الرفاق :

يجد المتتبع انه خلال الأربع أو الخمس سنوات الأولى من حياة الطفل توجد عدة عوامل مؤثرة في هذه المرحلة ، ومن بين هذه العوامل المهمة والمؤثرة هي تلك العوامل النابعة من علاقته مع الأطفال الآخرين وتكوين جماعات معهم نتيجة عجزه واتكاله واحتياجه الى الزمالة في اللعب والاهتمامات المشتركة. وتتكون هذه الجماعات في الغالب من عضوين ثم تزداد لاحقاً في السنوات التالية من عمر الطفل. وقد بينت مدرسة التحليل النفسي وعلى رأسها (فرويد) Freuid أنه تتكون في هذا العمر جملة من "العقد النفسية" ويلاحظ لدى الاطفال الفضول في معرفة الفرق بين الجنسين وسر الولادة، والعلاقات الجنسية. وفي هذه المرحلة يشعر الطفل بالغيرة من أخيه الأصغر منه ويقبل على أمه متعلقاً بها أشد التعلق (عقدة أوديب). وقد ربطت مدرسة التحليل النفسي كل التغيرات التي تحدث للانسان خلال حياته بمراحل مبكرة من عمره، فلم تعط أهمية كبيرة للتغيرات الاجتماعية التي تؤثر على الانسان في المراحل اللاحقة من حياته.

وفي هذا المجال لابد من التأكيد إلى أن عناصر البيئة الاجتماعية لا تؤثر بدرجات متساوية على الطفل في مختلف مراحل نموه، فإذا كانت الأسرة تؤثر تأثيراً حاسماً عليه في مرحلة ما قبل المدرسة، فان ما يحدد نمو المراهقين الى حد بعيد هو رفاقهم وجماعاتهم، كما أن الظروف الاقتصادية والاجتماعية والثقافية والتربوية تؤثر بصور متفاوتة على نموهم ونضجهم.[47] هذا بالإضافة لتأثير وسائل الدعاية والإعلام والتثقيف المختلفة.

وتتكون جماعات الرفاق من أفراد متساويين لذلك تختلف عن الأسرة حيث تقوم فيها روابط طبيعية بين أفرادها على قدم المساواة وفقاً لميولهم ورغباتهم واتجاهاتهم ووفقاً لجنسهم وعمرهم، ويعبرون بحرية عن أنفسهم في ظل غياب سلطة الأسرة، لذلك يشعر كل واحد من هذه الجماعات بنوع من الاستقلالية والثقة بالنفس. وبما أن الفرد المنتمي لهذه الجماعات يخضع لمعاييرها وتوجهاتها فإن مثل هذه الجماعات تعد أداة ضبط للفرد المنتمي اليها إذ انها تحدد له نوع العلاقات التي يمكنه القيام بها، كما أنها تساهم في تعديل سلوكه للأفضل إذا كانت الجماعة المنتمي اليها الفرد تتمتع بأخلاق حميدة وسيرة حسنة. وأحياناً

يحصل عكس ذلك فينضم المراهق الى جماعة منحرفة مما يؤثر على سلوكه سلباً، وأحياناً ينضم الفرد الى مثل هذه الجماعات نتيجة للحرمان العاطفي وعدم اشباع حاجاته في أسرته. ويجمع الباحثون والمهتمون بهذا المجال على أن جماعة الرفاق تمارس درجة من الضبط على أعضائها أكثر مما تمارسه الأسرة، فيقول (وارنر) Warner (ولنت) Lunt أن الفرد المراهق في جماعة الرفاق قد يقف في بعض الحالات موقف التحدي من أسرته وقد يعارضها وذلك من أجل المحافظة على سمعة رفاقه واحترامهم. [48] وهذا يشير إلى ما تتمتع به هذه الجماعات من قوة وسلطة على أفرادها.

كما تؤثر جماعة الرفاق تأثيراً عميقاً على سلوك الفرد الاجتماعي المنتمي إليها فهي التي تهيّئ له الجو المناسب للمجاملات الاجتماعية وتنمي عنده روح الانتماء، وتبرز مواهبه، وتؤثر على سير نموه الأخلاقي، فيجد فيها الفرد الأمن والطمأنينة والراحة النفسية أحيانا خاصة اذا كانت جماعته تتمتع بسيرة وأخلاق حسنة واذا كان مندمجاً ومتفاعلاً معها. كما أنها تخفف عنه الكبت والأحباط الذي قد يواجهه خارجها. ومثل هذه الجماعات لها ثقافتها الخاصة التي تحدد مجالات النشاط المتشعبة في الحياة فهي لذلك لها أهمية بالغة في عملية التنشئة الاجتماعية من خلال تعليم اعضائها النظام وتحمل المسؤولية، اضافة للتدرب على الحياة. كما أنها تعمل على تعديل سلوك أعضائها الذين يتميزون بالخجل والانطواء فاعضاؤها ينفذون الى نفوس الآخرين ويتفهمون مشاكل بعضهم بعضاً.

إضافة لما سبق فإن مثل هذه الجماعات يعد وسيلة للترفيه وشغل أوقات الفراغ، استنفاداً للطاقة، كما أنها تساهم بشكل أو بآخر في اكساب أفرادها الأدوار والاتجاهات المناسبة والعادات السليمة وخاصة اذا كانت جماعات حسنة، كما أنها تعلم افرادها أسلوب القيادة. واخيراً تساهم جماعات الرفاق في إثراء فكر أفرادها وتعلمهم تحمل المسؤولية والنقد الذاتي وتزودهم بالمعلومات والأخبار وتمنحهم فرصاً جيدة للتقليد من خلال تفاعلهم الاجتماعي مع بعضهم البعض. [49] وكل هذا يعتمد على بنية هذه الجماعات وما تتصف به من صفات إما حسنة أو سيئة، فالصفات الحسنة تدعم المواقف والاتجاهات والسلوكات الجيدة في حين تعمل الجماعات السيئة عكس ذلك.

رابعاً: وسائل الإعلام والتثقيف :

تلعب وسائل الإعلام والتثقيف المختلفة من سمعية وبصرية، وكذلك المتاحف والمكتبات العامة والمعارض والمؤتمرات ودور النشر والملصقات المختلفة دوراً بارزاً في تكوين شخصية الطفل وتنشئته على أنماط سلوكية مقبولة يرضى عنها المجتمع مما يزيد من حصيلته الثقافية ومن معارفه، كما أن تأثيرها واضح في تكوين رأي عام مشترك بين أفراد المجتمع، وتساهم أيضاً في حل المشكلات الاجتماعية ونشر المعلومات واشباع حاجات الأفراد من المعرفة والاخبار حول الأحداث الجارية. هذا بالاضافة لما تؤديه من أدوار في التثقيف والترفيه لسد أوقات الفراغ، أنها عبارة عن نظم للاتصال الجماهيري تتناول كل جوانب الحياة الاجتماعية، ولها دور مؤثر وحيوي على الأفراد وتوعيتهم وتوجيههم. ولوسائل الدعاية والاعلام تأثير فعال على نفسيه الجمهور لتكتسب تأييده للسلطة القائمة لما تطرحه من قضايا وما تقترحه من حلول، ويتم هذا التأثير الفعال دون وجود عمليات التفاعل الاجتماعي المباشرة، لذلك تزايد الاهتمام بوسائل الاتصال ومضمونها وبأساليب تنظيم عملياتها والتحكم فيها في النصف الأخير من القرن العشرين وبداية القرن الحادي والعشرين وخاصة في عصر المعلوماتية والعولمة الذي أصبح العالم عن طريقها متصلاً مع بعضه بعضاً وكأنه قرية صغيرة.

إن هذه الوسائل المختلفة اذا وجهت توجيهاً حسناً بحيث تبتعد عن الدعاية المحضة المغرضة فمن الممكن أن تصبح أدوات للتربية والتثقيف والتوعية الشعبية وتمد الناس بمختلف المعارف فهي عبارة عن غذاء نفسي ووجداني حيث تركز على نشر الانتاج الادبي والفني والعلمي والاخلاقي الرفيع فتخدم بذلك تنمية العلاقات الايجابية لنهضة وتنوير شعوب العالم.

كما أنها من السهل أن تصبح وسائل لنشر الثقافة المدمرة اذا سيطرت عليها الاهداف التجارية الهادفة الى تحقيق الربح فقط وبأسرع وقت للاثارة وتمجيد العنف والعدوان وتجريد المستفيدين من قدرة اللجوء إلى العقلانية والمنطق والمعايير الاخلاقية في ظل غياب الممارسة الصحيحة الديمقراطية فتعمل على تدمير العلاقات بين الأمم والشعوب.

ومع ذلك فهي نوافذ واسعة على العالم توسع الآفاق وتقرب المسافات وتساهم في المخزون الفكري الانساني ونشر الثقافة والمعارف والعلوم والاخبار بين شعوب العالم المختلفة، كما تلعب دوراً مهماً في عملية التربيـة من خلال البرامج التربوية وتنمية المجتمع والنهوض به ومحاربة الشائعات عن طريق توضـيح المعلومـات. ولها دور مهم في بناء شخصية المواطن وإبراز الشخصية الوطنية والقومية.

إن مضمون أية وسيلة اعلامية يمكن أن يصنف إلى ما يلي:

–   المضمون الذي يتصف بالذوق الرفيع وهذا يوزع على نطاق جماهـيري واسـع ويهـدف إلى رفـع مستوى الذوق العام للناس من: فني وابداعي وأخلاقي وله دور مهم في التثقيف مثل الموسـيقى الجادة والفن التشكيلي الرفيع والدراما الرفيعة والمناقشات السياسية ذات الأهداف التوعوية.

–   المضمون الذي يتصف بمستوى من الذوق منخفض ويمثله الانتـاج والأعـمال اللاانسـانية المركـزة على الأباحية والعنف ودعم الجريمة والاخلال بالآداب مما يؤدي هذا كله إلى الإسـاءة الى الحـس الاخلاقي المرتبط بالضمير الاخلاقي على المستوى الفردي والجماعي.

–   المضمون الذي يتفق عليه الجميع ويوزع بشكل واسع مثل النشرات المتعلقة بالاخبار وبالطقس والأفلام والمسرحيات وكل انتاج يعرض من خلال هذه الوسائل ويكون ملتزماً.

خامساً: المؤسسات الدينية :

يحتل الدين في كافة المجتمعات البشرية – وبصورة أكثر في الدول النامية – دوراً مهماً في حياة الأفراد والشعوب وخاصة من الناحية الروحية إذ له تأثير كبير على وجدان الإنسان وعقله وروحه ويعطيه نوعاً من الراحة النفسية والطمأنينة في مواجهة المشكلات والأزمات والتعامل معها وتقبل نتائجها، كما أنه يحدد الأنماط السلوكية المرغوب فيها والقيم المركزية الثابتة والهامة لتحقيق تماسك المجتمع واستقراره. [50] ويقوم الدين أيضاً بعملية الضبط الاجتماعي من خلال القيم التي ينادي بها وهي قيم متشابهة الى حد ما في جميع الأديان التوحيدية، وخاصة في تكوين الضمير الأخلاقي لدى الأفراد، لأن الأديان تشترك في المبادئ العامة، وهذا يدعم ويعزز حوار الحضارات.

وتقوم المؤسسات الدينية ودور العبادة بدور مهم في عملية التنشئة الاجتماعية لما تتميز به من ميزات فريدة من أهمها حالة القدسية المميزة لها وثبات المعايير الاخلاقية والسلوكية التي تعلمها للناشئة والاجماع على تدعيمها. وتؤثر في عملية التنشئة الاجتماعية من خلال ما يلي: [51]

- إمداد الأفراد بالاطر السلوكية الحسنة والتسامح والمحبة، وتنمية الضمير الأخلاقي عندهم من خلال تكوين منظومة قيمية متكاملة.

- تعليم الأفراد التعاليم الدينية التي تحكم فكرهم وسلوكهم، والدعوة إلى ترجمتها الى ممارسات عملية.

- توحيد أنماط السلوك والدعوة إلى التقريب بين الطبقات والفئات الاجتماعية المختلفة.

وفي مجال التنشئة الاجتماعية لابد من تناول المواضيع الآتية لما لها من علاقة بعملية التنشئة الاجتماعية وهي:

الموضوع الأول: التفاعل الاجتماعي .

الموضوع الثاني: الضبط الاجتماعي.

الموضوع الأول: التفاعل الاجتماعي :

ماهية التفاعل الاجتماعي:

إن عملية التنشئة الاجتماعية لا تتم بدون تفاعل اجتماعي (Social interaction) وقد ركز علم اجتماع التربية عليه انطلاقاً من أن أهم ما يميز الانسان عند اتصاله بإنسان آخر هو حدوث تفاعل تقوم على أساسه علاقات مختلفة، وله أشكال مختلفة اصطلح المجتمع على اعتبار بعضها مرغوبا به والبعض الأخر غير مرغوب فيه. ويعد التفاعل الاجتماعي أساساً لعملية التنشئة الاجتماعية فهو يشكل ميزه مهمة للحياة الاجتماعية حيث لا توجد حياة اجتماعية بدون وجود هذا التفاعل بين أفراد المجتمع، فالمؤسسات الاجتماعية تحقق وجودها وأهدافها من خلال التفاعل الاجتماعي بين أفرادها والذي يتم بصور مختلفة. فهو عملية اجتماعية تعبر عن حركة العلاقات الاجتماعية. ويتم هذا التفاعل عن طريق الاتصال أما من خلال الوسائط اللفظية حيث تعتبر اللغة من أهم وسائل هذا التفاعل، أو عن طريق وسائل غير لفظية تشكل مثيراً لاستجابات سلوكية تسهم في احداث عملية التفاعل الاجتماعي مثل: ايماءات الرأس والحركات والتعابير وأساليب الجلوس أو الهمس وتختلف دلالات هذه الوسائط حسب المجتمع وثقافته لاختلاف المعايير الاجتماعية التي على أساسها تضبط الممارسات الثقافية والسلوكية وكافة نواتج التفاعل.

وتحدث عملية التفاعل الاجتماعي في كافة المجتمعات الانسانية وتعني: الاخذ والعطاء من خلال التأثيرات المتبادلة بين الأفراد والجماعات لأن التفاعل يحدث بين طرفين أو أكثر في اطار بناء اجتماعي معين وهو أساس ثمار الشخصية الاجتماعية للفرد، ويساهم أيضاً في تشكيلها، وهو وسيلة مهمة في العملية التعليمية - التعلمية والتكيف بشكل عام. كما أنه أداة مهمة في تنظيم المجتمعات البشرية وانتقال ثقافتها من جيل لآخر، ولا يمكن تصور حياة اجتماعية بدون وجود صورة أو أخرى من صور هذا التفاعل. ويعرف التفاعل الاجتماعي: بانه اتصال بين شخصين أو أكثر ويتم بطرق ووسائل مختلفة .

ويرى السلوكيون أن التفاعل يتضمن إثارة واستجابة تبادلية مما يدل على أن التفاعل فعل بين الأفراد، ولكن حين يتشابه الأفراد في الأهداف والأفعال فإنه يمكن اعتبارهم متفاعلين

كجسم واحد وكجماعة أكثر من كونهم أفراداً. [52] وحتى يحدث التفاعل لابد من توفر وسط لذلك. وللاجمال واضافة لما سبق تجدر الإشارة إلى أن أشكال التفاعل هي كما يلي:

1- التفاعل المباشر ويتم عن طريق الاتصال والاحتكاك المباشر بين الأفراد والجماعات والشعوب.

2- التفاعل غير المباشر ويتم عن طريق مختلف الوسائل التي لا يكون فيها علاقة أو اتصال مباشر بين الأفراد أو الجماعات أو الشعوب المختلفة.

خصائص التفاعل الاجتماعي :

يتميز التفاعل الاجتماعي الذي يشكل أحد المرتكزات الأساسية المهمة التي تقوم عليها المجتمعات البشرية بعدة خصائص لعل من أهمها:

- يتجه التفاعل الاجتماعي نحو هدف معين من خلال اشتراك الأفراد والجماعات مع بعضهم لاشباع حاجاتهم المادية والروحية المختلفة وتحقيق الأدوار والمسؤوليات للحفاظ على المجتمع وتنظيمه واستقراره واستمراره.

- لا يتم هذا التفاعل إلا بواسطة الاتصال في ضوء عدد من المتغيرات مثل: أهداف الجماعة وقدرات أفرادها ورتبهم الاجتماعية والعوامل الثقافية، فسلوك الجماعة يتأثر بطبيعة الاتصال الاجتماعي بين أفرادها وهذا يتم من أجل توفير استمرارية الحركة الاجتماعية. ولضمان الاستمرارية في الاتصال لمدة أطول لابد من التواصل الذي يكون له تأثير اجتماعي وثقافي وتربوي أكبر .

- يتوقف التفاعل الاجتماعي على شخصية الأفراد ومراكزهم الاجتماعية في ضوء المعايير التي تحدد ذلك، فهو وحدة شخصيات متفاعلة.

- يتميز التفاعل الاجتماعي بين الأفراد بما يسمى "بالأداء" فهو العنصر الأول من عناصر التفاعل، فأداء الفرد في المواقف المختلفة يسبب الأداء عند الآخر (رد الفعل) ومن ثم يحدث التفاعل. [53] كما يتميز بالتوقع، فالفرد عند قيامه بأداء ما

تصبح له عدة توقعات من الآخرين، مما يؤدي إلى زيادة التفاعل الاجتماعي، فالطفل عندما يبكي يتوقع استجابة ما من أسرته (وخاصة من أمه).

– يؤدي تفاعل أفراد الجماعة الى تمايز بنية الجماعة نظامياً، مما يقود إلى ظهور القيادات والذي يؤدي إلى اعادة تنظيم مجال الجماعة بناء على ظهور القيادات الجديدة.

– يوفر التفاعل الاجتماعي الامكانيات بالنسبة للأفراد في الجماعات المختلفة من خلال تميز كل فرد بشخصيته الخاصة وفرديته بالنسبة للآخرين.

ومن الأهمية بمكان الاشارة في هذا المجال إلى أنه سوف يتم التركيز بصورة أكبر وأعمق على التفاعل الاجتماعي داخل المدرسة من خلال العمليات الاجتماعية التي تصف هذا التفاعل وهي شكل من أشكاله. وأهم هذه العمليات هي :

1- التعاون

2- التنافس

3- الصراع

وسوف نفرد أيضاً مكاناً خاصاً لتناول موضوع التفاعل الصفي لأهميته أيضاً.

1- التعاون :

يشير التعاون (Co-operation) إلى تضافر الجهود للوصول إلى أهداف مشتركة من خلال العمل من قبل الأطراف مع بعضها البعض ويعتمد على اتصال الفعل فهو عبارة عن فهم للحاجات الانسانية المادية والمعنوية. أنه عملية تدعيم وتقوية وبناء ومشاركة لتحقيق الأهداف المعينة المشتركة.

وتجدر الاشارة في هذا المجال أن السلوك في التفاعل الاجتماعي يتوقف على سلوك الاطراف المتفاعلة المعنية، فاذا كان الهدف من التفاعل الحصول على الثواب فهذا يدخل في مجال عملية التعاون، أما اذا كان الهدف الحصول على المكافأة التي يقابلها خسارة الطرف

الآخر الداخل في العملية التفاعلية، فهذا يسمى تنافساً. كما أن الميل والتقارب بين التلاميذ يدعم عملية التعاون. إن المتعلمين عندما يتفاعلون لتحقيق هدف مشترك فهذا يعتبر تعاوناً. ويوصف المتعلمون بأنهم متعاونون اذا اشتركوا في العمل نفسه بدون تشتت أو تنافس او تقاعس. إلا أن هناك أنواعاً أخرى من الأعمال كأن يعمل الأفراد معاً لتحقيق غاية عامة على أساس أن كلاً منهم يعمل عملاً متخصصاً مخالفاً لما يعمله الآخر، كما هو الحال عندما يتعاون الحدّاد والبناء والنجار في بناء مسكن فالتعاون هنا موجود على الرغم من الاختلاف في نوع العمل لأنه يدخل هنا عامل التخصص الوظيفي. وتلازم التعاون أحيانا عملية المنافسة، وخاصة عندما يكون هناك نقص في شيء يحتاج اليه الانسان، وهنا تظهر المنافسة والتي تشمل مختلف مجالات الحياة فهنا يكون التعاون والمنافسة متلازمين في حياة المجتمع. وهناك بعض المواقف قد تتطلب المنافسة بقصد تقوية التعاون كما هو الحال في الجمعيات العلمية حيث يجد المتتبع أن الأعضاء يعملون معاً لخدمة البحث العلمي، الا أن هدفهم هنا لا يمكن تحقيقه إلا على أساس المنافسة التي تظهر في مراجعة أعمال بعضهم البعض واستبعاد ما لا يمكن تدعيمه بالأدلة العلمية.(54)

وتعد عملية التبادل (Exchange Process) مثل التعاون فهي تعمل على تثبيت وترسيخ النظام الاجتماعي. وتتم هذه العملية عندما يقوم انسان ما بمساعدة انسان آخر لايصاله على سبيل المثال الى مكان ما بسبب عائق يعوقه عن الوصول، فيقوم هذا الشخص برد الجميل إلى الشخص الذي أوصله وساعده لتحقيق هدفه كأن يقوم بمساعدة ابنه في قضية ما ويكون قادراً على هذه المساعدة وأدائها بصورة كاملة. فالتبادل هو تعامل بين الأفراد أو الجماعات ويوجد في كافة المواقف ويقوي العلاقات بين الناس مما يعطيه صفة التعاون.(55) وهذا يدخل بدوره ضمن آلية توازن المصالح بعيداً عن الأنانية.

وتعتبر الأسرة أول صورة من صور التعاون حيث تتضافر جهودها وتتكامل لتحقيق أهدافها المشتركة، ولكن هذا لا ينفي وجود أسر غير متعاونة والتي يكون مصيرها أحيانا التفكك.

إن عملية التعاون هي عملية تكامل في الأدوار حيث ترى الأطراف المتعاونة مع الآخرين الداخلين معهم في هذه العملية وجود مقومات وقدرات مختلفة يسعى كل طرف توظيفها لتحقيق الأهداف المشتركة بالتكامل بين قدرات الجميع لتحقيق التكيف والتوافق، على عكس المتنافس الذي يسعى لتحقيق التكيف مع منافسه.

وتجدر الاشارة الى أن التعاون ضروري للحياة الاجتماعية وخصوصاً للحياة المدرسية لأن الانسان لا يمكنه أن يعيش بدونه لتحقيق أهدافه، وهذا يؤدي إلى استقرار المجتمع واستمراره بشكل أفضل. ففي المؤسسات التعليمية يساهم التعاون في تقدير المتعلمين لأنفسهم مما يحقق الطمأنينة والأمن لهم من خلال الأخذ والعطاء في اطار من الفهم والتسامح والمحبة والتفاعل السليم الذي يقف ضد كل ممارسات العنف والانحراف في أغلب الاحيان. وهذا التعاون يتوقف اتجاهه وطبيعته على ثقافة المجتمع الموجودة فيه المؤسسات التربوية والتعليمية بمختلف مستوياتها وتخصصاتها.

2- التنافس :

يعد التنافس (Competition) شكلاً من أشكال التفاعل بين فردين أو أكثر، أو بين جماعتين أو أكثر يدخلون في تنافس للحصول على المنافع والخدمات نفسها في آن واحد. وهو يشير إلى الجهود التي تبذل للحصول على مكانة معينة، وقد يؤدي إلى صراعات شخصية وعلاقات سلبية أحياناً عندما يكون التنافس بين الأفراد. أما التنافس بين الجماعات فيكون الفرد فيها أقل شأناً خاصة في مجالات التنشئة الاجتماعية. ويعد التنافس عملية تنازع خفي بين الأفراد للحصول على أغراض معينة في الوقت الذي تكون فيه الموارد والفرص المتاحة محدودة.

ويكون التنافس في المدرسة مفيداً عندما يحتل المكان الصحيح ضمن برامج المدرسة ويؤدي إلى مشاركات فعالة في مختلف المجالات فيكون دافعاً للتقدم ومشجعاً على اتساع المشاركة فيه وعاملاً للتعاون بين التلاميذ في كافة مجالات التعلم والأنشطة. وعلى النقيض يكون التنافس ضاراً في حالة وجوده في مناخ غير صحي يعمل على القلق

والاضطراب والاحباط فيجعل المتعلم يشعر بعدم القدرة والكفاءة على المواجهة. [56] إن التنافس المبني على دوافع نبيلة سامية يؤدي إلى تعزيز التفاعل والعمليات الاجتماعية.

ومن الأهمية بمكان الاشارة الى أن المنافسة ليست النقيض لعملية التعاون، ولكنها في الواقع تشمل بعض درجات التعاون لأن المتنافسين يتعاونون أحياناً في بعض المجالات كاللعب والمباريات الرياضية المختلفة حسب القوانين ذات العلاقة.

ومن المعروف أن المنافسة تشجع الناس على المطالبة بوجود قيم وتقاليد وعادات تتعلق بها مما يساعد على تقدم المجتمعات البشرية وازدهارها. وأحيانا تؤدي المنافسة إلى نتائج سلبية لأحد الطرفين مع أنها ربما تكون غير مقصودة مثل تعرض أحد المتنافسين لحالات من القلق والصراعات النفسية نتيجة عدم فوزه وتحقيق أهدافه في الموضوع المتنافس عليه. الا أن الدراسات والأبحاث كانت قد أشارت الى أن نتائج الأفراد قد يكون أفضل في جو المنافسة وخاصة إذا كان العمل بسيطاً وينجزه فرد واحد . [57] إلا أن الانجاز يكون أكثر فعالية وأفضل عندما تتعاون الأطراف معاً وخاصة في مجال الأعمال المعقدة التي تتطلب مشاركة وخاصة في قضية نقل المعلومات.

اضافة لما سبق فإن التنافس الشديد في المدرسة قد يؤدي الى نتائج انفعالية مؤلمة أو الى الاخفاق في التحصيل الدراسي. كما أن المناخ التربوي الخالي من التنافس قد يعجز عن إثاره الدافعية التعليمية وتحقيق أفضل النتائج. ومع ذلك لابد من التأكيد إلى أن المناخ الذي يتنافس فيه المتعلمون بروح قوية عالية هو أفضل مناخ.

وفي مجال التنافس الشديد بين الشعوب على النفوذ والموارد قد يؤدي الى الكراهية الشديدة، إلا أن التنافس الثقافي والرياضي أو العلمي بين الشعوب قد يؤدي إلى المزيد من النجاح والتقدم، وهذا يحتاج إلى توفر آليات مناسبة لذلك. ولا يستطيع أحد الانكار إلى أن المنافسة عملية ضرورية لتقدم الحياة الإنسانية، ولكن يجب أن تتم في إطار مرجعي أخلاقي وسيادة المعايير والقيم الانسانية الرفيعة.

وبالرغم من الاعتقاد القديم بأن السلوك التنافسي فطري ويفوق الميول التعاونية المكتسبة فإن النظرة الحديثة في مجال النمو الاجتماعي للأطفال والبالغين يشير إلى أن السلوكين التنافسي والتعاوني ينموان من حاجات المجتمع والمطالب التي يفرضها على الغير. وكثيراً ما تتغير انواع السلوك التي يتطلبها المجتمع أو يستحسنها فقد تنمو عند الفرد أنواع متناقضة من السلوك وعلى المدرسة ومؤسسات التنشئة الاجتماعية الأخرى توجيه هذا النمو.

3- الصراع :

يعد الصراع (Conflict) عملية تفاعلية بين أفراد أو جماعات نحو تحقيق هدف أو قيمة معينة يتحرك الفرد من خلالها ليؤدي أفعالاً معينة بين أطراف غير متكافئة، ويتكون عندما يحقق فرد ما مكاسب ومنافع على حساب فرد آخر. وفي أغلب الاحيان يحاول الطرف الأقوى ايقاع الهزيمة والنصر على الطرف الآخر الذي يتصارع معه من خلال عملية التفاعل الاجتماعي. وقد يكون من السهل انتهاء الصراع عن طريق الاستسلام، وخاصة اذا كان المتصارعان غير متعادلين. أما اذا كانا متقاربين فتصبح سيادة أحد الطرفين أو هزيمته صعبة التحقيق مما يؤدي إلى الشعور بعدم وجود صراع وأن الاتفاق هو أفضل الحلول لتجنب الخسارة والجهد الضائع.

وفي المدرسة فإن أغلب صور السلوك العدواني تتمثل في عمليات مثل الرفض أو النبذ، إلا أنه يوجد قدر معين من السلوك المتصارع، فينشأ الصراع عندما لا يستطيع شخصان أو أكثر لهما رغبات وأهداف متعارضة من حل خلافاتهما بأنماط من السلوك مقبولة فيحصل الصراع من خلال العدوان المتبادل أحيانا ولوقت يطول أو يقصر.[58]

إن التنافر بين المتعلمين داخل المؤسسات التعليمية يعيق العمل التربوي والعلمي ويضعف العزيمة ويخفض من مستوى التحصيل الدراسي والانتاج. في حين أن التعاون السليم في كافة المجالات التربوية يؤدي إلى تحقيق الانجاز والنجاح والتخلص من كافة السلبيات ويخفف من القلق والاضطراب والاحباط.

وعند مقارنة المنافسة بالصراع يجد المتتبع أنه في أغلب الأحيان تتخذ المنافسة مظهراً سليماً في حين أن الصراع غالباً ما يتخذ مظهراً عدائياً عندما يكون الهدف منه تحقيق الهزيمة بالآخر والحط من كرامته سواء أكان فرداً أم جماعة.

واذا أردنا أن نفرق بين المصطلحين باللغة الانكليزية لكل من المنافسة والصراع نجد أن المنافسة (Competition) المشتقة من كلمتين لاتينيتين تعنيان بالانكليزية (to seek to getter) تعني تحقيق هدف لا يمكن أن يصل اليه سوى أحد المتنافسين فقط. أما الصراع (Conflict) فهو أيضاً مشتق من كلمتين لاتينيتين تعنيان بالانكليزية (to strike together) ويقصد تحقيق هدف معين لا يمكن أن يصل اليه سوى أحد المتصارعين بعد تحطيم الآخر. فكل من المنافسة والصراع يتضمن معنى النضال ضد الآخر، إلا أن الصراع ينشأ عادة نتيجة تعارض المصالح، فاذا ما اتفقت المصالح فيكون الاتجاه نحو التعاون، واذا ما تعارضت المصالح فيكون الاتجاه نحو المنافسة. وقد تتحول المنافسة الى شكل آخر اذا ما تدخل الشعور الشخصي- وأصبحت هزيمة الشخص نفسه هي الأساس والهدف فتأخذ بذلك شكل الصراع الذي يتخذ أشكالاً عديدة من صراع شخصي، سياسي، طبقي، ديني، وجنسي. (59)

اضافة لما سبق فإن الصراع يؤدي إلى نتائج وآثار قد تكون سريعة ولا تظهر أحيانا إلا بعد أن يطول أمد الصراع، فأحيانا يؤدي الصراع الى التماسك في داخل الجماعات المتصارعة، وأحيانا قد يؤدي إلى التفكك أو الخسارة المادية، وأحيانا قد يؤدي إلى القضاء التام على أحد الطرفين المتصارعين، أو الى التوافق الاجتماعي في إحدى صوره العديدة وخاصة عندما تكون نتيجة الصراع التراضي والصلح والتسامح بين المتصارعين.

وتختلف المنافسة عن التعاون أيضاً من حيث أن الداخلين فيها يعمل كل منهم بصورة مستقلة عن الآخر، في حين ان التعاون يتم من خلال توفر جهد جماعي لتحقيق الأهداف المشتركة.

وتجدر الاشارة الى أن هناك من يعتبر الصراع أساساً مهماً لدفع المجتمعات إلى الأمام وان الصراع بين الطبقات والفئات المتناحرة هو المحرك الأساسي للتاريخ. وهناك من

يرى أن الصراع يفكك المجتمعات البشرية ولذلك يجب التخلص منه. إلا أنه يجب التأكيد إلى أنه قوة من قوى تكامل المجتمعات وينشّط الحياة الانسانية ، ويعيد اليها التوازن والتنظيم على الرغم من وجود المحاذير وخاصة عندما يتحول الى عملية تحطيم الآخر.

وبعد هذا العرض لأهم العمليات الاجتماعية يجد المتتبع أنها تختلف في طبيعتها ومظهرها فمنها ما يؤدي إلى التنافر والتفكك، ومنها ما يؤدي إلى التجاذب والترابط. وهذا يشير إلى أن للبنية الاجتماعية والاعتبارات الثقافية والقيم السائدة لها تأثير كبير في هذه الناحية.

وفي مجال التفاعل الاجتماعي لابدّ من تناول التفاعل الصفّي لأهميته.

التفاعل الصفي :

ماهية التفاعل الصفي :

بما أن الصف عبارة عن نظام اجتماعي مصغر فمن الممكن تحليله بأشكال متعددة من الداخل وصلاته المشتركة مع المؤسسة المدرسية وبالعلاقات التي يتعهدها هذا النظام مع الخارج وكيفية ارتداد هذه العلاقات الى الداخل وكذلك بنية العلاقات الفردية الموجودة فيه.

يبحث التفاعل الصفي (Class interaction) من خلال غرفة الصف التي هي مكان لعمليات مختلفة متفاعلة ما بين المعلم وطلبته لإنجاح العملية التعليمية – التعلمية. وقد ركز علم اجتماع التربية على دراسة غرفة الصف والعلاقة داخلها بين المعلم والمتعلمين. ومع ذلك فإن مفهوم المدرسة كنظام اجتماعي يتضمن أن المعلم منخرط أيضاً في عمليات التفاعل المختلفة في نظام كلي من العلاقات الاجتماعية والتي تشمل المتعلمين واعضاء هيئة التدريس وكل من هم في المدرسة.

إن التفاعل عبارة عن رد الفعل المتبادل الشفهي أو غير الشفهي، المؤقت أو غير المؤقت وفق تواتر معين، وبموجبه يكون لسلوك المتفاعلين تأثير في بعضهم البعض، ويتم هذا التفاعل اما في نظام ثنائي حيث يؤثر المعلم في المتعلم وفعل المتعلم في المعلم، أو في نظام اكثر

اتساعا حيث يحدد المتعلم مكانه بالنسبة للمجموعة أو لمجموعات فرعية، فكل فـرد في التفاعـل يسعى لتحديد مكان الآخر.

ويؤثر المعلم في تلامذته من خـلال شخصيته وحماسـة ودافعيته وسـلوكه باعتبـاره قـدوه لهـم يحاكونه بصورة غير مقصودة، كما أن دوره التربوي في غرفة الصف يحدد كفاءة تحصيل التلاميذ ومهاراتهم الفكرية وقيمهم واتجاهاتهم وأنماط سلوكهم، اضافة لـذلك فالمعلم بتقديمـه للـدرس والأسـاليب والطرق التربوية التي يستعملها والأنشطة التي يطلبها من تلامذته يحدد بذلك طبيعة الخـبرات التـي يريدهم أن يمروا بها ودرجة الاستفادة من ذلك، كما يحدد أيضاً المهارات المرتبطة بالتحصيل الدراسي، وأيضاً يـؤثر عـلى استعدادات التلاميذ واتجاهاتهم نحو المدرسة . اضافة لذلك فإن المعلم يصنف التلاميذ في العلاقة التربويـة على أساس نتائج مسابقاته المدرسية، أو سلوكهم المدرسي. كما ينسب المتعلم مـن جهتـه بعض الخصـائص للمعلم.

وتفرض العملية التربوية في غرفة الصف أن يكون التفاعل ضمن مناخ من التفاهم المتبـادل بـين المعلم والمتعلم، فالمعلم هو الموجه والمرشد للمتعلمين وعليه مساعدتهم على اكتشاف قدراتهم ومـواهبهم والعمل على تنميتها واشراكهم في تخطيط العمل التربوي وتوزيع المسؤوليات واتخاذ القرارات الخاصـة بالعملية التربوية. [60] ومن جهة أخرى يتفاعل التلاميذ مع بعضهم البعض داخل غرفة الصف وخارجها من خلال العمليات التربوية والانشطة المختلفة غير الصفية المكملة للمنهاج وهو تفاعل هام من أجل معرفـة المتعلم لأدواره في علاقاته مع الآخرين ومعرفة توقعات الآخرين منـه مـن خـلال قيامـه بـدوره في موقف معين ومعرفته بطبيعة وأبعاد قدراته، فهو يتعرف على قدراته من خـلال العمـل والتفاعـل مـع الآخرين، وعلى المعلم تهيئة البيئة الاجتماعية والنفسية التي تسمح بالتفاعل داخل المدرسـة، وخاصـة داخـل غـرف الصف ومساعده المتعلمين على التحصيل الجيد وتحقيق النجاح. وهناك علاقة قوية بـين الـتعلم الصفي والأهداف التعليمية، فهذه العلاقة التي تربط بـين الأهـداف التعليميـة ونتاجاتهـا السـلوكية والتـي يمكـن ملاحظتها مباشرة وقياسها وكيفية تحققها من خلال مراحل التعليم المختلفة وفي داخل الصفوف الدراسية لارتباطها بالمواد

الدراسية المقررة لأن لكل مادة أهدافها الخاصة التي يقوم المعلم بتناولها داخل غرفة الصف. ويلعب فهم المعلم لأهداف مادته دوراً هاماً في تدريسه لتحقيق تلك الأهداف من حيث اختياره للوسائل المعنية الموضحة والمساعدة وأسلوب تدريسه وطريقة تقويمه، فوضوح الأهداف له أهمية كبيرة للمعلم لنجاحه في عملية التفاعل الصفي.

خصائص التفاعل الصفي الفعّال :

تعمل المدرسة على مساعدة المتعلمين على النمو الشامل في مختلف جوانب شخصياتهم ولكي تستطيع المدرسة تحقيق أهدافها لابد أن تقوم بما يلي:[61]

- اتاحة الفرصة للتلاميذ لممارسة عمليات التعلم المختلفة بطريقة فعالة على اعتبار أن التعلم هو عملية تعديل للسلوك وتغييره من خلال عمليات موجهة.
- يهتم التعلم الفعال بقدرات المتعلمين ويربط بين ميولهم وقدراتهم داخل غرفة الصف وخارجها، كما يهتم بميول التلاميذ والاستفادة منها في تحقيق رفع فعالية التعلم.
- يجب أن تتعرف المدرسة على حاجات تلاميذها وتحديدها والعمل على اشباعها لأن عدم الاشباع قد يؤدي إلى ظهور مشكلات كثيرة.
- اذا وجدت مشكلات داخل المدرسة فعلى المدرسة التعرف عليها ومحاولة حلها لأن عدم الحل قد يؤثر سلباً على تحصيل التلاميذ .
- اتاحة الفرصة للتلاميذ للمشاركة في الأنشطة المختلفة التي تؤدي إلى تنمية العادات والقيم والاتجاهات الصحيحة .
- مراعاة الفروق الفردية بين المتعلمين بحيث تقدّم المعلومات حسب مستويات التلاميذ وقدراتهم. وعلى المعلم في غرفة الصف أن يستخدم الأساليب التدريبية الملائمة لهذه الفروق ولاهتمامات المتعلمين.

إن نوع التفاعل الصفي يؤثر على فعالية العملية التدريسية وعلى الصحة النفسية للتلاميذ وبناء شخصياتهم المتكاملة من جميع جوانبها، فإذا كان النمط يتصف بالتسلط

فإنه يدفع بالمتعلم الى عدم التعبير عن رغباته بشكل سليم في داخل غرفة الصف. أما اذا كان النمط ديمقراطياً متعاوناً يعتمد على الصداقة والمحبة والتفكير المشترك فإن المتعلم يتجاوب مع معلمه، ويؤثر هذا النمط على تحقيق تحصيل جيد وبناء شخصية متزنة، وينعكس ذلك بشكل ايجابي على صحة المتعلم النفسية.

إن غرفة الصف تشكل نظاماً فرعياً من أنظمة التفاعل المدرسية، وأن المعلم حين يواجه تلاميذه يجري بينهم أنواعاً مختلفة من التفاعل والعلاقات من خلال المناقشات والأحاديث. إلا أن طبيعة هذا كله تعتمد على مدى ما يسمح به المعلم للمتعلم من سقف لممارسة حريته في التفكير والتعبير.

ان التفاعلات داخل غرفة الصف كثيرة من خلال اتصال أطراف العملية التعليمية التعلمية مع بعضهم البعض، وحتى يتم الاتصال والتفاعل والتواصل لابد من توفر لغة مشتركة لدى جميع الأطراف المشاركة مع توفر حسن الارسال والاستقبال المتمثلة في مهارات الاصغاء وحسن تفسير المؤثرات والرسائل الصادرة عن المشاركين في عملية التفاعل. كما تتطلب العملية الوضوح في التعبير مع وجود الثقة المتبادلة والاحساس المشترك بمشاعر الآخرين وحاجاتهم، وتزويد المتعلمين بالتغذية الراجعة بمرونة وانفتاح في أجواء اجتماعية ونفسية وتربوية مناسبة. ويلعب المعلم الدور الاكبر في هذا كله من خلال قدرته على إدارة التفاعل الصفي وتنظيمه، فإدارة العملية التربوية الصفية بشكل جيد تساهم وبدرجة كبيرة في مدى نجاحها.

ويشير التفاعل اللفظي في غرفة الصف الى الكلام بين المعلم وتلامذته وما يرافق ذلك من أفعال وتلميحات واستجابات، مما يؤدي إلى توفير المناخ التربوي الملائم. أما بالنسبة للتفاعل الصفي غير اللفظي فيشير إلى مجمل الرسائل والمعاني والتلميحات التي تتم دون استخدام الألفاظ ويشير (هاريسون) Harison الى ان نسبة (65%) من المعاني الاجتماعية التي تتم اثناء التواصل المباشر تحصل عن طريق غير لفظي. [62]

الموضوع الثاني: الضبط الاجتماعي :

نشأة الضبط وتطوره :

تعد عملية الضبط الاجتماعي (Social Control) من العوامل المؤثرة في ضبط سير عملية التنشئة الاجتماعية في الطريق السليم. وتجدر الاشارة الى أن مسألة تربية الأفراد على الامتثال لقواعد المجتمع ومعاييره وقيمه والمحافظة على النظم الاجتماعية كانت موجودة منذ القدم في كافة المجتمعات البشرية لأنها عملية ملازمة لهذه المجتمعات واستقرارها واستمرارها. وقد تناولها العديد من الفلاسفة والمفكرين وعلماء الاجتماع والتربية ورجال الدين بالدراسة والبحث وتحت مصطلحات مختلفة مثل العرف أو الدين أو الرأي العام أو الأخلاق لتحقيق أهداف مشتركة تحتاج لها المجتمعات البشرية لتحقيق السيطرة الاجتماعية، وهذه الأهداف منها الوقائي والعلاجي. وقد تنوعت لتشمل الأهداف الثقافية والأمنية والتنظيمية والاعلامية والتربوية. ويرتبط بالضبط الجزاء الذي يشير إلى العقوبة التي يفرضها المجتمع على كل من يخالف قوانينه ونظمه وتعليماته وقواعده التشريعية.

وقد دخل مفهوم الضبط الاجتماعي ميدان العلوم الانسانية حديثاً حيث بدأت تظهر في بداية القرن العشرين الدراسات والبحوث في هذا الموضوع، والذي يشير إلى العلاقة بين الفرد والنظام الاجتماعي الموجود فيه، وكيفية تقبل الناس للأساليب التي يتم بها. فالنظام الاجتماعي في أي مجتمع خاضع لقوانين وأنظمة وتعليمات ولكنها عرضة للتغير وهي عرضة أيضاً لخروج الناس عليها ، مما سيؤدي إلى وجود خلل في النظام الاجتماعي وانحرافات أو فساد، مما يستدعي تدخل القوى المتعددة لضبط المجتمع واستقراره لتعلم الفرد الالتزام والطاعة من خلال الحرمان من الحق في احتلال بعض المراكز والأدوار.

ويعد التفكير في مسألة الضبط الاجتماعي قديم جداً يضرب بجذوره التاريخية في المجتمعات الانسانية القديمة، اذ يندرج في هذا الاطار فكرة القانون الطبيعي، هذا القانون الذي يهتم بأصل النظم الاجتماعية والعوامل التي تتحكم في سلوك البشر. وتناولها أيضاً فلاسفة اليونان مثل افلاطون وأرسطو في كتبهما. اذ اعتبر (افلاطون) Plato ان الدولة

عامل مهم في تماسك المجتمع فهي تمارس السلطة وتحقق العدالة على اعتبار أنها جوهر الاخلاق. كما اعتبر (أرسطو) Aristotle أن أصل النظم موجود في الدولة. [63] أما في القرون الوسطى فقد سيطرت فكرة القانون الطبيعي على الدولة وكانت فكرة هذا القانون مختلطة بالطابع الديني.

وهناك عدد كبير من الفلاسفة والمفكرين الاجتماعيين كان قد تعرض لمسألة الضبط الاجتماعي، ولكنهم استخدموا مصطلحات أخرى: كالقانون، أو الدين أو العرف أو الأخلاق أو الرأي مثل (فوستيل دولانج) F. Dollang في كتابه عن (المدينة العتيقة)، و(مونتسكيو) Montisque في كتابه (روح القوانين) وغيرهما. ويعتبر ابن خلدون أول رائد للضبط الاجتماعي مؤكداً ضرورته للعمران البشري، فقد ذكر في مقدمته "أن العمران البشري لابد له من سياسة ينظم بها أمره". [64] كما أن فكرة الضبط الاجتماعي موجودة عن (أوغست كونت) A. Conte الذي كان أول من وجه الأنظار إلى أهمية الدراسة الاجتماعية للنظام، والى الدور الذي تقوم به العقيدة والمعرفة والأخلاق في تدعيم ذلك. أما (دوركهايم) Durkheim فانه يعد أول من درس الضبط الاجتماعي بالمفهوم الذي تطور فيما بعد في دراسات علم الاجتماع الحديث الذي يمثل موضوع الضبط الاجتماعي فيه محور ارتكاز مهم. كما أن (سنبسر) Spencer كان قد استخدم المصطلح في كتابه (مبادئ علم الاجتماع) إلا أنه لم يعط أي مدلول خاص. ويرى (هولينج شيد) Holling Shead أن هذا المصطلح أدخل الى مجال الدراسات الاجتماعية على يد (سمول) Small و(فنسنت) Vincent في كتابهما (مقدمة لدراسة المجتمع) الذي ظهر عام 1894م. [65]، إلا أن هذا المصطلح لم ينتشر الا بعد كتابات (روس) Ross في مقالاته عن الضبط الاجتماعي في المجلة الامريكية فهو أول من عالج الضبط بطريقة منظمة ومتكاملة وفتح الحوار العلمي حول ذلك. وهناك علوم أخرى سبقت علم الاجتماع وعالجت موضوع الضبط مثل العلوم السياسية وفقه القانون والتربية والأخلاق والاقتصاد.

وفي العصر الحاضر ظهرت نظريات تعمل على تحقيق الضبط الاجتماعي وخاصة تلك النظريات التي تتعلق بالعقد الاجتماعي والذي يعتبر القوى الاجتماعية مصدراً للسلطة

في المجتمع، وكذلك القوانين التي اشترك الانسان في وضعها بـدلاً مـن قـوى مـا وراء الطبيعـة التـي كانـت مسيطرة في القرون الوسطى .

ومن أهم التعريفات في هذا المجال تعريف (روس) الذي يرى أن الضبط الاجتماعـي عبـارة عـن "سـيطرة اجتماعيـة مقصـودة وهادفـة". وتعريـف (كـارل مانهـايم) Mannheim الـذي يـرى أن الضـبط الاجتماعي هو "تخطيط عقلاني ورشيد لما هـو غـير عقـلاني". [66] لقـد تـأثر في نظرتـه للتربيـة باهتماماتـه الاجتماعية فاعتبر التربية عملية اجتماعية دينامية ووسيلة المجتمع للضبط الاجتماعي.

التربية كنظام والضبط الاجتماعي :

تعد التربية بشقيها المقصود واللامقصود سلطة اجتماعية ضابطة فهي وسيلة رئيسية مهمـة مـن وسائل الضبط الاجتماعي في المجتمعات الحديثة المعاصرة لأنها تشمل حيـاة الطفـل الناميـة مـن المهـد الى اللحد ومن جميع جوانبها ليكون فاعلاً في مجتمعه من خلال مختلف مؤسسات التنشئة الاجتماعيـة التـي تسهم في تربية الجيل الصاعد وتزويده بالمعايير الاجتماعية والقيم والاتجاهـات وأنمـاط السـلوك المختلفـة وأساليب المكافأة والجزاء والعقوبات لمن يخرج عن هذه القواعـد. كـما ان التربيـة تعلـم الأفـراد توقعـات المجتمع السلوكية منهم في مواقفهم الاجتماعية المختلفة، والتربية الرسمية تعد ضابطة لسلوك الأفراد لأنهـا تعمل على تعليم الفرد توقعات المجتمـع السـلوكية منـه وغـرس المعـايير الاجتماعيـة والقـيم والاتجاهـات السلوكية.[67] هذا من أجل أن يكون الفرد فاعلاً في مجتمعه انها عملية تنشـئة اجتماعيـة وثقافيـة ضـابطة بحسب طبيعة المجتمع الموجودة فيه، فهي من جهة مسايرة للتنظيم الحضاري السائد فهـي بهـذا المعنـى ضابطة، ومن جهة أخرى انها معززة ومطورة ومنقحة ومبسطة لثقافـة المجتمـع ونقلهـا للاجيـال اللاحقـة. وتعد التربية وسيلة للضبط الاجتماعي للأسباب التالية:

1- لأن من أهم وظائف النظام التربوي تحقيق التضامن الاجتماعـي والاسـتقرار مـن خـلال تعلـيم المعايير الاجتماعية وأنماط السلوك المختلفة.

2- يعد المتعلم في المجتمعات المعاصرة وسيلة تساهم في اعادة انتاج المعارف والمهارات والمعايير الاجتماعية والقيم بعد تطويرها، وهذه كلها تساهم في استمرار المجتمع وتنظيمه وتطويره فهي بهذا المعنى تضبط أمور المجتمع المختلفة، كما أنها تزود أفراد المجتمع بالمعارف العلمية التي تساعدهم على الابداع الذي هو حاجة أساسية تساند البناء الاجتماعي وتعمل على تحديثه.

3- نتيجة لإشراف المجتمعات المعاصرة على التعليم الرسمي فقد أصبحت الادارة التعليمية المركزية في المجتمع تتحكم في مضمون المعرفة والمناهج وطرق التدريس وتحديد الوظائف المرتبطة بالمؤسسات التعليمية التعلمية، وهذا ساعد على جعل التعليم الرسمي ذاتاً فاعلة في تزويد الأفراد بالمعايير الاجتماعية، مما ساعد على التخلص من التناقضات وتخفيف التوترات والمشكلات الناجمة من خلال عملية التنشئة الاجتماعية، وبذلك تهيّئ التربية الرسمية الظروف لدعم عوامل الضبط الاجتماعية عند الأفراد .

4- ان للتربية الرسمية وظيفة أساسية تتمثل في الضبط الاجتماعي لأنها أكبر مؤسسات المجتمع ولأن نتائجها لها علاقة بالوظائف وتشمل جميع العمليات في المجتمع وتشاركها بذلك مؤسسات التنشئة الاجتماعية الأخرى، وتساهم كذلك أيضاً في دعم القيم العامة المشتركة لدى الأفراد ومختلف عمليات تنظيم سلوكهم في ضوء توقعات المجتمع من شاغلي الوظائف والأدوار الاجتماعية المختلفة من أجل استقرار المجتمع واستمراره مما يساعد على تنمية شعور الفرد في الانتماء لوطنه ونظامه الاجتماعي بمؤسساته المختلفة.

5- تقوم التربية الرسمية بالضبط الاجتماعي من خلال الزامية التعليم، وذلك حين تفتح المجال أمام جميع الأفراد الذين هم في سن الالزام لتعلم المهارات والقيم الأساسية والمعايير الاجتماعية ومختلف العلوم والمعارف اللازمة لهم في حياتهم وتنمية قدراتهم للقيام بوظائفهم وأدوارهم الاجتماعية المختلفة مما يساعد على التكيف الاجتماعي بكافة صوره وأشكاله. كما تقوم المدرسة بإكساب الجيل

الصاعد الخبرات اللازمة وتحقيق مطالب نمو شخصياتهم من جميع جوانبها مما يقلل من فرص الانحراف والخروج عن المألوف .

6- التربية وسيلة للضبط الاجتماعي؛ لأنها تقوم أيضاً بوظيفتين أساسيتين:[69]

أ- الامتصاص والاحتفاظ ونشر العناصر الصالحة من الأنماط الثقافية وهي (الطرق الشعبية العامة، والأنظمة، والاعراف).

ب- تنمية أنماط ثقافية جديدة لتقابل العناصر الحيوية في المجتمع بشرط أن لا تتعارض مع ما هو متعارف عليه، أي تقوم بفحص الميراث الثقافي على أساس من الوعي الخلاّق واجراء التجارب بهدف التعديل للأفضل .

ومن الأهمية بمكان التأكيد إلى أن الجيل الصاعد يكتسب الضبط الاجتماعي من خلال عمليات التنشئة الاجتماعية المختلفة التي تبدأ في الأسرة فالمدرسة وجماعة الرفاق ووسائل الاعلام المختلفة والمؤسسات الدينية... الخ لأن التنشئة الاجتماعية مسؤولة عن تشكيل السلوك الاجتماعي للفرد حسب ثقافة مجتمعه من معايير اجتماعية وقيم، وهي محددات وضوابط اجتماعية في أي مجتمع من المجتمعات البشرية لتحقيق التكيف الأمثل.

إن الأفراد هم نتاج محيطهم الاجتماعي وخاصة مجتمع الكبار، فمنذ أن تتفتح عيني الطفل على النور وهو تحت رحمة الكبار من أبويه وأهله وجيرانه وهم يؤثرون بدرجات متفاوتة على تفكيره نحو ذاته ونحو الآخرين وتكوين اتجاهاته المختلفة، وإن الدور الاكبر يعود للأبوين، ويعاقب الطفل لأنواع من السلوك يقوم بها ويثاب على بعضها الآخر. وتكوين شخصية الطفل يعتمد على حد كبير على مؤسسات التنشئة الاجتماعية المختلفة وكل من يدخل في تفاعل اجتماعي معه، فالطفل يولد في أسرة ولكنه أيضاً يعيش في مجتمع بمختلف جماعاته، وكلهم يشاركون في تشكيله الاجتماعي. وهذا كله يدخل في عمليات الضبط الاجتماعي والتي تحددها المعايير الاجتماعية والقيم الموجودة في الثقافة.[70]

ويعد الضبط الاجتماعي مهم جداً لاستقرار المجتمعات البشرية ومواجهة المشكلات الاجتماعية وحلها وإلا سوف تحل الفوضى الاجتماعية ويختل الاستقرار الاجتماعي، وهذا يؤثر على بقاء المجتمع واستمراره.

خصائص الضبط الاجتماعي :

ان الضبط الاجتماعي في أساسه ضبط ذاتي من جانب المجتمع، فالمجتمع في نفس الوقت هو ضابط ومنضبط لأن له القدرة المستمرة على التجديد الذاتي للضوابط. [71] ولعل من أهم خصائصه ما يلي:

1- يتمثل الضبط الاجتماعي في المسالك الاجتماعية التي تنير للأفراد والجماعات كيفية الامتثال للمعايير والقيم وأنماط السلوك المقررة أو المرغوبة.

2- يتضمن التوجية المقصود من خلال عمليات دراسة موضوعية وتحليليه للمسائل ذات العلاقة. ومن هنا يتبين أن له علاقة بالنظم الاجتماعية عن طريق التدخل الفعلي فيها. وهذا التدخل يسير وفق خطة منظمة هادفة وليس عن طريق تلقائي غير هادف.

3- يتضمن فكرة العمل ووضع التصاميم المطلوبة للتكيف ومواجهة مختلف التحديات والأزمات والضغوطات الداخلية والخارجية.

4- يرتكز الضبط الاجتماعي على القانون الاجتماعي وإن خالف أحيانا القانون الطبيعي. أي أن إشباع حاجات الانسان المادية والمعنوية تخضع لعمليات مختلفة من الضبط والمراقبة والمتمثلة في المعايير الاجتماعية والقيم والقوانين والانظمة والتعليمات..الخ.

5- يأخذ بعلاج كافة الانحرافات وخاصة لأنه ضبط هادف يهدف إلى ضمان استقرار المجتمع وتوازنه واستمراره بصورة سوية.

6- يمكن انطواء الضبط الاجتماعي على عنصر التبرير الفعلي ويتضمن في مختلف الأحوال والمواقف التصميم للتغيير والتطوير والتنشيط والحركة في مختلف أجهزة المجتمع. [72]

7- يتضمن الضبط الاجتماعي تحديد مجالات السلوكات المقبولة والمرغوب فيها في المجتمع وفق عناصر ثقافته.

8- تلازم عمليات الضبط الاجتماعي حياة الانسان بأشكاله المختلفة، وهو مهم لتنظيم المجتمع واستقراره وديمومة هذا الاستقرار، ويسعى إلى الاصلاح لاعتماده على تشريعات مختلفة من قوانين وأنظمة وتعليمات ومعايير تحارب السلبيات فهو قوة مؤثرة على الأفراد والجماعات.

أنواع الضبط الاجتماعي :

هناك نوعان معروفان للضبط الاجتماعي عند علماء الاجتماع والسياسة والمهتمين وهما: [73]

1- الضبط الداخلي: ويأتي من داخل الإنسان ويتم من خلال المبادئ والقيم الاجتماعية المغروسة في ذات الفرد من خلال تربيته وتنشئته الاجتماعية بواسطة مختلف مؤسساتها المقصودة وغير المقصودة، ويحتل الدين دوراً كبيراً في هذا المجال بما فيه من قيم اجتماعية وأخلاقية.

2- الضبط الخارجي: بما فيه من مظهر جزائي ويتمثل في التشريعات من القوانين والأنظمة والتعليمات التي يترتب عليها ثواب وعقاب.

وسائل الضبط الاجتماعي:

يقصد بوسائل الضبط الاجتماعي المعايير والوسائل العديدة التي يلجأ اليها المجتمع لحمل أفراده واجبارهم على الامتثال للسلوك الاجتماعي المطبق والمرغوب فيه. [74]

ولعل من أهم وسائل الضبط الاجتماعي ما يلي:

1- الدستور: وما ينبع منه من قوانين وما يستمد من هذه القوانين من أنظمة وتعليمات فهي من أهم وسائل الضبط الاجتماعي، اذ تعد القوانين وسيلة رسمية يحكم ويضبط المجتمع أفراده بها لانطوائها على الالزام والجبر.

2- التربية: تعد التربية من خلال مؤسسات التنشئة الاجتماعية المختلفة من أهم وسائل الضبط الاجتماعي، فالتربية عملية اجتماعية متكاملة هدفها اعداد الجيل الصاعد للحياة الاجتماعية من خلال التأهيل والتدريب على ممارسة الأدوار المتوقعة في المجتمع وبنجاح. وقد اعتبر (كارل مانهايم Manheim) أن التربية وسيلة هامة من وسائل الضبط الاجتماعي. (75)

لقد سبق لـدوركهايم (Durkheim) أن بين عمل المدرسة في تكييف الجيل الناشئ مع حياة الجماعة، وان نظام التربية هو وسيلة يستخدمها المجتمع لادماج الفرد في بنائه، ويتم ذلك من خلال تحديد غايات التربية من قبل المجتمع الذي يصنع الجيل الناشئ على صورته، وهـذه هـي الوظيفة المحافظة للمؤسسة التربوية. كما أنه يقبل أن تتوافق التربية توافقاً تاماً مع تقسيم المجتمع إلى طبقات ومع تقسيم العمل التقني والاجتماعي، وبما أن المربي هو ممثل المجتمع وأنه يعمل باسم الدولة لذلك فإنه يأخذ وصفاً سلطوياً تجاه المتعلم وبصورة مشروعة. (76)

3- الدين: ويعـد من أهـم وسائل الضبط الاجتماعي وأكثرهـا تـأثيراً في حيـاة الأفراد وخاصـة في المجتمعات الاسلامية وكذلك في المجتمعات البشرية التي لم تفصل الدين عن الدولة لأن للدين وظائف تعمل على تدعيم واستقرار النظم الاجتماعية من خلال القيم التي ينادي بها. ولقد اكد (دوركهـايم Durkheim) (وفيـبر Weber) عـلى أهميـة الـدين كضابط اجتماعي يحول دون الانحراف ويحارب الجرائم المختلفة وخاصة الاخلاقية. فمثلاً في المجتمعـات الغربيـة يـرى (بـول لاندس Paul Landies) أنه لم تعد المؤسسات الدينية تسيطر على حياة الأمم وأفكارها كما كانت من قبل وخاصة بعد فصل الـدين عـن الدولة، أي أنها لم تعد هـي النظام الأساسي في حيـاة الانسان، فهناك نظم علمانية أخرى تمثل مركز الصدارة في هذا المجال وهي

متغلغلة في النظم الاقتصادية والاجتماعية والثقافية والتربوية والترفيهية، وانها هي التي تلعب الدور الأهم في حياة الناس وتوجه حياتهم. [77] ولكن لابد من التأكيد أن القيم الاجتماعية الموجودة في الأديان كانت ولا تزال ضابطة للمجتمعات ومحافظة عليها بغض النظر عن فصل الدين عن الدولة.

4- المعايير الاجتماعية: من عادات وتقاليد وأعراف وقيم لما لها من وظائف ضابطة ومنظمة وارشادية وتوجيهية، ولما لها أيضاً من قدسية واحترام ولأنها تتصف بالعمومية والانتشار داخل المجتمعات.

5- الرأي العام : فهو حكم جماعي على الأحداث وهو مصدر للقانون وأداة مهمة للضبط الاجتماعي فهو قوة جماعية ومظهراً من مظاهر تماسكها، إنه السياج المنيع للحماية والضبط. والتربية الحديثة والمعاصرة تستعين بالرأي العام من أجل الاستفادة منه وتأمين الانضباط الاجتماعي والسلوك الحسن بين المتعلمين، فكلما ارتفع شأن الرأي العام كلما تحسنت الحياة المدرسية، أنه حارس قوي للمبادئ والقيم وحفظ مصالح الناس في المجتمع ومصالح طلبة المدارس وكل من له علاقة بالعملية التعليمية التعلمية.

المراجع

1- جعنيني، نعيم، (1998)، أنماط التنشئة الاجتماعية في المدرسة كما يراها معلمو المدارس الأساسية الرسمية في محافظة ماديا، مجلة دراسات للعلوم التربوية، الجامعة الأردنية، عمان، الأردن.

2- Beth B., Hess & Elizabeth W. & Markson, (1982), "Sociology", 2nd Edition, Macmillan Publishing Co. NewYork.

3- دندش، فايز، (2002)، علم الاجتماع التربوي بين التأليف والتدريس، ط(1)، دار الوفاء لدنيا الطباعة والنشر، الاسكندرية، جمهورية مصر العربية.

4- الكندري، أحمد محمد مبارك، (1992)، علم النفس الاجتماعي والحياة المعاصرة، ط(1)، مكتبة الفلاح.

5- وطفة، علي أسعد، (1992-1993)، علم الاجتماع التربوي، ط(1) منشورات جامعة دمشق، دمشق، سوريا.

6- Danziger, K. (1971), "Socialization", First edition, Hardmonds worth, Penguin .

7- الأخرس، صفّوح، (1982)، علم الاجتماع العام، ط(1) ، مطبعة جامعة دمشق، دمشق، سوريا.

8- السيد، فؤاد (1993)، علم النفس الاجتماعي، ط(1)، دار الفكر العربي، القاهرة، جمهورية مصر العربية.

9- ناصر، ابراهيم، (2004)، التنشئة الاجتماعية، ط(1)، دار عمار، عمان، الأردن، ص11 . وأيضا وطفة، علي أسعد، مرجع سابق.

10- السيد، فؤاد، مرجع سابق.

11- الرشدان، عبد الله، وجعينيني، نعيم، (2002)، المدخل الى التربية والتعليم، ط(4)، دار الشروق، عمان، الأردن، ص (182).

12- جعنيني، نعيم، (1998)، أنماط التنشئة الاجتماعية في المدرسة، مرجع سابق.

13- همشري، عمر، (2003)، التنشئة الاجتماعية، ط(1)، دار صفاء للنشر والتوزيع، عمان، الأردن.

14- جعنيني، نعيم، مرجع سابق. وأيضاً وطفة، علي أسعد، مرجع سابق.

15- الرشدان، عبد الله، (1999)، علم اجتماع التربية، ط(1)، دار الشروق، عمان، الأردن، ص (15).

16- ناصر، ابراهيم، (2004)، التنشئة الاجتماعية، ط(1)، دار عمار، الأردن. وأيضاً وطفة، علي أسعد، مرجع سابق.

17- الرشدان، عبد الله، مرجع سابق.

18- وطفة، علي أسعد، مرجع سابق.

19- جعنيني، نعيم، (1995)، التحديات الاجتماعية وتربية المعلم للقرن الحادي والعشرين، كلية العلوم التربوية (الجامعة الأردنية) ومكتب اليونسكو الاقليمي للتربية في الدول العربية (يونداباس) من 2-5 تشرين أول (1995)، عمان - الأردن.

20- النجيحي، محمد لبيب، (1976) الأسس الاجتماعية للتربية، ط(6)، مكتبة الأنجلو المصرية، القاهرة، جمهورية مصر العربية.

21- رابح، تركي، (1982)، أصول التربية والتعليم، ط(1)، ديوان المطبوعات الجامعة، الجزائر.

22- دندش، فايز، مرجع سابق. وأيضاً محمود، حسن، (1981)، الأسرة ومشكلاتها، ط(1)، الدار العربية للطباعة والنشر، بيروت، لبنان.

23- شازال، جان، (1983)، الطفولة الجانحة، ط(1)، منشورات عويدات، بيروت، لبنان.

24- زيدان، محمد مصطفى، والشربيني، محمد السيد، (1965)، سيكولوجية النمو، ط(1) مكتبة النهضة المصرية، القاهرة، جمهورية مصر العربية.

25- لطفي، عبد الحميد، (1981)، علم الاجتماع، ط(1)، دار النهضة العربية، بيروت، لبنان.

26- الرشدان عبد الله، وجعنيني نعيم، (2002)، المدخل الى التربية والتعليم، ط(4)، مرجع سابق.

27- المرجع السابق.

28- التل، وآخرون، (1993)، المرجع في مبادئ التربية، ط(1)، دار الشروق، عمان، الأردن.

29- جعنيني، نعيم، (2004)، الفلسفة وتطبيقاتها التربوية، ط(1)، دار وائل، عمان، الأردن.

30- التل، وآخرون، مرجع سابق.

31- جعنيني، نعيم، الفلسفة وتطبيقاتها التربوية، مرجع سابق.

32- لطفي، عبد الحميد، (1981)، علم الاجتماع، ط(1)، دار النهضة العربية، بيروت، لبنان.

33- وطفة، علي أسعد، مرجع سابق.

34- السيد، فؤاد، (1993)، علم النفس الاجتماعي، ط(1)، مرجع سابق.

35- جعنيني، نعيم، (2004)، درجة تفاعل المدارس الثانوية الرسمية مع مؤسسات التنشئة الاجتماعية في محافظة مادبا من وجهة نظر طلبتها، مجلة كلية التربية بالمنصورة، العدد (54)، الجزء الثاني، يناير 2004.

36- النجيحي، مرجع سابق.

37- التل وآخرون ، مرجع سابق.

38- المرجع السابق.

39- المرجع السابق.

40- الجـولاني، فاديـة عمـر، (1997)، علـم الاجتماع التربـوي، ط(1)، مركـز الاسكندرية للكتـاب، الاسكندرية، جمهورية مصر العربية.

41- المرجع السابق.

42- الرشدان، عبد الله، (1999)، علم اجتماع التربية، ط(1)، مرجع سابق.

43- الرشدان، وجعنيني، مرجع سابق، ص (280).

44-   Olive B. (1968), "The Sociology of education" Bt. Batsford, LTD, London .

45- جعنيني، نعيم، (2004)، مرجع سابق.

46- اليونسكو (1996)، الادارة التربوية على المستوى المحلي، مكتب اليونسكو العربي لـدول الخليج، الرياض، السعودية.

47- لوبلنسـكايا، أ، (1980)، علـم نفس الطفـل، ط(1)، ترجمـة علـي منصـور وعـز الـدين عـامود، منشورات وزارة الثقافة والارشاد القومي السوري، دمشق، سوريا.

48- محمود ، حسن، مرجع سابق.

49- معوض، خليل ميخائيل، (1982)، علـم الـنفس الاجتماعـي، ط(11)، دار النشر- المغربيـة، الـدار البيضاء، المغرب.

50- السيد، سميرة (1998)، علم اجتماع التربية، ط(3)، دار الفكر العربي، القـاهرة، جمهورية مصر- العربية.

51- الغزوي، فهمي سليم، وآخرون، (1992)، المدخل الى علم الاجتماع، ط(1)، دار الشروق للنشر والتوزيع، عمان، الأردن.

52- الجلبي، عبد الرزاق، والسيد عبد العاطي، وبيومي محمد أحمد، (1998)، علم الاجتماع الثقافي، ط(1) دار المعرفة الجامعية، الاسكندرية، جمهورية مصر العربية.

53- عبد الرحمن، سعد، (1967)، أسس القياس النفسي الاجتماعي، ط(1)، مكتبة القاهرة الحديثة، القاهرة، جمهورية مصر العربية.

54- لطفي عبد الحميد، مرجع سابق.

55- الغززلي، فهمي، وآخرون، مرجع سابق.

56- دندش، فايز، مرجع سابق.

57- الغزولي، فهمي سليم، وآخرون، (1992)، مرجع سابق.

58- دندش، فايز، مرجع سابق.

59- لطفي، عبد الحميد، مرجع سابق.

60- السيد، سميرة، (1998)، مرجع سابق.

61- اللقاني، أحمد، وابو سنينة عودة (1990)، التعليم والتعلم الصفي، ط(1)، دار الثقافة للنشر والتوزيع، عمان، الأردن.

62- أبو جادو، صالح، (1998)، سيكولوجية التنشئة الاجتماعية، ط(1)، دار المسيرة، عمان، الأردن.

63- غيث، عاطف، (1988)، المشاكل الاجتماعية والسلوك الانحراف، ط(1)، دار المعرفة الجامعية، الاسكندرية، جمهورية مصر العربية.

64- الرشدان، عبد الله، علم اجتماع التربية، مرجع سابق.

65- المرجع السابق.

66- المرجع السابق، وأيضاً، بدرخان، سوسن، (2004)، أشكال الضبط المدرسي المستخدمة من قبل معلمي المرحلة الثانوية في الأردن وعلاقتها ببعض المتغيرات، أطروحة دكتوراه، كلية العلوم التربوية ، الجامعة الأردنية، عمان .

67- الجولاني، فادية عمر، علم الاجتماع التربوي، مرجع سابق.

68- السيد، سميرة، مرجع سابق.

69- دندش، فايز، مرجع سابق.

70-   D. Stanley Eitzen, (1985) "Conflict and order" Understanding Society- Colorado state University , Allyn and Bacon, Inc. Boston, London.

71- سامية، محمد جابر، (1993)، القانون والضوابط الاجتماعية، ط(1)، دار المعرفة الجامعية، الاسكندرية، جمهورية مصر العربية.

72- الرشدان، عبد الله، علم اجتماع التربية، مرجع سابق.

73- البستاني، محمود، (1994)، الاسلام وعلم الاجتماع، ط(1)، مجمع البحوث الاسلامية، بيروت، لبنان.

74- سامية، جابر مرجع سابق.

75- أحمد، علي، (1995) مقدمة في علم اجتماع التربية، ط(1)، الاسكندرية، دار المعرفة الجامعية، جمهورية مصر العربية.

76- بوستيك، مارسيل، (1986)، العلاقة التربوية، ط(1)، ترجمة محمد بشير النحاس، المنظمة العربية للتربية والعلوم والثقافة.

77- سامية، جابر، مرجع سابق.

الفصل السابع

الديمقراطية وتكافؤ الفرص التعليمية

- الديمقراطية
    - الفكر الليبرالي والديمقراطية
    - أشكال الديمقراطية
- تكافؤ الفرص التعليمية
    - معوقات تحقيق تكافؤ الفرص التعليمية

الفصل السابع
الديمقراطية وتكافؤ الفرص التعليمية

سيتناول هذا الفصل ثلاثة محاور بينها ترابط قوي وتدخل في صلب علم اجتماع التربية وهي:

أولاً: الديمقراطية .

ثانياً: تكافؤ الفرص التعليمية .

ثالثاً: الحراك الاجتماعي .

أولاً: الديمقراطية :

يجمع الكثير من المفكرين في العالم على أن للديمقراطية (Democracy) باب واحد هو تمكين الشعب في أي مجتمع من المجتمعات من إدارة شؤونه وصناعة مستقبله لأنه القوة الحية الفاعلة في المجتمع، ففكرة سيادة الشعب كانت هي المنطلق الأول للتعبير عن الديمقراطية وان اخطر ما يهددها هو الاستبداد بكافة صورة وأشكاله.

إن تطبيق الديمقراطية اجتماعياً وسياسياً مطلب سام يتفق مع القيم الانسانية المتمثلة في الحرية والعدالة والمساواة وحقوق الانسان والمشاركة الفعلية بأوسع معانيها واستقلال القضاء، إنها تشكل مجموعة الضمانات الحامية من التغّول السياسي، وهي التي أوصلت الدول الصناعية المتقدمة الى ما هي عليه من تطور في كافة المجالات. فتطور المجتمعات البشرية منوط بتطبيق الديمقراطية بحيث تصبح أسلوب حياة المجتمعات البشرية كافة، وهذا لا يتحقق بصورة كاملة إلا في المجتمعات القائمة على المؤسسية والتعددية

والمشاركة بأوسع معانيها. وللوصول إلى حياة ديمقراطية صحيحة فهذا مقترن بالوعي الاجتماعي والثقافي والسياسي ومقترن أيضاً بالممارسة والمحاسبة والشفافية والمشاركة السياسية. وبدون هذه كله فمن الصعب التخلص من العجز الذاتي الذي تعاني منه المجتمعات النامية، فالديمقراطية هي المشعل والمعول للتقدم إلى الامام واللحاق بركب الحضارات العالمية.

ويعتقد رجال الفلسفة والسياسة والفكر أن الديمقراطية ربما كانت مرافقة للإنسان منذ أقدم العصور فاختلاف البشر في آرائهم وترددهم في الاختيار من بين ما هو مطروح عليهم كان نقطة البدء للتوجه الديمقراطي، إلا أن الوصول إلى وعي ديمقراطي متقدم فكراً وممارسة يتطلب توفير مناخ من الحرية والتسامح وقبول الرأي الآخر والعقلانية وتطبيق الفكر العلمي والابتعاد عن سيطرة مفهوم فكرة الحقيقة المطلقة. فالحقيقة ليست ذاتية بل هي موضوعية وملك للشعب وللوصول إلى هذا الفهم لابد من وجود تربية صحيحة وتغيير في المفاهيم القديمة المتحجرة والتي تعيق تطور الحياة الانسانية وتقدمها.
(1)

هذا بالاضافة للإشارة إلى أهمية تجاوز مفهوم الديمقراطية أطروحة الخطاب الرأسمالي في هذا المجال والذي يعتقد أن الديمقراطية بنت السوق، فالسوق والديمقراطية مفاهيم متناقضة وغير مكملة لبعضها البعض. كما أن الديمقراطية التي لا تستطيع تغيير حياة شعوبها للأفضل لا يمكن أن تعتبر ديمقراطية صحيحة، ولهذا تفقد الشعوب ثقتها بها وخاصة عندما تدرك أنها من خلال بوابة الديمقراطية لن تستطيع القيام بأي فعل وطني مناهض للعولمة وبالتالي ستلجأ إلى أساليب غير ديمقراطية لمناهضة قوى السوق المسيطرة. ان الديمقراطية الحقيقية لا تقوم على مبدأ سيادة القوة وعولمة قوانين الربح والتجارة، بل لابد من قوانين تحترم حقوق الانسان وقوانين اكثر عدالة وإنسانية وتقضي على الفقر والبطالة في العالم وتعمل على التعاون والتقاء الشعوب على أسس انسانية، وليس هذا فقط من أجل تفتيت الصراع بل من أجل اسقاط المشروع الليبرالي المعولم. (2) الذي تتبناه الليبرالية المعاصرة والتي تعتبر الربح مظلة فوق الشعوب.

ومفاهيم الديمقراطية متعددة وتختلف باختلاف الفلسفة السائدة في المجتمع والزاوية التي ينظر اليها منها. فمفهوم الديمقراطية السياسية: يعني تمتع الشعب بحق الانتخاب بطريقة الاقتراع السري العام بقصد تحقيق المساواة أمام القانون. ومفهوم الديمقراطية الاجتماعية: يعني العدالة وتكافؤ الفرص لجميع أبناء الشعب في المجتمع المعني. أما مفهوم الديمقراطية الشعبية: فأطلق على الديمقراطية التي كانت موجودة في بلدان أوروبا الشرقية ذات النظم الاشتراكية[3]. والتي أصبحت فيما بعد نظماً رأسمالية منذ التسعينيات من القرن العشرين.

أما اذا أخذت كلمة ديمقراطية مجردة فإنها ترجع تاريخياً إلى بلاد اليونان فقد كانت الديمقراطية الأثينية من أولى الديمقراطيات التي عرفها التاريخ، فقد كانت ديمقراطية مباشرة وضعت الحكم في ايدي الشعب عبر الجمعية الشعبية التي ضمت ولأول مرة شهدها التاريخ جميع المواطنين في مدينة أثينا، وأنشأت محاكم شعبية لانصاف الشعب وحرّمت نظام العبودية، إلا أنها حصرت المواطنة في الأفراد الذكور فقط واستبعدت الناس المقيمين والعبيد من مفهوم الشعب، وأعطت لنفسها حرمان الأثيني من مواطنته اذا لم يتبع أحد الفريقين المتصارعين.[4]

وانها كمفهوم وفي سياقها اللغوي كانت تعني في العهود اليونانية القديمة حكم الشعب من قبل الشعب، وتتركب من مقطعين هما: ديمو (Demos) وتعني حكم وكراتس (Kratos) وتعني الشعب. ومن المقطعين تتشكل كلمة الديمقراطية، وهي حكم الشعب نفسه بنفسه بطريقة مباشرة. [5] وهذا هو المفهوم التقليدي للديمقراطية والذي يقصرها على الجانب السياسي حيث غلب في بداية نشأتها وتطبيقها الطابع السياسي. وقد اعتبر الفيلسوف اليوناني أفلاطون (347-429)Plato أن مصدر السيادة هو الارادة المتحدة للمدينة، أي للشعب ككل، كما قسم تلميذه أرسطو (322-383) Aristotle الحكومات الى حكومات ملكية وارستقراطية وجمهورية. [6]

لقد كانت ممارسة الديمقراطية في المجتمع الاغريقي القديم ممارسة ضيقة وأقتصرت على فئة قليلة من الناس هم فئة المواطنين، لذلك لم تتحقق الغاية منها وذلك يعود إلى أن هذا المجتمع كان يعتمد على أسلوب الانتاج القائم على الرق والعبوية، حيث كان

المجتمع منقسماً إلى أحرار وعبيد، والعبد لم يكن له حق في ممارسة حريته. أما الاحرار فكانوا منقسمين الى مواطنين وغير مواطنين. فغير المواطنين وهم النساء والغرباء فليس لهم أية حقوق سياسية.

وتجدر الاشارة إلى أن مدينتي اسبرطة وأثينا في ذلك التاريخ كانتا أقوى مدينتين في بلاد اليونان وكان لكل منهما نظام مختلف، فمدينة اسبرطة كانت ذات نظام ديكتاتوري، في حين كان نظام الحكم الأثيني ديمقراطياً بالنسبة الى ذلك العصر فقد تميز بنهضة فلسفية وفكرية وعلمية وفنية مزدهرة استمرت من العام (500 ق.م) الى غاية صدور القرار بإغلاق جامعة أثينا والذي أصدره الامبراطور (جستنيان) معتبراً أن هذه الجامعة اصبحت جامعة ملحدة. [7] وقد جاء ذلك بعد أن كانت أثينا مهداً للديمقراطية والحرية الفردية الغربية. ويتضح من هذا أن قضية الديمقراطية وما تنطوي عليه من مبادئ كانت محور اهتمام الناس منذ أقدم العصور، إلا أنها في ذلك الوقت لم تحقق الغايات المتوخاة منها فاقتصرت على فئة قليلة من الناس ولم تشكل أسلوب حياة اجتماعية.

أما في العصور الوسطى ومع ظهور نظام الاقطاع الذي كان امتداداً للنظام الطبقي اليوناني والروماني وسيطرته على مختلف جوانب حياة الناس أصبحت السلطة وملكية الأرض ممتزجتين مع بعضهما البعض وأصبحت الزراعة هي النشاط الانتاجي الرئيس للمجتمع في ذلك الوقت. إلا أنه مع نمو المدن وازدهار حركة التجارة بدأت الطبقة الوسطى في النشوء والانتعاش، وتنامت في هذه الفترة سلطة رجال الدين فدخلوا في صراع مع السلطة السياسية مما أدى إلى وجود سلطتين إحداهما دنيوية برئاسة رجال الحكم، والأخرى دينية برئاسة البابا، وانتشرت العبارة المشهور وهي "أعط ما لقيصر لقيصر وما لله لله".

ونمى الصراع شيئاً فشيئاً بين السلطتين في أوروبا ابتداء من القرن العاشر الميلادي وحتى القرن الثالث عشر، مما أدى الى سيطرة رجال الدين ورفضهم الاقرار بالمساواة بين السلطتين، وبدأوا يتدخلون في تعيين الحكام وعزلهم استناداً الى مبدأ التفويض الآلهي الذي عزز سلطة الكهنوت مما أثر على الحياة الديمقراطية تأثيراً سلبياً. [8]

إن العصور الوسطى كانت عصوراً مظلمة في أوروبا، وتمثل ذلك في انحطاط الفكر والعقل والعلم وسيطر الاستبداد وجمدت الفلسفة باعتبارها مفتاحاً للعقل، مما أدى الى توقفه عن الابداع، وأصبح التاريخ عبارة عن أساطير واختلطت العلوم بالخرافات، كما أصبح العلم والمعرفة من احتكار رجال الكهنوت. ولكن مع بداية عصر النهضة والاصلاح الديني أصبحت حركات التحديث قوى مؤثرة في مجتمعاتها أغنت الفلسفة والفكر والسياسة والمنطلقات العلمية والانسانية مما جعل الناس يشعرون بأنهم شبه أحرار يشكلون حياتهم بالطريقة الملائمة لهم ولمجتمعاتهم. بالاضافة لذلك نمت سلطة رجال السياسة نتيجة تقلص سلطة رجال الدين وهذا بدوره أدى الى ضعف قوة الاقطاع الذي كان مدعوماً من رجال الدين مما أثر على نشوء ونمو المؤسسات المدنية ونمو مؤسسات الدولة المركزية وانتعشت الحكومات وشجعت التجارة وضعفت أيضاً فكرة الدولة أنا والذي كان يرددها لويس الرابع عشر ودافع عنها ميكافيلي أيضاً. [9]

لقد أدت العوامل الجديدة مثل النمو الاقتصادي الذي ظهر في القرن الثاني عشر الميلادي بظهور طبقة جديدة هي الطبقة الوسطى العاملة وقوامها التجار وأرباب الحرف في ذلك الوقت حيث كانت عاملاً مهماً من العوامل المهمة التي حطمت دعائم المجتمع الأوروبي وأدت لثورة الاصلاح في ذلك الوقت. هذا بالإضافة إلى ظهور بوادر الصناعات البسيطة التي أدت لظهور قوى اجتماعية جديدة مهدت الطريق لكسر قبضة النظام الاقطاعي مما ساهم في ظهور نزعة فكرية جديدة تطالب بالتوفيق بين مطالب الايمان ومطالب العقل. وهذا الاتجاه بدأ ينادي بمنطقة الدين الذي بدأ يظهر من داخل الكنيسة نفسها، وكان (ابيلارد) (1079-1142) Abillard من أوائل الذين نادوا بتحرر العقل من العقيدة مؤكداً أن العقيدة المسيحية لا يمكن أن تحيا حياة قوية بغير علم ومعرفة. [10] هذا بالاضافة إلى التغيرات المختلفة التي حمل لواءها المتعلمون الذين استفادوا من خبراتهم ودراساتهم في الجامعات الاسلامية في الاندلس مما زاد من فرص الاتصال الثقافي بين الشرق وأوروبا. لقد دعمت هذه الاتجاهات الجديدة ابتكار فن الطباعة في أوروبا عام 1440 مما ساهم في نشر الكتب والدراسات مما شجع المطالعة التي هي أحد مداخل المعرفة وباب كل تطور، وواكب هذه

العوامل ظهور الدول العصرية التي دعت الضرورة وجود تعليم جديد لخدمة الواقع الجديد.[11]

ان هذه الاصلاحات التي شهدتها أوروبا بعد عصر النهضة كانت أيضا نتيجة تشجيع حرية النقد والحوار الذي فسح المجال لطرح بعض الاسئلة في الشؤون الدينية والدنيوية، وتحدّت هذه الأفكار الجديدة سلطة الكنيسة وأضعفتها. إن هذه التغيرات كلها فرضت نفسها على الغرب وأدت الى اشعاع علمي وحضاري بدد ظلمات العصور الوسطى، فمنذ القرنين الثالث عشر ـ والرابع عشر ـ بـدأ هـذا الفكر الجديد في الانتعاش علمياً وثقافياً وبدأ يفرض نفسه علـى الجامعات ومراكـز التعليم مـع بداية ضعف سيطرة رجال الدين على التعليم ومؤسساته. بالاضافة إلى ذلك فإن الكنيسة نفسها ساهمت في هذا الاصلاح في أوروبا لتنتقل أوروبا من العصور الوسطى الى العصور الحديثة .[12]

لقد سميت هذه الصحوة (بالنهضة) Renaissance وهي تعني كمفهوم عملية انبعاث أو ولادة جديدة. وجاء بعد عصر النهضة عصر (التنوير) Enlightment الـذي امتـد مـن بدايـة القرن السابع عشر ـ الميلادي الى نهاية القرن التاسع عشر الميلادي، وهو عصر العقل والعلم وظهور النزعـة النقديـة الاصلاحية والذي ساهم في رسم ملامحه نمـو الاتجاه القومي ونمـو طبقـة التجـار بشكل أكبـر مـن السابق وظهـور الرأسمالية الغربية، والاتجاهات الفلسفية والعلمية الجديدة والتسامح والنضال ضد الظلم والجهـل، مـما أدى إلى تغيير كبير في الأنشطة الفكرية للناس . ويُعد كتاب "كوندورسية" تقدم العقل من أهم ملامح هذا العصر، اذ مجد فيه العقل الانساني وكشف عن دوره في تحقيق الكمال والرضا للانسان وذلك اذا ما أحسن استخدامه. لقد كان هذا العصر مديناً أيضاً لمساهمات الفيلسوف الفرنسي ديكارت (1569-1650) Descarte على اعتبار انه كان رائداً للمدرسة العقلية في أوروبا منذ القرن السابع عشر لكن الـذين جـاءوا بعـده مـن أمثال "نيوتن" و"بيكون" و "لوك" هم الذي حملوا الراية من بعده بعمق أكثر من خلال تأسيسهم المنهجية العلمية التجريبية. [13]

إن التنوير الأوروبي ما هو إلا مرحلة من مراحل التنوير الانساني الذي ميز كل حضارة تقف ضد أي فكر محافظ. وتجدر الاشارة إلى أن القرن الثامن عشر الميلادي سمي

في فرنسا بعصر الأنـوار وبقـرن الفلاسـفة لأن كـل مـا كتـب فيـه كـان باسـم العقـل، فترسخت العلمانيـة والعقلانية على أنها إنتاج محوره العقل وقدراته والثقة به وبقدراته أكثر من أية سلطة أخرى. إنه عصر ـ التحرر مـن الأغلال المقيّـدة للفكـر والتخلـص مـن الأهـواء والالتـزام بالموضوعية والاعتماد على التجربـة والملاحظة.

وتجدر الاشارة في هذا المجال إلى أن الثورة الفرنسية بمبادئها وبالتغييرات التي أحدثتها سـاهمت في نقـل الديمقراطية من الاطار النظري الى الاطار العملي، كما أنها طبقت فعليا فصل سلطة رجال الـدين عن سلطة رجال الدولة. هذا بالإضافة إلى تأثير الفيلسوف والمربي روسو (1712-1787) Rousseau على عقليـة رجـال الثورة الفرنسية، وأيضاً تأثير الثورة الانكليزية (1688م) والأمريكية(1776م) على الديمقراطيـة حيـث كتب الكثير عنهما وصدرت إعلانات كثيرة عن حقوق الانسان. [14]

ان هذا يشير إلى أن الديمقراطيـة كانـت ولا تـزال موضوعاً مهـماً شـغل ولا يـزال يشـغل تفكيـر العديد من أفراد المجتمعات، وأنها ليست وصفة جاهزة يجب اقناع الناس بها، إنها مسألة ثقافية سياسية وفكرية، لذلك كثرت الاجتهادات في معاييرها ومضامينها وتطبيقاتها، كما تعددت الأبحاث والمؤلفات حولها وكـان أغلبها في الديمقراطية السياسية والاجتماعية وتكافؤ الفرص التعليمية وقليل منهـا كـان حـول التربيـة الديمقراطية، إلا أن بعضها تطرق إلى عمليات التدريس وأساليبه أو التنشئة الديمقراطية. ومع بروز اهتمام اليونسكو بنشر التعليم وتعميمه وتحقيق تكافؤ الفرص التعليميـة أجريت عـدة أبحـاث ودراسـات حـول ذلك وعقدت الندوات والمؤتمرات التي عقدتها هذه المنظمة الدولية مثل الندوة العالميـة بباريس عـام 1986 حول ديمقراطية التعليم العالي. [15] هذا بالإضافة إلى اقامـة بـرامج ومشـاريع لتحقيـق مبـدأ التعليـم للجميع على أرض الواقع، وكذلك أجريت دراسات كثيرة حول هذا الموضوع، واقيمت مؤتمرات عالمية أيضاً حول التربية للجميع، وقامت المنظمة العربية للتربية والعلوم والثقافة بعدة دراسـات حـول نشر ـ التعليـم وتعميمه وتحقيق مبدأ تكافؤ الفرص التعليمية. [16]

اضافة لما سبق فقد قامت اليونسكو أيضاً بإعداد تقرير حول التربية الديمقراطية للقرن الحادي والعشرين وتضمن توصيات وآراء حول التربية الديمقراطية لتأهيل الناشئة حول الديمقراطية الحديثة.

وفي هذا المجال ظهر كتاب "التربية من أجل مدنية ديمقراطية" الذي يطرح نماذج وتجارب من التربية الديمقراطية في عدة دول في العالم ويظهر دور المناهج وتنظيم الحياة المدرسية وإدارة الصفوف وطرائق وأساليب التدريس والتعامل مع المتعلمين، وبين أيضاً أن التربية الديمقراطية في كافة المجتمعات وخاصة تلك المجتمعات متعددة الثقافات تواجه تحديات كبيرة في تنشئة الجيل الصاعد من أبناء الثقافات المختلفة المهاجرين الى هذه المجتمعات وذلك لتأهيلهم للحياة الديمقراطية. [17]

ويضيف (رحمة) إلى أن الاهتمامات الفردية بتكافؤ الفرص التعليمية لم تكن أقل من اهتمامات الهيئات الدولية فقد تطرق للديمقراطية العديد من المهتمين في مقالاتهم وبحوثهم وكتبهم والتي تناولت ديمقراطية التعليم مثل كتاب "بارتس وزملاؤه" حول ديمقراطية التعليم وسيكولوجية التربية" وكتاب الأمين عن "اللاتجانس الاجتماعي" وهو سوسيولوجيا الفرص الدراسية في العالم العربي. وكذلك كتاب "رحمة" حول "تجارب عربية في التعليم الأساسي ودليل تخطيطه في الدول العربية"، وأيضا بحثه حول "ديمقراطية التعليم العالي في الدول العربية" والذي قدم في ندوة اليونسكو الدولية حول ديمقراطية التعليم العالي عام 1986. [18] الى غير ذلك من المقالات والفصول للكثير من المؤلفين في العالم .

الفكر الليبرالي والديمقراطية :

الليبرالية هي طريقة في التفكير تدور حول الانسان والسياسة والاقتصاد. والليبرالية في الاقتصاد ترتبط بالمدرسة الطبيعية التي تؤكد ان النظام الطبيعي الذي يتحقق بمبادرات الفرد يحدث التوازن بين الأسعار والانتاج، وشعار هذا الفكر "دعه يمر ودعه يعمل" جاء عند كل من آدم سميث، ومالتوس، وريكاردو. أما الليبرالية السياسية فهي تلتقي مع الاقتصاديين في الاهتمام بالفرد وحريته في آن واحد. [19]

إن ظهور الفكر الليبرالي الكلاسيكي الديمقراطي كان من انتاج القرنين الثامن عشر والتاسع عشر في أوروبا وإن كانت الجذور تمتد إلى جون لوك (1632-1704) Locke.

لقد انطلق لوك من منطلق قيام الحكم على موافقة الشعب ورضاه بحيث يصبح مصدراً للسلطات، ويصبح الحاكم مسؤولاً أمام الشعب. وهكذا ارتبطت الليبرالية بالحرية والديمقراطية فتعززت العلاقة بين الديمقراطية وحقوق الانسان.

لقد كان ظهور الفكر الليبرالي عاملاً مهماً في تبني الديمقراطية وتجسيدها في نظام سياسي يرتكز على حرية الانسان المطلقة لأنها تؤمن بالتنافس الحر بين القوى المنتجة حسب آليات اقتصاد السوق. وقد كان الكيس دي توكفيل (1805-1859) Tokfil أول من نبه الى خطر طغيان الأغلبية على الأقلية في كتابه "الديمقراطية في أمريكيا" متسائلاً كيف يشكو الفرد أو الأقلية اذا ما أصابهما الضرر من الأغلبية؟ وقد نبه (جون ستيوارت مل) Mill الى مشكلة طغيان الأغلبية وسيطرة الرأي العام، وضرورة التعرف على الحدود التي تقف عندها سلطة المجتمع حتى لا تمس الحرية الفردية، مضيفاً الى أن الغاية التي تسوّغ للناس التدخل في حرية الفعل لأي فرد هي حماية أنفسهم منه. أي أن الهدف الذي تستخدم فيه السلطة بطريقة مشروعة ضد الفرد هو منعه من الإضرار بالآخرين. وتقوم فلسفة (مل) على المنفعة لتحقيق أكبر قدر من السعادة لأكبر عدد من الناس لأن الهدف من أي نشاط للفرد هو تحقيق منفعته الخاصة، إلا أنه يطالب الفرد بتوسيع نفعه الخاص ليصبح منفعة للجميع، وهكذا ينصف الفرد الآخرين على نحو ما ينصف نفسه فيراعي في سلوكه مصلحتهم بقدر ما يراعي مصلحته الخاصة،[20] أي أن الديمقراطية الصحيحة هي التي تلتقي فيها مصلحة الفرد ومصلحة الجماعة على صعيد واحد، وهكذا تصبح المنفعة هي أساس المفاهيم السياسية الرئيسة في الديمقراطية: كالحرية والعدالة، والمساواة، وفي غيابها لا يمكن التحدث عن تطبيق الديمقراطية.

ومع صدور كتاب (كارل بوبر) Karl Poper تحت عنوان "المجتمع المفتوح واعداؤه" تغير مسار الفكر الليبرالي وطرحت تعديلات جوهرية في النظرية الليبرالية تتجاوز طروحات (جون ستيوارت مل)، فكتابه كان محاولة للدفاع عن الليبرالية وهجوماً على الفكر الشمولي

من منطلق فلسفة التاريخ لا الفلسفة السياسية، وهو يدافع عن الديمقراطية في كتابه ليس بوصفها خيراً أسمى بل بوصفها خيراً نسبياً معتبراً أنها خير من غيرها، وان الحرية ليست خيراً خالصاً بل بوصفها خيراً نسبياً، لهذا وجب وضع ضوابط معينة من قبل الدولة لضمان التكافؤ وحماية الحرية الانسانية على الرغم من أن وجود الضوابط يعني عملياً انتقاصاً للحرية كما ربط الحرية بالتسامح مثله مثل (جون لوك) الذي رأى أن اطلاق الحرية للجميع يعني اتاحة الفرصة أمام الأقوياء للفتك بحرية الضعفاء. وبالمثل فان اطلاق مبدأ التسامح يعني التسامح مع غير المتسامحين وهو ما يدمر فكرة التسامح من أساسها. لذلك طرح (بوبر) فكرة اقامة دولة القانون التي تقصي العنف واقامة سوق حرة مبنية على القوانين ويسمح فيها بتدخل مناسب للدولة، وتربية الاطفال على اللاعنف في عالم يزداد عنفاً وذلك من خلال وسائل الاتصال الجماهيرية وخاصة في ظل العولمة. ونادى أيضاً بضرورة إقرار مبدأ الحرية الثقافية للجميع مع ضرورة حماية الأقليات عبر حماية ثقافتها وأديانها ولغتها واحترام جميع الأديان وهو من المعجبين بالديمقراطية الغربية لولا وجود العنف فيها حسب قوله.[21]

الا أن هذه الليبرالية الناشئة أدت إلى تسلط الأقوياء على الضعفاء واستغلالهم مما أدى إلى حدوث أزمة اجتماعية في أوروبا في النصف الثاني من القرن التاسع عشر والتي افسحت المجال لظهور التيارات الاشتراكية والحركات النقابية لأن الحرية الليبرالية لم تطبق إلا على أبناء الأغنياء، وأن المساواة لم تتحقق إلا من الناحية النظرية، مما أدى إلى استئثار الاغنياء بخيرات المجتمع وأدى ذلك إلى عدم تمكن الفئات المحرومة من اشباع حاجاتها. لقد ركزت هذه الديمقراطية على مبادئ الحرية والمساواة وحقوق الانسان إلا أنها فهمتها وطبقتها من خلال النظرة الاقتصادية فقد ربطت الحرية بالتنافس بين القوى المنتجة القائم على مبدأ "دعه يمر ودعه يعمل". [22] هذا بالإضافة إلى أنها نقلت حرية المستهلك من اختيار ما يناسبه من السلع والتي تتفق مع حاجاته في المجال الاقتصادي الى المجال السياسي، كما نقلت حرية التنافس الاقتصادي حسب قانون العرض والطلب الى المجال السياسي داعمة حرية الفرد في اختيار حكامه وحرية التنافس بين القوى السياسية المختلفة. وفي مجال حقوق الانسان فقد حرصت عليها أشد الحرص، وعدم وضع حدود لها إلا من قبل

القانون، وان واقع الانسان هو الذي يحدد مقدار هذه الحقوق. هذه المبادئ المشار اليها جسدتها الليبراللية في نظام سياسي يرتكز على تمثيل الشعب في مجالس منتخبة بطريقة الديمقراطية غير المباشرة عن طريق البرلمان.

ومع سوء الأوضاع الاقتصادية في أوروبا قاد منظريها الى مفهوم جديد لليبرالية فسمحوا باعطاء دور للحكومات في اصدار التشريعات، واعطاء ضمانات محدودة للعمال نتيجة ما حدث من أزمات اجتماعية وبروز تيارات اشتراكية وحركات شعبية ونقابية.

ولتطبيق الديمقراطية الليبرالية فقد دعا مفكروها الى وسائل لعل من أهمها: [23]

1- الاقتراع العام ولكن بتقييد حق الاقتراع.

2- فصل السلطات في المجتمع عن بعضها البعض والذي يعود الفضل فيه للمفكر (مونتسكيو) الذي بين في كتابه "روح الشرائع" أن السلطة تميل بصاحبها الى الاستبداد لذلك لابد من تجزئتها اي عدم حصر السلطات بيد شخص واحد. [24]

وقد أثر الفكر الليبرالي على التربية والتعليم فأصبحت المبادئ والمفاهيم التربوية تعتمد على العلم وبحوثه المختلفة واصبح الناس أحراراً يشكلون حياتهم بالطريقة التي يرونها مناسبة لهم ولمجتمعاتهم. كما شجعت الليبرالية الاستمرارية والتجديد وبفكر تربوي يسعى الى نمو شخصية مصقولة للفرد وواعي لما يدور حوله وقادر على التكيف مع متطلبات الحياة والعصر. وأصبح تنمية مفهوم الحرية يعتبر من أهم أهداف التربية والتعليم وهي حرية معقلنه تنطلق من أن حرية الفرد تنتهي عندما تبدأ حرية الناس الآخرين.

أن الديمقراطية الليبرالية عمقت فكره الديمقراطية التربوية من خلال توزيع اكثر عدلاً لخيرات التربية والتعليم من المرحلة الاقطاعية صاحبة الذهنية الضيقة والتكوينات الاجتماعية والاقتصادية والثقافية والسياسية والتربوية المحافظة، فنادت بتعميم فرص التعليم والتحصيل العلمي وتأكيد حق التعليم للجميع حسب قدراتهم واستعداداتهم وخاصة في المراحل العليا منه.

لقد ساهم الفكر الليبرالي الكلاسيكي في بدايته في اعادة بناء المفاهيم التربوية ففتحت المجال أمام المفاهيم التنويرية في التربية والتعليم، ونمو المفاهيم العقلانية والتي أصبحت أحد أعمدة المجتمع المدني المنشود، والانعتاق من الافكار المسبقة، ودعم التعددية الفكرية والثقافية وبناء العقل النقدي، ودولة المؤسسات والمواطنة الكريمة، والعلمانية التي فرضت نفسها على مجال التربية والتعليم وكافة المجالات الاجتماعية.

وفي العصر الحاضر بدأت العولمة تعيد بناء مفاهيم ومبادئ جديدة انعكست على مجال التربية والتعليم وكافة مجالات الحياة. وهذا سوف يناقش في مجال التطرق الى الليبرالية الجديدة التي جعلت شعارها الربح فوق الشعب.

وفي الفكر الماركسي فلا يوجد اعتراض على مبادئ الديمقراطية الكلاسيكية أو الليبرالية، مثل: مبادئ الحرية، والعدالة، والمساواة وحقوق الانسان. إلا أنه يفهمها في ضوء الفلسفة المادية التاريخية وحركة صراع المتناقضات من خلال ارتباطها بالدولة التي ترى أنها ليست مستقلة وحيادية عن المجتمع وأنها تزول بزوال الصراع فيه، ومن ثم لا تعود قضية النظام السياسي مطروحة.

إن هذا التصور حسب الفكر الماركسي يؤدي إلى تجاوز الديمقراطية نفسها بصفتها طريقة في ممارسة الحكم، معتبراً ان الدولة هي أداة قمع لذلك فهي ذات طبيعة غير ديمقراطية، فالدولة البرجوازية هي استبدادية للاكثرية من الشعب في حين أن دولة العمال هي ديمقراطية بالنسبة للأكثرية الساحقة من الشعب واستبدادية بالنسبة للأقلية، فهي ديمقراطية للعمال واستبدادية للأغنياء. أي أن هذا الفكر يرى في ظل دولة كهذه لا يمكن القول بوجود ديمقراطية كاملة للجميع، الا اذا تحولت الدولة الى دولة المجتمع ككل ولم تعد أداة لقمع طبقة من الطبقات وهذا لا يتحقق إلا بالانتقال الى الديمقراطية الاشتراكية . اضافة لما سبق فالماركسية ترى أن الحقوق والحريات المعترف بها نابعة من الواقع الاقتصادي والاجتماعي، فالدولة تأخذ على عاتقها تأمين هذه الحقوق من خلال تنظيم المجتمع التنظيم المناسب، وهذا يتطلب تدخل السلطة باستمرار وهي سلطة الشعب فهو صاحب السلطة والمرجع الأول والأخير وهو يمثل نفسه ولا حاجة للفصل بين السلطات. وبما ان السلطة

نابعة من الشعب الذي يشكل مجتمعاً متجانساً، لذلك فالسلطة واحدة موحدة لأنها تعبر عـن مصـالح الشعب. وبما أن الحكم مصدره شعبي فهو حكم ديمقراطي. وبما أنه يستبعد الفـوارق فهـو حكـم وحـداني بقيادة حزب واحد يسيطر على الدولة وهو مفوض من الشعب لتحقيق الديمقراطية. هذه هي وجهة نظر الماركسية كما جاءت في أدبيات مفكريها.

أما في الفكر الليبرالي وهو فكر يتناقض مع الفكر الماركسي فإن الديمقراطيـة هـي حكـم الشعب من قبل نخبة منبثقة عنه، أما أداة ممارسة هذه الديمقراطية فهي عن طريق الأحزاب السياسية لأنها هـي أداة ممارسة الديمقراطية في الدول الغربية. فالديمقراطية من وجهـة نظـر مفكـري الليبراليـة هـي طريقـة لاختيار الحكام، أي حكم الشعب من قبل نخبة منبثقة عنه؛ فالاحزاب هي المخولة بلعب الـدور الأساسي في تنظيم الشعب سياسياً واعداده لممارسة الاقتراع، وهي أداة الرأي .

أما في العالم العربي فتجدر الاشارة إلى أن العلـوم والحركـات الثقافيـة قـد تخلفـت أيـام الحكـم العثماني اذ اقتصر التعليم على العلـوم اللغويـة والشرعية فقـط مـع قليـل مـن مبـادئ الحسـاب. واهتـم المفكرون بتأليف الشروح والتعاليق بدلاً من الابتكار في العلوم. كما أن عدد المدارس لم يكـن كافيـاً وشـاع الحفظ والتلقين كأسلوب للتدريس، لذلك فإن كل هـذه العوامـل كرسـت التخلـف. أمـا في أواخـر الحكـم العثماني فقد ظهر مفكرون لم يشيروا للنهضة والتنوير صراحة وانما كانت مؤلفـاتهم وأعمالهـم تـدل عـلى عقلية تنويرية تعادي الجمـود والخرافات وتـدعو للنهوض والتغـير للأمـام. [25] إلا أن المشروع النهضـوي العربي الشامل والذي لم يكتب له النجاح كان قد بدأ منذ زمن (محمد علي) في القرن التاسع عشر ـ عنـدما قام بإرسال البعثات العلمية إلى أوروبا وأنشأ داراً للترجمة مـما أدى الى تشـجيع التـأليف والمطالعـة. لقـد انتعشت الحرية في فجر النهضة العربية الحديثة باعتبارها من أهـم مبـادئ الديمقراطيـة نتيجـة مـا كتـب حولها، وجاء الاهتمام بالحرية الشخصية عبر الحركات الاصلاحية التي وظفت مفهوم الحريـة كشـعار في الوقوف ضد الاحتلال الاجنبي مـما أحـدث تـداخلاً بـين الحريـة والاستقلال في خطاب الحركـات الوطنيـة والاصلاحية. فهذا رفاعـة الطهطـاوي (1801-1872م) مـن أول المفكرين المصرـيين العلمانيـين في العصر ـ الحديث

الذي نادى بالعدالة والحرية في فجر النهضة العربية الحديثة من خلال ما كتبه من مقالات وما ألفه من كتب اذ يرى أن الحرية في التعبير الاسلامي الصرف تعني "العدل والانصاف" الاسلاميين [26] ، أي سيادة القانون وإقامة التساوي في القوانين والأحكام، فالقوانين هي المحكمة الكبرى .

لقد اتحدت فكرة العدل بفكرة الحرية عنده، ورأى في الظلم اعتداءً على القوانين (القوانين العادلة بالطبع)، فعنده أن منع الظلم واتيان العدل والتصرف بحرية مفاهيم متداخلة والتي وردت في كتابة "تخليص الابريز في تلخيص باريز"، وتظهر فيه الحرية مرتبطة بالعدل والإنصاف بمعنى أنه يجعلها المظهر الخارجي لمبدأ سيادة القانون. ويضيف ان لكل انسان الحق في التمتع بحريته الشخصية من: حرية الاعتقاد، وحرية الملكية، وحرية الرأي، وهي حقوق لكل شخص إنساني من حيث هو كيان مستقل قائم بذاته، انها الحق في الكرامة الانسانية والمساواة وهذا الحق طبيعي لكل البشر.

ان الحرية هي من عناصر التراث الإسلامي وقد أكد عمر بن الخطاب ذلك في قوله لعمرو بن العاص: "متى استعبدتم الناس وقد ولدتهم أمهاتهم أحراراً". [27] إلا أن واقع اغلب الدول العربية المعاصرة يشير الى تكريس السلطة اكثر من تكريس الحرية.

اضافة لما سبق تمثل الحرية في كتب الطهطاوي : "مناهج الألباب المصرية في مباهج العلوم العصرية"، وكتاب "المرشد الأمين للبنين والبنات" مكاناً مميزاً حيث يعتبر الحرية شرطاً ضرورياً للمدنية. فقد أدرك من خلال معرفته المباشرة بالتاريخ الأوروبي عامة والفرنسي خاصة أن سعة دائرة التمدن في تلك الدول أنما نشأت من الحرية وخاصة حرية النشر والتعبير. ويضيف أن الحرية فطرية عند الانسان وأن نتيجتها تحقيق السعادة. وتتصل فكرة الحرية عنده اتصالاً وثيقاً بالمساواة والحقوق حيث يربط بين الحرية والمساواة والعدل، وهذا ما وضحه في كتابه "المرشد الأمين" فالمساواة هي مساواة في الحقوق عنده وايضاً في الواجبات. ويؤكد على أن العدل هو أساس المجتمع الانساني وأساس الحكم. وبالنسبة للتربية فيعتبرها أفضل وسيلة للتقدم لعلاقتها بالتغير الاجتماعي والثقافي لأي مجتمع كما أنها تلعب دوراً مهماً في اقتراح الحلول للمشاكل الصعبة.

وهناك آخرون كانوا قد ساهموا في قضيتي الحرية والعدالة في فجر النهضة العربية الحديثة ولكن تختلف دوافع كل منهم، وكذلك تختلف درجة اتساق أفكارهم، كما تختلف درجة جسارة كل منهم في طرح المسألة، ودرجة أهمية كل من فكرتي العدالة والحرية في اطار اهتمامات كل واحد منهن، الا أنهم حاولوا معالجة موضوع الحرية من خلال ارتباطه بالدعوة العالمية لاحترام حقوق الانسان. ولعل من أشهرهم جمال الدين الافغاني وخير الدين التونسي والشيخ محمد عبده، وعبد الله النديم وأديب اسحق، وقاسم أمين (قضايا المرأة)، وعبد الرحمن الكواكبي (الاصلاح الفلسفي والتنوير)، وأحمد لطفي السيد (الثقافة الانسانية العالمية)، وطه حسين وهو من رواد التنوير في العالم العربي المعاصر، وتوفيق الحكيم (المنقذ العلماني التنويري)، وزكي نجيب محمود (الرؤية العقلية المستقبلية).

أما اليوم فتعيش أغلب المجتمعات العربية أزمة الاستبداد وانعدام الحريات والانتهاك المستمر لحقوق الانسان وتفشي البطالة والفقر والأمية، وللخلاص من هذا كله لا يتم الا بتأسيس مشروع نهضوي تنويري فهو قدر الأمة لا محالة مهما طال الزمن، والذي يكون من أهدافه بناء مجتمعات مدنية قوية تكون بمثابة صمام الامان لها لبناء مستقبلها المشرق، ولابد من التفكير في تعميق التضامن وتوسيعه من منظور أخلاقي لمواجهة الأزمات والتحديات الكبرى التي تواجه العالم المعاصر، والتخلص من جدلية التناقض ما بين القومي والقطري داخل النظام العربي.

وفي هذا المجال لابد من التأكيد على أن التغيير والاصلاح في البلاد التي تحتاج لذلك يتطلب الحرية أولاً فهي شرط جوهري إلا أنه غير كافٍ فمطلب الحرية يجب أن يقترن بمطالب اخرى تتمثل في تحقيق قيم عليا مركزية مثل تحقيق العدالة والمساواة والتنمية الشاملة وحقوق الانسان الأساسية، فما قيمة الحرية لانسان جائع ولا يجد ما يقيه من برد الشتاء وحر الصيف ولا يجد مأوى ولا مستقبل له ولأولاده، انه انسان ضائع، لذلك فالحرية لا تتجزأ وهي غير منعزلة عن قضايا المجتمع الأخرى.

ولا يمكن تصور رؤية مستقبلية للحرية الفكرية من حيث ارتباطها بحقوق الانسان إلا من خلال تقديس العقل والمعقول والتمسك بثقافة التنوير وليس من خلال الجمود

والتحجر وقهر الرأي الآخر. إن معركة الحرية بحاجة الى فكر مستنير واستبعاد الشعارات الزائفة. فالفكر لا يتطور بمعزل عن الحرية والانفتاح على الثقافات الأخرى والذي يتم من خلال حوار بناء معها، وعدم التوقف عند التراث لمجرد أنه تراث فالتراث عظيم بعبره ويجب الاستفادة منها وتوظيفها في الحاضر والتخطيط للمستقبل، لكن لا يمكن أن يكون التراث بمجمله بديلاً عن الحاضر، فزمانه ومكانه مختلفين، وتغيرات العصر وتحدياته فرضت رؤى وواقعاً جديداً.[28] فالحاضر هو البؤرة التي من خلالها يستحضر الماضي بعبره لبناء أرضية قوية لاستشراف المستقبل .

إن إغلاق الماضي كله معناه اغلاق التاريخ، كما لا يكفي التطلع فقط للمستقبل، فلابد من تحليل آليات الحاضر والتعرف على مواقع القوة والضعف لبناء أسس الانطلاق للمستقبل .

لقد كان الفكر الليبرالي الكلاسيكي ثورة على الفكر الاقطاعي ونقطة مضيئة في تاريخ الحرية، إلا أن هذا الفكر تغير لاحقاً حيث ان الليبرالية الديمقراطية بدأت إلى حد ما تنحسر وبدأ الفكر الليبرالي الجديد يحل محل الكثير من المفاهيم والنقاط المضيئة في الفكر الليبرالي الديمقراطي.

الليبرالية الجديدة المعاصرة :

يرتكز المبدأ الأساسي لمبشري وأنصار الأيدولوجية الليبرالية الجديدة (اليمين الجديد) على إيمانهم بأن السوق كان موجوداً دائماً وسيبقى وأنه يعتبر العامل الحضاري الرئيس الذي يكون بمفرده قادراً على تنظيم الاقتصاد العالمي بطريقة تضمن التوظيف المناسب للموارد المتاحة والتوزيع الأمثل للثروة والدخل. ويؤكد أنصارها أن السوق هو المحرك للتاريخ وصانعاً له، بعكس ما كان يعتقده مفكري المادية التاريخية والديالكتيكية من أن الصراع الطبقي هو المحرك الأساسي للتاريخ،[29] وبهذا تسعى هذه الليبرالية نحو تخفيف تدخل الدولة في الاقتصاد.[30]

إن مركز انطلاق هذه الليبرالية الجديدة كان أميركا ممثلة بالمحافظين الجدد. وقد ارتبط اسمها في البداية بالرئيس (ريغان) في أميركا، (وتاتشر) في بريطانيا وأصبحت بعد

ذلك مهيمنة كونياً. أنها ذلك النموذج الاقتصادي السياسي الذي يتيح لحفنة من الشركات الخاصة السيطرة على أكبر حيز ممكن من الحياة الاجتماعية لتحقيق أعلى الأرباح، انها اتجاه مهيمن عالمياً تبنته أحزاب اليمين، والوسط والعديد من أحزاب اليسار التقليدي ويمثل المصالح الآنية لكبار أغنياء المستثمرين والشركات العملاقة ويتدخل في عمق السوق الحر مشجعاً الجهد الخاص والاختيار للمستهلك ورفض البيروقراطية والحكومات الطفيلية. أنها ليبرالية تناضل ضد أي نشاط يمس شؤون هيمنة الشركات الكبرى العملاقة في المجتمعات لأنه يتدخل في عمق السوق الحر باعتباره آلية التوزيع الوحيدة المنطقية العادية والديمقراطية للسلع والخدمات حسب وجهة نظر ممثليها. إن الليبراليون الجدد يرسمون سياسات تخدم القلة من الأغنياء مما يترتب على ذلك زيادة كبيرة في حجم عدم المساواة الاجتماعية والاقتصادية وزيادة واضحة في شدة حرمان أفقر للشعوب في العالم، أنه نموذج تنقصه الرأفة ويعجز أحيانا حتى عن مساعدة مواطنية اذا حلت بهم الكوارث على الرغم من زعم أصحابها أن خيرات الحياة ستعم جماهير الشعب الواسعة. [31] هذا بالاضافة إلى أن الأنظمة الليبرالية الحديثة تهمش دور الفلاحين في الحياة الاقتصادية.

إن هذه الليبرالية تستند إلى منطلقات آتية من القرن التاسع عشر ـ التي تؤمن إيماناً مطلقا بالسوق الذي لا ضابط له من الخطأ، إنها رأسمالية منزوعة القفاز تمثل عهداً أصبحت فيه قوى رجال الأعمال أكثر عدوانية وتجعل من المستحيل للقوى الديمقراطية الاستمرار في السوق. لكن تجدر الاشارة الى أن الاسواق خلقت للناس وليس الناس خلقوا للأسواق. إنها لا تشكل فقط نظاماً اقتصادياً فحسب بل أنها نظام سياسي ثقافي يدعو لتفكيك التعليم العام والمساعدات الاجتماعية من خلال الدولة الراعية [32]. كما أنه يطالب بتخفيض الانفاق على التعليم وخاصة في مستوياته العليا انطلاقاً من عدم ايمانه بتدخل الدولة في الحياة بمختلف مجالاتها وخاصة في المنافسة في السوق والعمليات الانتاجية وبعض النشاطات الاجتماعية، الا ان الشعب بدون الدولة يصبح معرضاً لخطر التبعية او الالحاق أو الاثنين معاً لأن من مهمات الدولة حماية الشعب ورعايته لأنها تشكل الاطار الدستوري والقانوني لكافة النشاطات في المجتمع، فلا يكفي ان يكون دورها تنظيمياً فقط.

ومن أشهر زعمائها (ميلتون فردمان) Milton Fredman الذي أشار في كتابه "الرأسمالية والحرية" الى ما يلي: "بما أن جني الأرباح هو جوهر الديمقراطية فان أي حكومة تنتهج سياسات معادية للسوق هي حكومات معادية للديمقراطية بغض النظر عن حجم التأييد الواعي الذي قد تتمتع به، لذلك فمن الأفضل حصر الحكومات في مهمة حماية الملكية الخاصة وفرض الاتفاقيات وقصر النقاش السياسي على الأمور القانونية.[33] أن أصحابها يحاولون اقصاء الجمهور عن المعلومات والمشاركة الفعّالة في صناعة أي قرار، ويسمحون بالديمقراطية في حالة سيطرة رجال الأعمال وبعيداً عن المناقشة وفي جو من اللامبالاة .

ويعد أيضا (فرانسيس فوكوياما) Francis Fukuyama من المؤيدين لليبرالية الجديدة في تأكيده أن الانسانية حققت غايتها من خلال بلوغها الشكل السياسي النهائي، ذلك الشكل الكامل المتمثل في الديمقراطية الليبرالية.

لقد نشر أفكاره في مقالة نشرت عام 1989م تحت عنوان "نهاية التاريخ" والذي حول فيما بعد الى كتاب اسمه "نهاية التاريخ والرجل الأخير" فعند حديثه عن نهاية التاريخ يقول أنه "لم يكن يتنبأ بنهاية الوقائع اليومية وانما نهاية تطور الانسانية من أدنى مراحلها الى أعلاها.[34] انه يعتقد ان الانسانية قد حققت غاياتها من خلال بلوغها للشكل السياسي النهائي المتمثل في الديمقراطية الليبرالية الحديثة والتي حازت في الاونة الأخيرة – حسب رأيه- على قبول واسع جداً وهو يعتبرها رأس القمة للمجتمع الانساني، مضيفاً إلى أن نهاية التاريخ ليست عبارة عن كرة من البلور للتنبؤ بالمستقبل، وإنما هي رؤية تشير إلى أن الديمقراطية الليبرالية فقط هي التي كسبت قبولاً واسعاً، وأن الميل في هذا الاتجاه سيستمر لمدة طويلة من الزمن.

لقد وقع "فوكوياما" في خطأ اعتباره وجود حقائق مطلقة في التاريخ أو وجود نظريات ثابتة، فلا وجود لحقائق مطلقة في التاريخ. فالتاريخ متحرك وهناك قوانين عامة تسهم في صنع هذا التاريخ. وما دام هناك بشر فالتاريخ موجود لان الشعوب بقواها الحية هي التي تصنع تاريخها. والفرق بينه وبين "هنجنتون" هو أن "هنجنتون" لا يعتقد بأن العالم

يسير نحو حضارة كونية متناغمة بل هناك صدام وتناحر بين الحضارة الغربية والحضارات الأخرى.

ومن المبادئ التي تنادي بها هذه الليبرالية هو مبدأ افلاس الدولة وأن الحل لهذا المشكل هو الخصخصة متحججة بعدم كفاءة الدولة، لذلك لابد من تفكيكها وتقليص دورها الى أدنى الدرجات.

إضافة لما سبق تجدر الإشارة إلى ان الليبرالية الجديدة ليست نظرية أو مذهباً أو تياراً فكرياً علمياً، وإنما هي فكرة تمثل المصالح الأساسية لايدولوجيا الدوائر المالية المهيمنة على الاقتصاد العالمي في المرحلة الحالية، إنها ليبيرالية مزيفة متوحشة اذ تطالب بالحرية للجميع ولكنها عملياً تعمل من أجل ترسيخ الحرية للأقلية الغنية صاحبة الشركات العملاقة، وانها تدير الحرية بالعصا ولمن يملك المحفظة الضخمة، وتشكل قوة غاشمة مهيمنة على العالم تحت شعار العولمة، وذلك بتوسيع نظام الحماية الجمركية من جانب حكومات العالم. انه لا يمكن التحدث عن تطبيق صحيح للديمقراطية في ظل غياب الحرية كوعي ذاتي للمجتمع ككل وليس فقط للأقلية. وفي ظل هذه الليبرالية سوف تتسع الفجوة بين الاغنياء والفقراء وبين الريف والمدن لصالح المدن والأماكن الصناعية الكبيرة وسوف يؤدي ذلك الى انخفاض مستوى التعليم وترويضه لتكون مخرجاته متلاءمة مع منطلقات هذا الفكر وخادمة له.

إن هذه الليبرالية الجديدة هي العدو الأول المباشر للديمقراطية الانتخابية الحقيقية لأنها تدافع عن مصالح القلة الغنية وأصحاب الشركات العملاقة متعددة الجنسيات وعابرة الحدود بزعم منها عدم وجود بديل للوضع الراهن وبان البشرية قد وصلت أعلى قممها.

إن توجه العالم نحو سيطرة نظام واحد عالمي جديد قد عزز من أيدولوجية هذه الليبرالية فهذا النظام الجديد هو نتيجة عجز الانسانية حالياً عن خلق نظام اجتماعي ثقافي عالمي أكثر ديمقراطية وانسانية وعدالة. ولكن هذا لا يعني تحقيق بديل أرقى في المستقبل وخاصة بعد أن تسبب هذا النظام الليبرالي الجديد بأزمات اقتصادية في كل من شرقي آسيا وأوروبا الشرقية وأميركا اللاتينية. كما أن نوعية الحياة في البلدان المتقدمة قد

أصبحت هشّة لتجاهلها الجانب الأخلاقي والمغالاة في استعمال الحرية الفردية مما أدى إلى مشاكل وخلل في بعض جوانب الحياة، وان حالة من الغليان تشهدها الكثير من المجتمعات المحرومة وخاصة بعد اتساع الهوة بين الاغنياء والفقراء وظهور بوادر تلاشي الطبقة الوسطى التي لعبت دوراً جوهرياً في النهضة والتنوير بعد الخلاص من القرون الوسطى المظلمة.

حقوق الانسان :

لقد صدر الاعلان الأول لحقوق الانسان عام 1789م بعد الثورة الفرنسية من خلال الجمعية الوطنية الفرنسية التي صرحت بالحقوق الاساسية للانسان وقضية الحريات والتأمينات الاجتماعية على اختلاف أنواعها والتي يجب التمتع بها من كافة شعوب الأرض. وبعد ذلك جاء الاعلان العالمي لحقوق الانسان تأكيداً ودعماً للمبادئ الديمقراطية عالمياً والذي اعتمد بموجب قرار الجمعية العامة (217) الف (د-3) في (10) كانون الأول عام 1948م بعد أن أصبحت قضية حقوق الإنسان وحرياته من أهم القضايا عالمياً باعتبارها تشكل مدخلاً جوهرياً للديمقراطية والمتمثلة في الحقوق الفكرية كحرية الرأي والتعبير وحق حرية التفكير بمعنى حرية الرأي والرأي الآخر شفاهة أو كتابه ويشمل حق التعليق والرد والمناقشة في مختلف القضايا من اقتصاد وثقافة وسياسة وتعليم. لذلك تنادي الجمعية العامة للأمم المتحدة بهذا الاعلان العالمي لحقوق الانسان على أنه المستوى المشترك الذي ينبغي أن تستهدفه كافة الشعوب والأمم واضعين على الدوام هذا الاعلان نصب أعينهم من أجل توطيد احترام هذه الحقوق والحريات عن طريق التربية والتعليم واتخاذ اجراءات قومية وعالمية مطردة لضمان الاعتراف بها ومراعاتها بصورة عالمية فعالة بين الدول الأعضاء ذاتها وشعوب البقاع الخاضعة لسلطاتها، فقد أصبحت هذه الحقوق راسخة في بلاد العالم في الوقت الحاضر مما دفعها الى تدريبها ووضعت الآن تحت حماية القانون الدولي باشراف الأمم المتحدة .

وقد جاءت مواده في (30) مادة وهي كما يلي : [35]

المادة (1)

يولد جميع الناس أحراراً متساوين في الكرامة والحقوق، وقد وهبوا عقلاً وضميراً وعليهم أن يعامل بعضهم بعضاً بروح الاخاء .

المادة (2)

لكل إنسان حق التمتع بكافة الحقوق والحريات الواردة في هذا الاعلان دون أي تمييز كالتمييز بسبب العنصر أو اللون أو الجنس أو اللغة أو الدين أو الرأي السياسي أو أي رأي آخر، أو الأصل الوطني أو الاجتماعي أو الثروة أو الميلاد أو أي وضع آخر، دون أية تفرقة بين الرجال والنساء .

وفضلاً عما تقدم فلن يكون هناك أي تمييز أساسه الوضع السياسي أو القانوني أو الدولي لبلد أو البقعة التي ينتمي اليها الفرد سواء كان هذا البلد أو البقعة مستقلاً أو تحت الوصاية أو غيره، متمتع بالحكم الذاتي أو كانت سيادته خاضعة لأي قيد من القيود.

المادة (3)

لكل فرد الحق في الحياة والحرية وسلامة شخصه .

المادة (4)

لا يجوز استرقاق أو استعباد أي شخص ويحظر الرق وتجارة الرقيق.

المادة (5)

لا يعرض أي إنسان للتعذيب ولا للعقوبات أو المعاملات القاسية أو الوحشية أو اللاانسانية.

المادة (6)

لكل إنسان اينما وجد الحق في أن يعترف بشخصيته القانونية.

المادة (7)

كل الناس سواسية أمام القانون ولهم الحق في التمتع بحماية متكافئة عنه دون أية تفرقة، كما أن لهم جميعاً الحق في حماية متساوية ضد أي تمييز يخل بهذا الاعلان وضد أي تحريض على تمييز كهذا .

المادة (8)

لكل شخص الحق في أن يلجأ إلى المحاكم الوطنية لإنصافه عن أعمال فيها اعتداء على الحقوق الأساسية التي يمنحها له القانون.

المادة (9)

لا يجوز القبض على أي انسان أو حجزه أو نفيه تعسفاً .

المادة (10)

لكل إنسان الحق على قدم المساواة التامة مع الآخرين، في أن تنظر قضيته أمام محكمة مستقلة نزيهة نظراً عادلاً علنياً للفصل في حقوقه والتزاماته وأية تهمة جنائية توجه له.

المادة (11)

1- كل شخص متهم بجريمة يعتبر بريئاً إلى أن تثبت إدانته قانوناً بمحاكمة علنية تؤمن له فيها الضمانات الضرورية للدفاع عنه.

2- لا يدان أي شخص من جراء أداء عمل أو الامتناع عن أداء عمل إلا اذا كان ذلك يعد جرماً وفقاً للقانون الوطني أو الدولي وقت الارتكاب . كذلك لا توقع عليه عقوبة اشد من تلك التي كان يجوز توقيعها وقت ارتكاب الجريمة.

المادة (12)

لا يعرض أحد لتدخل تعسفي في حياته الخاصة أو أسرته أو مسكنه أو مراسلاته أو لحملات على شرفه وسمعته. ولكل شخص الحق في حماية القانون من مثل هذا التدخل أو تلك الحملات.

المادة (13)

1- لكل فرد حرية التنقل واختيار محل إقامته داخل حدود كل دولة.

2- يحق لكل فرد أن يغادر أية بلاد بما في تلك بلده كما يحق له العودة إليها .

المادة (14)

1- لكل فرد الحق أن يلجأ إلى بلاد أخرى أو يحاول الالتجاء إليها هربا من الاضطهاد.

2- لا ينتفع بهذا الحق من قدم للمحاكمة في جرائم غير سياسية أو لأعمال تناقض أغراض الأمم المتحدة ومبادئها.

المادة (15)

1- لكل فرد حق التمتع بجنسية ما .

2- لا يجوز حرمان شخص من جنسيته تعسفا أو إنكار حقه في تغييرها.

المادة (16)

1- للرجل والمرأة متى بلغا سن الزواج حق التزوج وتأسيس أسرة دون أي قيد بسبب الجنس أو الدين ولهما حقوق متساوية عند الزواج وأثناء قيامه وعند انحلاله.

2- لا يبرم عقد الزواج إلا برضا الطرفين الراغبين في الزواج رضى كاملا لا إكراه فيه.

3- الأسرة هي الوحدة الطبيعية الأساسية للمجتمع ولها حق التمتع بحماية المجتمع والدولة.

المادة (17)

1- لكل شخص حق التملك بمفرده أو بالاشتراك مع غيره.

2- لا يجوز تجريد أحد من ملكه تعسفا .

المادة (18)

لكل شخص الحق في حرية التفكير والتعبير والدين ويشمل هذا الحق حرية تغيير ديانته أو عقيدته وحرية الاعراب عنهما بالتعليم والممارسة وإقامة الشعائر ومراعاتها سواء اكان ذلك سرا أم مع الجماعة.

المادة (19)

لكل شخص الحق في حرية الرأي والتعبير ويشمل هذا الحق حرية اعتناق الآراء دون أي تدخل، واستقاء الانباء والأفكار وتلقيها واذاعتها بأية وسيلة كانت دون تقيد بالحدود الجغرافية.

المادة (20)

1- لكل شخص الحق في حرية الاشتراك في الجمعيات والجماعات السلمية.

2- لا يجوز إرغام أحد على الانضمام الى جمعية ما.

المادة (21)

1- لكل فرد الحق في الاشتراك في إدارة الشؤون العامة لبلاده إمّا مباشرة وإما بواسطة ممثلين يختارون اختيارا حرا .

2- لكل شخص الحق نفسه الذي لغيره في تقلد الوظائف العامة في البلاد.

3- إن إرادة الشعب هي مصدر سلطة الحكومة، ويعبر عن هذه الإرادة بانتخابات نزيهة دورية تجرى على أساس الاقتراع السري وعلى قدم المساواة بين الجميع أو حسب أي اجراء مماثل يضمن حرية التصويت .

المادة (22)

لكل شخص بصفته عضوا في المجتمع الحق في الضمانة الاجتماعية وفي أن تحقق بوساطة المجهود القومي والتعاون الدولي وبما يتفق ونظم كل دولة ومواردها الحقوق الاقتصادية والاجتماعية والتربوية التي لا غني عنها لكرامته وللنمو الحر لشخصيته.

المادة (23)

1- لكل شخص الحق في العمل، وله حرية اختياره بشروط عادلة مرضية كما أن له حق الحماية من البطالة.

2- لكل فرد دون أي تمييز الحق في أجر متساوٍ للعمل.

3- لكل فرد يقوم بعمل الحق في أجر عادل مرض يكفل له ولأسرته عيشة لائقة بكرامة الانسان تضاف اليه عند اللزوم وسائل اخرى للحماية الاجتماعية.

4- لكل شخص الحق في أن ينشئ أو ينضم إلى نقابات حماية لمصلحته.

المادة (24)

لكل شخص الحق في الراحة أو في أوقات الفراغ، ولا سيما في تحديد معقول لساعات العمل وفي عطلات دورية بأجر.

المادة (25)

1- لكل شخص الحق في مستوى من المعيشة كاف للمحافظة على الصحة والرفاهية له ولأسرته، ويتضمن ذلك التغذية والملبس والمسكن والعناية الطبية وكذلك الخدمات الاجتماعية اللازمة وله الحق في تأمين معيشته في حالات البطالة والمرض والعجز والترمل والشيخوخة وغير ذلك من فقدان وسائل العيش نتيجة لظروف خارجة عن إرادته.

2- للأمومة والطفولة الحق في مساعدة ورعاية خاصتين وينعم كل الأطفال بنفس الحماية الاجتماعية سواء أكانت ولادتهم ناتجة عن رباط شرعي أم بطريقة غير شرعية.

المادة (26)

1- لكل شخص الحق في التعلم ويجب أن يكون التعليم في مراحله الأولى والأساسية على الأقل بالمجان وان يكون التعليم الأولي إلزامياً وينبغي أن يعمم التعليم الفني

والمهني، وان ييسر القبول للتعليم العالي على قدم المساواة التامة للجميع وعلى أساس الكفاءة.

2- يجب أن تهدف التربية إلى إنماء شخصية الإنسان إنماء كاملا، وإلى تعزيز احترام الانسان والحريات الأساسية وتنمية التفاهم والتسامح والصداقة بين جميع الشعوب والجماعات العنصرية أو الدينية والى زيادة مجهود الأمم المتحدة لحفظ السلام.

3- للآباء الحق الأول في اختيار نوع تربية أولادهم .

المادة (27)

1- لكل فرد الحق في أن يشترك اشتراكا حرا في حياة المجتمع الثقافية وفي الاستمتاع بالفنون والمساهمة في التقدم العلمي والاستفادة من نتائجه.

2- لكل فرد الحق في حماية المصالح الأدبية والمادية المترتبة على إنتاجه العلمي أو الأدبي أو الفني.

المادة (28)

لكل فرد الحق في التمتع بنظام اجتماعي دولي تتحقق بمقتضاه الحقوق والحريات المنصوص عليها في هذا الاعلان تحققا تاما.

المادة (29)

1- على كل فرد واجبات نحو المجتمع الذي يتاح فيه وحده لشخصيته أن تنمو نموا حرا كاملا.

2- يخضع الفرد في ممارسته حقوقه لتلك القيود التي يقررها القانون فقط لضمان الاعتراف بحقوق الغير وحرياته واحترامها ولتحقيق المقتضيات العادلة للنظام العام والمصلحة العامة والأخلاق في مجتمع ديمقراطي .

3- لا يصح بحال من الأحوال أن تمارس هذه الحقوق ممارسة تتناقض مع أغراض الأمم المتحدة ومبادئها .

المادة (30)

ليس في هذا الإعلان نص يجوز تأويله على أنه يخول لدولة أو جماعة أو فرد أي حق في القيام بنشاط أو تأدية عمل يهدف إلى هدم الحقوق والحريات الواردة فيه .

ان هذه الحقوق حقوق طبيعية لبني البشر وليست منّة من السلطات التنفيذية ويجب الالتزام بها وتطبيقها على أرض الواقع ووضع القوانين والتشريعات التي تصونها والمساءلة في حالة عدم تطبيقها، وكذلك العمل على نشر ثقافة حقوق الانسان. لقد كفلت هذه الحقوق الدساتير والأديان فموضوع الحرية والحرية الفكرية على وجه الخصوص يرتبط ارتباطاً قوياً بالدعوة إلى احترام حقوق الناس وتطبيقها عمليا.

اضافة لما سبق فتجدر الاشارة إلى أن الأفكار والمبادئ التي أثرت في الديمقراطية الحديثة والمعاصرة هي أفكار: الحرية، الاخطاء، والمساواة والعدالة الاجتماعية، وكذلك مبادئ المذهب الانساني، ومبادئ المذهب الفردي والليبرالي والمذهب الطبيعي والحركات العلمية وغيرها من المذاهب والحركات الفلسفية والفكرية وكذلك الثورات والحركات الاجتماعية والسياسية التي استهدفت القضاء على الظلم والفساد. وهذه كلها أثرت بصورة أو باخرى بأفكارها ومبادئها وتطبيقاتها في فلسفة ومفهوم واتجاهات الديمقراطية المعاصرة.[36] لقد أصبحت الديمقراطية حالياً تشمل كل جوانب حياة الانسان ولتحقيق المزيد من الحرية والعدالة والكرامة الانسانية، وتفرعت مسألة الحرية الى مشكلات عديدة في هذا العصر منها مشكلة حقوق الانسان التي أشير اليها سابقاً. ولابد هنا من التأكيد على أن الحرية الاجتماعية هي الأساس المتين للحرية السياسية، فبدون توفر الحرية الاجتماعية فليس من مجال في التحدث عن حريات سياسية وتنمية سياسية سليمة.

لقد تطور مفهوم الديمقراطية وتطبيقاتها حالياً فلم تعد تقتصر على أمور السياسة بل تجاوزت ذلك لتشمل كافة الجوانب في المجتمع لتعبر عن طموح الشعوب لنيل حقوقها

وتحسين حياتها ومشاركتها في تنظيم شؤونها المختلفة شاملة بذلك الحريات الفردية والجماعية والحق في تداول السلطة سلمياً واستقلال القضاء .

تجدر الاشارة إلى أنه في ظل الليبرالية الجديدة المعاصرة بدأت هذه المنطلقات الفكرية تواجه بعض الاخطار التي تحيق بها. فيجد المتتبع في هذا المجال أن بعض القيم الديمقراطية بدأت في الانحلال والانحراف عن المعاني الاصلية، وأصبح قوام الديمقراطية الافساح بشكل كبير ومدمر لحرية السوق فهي الحاكمة والقائدة. ولذلك غدت المشكلة الأساسية عالمياً في التوفيق بين الديمقراطية وحرية السوق والذي يشكل تحديا لمجمل البناء الاجتماعي الذي تقوم عليه الديمقراطية. فالديمقراطية والسوق (في ظل هيمنة قوى السوق العملاقة) بينهما تناقض يصل الى حد التأثير التدميري، وقد بدأت ظواهره في التسعينيات من القرن العشرين في العداء للاجانب المقيمين في الدول الغربية، واضطهاد العالم النامي والسيطرة عليه ونهب ثرواته والعمل على تفكيكه وممارسة الازدواجية عليه، انها ديمقراطية الأقوى. [37]

لذلك فالحاجة ملحة في ظل هذه الظروف حماية حقوق الإنسان وتطبيقها على قدم المساواة دون ضغط أو سيطرة، أو الحرمان من هذه الحقوق للبلدان الصغيرة وخاصة من القوى الكبرى في العالم وبدون انتقائية وازدواجية في المعايير أو غطرسة. كل هذا انطلاقاً من عالمية حقوق الانسان والتي يجب أن تكون عادلة، مع الأخذ بعين الاعتبار قضايا التنمية الشاملة ومكافحة العنصرية بعين الاعتبار. كما لابد من أن يخضع للمساءلة من يحاول اختراق هذه الحقوق. لقد سعت هيئة الامم المتحدة لانشاء مجلس لحقوق الانسان تابع لها وصادقت الجمعية العامة بانشاء هذا المجلس في آذار من عام 2006م. وحتى يكون أيضاً هذا المجلس فعالاً لابد من تجنب تسيسه واستهداف دول بعينها بالانتقادات والادانة مقابل غض النظر عن أوضاع حقوق الانسان في بلاد أخرى لاسباب سياسية.

ان الديمقراطية ليست عملية انتخابات فقط (على الرغم من ضرورتها كشرط للديمقراطية) فأحياناً قد تأتي قوى للسلطة تكون مدمرة كالنازية والفاشية التي جاءت عن طريق الانتخابات والتي أصبحت تشكل خطراً على مجتمعاتها ومجتمعات العالم أجمع.

لذلك لابد أن تكون الديمقراطية أسلوب حياة من خلال مشاركة الأفراد والجماعات فيها دون عوائق والمشاركة في الحياة السياسية والتعبير الحر والانخراط في مختلف مؤسسات المجتمع المدني فمدخلها هو حقوق الانسان ومبادئها هي: الحرية والعدالة والمساواة. انها معيار حضاري وأخلاقي وهي ليست مجرد شعارات ترفع ويصفق لها بل هي مبادئ وقيم تربوية سليمة، وعلى الدول خلق توازن بين جميع الأنشطة الموجودة فيها من خلال تربية ديمقراطية منذ السنوات الأولى للطفولة ورعاية ذلك في السنوات اللاحقة واستغلال مؤسسات التعليم على كافة مستوياتها في هذا المجال.

ومن الأهمية بمكان في هذا المجال الاشارة إلى أشكال الديمقراطية.

أشكال الديمقراطية :

من خلال تتبع تطور الديمقراطية عبر العصور يُستدل على وجود أشكال ونماذج متعددة لها ويرى (دافيد هيلد Held) أن تعدد نماذج الديمقراطية آت من الخلاف حول ما اذا كان على الديمقراطية أن تعني شكلاً من أشكال السلطة الشعبية يحكم فيها الناس أنفسهم بأنفسهم؟ أو أن تكون وسيلة لاتخاذ القرارات من قبل المنتخبين لتمثيل الشعب. ومن هذا المنطلق تم حصر الأشكال التالية للديمقراطية حسب تصنيف هيلد وهي : [38]

1- النموذج الكلاسيكي

2- نموذج الديمقراطية الليبرالية

3- نموذج الديمقراطية المباشرة

1- النموذج الكلاسيكي للديمقراطية: وله أشكال لعل من أهمها ما يلي:

أ- **الديمقراطية الاثينية :** وقد كانت مباشرة تعتمد على مشاركة الموطنين المباشر في حكم أنفسهم، فالشعب هو وفي نفس الوقت حاكم ومحكوم. والسيادة هي للمواطنين ومشاركتهم في الوظائف المختلفة بشكل مباشر. وقد ارتبطت بالمدينة، وارتبطت المواطنة برجال المدينة الأحرار، ولاحق للعبيد والنساء والأجانب المقيمين في المدينة أو الوافدين اليها في هذه المواطنة.

ب- **الديمقراطية الجمهورية:** يرتبط هذا الشكل من أشكال الديمقراطية بالتطورات التي نمت وتطورت في ممالك الغرب منذ "بيركليس" ولها آليات متعددة لضمان مشاركة المواطنين في الحكم وتتيح لهم حرية الرأي والتعبير وتشكيل الجمعيات في ظل سلطة القانون وتفصل الديمقراطية الجمهورية بين الوظائف التشريعية والتنفيذية.

2- **نموذج الديمقراطية الليبرالية:** تنادي الليبرالية وهي مذهب رأسمالي بالحرية المطلقة في الاقتصاد والسياسة. وقد اقترن ظهورها بالثورة الصناعية. ويهدف الفكر الليبرالي الدفاع عن مصالح مالكي رؤوس الأموال من خلال طريقين:

الأول: وهو ديمقراطية الحماية وفيه يطلب الناس من حكامهم حمايتهم ورعايتهم، والسيادة فيها للشعب من خلال ممثليه الذين يمارسون وظائف الدولة بشكل قانوني ويختارون بالانتخاب والاقتراع السري.

الثاني: فهو الديمقراطية التنموية من خلال المشاركة في الحياة السياسية التي هي ضرورية ليس من أجل حماية مصالح الشعب فقط بل أيضاً لخلق مواطنة ثابتة وتنمية الكفاءات الفردية وتعزيز سيادة الشعب.

وتجدر الاشارة إلى أن الديمقراطية الليبرالية تركز على المجتمع المدني المستقل، وتدخّل الدولة محدود معتمدة على اقتصاد السوق التنافسي والملكية الخاصة. أما بالنسبة للسياسة فانها تركز على التحرر السياسي للفرد.

3- **نموذج الديمقراطية المباشرة:** وهي ديمقراطية ترى أن النماء الحر للجميع يمكن تحقيقه بالنماء الحر لكل فرد في الجماعة. والحرية تتطلب نهاية الاستغلال وتحقيق المساواة الاقتصادية والسياسية المطلقة بين الجميع حسب مبدأ "من كل حسب قدرته ولكل حسب حاجته" كما هو الحال في الأنظمة الاشتراكية.

ولم يتبق في الغرب إلا النموذج الليبرالي الذي يخضع للتغير السريع لعدم وجود منافس حقيقي له.

إن الليبرالية الجديدة في الغرب وفي ظل العولمة تتجه اليوم إلى إحكام سيطرة اقتصاد السوق والقوى الرأسمالية العملاقة والشركات الضخمة متعددة الجنسية، والحد من سلطة الدولة وتدخلها في المجال الاقتصادي حتى يصل التدخل الى الحد الأدنى. وهي مذهب سوّغ لبعض النقاد الكلام عن "دولة الحد الأدنى" وهي دولة تخلّت عن وظيفتها الاجتماعية (دولة الرعاية) والتزمت بالوظائف القانونية والقضائية وغايتها توفير الحرية لاقتصاد السوق الحر، وحمايته قانونياً مهملة قيم الليبرالية القديمة، ومعتمدة على التضليل الاعلامي والكذب (تبرير الكذب من منطلق الضرورة) وقد أوجدت مؤسسات فكرية تروّج لأفكارها، وأصبحت تعتمد عليها أيضاً في انتاج الأفكار بدلاً من الأحزاب السياسية. ومن أهم الأشكال الجديدة في الغرب والتي تحاول أن تكون بديلاً عن الديمقراطية الليبيرالية أو التي تحاول دعمها على نحو أكثر راديكالية هي: [39]

أ- الديمقراطية الجماعتية

ب- الديمقراطية التداولية أو التشاورية

ج- الديمقراطية الكونية

وفيما يلي تفصيلاً لها :

أ- **الديمقراطية الجماعتية** : تختلف هذه الديمقراطية عن الديمقراطية الليبرالية التي تتحلل من الروابط الاجتماعية والمتطلبات الجماعية وتغرق في الفردانية، في حين أن الديمقراطية الجماعتية تتعلق بالجماعة وبالروابط الشخصية التي لا تقوم على المنفعة الخالصة مؤكدة على التواصل الاجتماعي بين الأفراد المجتمعين، وتهتم بالقيم المجتمعية والانسانية غير السوقية.

ب- **الديمقراطية التداولية أو التشاورية:** وهذا الشكل من أشكال الديمقراطية يختلف عن الديمقراطية الليبرالية في انفراده بطريقة جديدة للمشاركة في الحكم والتشريع واتخاذ القرارات من خلال السعي لتحقيق اتفاق جماعي في شأن السياسات المختارة في المجال السياسي مؤكدة على الحوار المفتوح غير القسري في حل الخلافات.

ج- **الديمقراطية الكونية**: وهذا النوع من أشكال الديمقراطية ينزع الى حكومة كونية شاملة تتجاوز الأقاليم والأقطار والدول القومية، وهو مشتق منطقياً من نظام العولمة لأنه يدعو إلى انتشار برلمان كوني لشعوب العالم المختلفة، والى الفصل بين المصالح الاقتصادية والمصالح السياسية، ووضع قانون دولي أو تشريع عالمي، والتحول من الدولة القومية أو الدولة الوطنية إلى الدولة العالمية مما سوف يؤثر سلباً على الهوية القومية والوطنية.

وتجدر الإشارة على مستوى النظام والدولة أن الديمقراطية هي النظام الذي تعترف فيه الغالبية بحقوق الأقلية، وأنها تقبل بأن تصير أقلية اليوم والأكثرية غداً. إن تداول السلطة والحرص على حقوق الجميع ووعي العلاقة المتبادلة بين الأفراد والمؤسسات ومواقع المجتمع المختلفة تشكل الغذاء الدائم للروح الديمقراطية وهذا هو حال المجتمع المدني، كما أن الديمقراطية لا تترسخ في مجتمع ما الا نتيجة مسار داخلي طويل ومعقد، أنها تعتمد على ثقافة اجتماعية وفلسفية وفكرية قائمة على حسن المواطنة والاحتكام للقوانين والأنظمة والتعليمات والقواعد المرعية وبالتسامح وحل الخلافات بالوسائل السلمية. وللديمقراطية مطبّات كثيرة في حالة انفصالها عن ثقافتها والتي هي الثقافة الديمقراطية .

وفي العالم العربي يكاد يسيطر الغياب الفعلي للديمقراطية بصفتها ثقافة مجتمعية وأسلوب حياة اجتماعي على الرغم من بعض الانجازات التي حققت هنا وهناك في هذا المجال، وهذا يعود الى عوامل كثيرة والى طروحات فكرية معينة كانت تعمل على تبرير الواقع القائم المتصف بالتخلف، والى انتعاش العصبيات المتحجرة ومحاربة الوعي النقدي، وإلى غياب الثقافة الديمقراطية.

لذلك لابد من العمل نحو ثقافة ديمقراطية عربية منفتحة قائمة على النظر النقدي المستمر، والنظر إلى الديمقراطية ليس كشعار مجرد ومفتاح سحري لحل كافة المشكلات في حين أنها تفترض قبل أن تكون المفتاح السحري والدواء، فهي بحاجة إلى مفتاح وأن بابها لن يفتح إلا بعد فتح أبواب عديدة، وإحداث تغييرات في عقلية الأفراد والجماعات وخلق وعي سياسي مناسب لذلك. إنها بذرة تحتاج لرعاية لتنمو بشكل صحيح وتصبح صالحة للقطاف

فهي ليست مجرد آلية انتخابية فقط، بل إن مكان ازدهارها الأول هو في عقول الأفراد وثقافتهم، فهي تنظم المجتمع ومؤسساته وعلاقاته. إن الحاجة ملحة إلى ثقافة ديمقراطية بحيث تصبح الديمقراطية هي بنية النظام الاجتماعي بمكوناته المختلفة، وهذه تشكل عقبة رئيسية تعترض نجاح الديمقراطية في أغلب البلاد النامية. بجانب هذا لابد من التنوع والتعددية وحرية الاختيار الصحيح على أساس من الايمان بقيمة الإنسان وتوفير تربية ديمقراطية صحيحة تهدف الى دمقرطة الثقافة والعمل على اعطاء الأفراد حقوقهم ثم الطلب منهم الالتزام بالواجبات، لأنه بدون اعطاء الحقوق فمن الصعب القيام بالواجبات بإخلاص ومسؤولية.

ومن الأهمية بمكان الاشارة إلى أن العالم العربي وعلى الرغم من بعض محاولات وتجارب الانتقال الى الديمقراطية وما صاحب ذلك من انفتاح على بعض مبادرات التحديث والتغيير في الممارسات والعلاقات فإن ذلك لم يمكّن هذا العالم من امتلاك التأهيل الفعلي للتحول الديمقراطي الشامل فبقيت الديمقراطية على الرغم من بعض الانجازات عبارة عن ديمقراطية شكلية وبدون ديمقراطيين مؤثرين فيها بشكل فعّال فلم تتحول من مجرد مفاهيم وشعارات ومؤسسات شكلية معطلة إلى ثقافة ناظمة وموجهة للفكر والسلوك والكل المجتمعي العام. هذا في ظل ما تواجهه الديمقراطية الغربية من تراجع وانحراف أحيانا عن قيمها مما أفقدها بعض مصداقيتها فلم تعد كنموذج اقتدائي للكثير من بلاد العالم والتي تسعي نحو الدمقرطة والتحديث، بل أصبحت عرضة للتشكيك والنقد المتطرف أحيانا وغير الموضوعي.[(40)] كما وتجدر الاشارة في هذا المجال إلى أن أية تنمية سياسية ستبقى في مكانها اذا لم تتوجه الى القوى التي لها مصلحة في هذه التنمية وتطبيق الديمقراطية وحقوق الانسان والمساواة أمام القانون، وهذا لن يتأت إلا بوجود المجتمعات المدنية فهي الأرضية الصلبة التي ترتكز عليها الديمقراطية الحقة وتتحقق من خلالها حقوق الانسان وتكافؤ الفرص والمساواة أمام القانون، والفصل بين السلطات.

وبما أن الديمقراطية الحقة تفترض توفر تكافؤ الفرص فإنه من الأهمية بمكان في مجال علم اجتماع التربية المعاصر بشكل خاص تناول مبدأ تكافؤ الفرص التعليمية.

ثانياً: تكافؤ الفرص التعليمية:

تجدر الاشارة في هذا المجال إلى أن مفهوم تكافؤ الفرص التعليمية لم يكن ما يبرره قبل الثورة الصناعية في الغرب لأن العائلة وليس الفرد كانت تشكل الوحدة الاقتصادية الانتاجية لذلك كان الحراك الجغرافي والمهني لا يتطلب أنواعاً من التدريب. ولكن مع قيام الثورة الصناعية وتقدمها أصبح من الضروري وجود العمالة خارج نطاق العائلة مما تتطلب وجود نظام تعليمي مكلف بالإعداد وتدريب القوى العاملة فانتشر التعليم الاساسي (الابتدائي) على نطاق واسع وهدفه إعداد عامة الشعب للأعمال المهنية والحرفية. بينما اقتصر التعليم الثانوي والعالي على ابناء الطبقات الميسورة وكان يهدف لإعدادهم للوظائف العليا المرغوبة في الدولة. ومن هذه الثنائية في النظام التعليمي نشأت المطالبة بتحقيق قسط أكبر من تكافؤ الفرص التعليمية مدعوماً بفلسفة تربوية تقدمية مبنية على تحقيق المساواة، ومناضلة ضد المفهوم المحافظ لتكافؤ الفرص التعليمية والذي يحاول أن يبقى الفرد ضمن دائرة ما قُسم له انطلاقاً من الايمان بأن الله قد أعطى كل فرد القدرات التي تتناسب مع وضعه الاجتماعي. وان يبقى الفرد في طبقته الاجتماعية باستثناء القلة من أصحاب المواهب. ولكن مع تطور المجتمعات البشرية اشتدت الحاجة الى قوى عاملة مدربة تدريباً جيداً مما اقتضى الحال تطور النظرة الى هذا المفهوم ومما دعم ذلك المبادئ الديمقراطية والأفكار الليبرالية الكلاسيكية. فمفهوم الديمقراطية في العصر الحالي أصبح مفهوماً شاملاً لمجالات الحياة المختلفة بما فيها التربية والتعليم. فعند تناول تطبيق مفهوم الديمقراطية على التعليم فهذا يعني توفيره بشكل واسع ومجاني دون تفريق بين مواطن وآخر مع الأخذ بعين الاعتبار قدرات المتعلم ليصل إلى درجات التعلم والتحصيل الدراسي، والأخذ في التعليم العالي الامكانيات العلمية والقدرات العقلية للطلبة، لانه في هذا العصر -وهو عصر العلم والمعلوماتية والتكنولوجيا المتطورة - أصبح تحصيل المعارف والعلوم حقاً مقدساً لكل فرد وقد أكده الاعلان العالمي لحقوق الانسان منذ عام 1948م وكذلك أكدته المؤسسات الدولية والاقليمية المتخصصة في مجال التربية والتعليم والعلوم والثقافة.

إن الديمقراطية في التعليم تتطلب أيضاً تغيير العلاقة ما بين المعلم والمتعلم بحيث لا تكون قائمة على مبدأ الخضوع بل الاخذ بعين الاعتبار أن المعلم والمتعلم حدين متكاملين، فذاتية المتعلم مهمة، وكذلك كرامة المعلم ومكانته مهمة أيضاً في مجال العلاقة التربوية بين المعلم والمتعلم في خارج غرفة الصف وداخلها.

إن مفهوم تكافؤ الفرص التعليمية Equality of educational opportunities من أهم المفاهيم المستخلصة من مبادئ وقيم الديمقراطية، ففهم الديمقراطية بمعناها العام يؤدي إلى فهم ديمقراطية التعليم والتي هي جانب تطبيقي للديمقراطية مثلها مثل الديمقراطية الاجتماعية، والسياسية، والثقافية، والادارية. ان ديمقراطية التعليم تعني إدخال الديمقراطية إلى نظام التعليم كله حيث يطبق مبدأ تكافؤ الفرص التعليمية على جميع أبناء المجتمع دون تمييز أيا كان مصدره وازالة أية فوارق في التعليم.[41] فهذا المبدأ مرتبط بحقوق الأفراد والجماعات. وتنبع أهمية التكافؤ في الفرص التعليمية من ارتباطه بالتكافؤ في فرص الحياة ومتطلبات العدالة الاجتماعية.

واذا كانت الديمقراطية تشمل جميع مجالات الحياة فان ارتباطها بالتربية والتعليم أقوى لأنه لا يمكن تحقيق الديمقراطية إلا إذا ساد المجتمع التعليم وعمّت فرصة بين جميع أفراده، وتأكد فيه حق التعليمم للجميع، وكلما اتسع التعليم في أي مجمع زاد تمسكه بالحرية والديمقراطية. فعلاقة التعليم بالديمقراطية علاقة متبادلة يتوقف كل منهما على الآخر ويتأثر به. فكما أن الديمقراطية الحقة لا تتحقق إلا في مجتمع متعلم كذلك فإن ازدهار التعليم لا يتحقق الا في ظل مجتمع ديمقراطي.[42] هذا بالإضافة إلى أن التعليم الديمقراطي هو ذلك التعليم الذي تتم عملياته وتختار فلسفته وأهدافه ومضامينه وطرائقه في سياق ديمقراطي بما يحمله من قيم ديمقراطية مع التركيز على السمات الانسانية المشتركة، وعلى أسس الثقافة الديمقراطية ويستجيب أيضاً لاحتياجات المواطنين ويفتح أبوابه لهم جميعاً، ويطور الفرد من أجل أن يعرف وينمو ويشارك ويتحرر ويدعم قيم المحبة والتسامح والحرية والمساواة.

إن التربية الديمقراطية هي معيار مهم للمجتمعات وكل الشرور قد تتولد من غياب التربية الديمقراطية الكاملة، والديمقراطية تحمي الناس ولذلك فهي مهمة لهذه التربية من أجل أن يكون المجتمع مهيأً لمواجهة كافة تحديات العصر. [43] وتعمل التربية ايضا على تحويل الديمقراطية من شعار الى ممارسات سلوكية صحيحة في الحياة اليومية وهذا يتوقف على دور التربية في تنقيح التراث الثقافي من الشوائب والرواسب التقليدية المتحجرة وبناء ثقافة ديمقراطية.

ومن الأفكار والمبادئ التي أثرت في التربية الديمقراطية مبادئ المساواة والحرية والعدالة الاجتماعية، كذلك تأثير المذهب الانساني ومبادئ المذهب الفردي والمذهب الليبرالي والمذهب الطبيعي ومبادئ الحركات التحررية والاشتراكية وغيرها من الحركات العلمية والفكرية والفلسفية. [44] لذلك أصبح مفهوم تكافؤ الفرص التعليمية من المفاهيم الشائعة تتبناه مختلف الانظمة التربوية في العالم فأصبح في بؤرة اهتمام التربويين والطلبة معاً سواء أكانوا من مؤيدي السلطات الحاكمة أو من المعارضين، خاصة بعد تبني الأمم المتحدة منذ عام 1948 للأعلان العالمي لحقوق الانسان.

ويعد مبدأ تكافؤ الفرص التعليمية من أهم المبادئ المستخلصة من قيم ومبادئ الديمقراطية العامة وهي مبادئ: الحرية، والعدالة، والمساواة.

لقد شغل مبدأ تكافؤ الفرص التعليمية الباحثين في: علم النفس وعلمي الاجتماع والتربية في القرن العشرين، وتاريخياً تعرض له الفلاسفة والمفكرين عبر التاريخ وفي مقدمتهم (أفلاطون) Plato والذي نادى بأن كل فرد غنياً كان أم فقيراً، ذكراً أم أنثى، سيداً كان أو عبداً يملك القوى المؤهلة له وهي القوى الثلاث: العقلية والغضبية والشهوية، وأن الفروق بين الأفراد هي فروق في الدرجة فقط، ولذلك فإن على المسؤولين عن النظام التعليمي في المدينة الفاضلة التي اقترحها توفير فرص متكافئة لكل فرد للتعبير عما بداخله من قوى. وتبعه بعض الفلاسفة في العصور الوسطى ومفكرو الحضارة الإسلامية ومفكرو عصر النهضة والاصلاح الديني والتنوير وغيرهم. [45] أما الاهتمام الكبير بهذا المبدأ فقد كان نتيجة الحركات التحررية الوطنية وخاصة في القرن العشرين وحكومات الدول المتقدمة شرقاً

وغرباً، فإذا كانت البلدان الصناعية المتقدمة قد سبقت غيرها في هذا المجال فإن الكثير من المجتمعات النامية كانت قد سارت في نفس المسار وان كان ذلك في أطر ضيقة وخاصة في النصف الثاني من القرن العشرين الذي شهد انتشاراً واسعاً للديمقراطية واهتماماً كبيراً بالتربية والتعليم. كذلك بدأ التركيز الكثيف على مبدأ تكافؤ الفرص التعليمية بعد تبني الأمم المتحدة للاعلان العالمي لحقوق الانسان. واضافة لما سبق فإن تحقيق هذا المبدأ يعتمد على فلسفة المجتمع وتوجهاته السياسية، فالمجتمعات المنفتحة والتقدمية تحاول منح الفرص المتكافئة للمواطنين، وتوفير الفرص لترقي الأفراد في السلم الاجتماعي حسب قدراتهم وميولهم، فالحراك التعليمي والاجتماعي والسياسي واسع فيها. كما أنها تقلل من المعيقات التي تقف حركة الأفراد الاجتماعية إلى الامام، بعكس المجتمعات المغلقة التي تقرر فيها المكانة والحراك الاجتماعي السياسي والتعليمي عن طريق الوراثة والثروة أو العلاقة بأصحاب السلطة والنفوذ .

وعلى الرغم مما بذل لتطبيق هذا المبدأ سواء فيما تضمنته الدساتير والقوانين والأنظمة والتعليمات، أو فيما بذل من زيادات مستمرة في ميزانيات التعليم في بعض البلاد وبناء العديد من المدارس وتزويدها بالمعلمين والأجهزة والكتب، وزيادة عدد الملتحقين بهذه المدارس وتبني مبدأ الزامية التعليم ومجانيته، إلا أن الواقع بقي بعيداً عن تطبيق هذا المبدأ بشكل كامل وواجه التطبيق الكثير من المشكلات والتحديات .

ومن الأهمية بمكان التأكيد إلى أن هذا المبدأ من أهم المبادئ التي تقوم عليها التربية الديمقراطية وتأتي أهميته في المجتمعات المعاصرة لارتباطه بالتكافؤ أي المساواة في فرص الحياة وبالعلاقة الوثيقة بالحراك الاجتماعي، ولكن يجب النظر اليه على أنه تكافؤ في الانجاز والتحصيل والاستمرار لا مجرد تكافؤ في القبول في مستويات التعليم المختلفة.

ويرتبط بمبدأ تكافؤ الفرص التعليمية بعدة مبادئ لعل من أهمها ما يلي:

1- إلزامية التعليم: أي التزام الدولة بتوفير فرص التعليم لمن هم في سن الالزام، والزام أولياء الأمور أبناءهم للاستفادة من هذا الالزام لتحقيق النجاح ومواصلة التعلم، ومكافحة الاهدار التربوي الذي يعود بالاضرار الكبيرة على التنمية الشاملة.

2- مجانية التعليم: إن مبدأ الزامية التعليم يتطلب أيضاً مجانية هذا التعليم، وقد نصت المادة (26) من مبادئ حقوق الانسان على ما يلي: لكل شخص الحق في التعلم، ويجب أن يكون التعليم في المراحل الأولى والأساسية على الأقل بالمجان، وأن يكون التعليم الأولي الزامياً، وينبغي أن يعمم التعليم الفني والمهني، وان ييسر القبول للتعليم العالي على قدم المساواة التامة للجميع وعلى أساس الأهلية والقدرة والكفاءة.

3- التعليم للجميع واتاحة الفرص أمام جميع أبناء المجتمع وبصورة متكافئة بهدف الوصول إلى مجتمع متعلم، وأن لا يقف التعليم عند سن معينة فهو تعليم مستمر من المهد إلى اللحد مما يؤكد مبدأ التربية المستمرة انطلاقاً من أن الديمقراطية في هذا العصر شملت فتح العديد من مجالات الترقي أمام المتعلمين، كما ساهمت في تعديل شروط الالتحاق في المدارس ومعاهد المعرفة والعلم وتوزيع الامكانيات توزيعاً عادلاً بحسب ما يوجد في المجتمعات من فئات وطبقات اجتماعية مختلفة وبدون تعصب وتمييز، وتحقيق مساواة متكافئة للذكور والاناث معاً. إلا أنه لا تزال هناك في بعض المجتمعات عوائق حالت ولا تزال تحول دون التطبيق الفعلي لذلك.

4- الفروق الفردية بين المتعلمين: ان مبدأ تكافؤ الفرص التعليمية يتضمن الاعتراف بمبدأ الفروق الفردية بين المتعلمين، فالاهتمام بها يؤدي إلى الرضا، ومن ثم الى تحقيق التكيف والتقدم، وإن من واجب المجتمعات البشرية توفير فرص مناسبة لكل فرد حسب قدراته.

4- المساواة : وتشمل المساواة في القبول والالتحاق والمعاملة والمساواة في النتائج لأنه يمثل همزة الوصل بين النظام التعليمي والبناء الوظيفي في المجتمع، ويدل نجاحه على نجاح تطبيق مبدأ تكافؤ الفرص التعليمية، ويشير ذلك في حصول المتخرج على فرص متكافئة مع غيره في الحصول على العمل الذي يتفق مع مؤهله وتخصصه، وخاصة اذا كانت الحكومة مسؤولة عن توظيف الخريجين في المؤسسات الحكومية، ويتفق التطبيق السليم للمساواة في النتائج مع المبدأ الديمقراطي القائل بوضع الفرد المناسب في المكان المناسب.

6- يجب اقتران الديمقراطية في التعليم بتربية سليمة لأن التعليم هو جزء من التربية منطلقة من المبادئ والأسس الحديثة والمعاصرة لأن الهدف من التربية والتعليم هو بناء الشخصية المتكاملة للمتعلم من جميع جوانبها الجسمية والعقلية والنفسية، كما يجب التأكيد على وحدة المعرفة الانسانية وانها متكاملة ولها دور مهم في تقدم المجتمعات البشرية.

7- توجيه التعليم من أجل التنمية الشاملة وتحقيق الرفاه والسعادة والتأكيد على علاقته بكافة التغيرات.

لقد كثر النقاش بين المفكرين والمهتمين بالديمقراطية حول معايير توزيع الفرص التعليمية في المجتمع الواحد وانقسموا الى تيارين فكريين [46] :

التيار الليبرالي : هو التيار التقدمي في الفكر البنائي الوظيفي الذي وضع معيار الجدارة (Competence) كمرتكز للتوزيع بحيث يحصل الانسان الأكثر كفاءة على خدمات تعليمية أكثر من غيره بغض النظر عن مستواه الاقتصادي أو الاجتماعي أو البيئة الجغرافية أو النوع أو الجماعة التي ينتمي اليها، وهذا يتطلب وجود معيار ثابت وصادق للاختيار، وأن يكون أسلوب الاختيار المتبع موحد. ان هذا التيار يرى إن معيار الجدارة في مبدأ تكافؤ الفرص التعليمية هو معيار يجب أن لا يهتم بأي تحيز مهما كان نوعه، بل يتطلب توفر أسس موضوعية عادلة تعتمد على ذكاء الأفراد أو طموحاتهم أو ميولهم، أي يعتمد أنصار الجدارة على عامل الوراثة الذي يلعب دوراً أكبر من عامل البيئة في تحديد القدرات العقلية. ومنطلقات هذا التيار أن كل فرد يولد وعنده مقدار شبه ثابت من الكفاءة، لذلك يجب بناء النظام التعليمي بشكل تمحى معه العوائق الخارجية من اقتصادية أو جغرافية والتي تقف عائقاً أمام أبناء الطبقات الفقيرة القادرة على الاستفادة من ذكائها الموروث من فرص الحراك الاجتماعي والترقي في المجتمع.

التيار الثاني: ويطلق عليه الاتجاه المساواتي (Eqalitarianism) وينطلق من وجهة النظر التي تؤمن بتوزيع الخدمات التعليمية على أساس معيار الحاجة انطلاقاً من اعتبار أن البيئة الثقافية لها الدور الأهم وخاصة في سنوات ما قبل المدرسة والسنوات الأولى من الحياة المدرسية. وقد نشأ هذا المنطلق طبقاً للحاجة كتفسير راديكالي لمبدأ تكافؤ الفرص التعليمية، أي أن من يحتاج أكثر يحتاج لخدمات تربوية وتعليمية أكثر. لذلك على المدرسة القيام بدور متكامل مع الأسرة والبيئة المحيطة بمختلف عناصرها للتقليل من الفوارق بين الأفراد مع التركيز على أبناء الأسر الفقيرة وتقديم برامج تعويضية لهم، وهو ما أطلق على تسميته التربية التعويضية وخاصة في مراحل ما قبل المدرسة أو خلال السنوات الأولى من الدراسة. وقد استخدم (ديوي) Dewy مبدأ تكافؤ الفرص التعليمية وفقاً للحاجة تحت مسمى المساواة الكيفية (Qualitative Equality) .

وأخيراً فإن مبدأ تكافؤ الفرص التعليمية يستمد قوته ويلتقي مع المصطلح الأعم والأشمل وهو مصطلح الديمقراطية . [47] والذي يحتوي على ثلاثة أبعاد:

البعد الأول: بعد كمي ينطوي على استيعاب كل من هم في سن الدراسة ومن هم بحاجة إلى التعلم والتدريب من الكبار.

البعد الثاني: وهو بعد اجتماعي يتضمن انتفاء التمييز تحت أي مسمى.

البعد الثالث: وهو بعد نوعي يتضمن تحديث المناهج التربوية والمضامين الدراسية كلما تطور المجتمع، وأن يكون محتوى البرامج معبراً تعبيراً صادقاً عن الثقافة الوطنية في أي مجتمع كان، وأن يكون موجهاً ضد الأفكار البالية والمنطلقات الفاشية والعنصرية ويتجاوب مع أحدث منجزات الثورة العلمية والتكنولوجية.

وقد برزت في أواخر القرن العشرين وبداية القرن الحادي والعشرين معوقات كثيرة تعوق تحقيق هذا المبدأ .

معوقات تحقيق تكافؤ الفرص التعليمية :

هناك عدة عوامل وقفت في طريق تطبيق هذا المبدأ لعل من أهمها :

1- العوامل الاقتصادية: والتي تتمثل في عجز بعض الناس من الحصول على الخدمات التربوية عالية التكلفة مما يجعل القادرين فقط الاستفادة من الخدمات، ومن ثم احتكار الوظائف، وخاصة تلك التي تعتمد على المخرجات التعليمية ذات التخصص والخبرة والمعرفة العميقة الدقيقة.

2- العوامل الاجتماعية: وتتمثل في التخلف الاجتماعي وتخلف سياسات التنمية الاجتماعية عن التحقيق الشامل لها، ثم وجود الجهل في بعض المجتمعات والذي يتمثل في الأمية وتخلف الوعي الاجتماعي والفقر والبطالة مما أدى إلى انخفاض مستوى الوعي التربوي فأثر بذلك على مستوى الطموح في التزود من التعليم والعلم. ثم وجود أسباب ديمغرافية ومتمثلة في التفجر السكاني الهائل وزيادة عدد من يحتاج الى الالتحاق بمؤسسات التعليم المختلفة مما جعل خطط التنمية الاجتماعية الشاملة عاجزة عن الاستيعاب مما أثر بدوره على تحقيق التكافؤ في الفرص التعليمية وخاصة في البلدان النامية بشكل عام والعالم العربي بشكل خاص مما أثر على نوعية التعليم أيضاً فلم يحصل توازن ما بين الكم والكيف.

3- العوامل العنصرية: وتتمثل في وجود حواجز في بعض المجتمعات أمام بعض أفراد في الحصول على الخدمات التعليمية بشكل متساوٍ مع أقرانهم، وهذه الحواجز مرتبطة بانتماءات قومية أو عرقية أو عنصرية أو ما شابه ذلك.

4- عوامل ترتبط بالجنس: وتشمل الصعوبات التي تضعها بعض المجتمعات التقليدية أمام تعليم الإناث مما ينعكس إنعكاساً سلبياً أمام تطور هذه المجتمعات لأنه يؤدي إلى تجميد طاقات المجتمع عن المشاركة في العملية الانتاجية.

5- العوائق العائدة إلى الانتماءات الايدولوجية أو الحزبية وخاصة في المجتمعات التسلطية التي لا تؤمن بالمشاركة والتعددية والديمقراطية.

6- العوامل الثقافية وتشمل المعايير الاجتماعية من عادات وتقاليد وقيم التي تقف أحيانا ضد تطبيق هذا المبدأ بالشكل الصحيح .

7- أن مفهوم التكافؤ في الفرص التعليمية مرتبط بمفهوم المساواة عموماً، إلا أن مفهوم المساواة يواجه الكثير من الجدل في تفسير مدلولاته بين مختلف التيارات الفكرية والأنظمة السياسية، فالبعض يرى أنه من العسير تحقيق مساواة حقيقية في مناحي الحياة المختلفة تتماشى مع المساواة في الفرص التعليمية، بينما يرى البعض الآخر أن تحقيق التكافؤ ليس في الفرص بل في نتائج التعليم ومخرجاته.

إن هذا المبدأ السامي يتطلب تضافر جهود الجميع وعلى مختلف الأصعدة ونشر الروح الديمقراطية الصحيحة وجعلها أسلوب حياة الناس في أي مجتمع من المجتمعات البشرية، الا أن أحداً لا ينكر ما حققه هذا المبدأ من انجازات تربوية وتعليمية.

ثالثاً: الحراك الاجتماعي:

يشير مفهوم الحراك الاجتماعي (Social Mobility) الى حركة الأفراد والجماعات داخل البناء الاجتماعي فهو مفهوم بنائي احصائي يرتبط ارتباطاً مباشراً بالبناء الاجتماعي للمجتمع ويعتبر احصائيا لانه يعتمد على الارقام واستخدام الاحصاء في قياسه، [48] وحركته تكون من وضع اجتماعي أو اقتصادي أو سياسي أو تربوي الى وضع آخر، ويكون اتجاه هذه الحركة لأعلى أو لاسفل أو باتجاه أفقي. فالحركة إلى أعلى تسمى بالحراك الرأسي وهو حراك بين المراكز المتمايزة. في حين يكون الحراك إلى أسفل حين تتم الحركة الى مستوى أقل. وقد يكون الحراك أفقياً أي أن يتحرك الفرد أو الجماعة في نفس المستوى ضمن مراتب ومستويات اجتماعية متساوية.

من هذا يتبين أن الحراك الاجتماعي بأنواعه يشير للجانب الديناميكي لنسق التدرج الاجتماعي الذي يحدث فيه هذا الحراك بصوره ومستوياته، وما يحدد مستواه هو درجة تحققه على كافة مستوياته لكل نوع من أنواعه، وكذلك ما يرتبط به من الزيادة في فرص دعم المركز الاجتماعي والاقتصادي للفرد. وقد أشار (لوكوود) D. Locowood إلى أنه وبسبب زيادة فرص التربية والتعليم فإن الحراك الاجتماعي يزداد، ومن ثم فإن نسق التدرج الاجتماعي يزداد . [49]

ويعرفه (حسن سعفان) بأنه "عبارة عن نوع من التغير الاجتماعي الذي يصيب الأفراد أو الجماعات في المجتمع ويكون من أعلى الى أسفل أو من أسفل إلى أعلى، وهو نوع من الانقلاب في الطبقات الاجتماعية والسلم الاجتماعي. [50]

ومن الصعب في المجتمعات المعاصرة وجود مجتمع بدون حراك اجتماعي، ولكنه يختلف من مجمع لآخر، ومن فترة زمنية إلى أخرى نتيجة عوامل كثيرة، فهو لا يوجد في فراغ بل له علاقة بطبيعة النظام الاجتماعي الموجود فيه، فلم تعد الوظيفة والمكانة الاجتماعية في هذا العصر - عصر الثورة العلمية والتكنولوجية والمعلوماتية - وراثة يرثها الولد عن أبيه كما كان في الماضي في المجتمعات المغلقة، لأن المجتمعات البشرية أصبحت اليوم

مجتمعات منفتحة على بعضها البعض وكأنها قرية صغيرة وهو مستثمر ما دامت الحياة مستمرة.

لقد تدخلت عوامل كثيرة لتحدد ما يمكن أن تكون عليه وظيفة الفرد ومكانته الاجتماعية وما يطرأ عليها من تغيرات سريعة حاضراً ومستقبلاً فاستشراف المستقبل يشير إلى أن الحراك الاقتصادي والاجتماعي أو السياسي سوف يطرأ عليه تغييرات كثيرة، وهناك أمثلة كثيرة تشير إلى أن المجتمعات ليست جامدة فهي في حركة مستمرة حيث ان هناك أمثلة تبين أن الكثير من الأفراد الذين عاشوا في أسر فقيرة لكنهم بكفاءاتهم ونتيجة عوامل كثيرة استطاعوا تغيير أوضاعهم. كما يجد المهتم والمتتبع للحراك الاجتماعي وجود أفراد لم يستطيعوا المحافظة على أوضاعهم الجيدة بل تحركوا الى أسفل التدرج الاجتماعي، أي انتقلوا الى مستويات أدنى، كما أن الكثير من الناس بقوا يتحركون في مستويات أفقية أي في نفس الوضع الذي كانوا فيه كانتقال معلم من مدرسة إلى أخرى. وأحيانا قد يتكرر الصعود أو الانخفاض في المستويات أكثر من مرة خلال حياة الانسان. أما بالنسبة للمرأة فإنها وبفضل التربية والتعليم استطاعت وفي كثير من بلاد العالم أن تتحرك تحركاً اجتماعياً وتغير من أوضاعها المختلفة، كما حصلت على الكثير من الحقوق التي كانت محرومة منها سابقاً، كما ازدادت نسبة مساهمتها في العمل، فالتربية والتعليم يلعبان دوراً مهماً في التقدم والحراك الاجتماعي لأنهما يعملان على رفع مستوى الوعي الانساني والتزود بالمهارات المختلفة وتكييف الفرد مع الأوضاع المتغيرة والمختلفة وتحسين دخول الأفراد.

نظم الحراك الاجتماعي:

اتفق علماء الاجتماع والتربية إلى تقسيم نظم الحراك الاجتماعي إلى ثلاثة نظم وهي:[51]

1- نظام الطائفة : Caste System

وهو نظام مغلق حيث يتحدد مركز الفرد في النظام الاجتماعي منذ الولادة. فالتربية والوظائف التي يشغلها الفرد لا تتغير الا تغيراً بسيطاً أثناء حياته مع وجود بعض الاستثناءات. ويوجد هذا النظام في المجتمعات البدائية والعنصرية وكذلك المجتمعات غير الديمقراطية، كما هو الحال في الهند القديم ما قبل حركة التنمية والتقدم الحديثة حيث كان المجتمع يتكون من مجموعة من الطوائف تعيش كل طائفة في عزله عن الطوائف الأخرى وتشعر بالتفوق تجاه الطوائف الأخرى الأدنى منها مرتبه، وفي الوقت نفسه تشعر بالنقص تجاه الطوائف الأعلى منها، ويعيش الفرد طيلة حياته في نطاق طائفته ولا سبيل لتركها، والمكانات المتوارثة تلعب الدور الأكبر في تحديد مستقبل الفرد. وكان الحال أيضاً في جنوب أفريقيا سابقاً حيث كانت القوانين تفرّق بين البيض والسود ولصالح البيض الذين لهم أحسن الأراضي والمناصب مع بعض الاستثناءات. وفي اليونان القديم وخاصة في المجتمع الاسبرطي كان ابن السيد يعتبر سيداً وابن العبد يعتبر عبداً بغض النظر عن المواهب والقدرات ، فجيل الأبناء كان مطابقاً الى حد كبير إلى جيل الآباء، مما يدل على أن المجتمع كان يكرر نفسه لذلك كانت التغيرات الاجتماعية والثقافية بسيطة ومحدودة . ففي مثل هذه الأنظمة تلعب الوراثة العامل الرئيسي في تقرير طبيعة ومسار الحراك الاجتماعي، وكذلك تحديد الدور والمركز والمكانة الاجتماعية للفرد، ولهذا فمثل هذا النظام يعد نظاماً مغلقاً لا يتصف بالمرونة الاجتماعية. وتجدر الاشارة في هذا المجال الى أن العوامل الوراثية تلعب دوراً مهماً في الثبات أكثر منها في الحراك بمختلف صوره وأشكاله.

ومن الأهمية بمكان التأكيد إلى أن البيئة التي تحدد سلفاً مركز الفرد ودوره في المجتمع تجعله ميالاً الى الخضوع والاتكالية، ويعتبر نفسه فوق المجتمع وانه غير ملتزم بقضاياه ولذلك يمارس التهرب وتحاشي المواجهة، وتقدّم الثقافة السائدة وسائل تغطية العجز والتهرب من المسؤولية.

2- نظام الطبقات الاجتماعية : Social class system

وهو نظام مفتوح مرن يقوم على الإنجاز والجدارة ومن الممكن أن تكون الحركة الاجتماعية الى أعلى أو إلى أسفل أو أفقية حسب الظروف والامكانيات. وهذا النوع موجود في المجتمعات المتقدمة الصناعية. وفي هذا النظام تلعب قدرات الأفراد ومواهبهم وشخصياتهم وجهودهم الذاتية الدور الأكبر في تحديد مكانتهم الاجتماعية. أما الوراثة فتلعب دوراً أقل في حراك الفرد داخل الطبقات والفئات الاجتماعية. كما أن الحراك الاجتماعي في هذا النظام أسرع مما هو عليه في نظام الطوائف المغلق، وهو مستمر طوال حياة الانسان.

ففي هذا النظام تلعب العوامل الشخصية دوراً مهماً ورئيساً في نظام الطبقات الاجتماعية بالإضافة إلى جميع مصادر الثروة والدخل والانتاج ومستوى تعليم الفرد.

3- نظام الوضع الاجتماعي : Social Status System

وهذا النوع من انظمة الحراك الاجتماعي يعد إلى حد ما من مميزات النظام الاقطاعي (Feudal System) حيث تحتل فيه القلة الحاكمة قمة الهرم الاجتماعي والسياسي، ثم تليها طبقة النبلاء (الارستقراطيين) ويمثل العبيد والعمال والفلاحين قاعدة الهرم. والحركة الاجتمعية تسمح للفرد التحرك من وضع لآخر في حدود ضيقة بالاعتماد على خلفيته المتوارثة والولاء . وفي هذا النظام تلعب العوامل المتوارثة دوراً أقل من نظام الطائفة المغلق.

وهناك مصطلح الحراك المطلوب (Demand Mobility) الذي يشير إلى أثر عوامل المستوى الاجتماعي التي تؤثر على معدلات الحراك. فعلى سبيل المثال فإن عدد نماذج الوظائف المطلوب في المجتمع تعتمد على نظام التغيرات الاقتصادية حيث ان عدد وأنواع الافراد القادرين والراغبين لهذه الوظائف يعتمد على معدل الولادات لعدة اجيال، ومن هذه البيانات فمن الممكن تقدير احتمالات الحراك الاجتماعي الرأسي أو السفلي لمختلف الجماعات في المجتمع. لذلك فمن يتحرك إلى أعلى أو إلى أسفل في البناء الاجتماعي يعود

لعوامل شخصية كالموهبة أو الدافعية للعمل والحظ الذي يؤخذ بعين الاعتبار في هذا المجال. إلا أنه في أواخر القرن العشرين وبداية القرن الحادي والعشرين بدأ الأخذ بالحراك البنائي (Structural Mobility) الذي يشير إلى التغيرات في النظام الاقتصادي الذي يفتح أو يغلق بعض الوظائف حسب الحاجة. [52]

العوامل المؤثرة في الحراك الاجتماعي :

هناك عدة عوامل تلعب دوراً مهماً في التأثير على الحراك الاجتماعي وهي:

1- العوامل السياسية: تلعب الأيدولوجية السياسية دوراً بارزاً في هذا المجال لانها تمثل المنطلق الفكري الذي يدور حوله النظام السياسي والذي يحدد طبيعة النظام الاجتماعي القائم. ففي الأنظمة الاجتماعية المفتوحة وهي مجتمعات مرنة الحركة لأنها قائمة على الديمقراطية الصحيحة فإن العوامل الشخصية من جدارة وموهبة وذكاء وجهود شخصية تعتبر القاعدة الانطلاقية لحراك الفرد في المجتمع. أما المجتمعات المغلقة التي تسود فيها اللامساواة في مختلف جوانب حياة المجتمع وتتحكم فيها طبقة أو فئة معينة وتستأثر بخيرات المجتمع فلا تلعب السمات الشخصية إلا أدواراً ضعيفة وفي حدود ضيقة تعود لعوامل خاصة، فالحراك الاجتماعي هنا محدد ومرتبط بعوامل اما متوارثة أو بولاءات وانتماءات معينة محدودة من خلال التوجهات السياسية.

2- المهنة : وهي من أهم مؤشرات الحراك الاجتماعي ودليل كافٍ على المستوى الاجتماعي والاقتصادي والثقافي للفرد وهي مرتبطة بالمستوى التعليمي الذي يؤدي مباشرة الى مهنة تؤدي دوراً في البناء الاجتماعي ، ويترتب على ذلك مكانة اجتماعية معينة. أو كلّما ارتقى الفرد في السلّم التعليمي كلما ساعد ذلك على رقيه الاجتماعي. [53]

2- المكانة المتوارثة : وهي تلك المكانة التي يولد الطفل مزوداً بها وليس له دخل فيها كالطفل الذي يولد ذكراً أو أنثى، أبيض أو أسود. ويضيف بعض علماء الاجتماع والتربية مكانة أخرى هي المستوى الاقتصادي أو الاجتماعي أو الثقافي أو السياسي الذي يولد فيه الطفل والذي يرثه المولود عن أبويه عند ولادته ولا يستطيع التخلص منها

اذا استمر في اعتماده عليها. وتزداد هذه المكانة المتوارثة في نظام الطوائف أو النظام الاقطاعي، وتقل أهميتها في المجتمعات الصناعية المتقدمة المنفتحة والمعتمدة على الديمقراطية حيث تزداد قيمة المكانة المكتسبة التي يحصل عليها الفرد من خلال حياته العملية وشخصيته وجهوده الذاتية التي تلعب الدور الأهم في الحراك الاجتماعي، وهناك بعض الاستثناءات حيث تساعد المكانة المتوارثة دوراً مساعداً في الحراك الاجتماعي للمكانات المكتسبة. [54] ومن الأهمية بمكان التأكيد على أن ولاء الفرد نحو العائلة أو الطائفة أو العشيرة يحد من وعية الاجتماعي ويقف عائقاً في طريق الممارسة الاجتماعية السليمة.

4- الهجرة والاتصال: بمختلف أنواعها والتي تساعد على توسيع مساحة الاتصال وتقريب الناس بعضهم من بعض والاستفادة من ثقافات بعض المجتمعات وبما فيها من أنظمة تعليم وتدريب ومهارات، فكل هذا يؤدي إلى معرفة أوسع وإلى تشجيع الحراك الاجتماعي. لقد كانت الهجرات عبر التاريخ عاملاً مهماً في الحراك الاجتماعي وقد ساهمت في تحسين أوضاع الكثير من الأفراد ونقلهم من مستوى اجتماعي الى مستوى اجتماعي آخر وخاصة حينما تكون الهجرة من بلد فقير الى بلد غني مع وجود بعض الاستثناءات.

5- حجم الأسرة : إن المتتبع لذلك يستنتج أن الاسر قليلة العدد قد يساعدها هذا الوضع في الحراك الاجتماعي إلى أعلى، في حين كلما كثر عدد أفراد الأسرة فإن هذا الوضع يعمل في زيادة الحركة الاجتماعية إلى أسفل مع بعض الاستثناءات، وهذا نتيجة كثرة الأعباء والحاجات اليومية الملقاه على عاتق الأسر الفقيرة والذي يثقل كاهلها.

6- فلسفة المجتمع: تعد الفلسفة الاجتماعية من العوامل المهمة المؤثرة في الحراك الاجتماعي، فبعض المجتمعات تعتمد على دساتير وقوانين وأنظمة وتعليمات تشجع القيم والمبادئ الديمقراطية مما يعطي فرصاً للأفراد او الجماعات للترقي في السلّم الاجتماعي، في حين هناك مجتمعات مغلقة أو شبه مغلقة حيث ان الفلسفات الاجتماعية فيها تقيّد حرية الأفراد بقوانين وأنظمة وتعليمات وتقاليد وأعراف تمنعهم من التنقل

الاجتماعي الى مكانة اجتماعية أعلى لكثرة القيود على العقل والعمل والانتاج والإبداع، وهذه كلها تعيق الحراك الاجتماعي الى الأمام.

7- التغير الاجتماعي واتساع نطاق تقسيم العمل : يساعد التغير الاجتماعي إلى الأمام على تسهيل الانتقال وإزالة المعوقات والتحديدات الضيقة، وكلما كان سريعاً وتقدمياً فإنه يسهل عملية انتقال الأفراد عن أدنى السلم الى أعلاه وخاصة اذا كانوا مؤهلين لذلك .

أما اتساع نطاق تقسيم العمل وتنوع التخصص إلى حد التعقيد فإن ذلك يخلق ظروفاً تعوق الانتقال السهل من وضع اجتماعي الى آخر في المجتمع، وربما كان تقسيم العمل والتخصص الدقيق أحد العوامل المفيدة في المجتمعات الصناعية المتقدمة المعاصرة والذي أدى إلى وجود التمايز بين الأفراد وتصنيفهم في المستويات والفئات المختلفة حسب متطلبات سوق العمل والانتاج.

8- التعليم : وهو من أقوى العوامل في إحداث الحراك الاجتماعي وفقاً للمستوى الذي يتطلبه الحصول على وظيفة مرموقة وخاصة في البلدان التي تفتقر إلى اطارات مؤهلة ومدربة تدريباً علمياً على مستوى عالٍ، فعن طريق التعليم بمستوياته المختلفة وأنواعه يستطيع الفرد الحصول على المعارف والمهارات التي يحتاج لها التقدم العلمي والتكنولوجي والثورة المعلوماتية. فالارتباط قوى بين التعليم والتقدم التكنولوجي، فالتعليم المتميز يعتبر المحدد الرئيسي للوظائف في المجتمعات التكنولوجية، فمن هنا فانه يعتبر العجلة الرئيسية للحراك الاجتماعي المعاصر الذي يحتاج للجدارة والتميز في شغل الوظائف .

وبما أن الحراك الاجتماعي يتيح للفرد فرصاً كثيرة من أجل التقدم والحصول على المكافآت والمكاسب لذلك تزداد دوافع الأفراد للمزيد من التطلعات والطموحات العلمية لأن التعليم يرفع من الفاعلية في اكتساب الفرد للمهارات وأنماط السلوك التي تناسب وضعه الاجتماعي، وهذا ما أشار اليه (ميسجراف) P. Musgrave في فاعلية التعليم

لتحديد وضع الشخص كعضو في جماعته مبيناً أن ما يحققه الفرد من إنجازات تعليمية تعد مفتاحاً لنجاحه الاجتماعي .[55]

9- عوامل أخرى: وتشمل الثروات الطبيعية والعوامل الذاتية والمؤهلات المعلوماتية وهذه كلها إذا ما وضعت في سياقها الصحيح فانها تساهم في إحداث حراك اجتماعي إلى الأمام.

بعد هذا العرض للحراك الاجتماعي فإن علماء الاجتماع الغربيين يشيرون في أبحاثهم ودراستهم الى أن الصفة المميزة للمجتمعات المقسمة الى مراتب وطبقات هي الحركية الاجتماعية. ويضيفون إلى أن هذا الحراك معد من أجل الايحاء للفقراء والساخطين على أوضاعهم – وهم موجودون في أسفل السلم الاجتماعي- بفكرة امكانية الصعود إلى أعلى، ويؤكدون أن المجتمعات الغربية هي مجتمعات مفتوحة مرنة تتصف بالتحرك الرأسي العالي، وكذلك يشيرون إلى توفر الامكانيات المتساوية للجميع أو الفرص المتساوية، فهناك فرص حقيقية أمام كل فرد لأن يصبح غنياً، ويحاول علماء الاجتماع البرجوازيون دعم مثل هذه الآراء بايحاء وجود مصاعد اجتماعية يمكن للفرد بواسطتها الصعود إلى الطوابق العليا في البناء الاجتماعي وهي: الاقتصاد، السياسة، الكنيسة، العلم، والزواج.. وهكذا فالمجتمع الطبقي - حسب وجهة نظرهم- يشبه منزلاً مجهزاً بمصاعد يستعملها سكان هذا المنزل غالبا في اتجاه واحد أي في تحركهم من أسفل إلى أعلى.[56]

إنه من الخطأ الفادح في القرن الحادي والعشرين وهو عصر العلم والتكنولوجيا والمعلوماتية نفي وجود الحراك الاجتماعي في كافة المجتمعات، كما أن هناك إمكانيات كثيرة لأي فرد للانتقال الى الطبقات العليا، وخاصة اذا توفرت له الامكانيات وتوفر له المناخ الديمقراطي الصحيح مع وجود الجدارة والتميز. إلا أن هذه الامكانية ذات طابع تجريدي صوري، فمركزية رأس المال وتجميعه وتأثيره القوي في المجتمع وسيطرة الاحتكارات الكبرى متعددة الجنسيات وخاصة في ظل الليبرالية الجديدة المؤثرة في كافة المجالات الحياتية قد يؤدي هذا كله إلى تقليل عدد الأفراد الذين يتمكنون من الصعود إلى أعلى درجات السلم الاجتماعي، وخاصة في عالم تسيطر عليه العولمة والقيم الاحتكارية. إلا أنه تجدر الاشارة الى أن الحراك

الاجتماعي موجود بشكل عام وخاصة بين الطبقات والفئات الاجتماعية القريبة من بعضها البعض، وهو في جميع الاحوال حاليا تحرك محدود وضيق لأنه محكوم بعدة عوامل تعود الى طبيعة المجتمعات وثقافاتها وفلسفتها الاجتماعية وبالتوجه نحو العولمة .

المراجع

1- جعنيني، نعيم، (2004)، الفلسفة وتطبيقاتها التربوية، (ط1)، دار وائل للنشر والتوزيع، عمان، الأردن.

2- أمين، سمير، (2004)، الدولة الوطنية وتحديات العولمة في الوطن العربي، مركز البحوث العربية الافريقية في القاهرة ومركز الدراسات والبحوث الاستراتيجية في دمشق، ط(1)، مكتبة مدبولي ، القاهرة، جمهورية مصر العربية.

3- الربيع، أحمد، (1992)، السلوك الديمقراطي في ضوء التجرية الاردنية، ط(1)، عمان، الأردن.

4- محمد علي، وعلي عبد المعطي، (1995)، السياسة بين النظرية والتطبيق، ط(1)، دار المعرفة الجامعية، الاسكندرية، جمهورية مصر العربية.

5- الخوالدة، محمد، (2003)، مقدمة في التربية، ط(1)، دار المسيرة للنشر والتوزيع والطباعة، عمان، الأردن.

6- محمد علي، وعلي عبد المعطي، (1995)، مرجع سابق.

7- نصار محمد سامي، وجمان عبد المنعم أحمد، (1995)، مدخل الى تطور الفكر التربوي، ط(1)، منشورات ذات السلاسل، الكويت .

8- جعنيني، نعيم، (2004)، مرجع سابق.

9- عصام، سليمان، (1988)، الديمقراطية، ط(1)، المركز العالمي لدراسات وابحاث الكتاب الأخضر، طرابلس، ليبيا.

10- عبود ، عبد الغني، (1978)، دراسات مقارنة لتاريخ التربية، ط(1)، دار الفكر العربي، القاهرة، جمهورية مصر العربية.

11- الرشدان عبد الله، وجعنيني نعيم، (2002)، المدخل الى التربية والتعليم، الاصدار الرابع، دار الشروق، عمان الأردن، ص 144-145 .

12- عبود ، عبد الغني، مرجع سابق.

13- نصار، محمد سامي، وجمان عبد المنعم احمد،(1995)، مرجع سابق، ص 168 .

14- جعنيني، نعيم (2004)، مرجع سابق، ص 70 .

15- UNESCO (1986). The International Syposium about democratization of higher eduction , Paris (17-21) June, 1986 .

16- المنطقة العربية للتربية والعلوم والثقافة (1979) استراتيجية تطور التربية العربية، تونس.

17- Siegel Roberta & Hoskin Marilyn (1991), Education for democratic citizenship : A challenge for Multi-ethnicsocieties, New Jersy, LEA, Hills dale .

18- رحمة انطون، (2004)، آراء اعضاء هيئة التدريس والطلبة بجامعة الكويت في ديمقراطية التدريس الجامعي، مجلة جامعة دمشق للعلوم التربوية، المجلد (20) العدد الثاني.

19- مل، جون ستيورات (1996) أسس الليبرالية السياسية، ط(1)، ترجمة إمام إمام ومتياس مشيل، مكتبة مدبولي، القاهرة، جمهورية مصر العربية، ص 7 .

20- المرجع السابق.

21- بقورة، الزواوي، (2005) ، الشمولية والحرية في الفلسفة السياسية المعاصرة، عالم الفكر، عدد (3) مجلد (33) مارس (2005) الكويت.

22- عصام، سليمان، مرجع سابق، ص 12 .

23-   الجيوري، نظلة (حقوق الانسان) دراسة حول اشكالية الفكر والواقع في الخطاب الاسلامي المعاصر، الجمعية الفلسفية (المؤتمر الفلسفي الخامس من 25-27 نوفمبر 1998) عمان ، الجامعة الأردنية.

24-   حسن، محمد عبد الغني، (1993)، حسن العطار، ط(2)، دار المعارف، القاهرة، جمهورية مصر العربية.

25-   قرني، عزت، (1980)، العدالة والحرية في فجر النهضة العربية الحديثة، ط(1)، المجلس الوطني للثقافة والفنون والآداب، الكويت، ص 36، 44 .

26-   المرجع السابق، ص 44 ، 47 .

27-   زيادة، رضوان، (2005)، الأيدولوجية المستعادة (النهضة في الخطاب العربي المعاصر) مجلة عالم الفكر، المجلد (33)، العدد (4) نيسان- يونيو 2005، الكويت، ص7-8 .

28-   المرجع السابق، وأيضا العراقي، عاطف (2005)، دور الفكر المستنير في معركة الحرية، عالم الفكر، عدد (3)، المجلد (33) مارس (2005)، الكويت.

29-   نيلسون، دي سوزا، (1999)، انهيار الليبرالية الجديدة، ط(1)، ترجمة جعفر علي حسين السوداني، بغداد، العراق، ص 91. وأيضا فلامان، موريس (1990) الليبرالية المعاصرة، ترجمة تمام الساحلي، ط(1)، المؤسسة الجامعية للدراسات والنشر والتوزيع، القاهرة، جمهورية مصر العربية.

30-   تشومسكي، نوعام، (2000)، الربح فوق الشعب (الليبرالية الجديدة والنظام العولمي) ترجمة مازن الحسيني، ط(1)، دار التنوير، رام الله، فلسطين.

31-   المرجع السابق، ص 9-21 .

32-   المرجع السابق .

33-   نيلسون، دي سوزا (1991)، مرجع سابق، ص 115-116.

34- المرجع السابق، ص 24، 33 .

35- حسين يعقوب، حقوق الانسان: مفاهيمها ومبادئها وطرق تدريسها في مناهج اللغة العربية (2000) معهد التربية (الاونروا- اليونسكو- دائرة التربية والتعليم) ص30-33. وأيضا:

http:www.unhchr.ch/udhr/lang/arz.print.htm

OHCHR : (ALARABIN) Universal Declartion of human

Rights . office of the high commissioner for human

Rights . Genva udhr@ohchr.org

36- الرشدان، عبد الله، (1999)، علم اجتماع التربية، ط(1)، دار الشروق: عمان، الأردن، ص 296 .

37- Held, (1995), Democary and the Global order, p.5

وأيضاً في جدعان، فهمي، نحن والديمقراطية (منظور تربوي)، مجلة عالم الفكر، عدد (3)، المجلد (29)، مارس (2001)، ص 145-147 .

38- عبد الدايم، عبد الله وآخرون، (2005)، التربية والتنوير في تنمية المجتمع العربي، مركز دراسات الوحدة العربية، ط(1)، بيروت، لبنان.

39- جدعان، فهمي، مرجع سابق.

40- الأمين، أحمد، (2000)، الديمقراطية والعولمة: بين الايدولوجيا والفلسفة، مجلة الفكر العربي المعاصر، عدد (114-115) بيروت، لبنان. وايضاً عبد الدايم، عبد الله، وآخرون (2005)، التربية والتنوير في تنمية المجتمع العربي (محسن مصطفى: اشكالية التربية وحقوق الانسان)، ط(1)، مركز دراسات الوحدة العربية، بيروت، لبنان.

41- الخوالدة، محمد، (2003)، مرجع سابق.

42- الرشدان عبد الله، علم اجتمع التعليم (1999) مرجع سابق، ص 302 .

43-   Roger soder, (1996) Democracy, Education and the schools, Jossey Bass publishers, San Francisco.

44-   الشيباني، عمر تومي، (1986)، ديمقراطية التعليم في الوطن العربي، ط(1)، المنشأة العامة للنشر والتوزيع والاعلان، بنغازي، ليبيا، ص 11-12 .

45-   الشخيبي، علي السيد، (2002)، علم اجتماع التربية المعاصر، ط(1)، دار الفكر العربي، القاهرة، جمهورية مصر العربية.

46-   المرجع السابق.

47-   الرشدان، عبد الله، علم اجتماع التعليم، مرجع سابق.

48-   Beth B. Hess & Elizabeth W. Markson and peter stein, (1982) Sociology, 2nd Edition, Macmillan Publishing Company, NewYork.

وأيضا الشخيبي، مرجع سابق.

49-   الجيلاني، فادية عمر (1997)، علم الاجتماع التربوي، ط(1)، مركز الاسكندرية للكتاب، الاسكندرية، جمهورية مصر العربية.

50-   سعفان، حسن شحاته، (1976)، أسس علم الاجتماع، ط(1)، دار النهضة العربية.

51-   الشخيبي، مرجع سابق وأيضا: IBID : Beth B. Hess & other

52-   IBID, Beth B. Hess and others .

53-   عبد التوّاب، عبد التوّاب، الحراك المهني والتعليم واكتساب المكانة الاجتماعية، مجلة دراسات تربوية المجلد الثامن جزء (48) القاهرة جمهورية مصر العربية.

54   الشخيبي، مرجع سابق.

55-   الجيلاني، فادية عمر، مرجع سابق.

56-   بوبوف. س. ي. (1974)، نقد علم الاجتماع البرجوازي المعاصر، ط(2)، دار دمشق للطباعة والنشر، دمشق، سوريا .

مراجع الكتاب

أولاً: المراجع العربية :

– احمد، عبد السميع، (1990)، جدوى نظرية القهر في اجتماع التربية، مجلة التربية المعاصرة، عدد (16)، مركز الكتاب للنشر، جمهورية مصر العربية.

– أحمد، عبد السميع، (1993)، دراسات في علم الاجتماع التربوي، ط(1)، دار المعرفة الجامعية، الاسكندرية، جمهورية مصر العربية.

– أحمد، حمدي، (1995)، مقدمة في علم اجتماع التربية، ط(1)، دار المعرفة الجامعية، الاسكندرية، جمهورية مصر العربية.

– ابراهيم، سعد الدين، (1986)، نحو علم اجتماع عربي، (تأمل الآفاق لعلم اجتماع في الوطن العربي: من اثبات الوجود الى تحقيق الوعود)، ط(1)، مركز دراسات الوحدة العربية، بيروت، لبنان.

– اسماعيل، قباري، (1982)، علم الاجتماع الثقافي، ط(1)، منشأة المعارف بالاسكندرية، جمهورية مصر العربية.

– ايريك، مايد، (1999)، نحن والعولمة من يربي الآخر؟ مجلة المعرفة العدد (46)، وزارة المعارف السعودية.

– أفانا سييف، (1979)، أسس المعارف الفلسفية، ط(1)، دار التقدم، موسكو، الاتحاد السوفيتي.

– الأخرس، صفّوح، (1982)، علم الاجتماع العام، ط(1)، مطبعة جامعة دمشق، دمشق، سوريا.

– أبو جادو، صالح، (1998)، سيكولوجية التنشئة الاجتماعية، ط(1)، دار المسيرة، عمان، الأردن.

– أمين، سمير، (2004)، الدولة الوطنية وتحديات العولمة في الوطن العربي، مركز البحوث العربية الأفريقية في القاهرة ومركز الدراسات والبحوث الاستراتيجية في دمشق، ط(1)، مكتبة مدبولي، القاهرة، جمهورية مصر العربية.

– الأمين، أحمد، (2000)، الديمقراطية والعولمة: بين الأيدولوجيا والفلسفة، مجلة الفكر العربي المعاصر، عدد (114-115)، بيروت، لبنان.

– بوبوف، س، ي، (1973)، نقد علم الاجتماع البرجوازي المعاصر، ط(2) ترجمة نزار عيون السود، دار دمشق للطباعة والنشر، دمشق، سوريا.

– براون، راد كليف، (1981)، حول مفهوم الوظيفة في العلوم الاجتماعية، ط(1)، مجلة الفكر العربي (معهد الانماء العربي)، بيروت، لبنان.

– بسامة، خالد المسلّم، (1996)، علم اجتماع التربية (التنمية)، ط(1)، دار السلاسل، الكويت.

– البلاوي، حسن، (ب.ت)، التربية وبنية التفاوت الاجتماعي الطبقي، دراسة نقدية في فكر بوردو .

– البستاني، محمود، (1994)، الاسلام وعلم الاجتماع، ط(1)، مجمع البحوث الاسلامية، بيروت، لبنان.

– بقورة، الزواوي، (2005)، الشمولية والحرية في الفلسفة السياسية المعاصرة، عالم الفكر عدد (3)، مجلد (33)، الكويت.

– بن نبي، مالك، (1979)، مشكلة الثقافة، ط(1)، دار الفكر، بيروت، لبنان.

- بدرخان، سوسن، (2004)، أشكال الضبط المدرسي المستخدمة من قبل معلمي المرحلة الثانوية في الأردن وعلاقتها ببعض المتغيرات، أطروحة دكتوراة، الجامعة الأردنية، كلية العلوم التربوية، عمان، الأردن.

- تمونز، ج، وهايت، ايمي، (2004)، من الحداثة الى العولمة، ط(1)، ترجمة سمر الشيشكلي، عالم المعرفة ، الكويت.

- تيزيني، الطيب، (2004)، الدولة الوطنية وتحديات العولمة في الوطن العربي (دراسة تحت عنوان التنوع الثقافي والطبقي والديني والعرقي في إطار الوحدة العليا لمصالح المجتمع)، ط(1) مكتبة مدبولي، القاهرة، جمهورية مصر العربية.

- التل، سعيد وآخرون، (1993)، المرجع في مبادئ التربية، ط(1)، دار الشروق، عمان، الأردن.

- تشومسكي، نوعام، (2000)، الربح فوق الشعب- الليبرالية الجديدة والنظام العولمي- ترجمة مازن الحسيني، ط(1)، دار التنوير، رام الله، فلسطين.

- جعنيني، نعيم، (2004)، الفلسفة وتطبيقاتها التربوية، ط(1)، دار وائل للنشر، عمان، الأردن.

- جعنيني، نعيم، (1995)، وقائع المؤتمر التربوي العربي (التحديات الاجتماعية وتربية المعلم العربي للقرن الحادي والعشرين)، اليونسكو- يوندباس- من 2-5 تشرين أول عام 1995، الجامعة الأردنية، كلية العلوم التربوية، عمان، الأردن.

- جعنيني، نعيم، (1998)، أنماط التنشئة الاجتماعية في المدرسة كما يراها معلمو المدارس الأساسية الرسمية في محافظة مادبا، مجلة دراسات للعلوم التربوية، الجامعة الأردنية، عمان، الأردن.

- جعنيني، نعيم، (2004)، درجة تفاعل المدارس الثانوية الرسمية مع مؤسسات التنشئة الاجتماعية في محافظة مادبا من وجهة نظر طلبتها، مجلة كلية التربية بالمنصورة، عدد (54)، الجزء الثاني، جمهورية مصر العربية.

– جعنيني، نعيم، (2001)، المدرسة الفعّالة من وجهة نظر معلمي المدارس الرسمية في محافظة مادبا، مجلة كلية التربية، جامعة المنصورة، عدد (47) جزء (2)، جمهورية مصر العربية.

– الجيّار، سيد إبراهيم، (1985)، دراسات في تاريخ الفكر التربوي، ط(4)، مكتبة غريب، القاهرة، جمهورية مصر العربية.

– الجولاني، فادية عمر، (1997)، علم الاجتماع التربوي، ط(1)، مركز الاسكندرية للكتاب، الاسكندرية، جمهورية مصر العربية.

– الجمّال، مصطفى، (2004)، الدولة الوطنية وتحديات العولمة في الوطن العربي، ط(1)، دراسة بعنوان (تأملات في أيدولوجيا التدخل الانساني الدولي، مكتبة مدبولي، القاهرة، جمهورية مصر- العربية.

– الجابري، محمد، (1984)، تكوين العقل العربي، ط(1)، دار الطليعة، بيروت، لبنان.

– الجابري، محمد، (1997)، قضايا في الفكر المعاصر، ط(1)، مركز دراسات الوحدة العربية، بيروت، لبنان.

– الجوهري، محمد، وشكري علياء، وليلة علي، (1995)، التغير الاجتماعي، ط(1)، دار المعرفة الجامعية، القاهرة، جمهورية مصر العربية.

– الجيوري، نظلة، حقوق الانسان – دراسة حول اشكالية الفكر والواقع في الخطاب الاسلامي المعاصر- الجمعية الفلسفية العربية (المؤتمر الخامس) من 25-27 نوفمبر 1998، الجامعة الأردنية، عمان، الأردن.

– جدعان، فهمي، نحن والديمقراطية (منظور تربوي)، مجلة عالم الفكر، عدد(3)، المجلد (29)، مارس (2001).

– حسين، يعقوب، (2000)، حقوق الانسان – مفاهيمها ومبادئها وطرق تدريسها في مناهج اللغة العربية، معهد التربية (الأونروا- اليونسكو).

– حيدر، ابراهيم علي، (1986)، نحو علم اجتماع عربي، ط(1)، مركز دراسات الوحدة العربية، بيروت، لبنان.

– حجازي، محمد عزت، (1986)، نحو علم اجتماع عربي (الأزمة الراهنة لعلم الاجتماع في الوطن العربي)، ط(1)، مركز دراسات الوحدة العربية، بيروت، لبنان.

– الحسن، احسان، (2005)، علم الاجتماع التربوي، ط(1)، دار وائل للنشر، عمان، الأردن.

– الجلبي، علي عبد الرزاق وآخرون، (1998) علم الاجتماع الثقافي، ط(1)، دار المعرفة الجامعية، جامعة الاسكندرية، جمهورية مصر العربية.

– الحر، عبد العزيز، (2001)، مدرسة المستقبل، ط(2)، دار العلم للملايين، بيروت، لبنان.

– حسن، محمود عبد الغني، (1993)، حسن العطار، ط(2)، دار المعارف، القاهرة، جمهورية مصر العربية.

– الخشاب، أحمد، (1981)، التفكير الاجتماعي، ط(1)، دار النهضة العربية، بيروت، لبنان.

– الخشاب، مصطفى، (1977)، دراسة المجتمع، ط(1)، مكتبة الأنجلو المصرية، القاهرة، جمهورية مصر العربية.

– الخوالدة، محمد، (2003)، مقدمة في التربية، ط(1)، دار المسيرة، عمان، الأردن.

– دندش، فايز، (2002)، علم الاجتماع التربوي بين التأليف والتدريس، ط(1)، دار الوفاء لدنيا الطباعة والنشر، الاسكندرية، جمهورية مصر العربية.

– الدقس، محمد (2005)، التغير الاجتماعي بين النظرية والتطبيق، ط(3)، دار مجدلاوي، عمان، الأردن.

– دوكريه، جان جاك، (2001)، الملف المفتوح (البنائية والتربية)، مستقبليات، مجلد (3)، عدد (3)، مكتب التربية الدولي، جنيف، سويسرا.

– رونيه، أوبير، (1972)، التربية العامة، ط(1)، ترجمة عبد الله عبد الدايم، دار العلم للملايين، بيروت، لبنان.

– الرشدان، عبد الله، وجعنيني، نعيم، (2002)، المدخل الى التربية والتعلم، ط(4)، دار الشروق، عمان، الأردن.

– الرشدان، عبد الله، (1999)، علم اجتماع التربية، ط(1)، دار الشروق للنشر والتوزيع، عمان، الأردن.

– رابح، تركي، (1982)، أصول التربية والتعليم، ط(1)، ديوان المطبوعات الجامعية، الجزائر.

– الربيع، أحمد، (1992)، السلوك الديمقراطي في ضوء التجربة الأردنية، ط(1)، عمان، الأردن.

– رحمه، أنطون، (2004)، آراء أعضاء هيئة التدريس والطلبة بجامعة الكويت في ديمقراطية التدريس الجامعي، مجلة جامعة دمشق للعلوم التربوية، مجلد (20)، عدد (2).

– الرميحي، محمد غانم، (1975)، مدخل لدراسة الواقع والتغيير الاجتماعي في مجتمعات الخليج المعاصرة، مجلة العلوم الاجتماعية، جامعة الكويت، السنة (3) كانون أول.

– الزعبي، محمد، (1982)، التغير الاجتماعي بين علم الاجتماع البرجوازي وعلم الاجتماع الاشتراكي، ط(3)، دار الطليعة، بيروت، لبنان.

– زريق، قسطنطين، (1980)، نحن والمستقبل، ط(2)، دار العلم للملايين، بيروت، لبنان.

- زيدان، محمد مصطفى، والشربيني، محمد السيد، (1965)، سيكولوجية النمو، ط(1)، مكتبة النهضة المصرية، القاهرة، جمهورية مصر العربية.
- زيادة، رضوان، (2005)، الايدولوجية المستعادة (النهضة في الخطاب العربي المعاصر)، مجلة عالم الفكر، مجلد (33)، عدد (4)، الكويت.
- ساري، سالم (1986)، نحو علم اجتماع عربي (علم الاجتماع والمشكلات الاجتماعية العربية)، ط(1)، مركز دراسات الوحدة العربية، بيروت، لبنان.
- السيد، سميرة أحمد، (1998)، علم اجتماع التربية، ط(2)، دار الفكر العربي، القاهرة، جمهورية مصر العربية.
- السيد، فؤاد، (1993)، علم النفس الاجتماعي، ط(1)، دار الفكر العربي، القاهرة، جمهورية مصر العربية.
- سامية، محمد جابر، (1993)، القانون والضوابط الاجتماعية، ط(1)، دار المعرفة الجامعية، الاسكندرية، جمهورية مصر العربية.
- سعفان، حسن شحاته، (1976)، أسس علم الاجتماع، ط(1)، دار النهضة العربية، بيروت، لبنان.
- الشخيبي، علي السيد، (2002)، علم اجتماع التربية المعاصر، ط(1)، دار الفكر العربي، القاهرة، جمهورية مصر العربية.
- الشيباني، عمر تومي، (1986)، ديمقراطية التعليم في الوطن العربي، ط(1)، المنشأة العامة للنشر، بنغازي، ليبيا.
- شازال، جان، (1983)، الطفولة الجانحة، ط(1)، منشورات عويدات، بيروت، لبنان.
- شرابي، هشام (1975)، مقدمات لدراسة المجتمع العربي، ط(1)، الدار المتحدة للنشر، بيروت، لبنان.

- العالم، محمود، (1993)، ملاحظات حول أولية الثقافة العربية والتحديث، مجلة الوحدة (الواقع الراهن للثقافة العربية)، مجلد (19)، عدد (101)، الرباط، المغرب.

- عاقل، فاخر، (1974)، التربية قديمها وحديثها، ط(1)، دار العلم للملايين، بيروت، لبنان.

- عفيفي، محمد، (1970)، التربية والتغير الثقافي، ط(3)، مكتبة الانجلوالمصرية، جمهورية مصر ـ العربية.

- عبد الرحمن، سعد، (1967)، أسس القياس النفسي الاجتماعي، ط(1)، مكتبة القاهرة الحديثة، القاهرة، جمهورية مصر العربية.

- عصام، سليمان (1988)، الديمقراطية، ط(1)، المركز العالي لدراسات وابحاث الكتاب الاخضر ـ طرابلس، ليبيا.

- عبود، عبد الغني (1978)، دراسات مقارنة لتاريخ التربية، ط(1)، دار الفكر العربي، القاهرة، جمهورية مصر العربية.

- العراقي، عاطف، (2005)، دور الفكر المستنير في معركة الحرية، عالم الفكر، عدد (3)، مجلـد (33)، الكويت.

- علـي، ابراهيم، (1982)، التغير الاجتماعـي والتنميـة، ط(1)، مكتبـة الطالـب، العـين، الامارات العربية المتحدة.

- عبد التواب، عبد التواب، الحراك المهني والتعليم واكتساب المكانة الاجتماعية، مجلة دراسات تربوية، مجلد (8) جزء (48)، القاهرة، جمهورية مصر العربية.

- عبد الدايم، عبد الله، (1978)، التربية عبر التاريخ، ط(3)، دار العلم للملايين، بيروت، لبنان.

- عبد الدايم، عبد الله، (1991)، نحو فلسفة تربوية عربية، ط(1)، مركز دراسات الوحدة العربية، بيروت، لبنان.

- عبد الدايم، عبد الله وآخرون، (2005)، التربية والتنوير في تنمية المجتمع العربي، ط(1)، مركز دراسات الوحدة العربية، بيروت، لبنان.

- علي، سعيد اسماعيل، (1995)، فلسفات تربوية معاصرة، ط(1)، عالم المعرفة، القاهرة، جمهورية مصر العربية.

- عويدات، عبد الله، (1997)، التربية والمستقبل (ورقة عمل مقدمة الى دورة الادارة العليا للقيادات التربوية في الاردن) عمان، الأردن.

- غيث، محمد عاطف، (1994)، القانون والضوابط الاجتماعية، ط(1)، دار المعرفة الجامعية، الاسكندرية، جمهورية مصر العربية.

- غيث، محمد عاطف، (1988)، المشاكل الاجتماعية والسلوك الانحرافي، ط(1)، دار المعرفة الجامعية، الاسكندرية، جمهورية مصر العربية.

- غندور، صبحي، (1999)، الترهيب بصدام الحضارات والترغيب بالعولمة، المعرفة، العدد (46)، الرياض، السعودية.

- غالي، شكري، (1986)، نحو علم اجتماع عربي، (من الاشكاليات المنهجية في الطريق العربي الى علم اجتماع المعرفة)، ط(1)، عالم المعرفة، الكويت.

- الغزوي، فهمي سليم وآخرون، (1992)، المدخل الى علم الاجتماع، ط(1)، دار الشروق، عمان، الأردن.

- فلامان، موريس، (1990)، الليبرالية المعاصرة، ترجمة تمام الساحلي، ط(1)، المؤسسة الجامعية للدراسات، القاهرة.

- فريري، باولو، (2004)، المعلمون بناة ثقافة (رسائل الى الذين يتجاسرون على اتخاذ التدريس مهنة) ترجمة حامد عمار وآخرون، الدار المصرية اللبنانية، القاهرة، جمهورية مصر العربية.

- فريري، باولو، (2003)، نظرات في تربية المعـذبين في الارض، ط(1)، دار التنـوير للنشر، رام الله، فلسطين.

- قرني، عزت، (1980)، العدالة والحرية في فجر النهضة العربية الحديثة، ط(1)، المجلـس الـوطني للثقافة والفنون والآداب، الكويت.

- كريب، إيان، (1999) النظرية الاجتماعية من بارسـونر الى هابرمـاس، مراجعـة محمـد عصـفور، ط(1) عالم المعرفة، الكويت.

- الكندري، أحمد محمد مبارك، (1992)، علم النفس الاجتماعي والحياة المعـاصرة، ط(1)، مكتبـة الفلاح.

- كوميليان، كرستيان، (1997)، تحـديات العولمـة، مسـتقبليات، المجلـد (27)، العـدد (1) جنيـف، سويسرا.

- لوبلنسكليا،أ ، (1980)، علـم نفـس الطفـل، ط(1)، ترجمـة عـلي منصـور، وبـدر الـدين عـامود، منشورات وزارة الثقافة والارشاد القومي السوري، دمشق، سوريا.

- لطفي، عبد الحميد، (1981)، علم الاجتماع، ط(1)، دار النهضة العربية، بيروت، لبنان.

- اللقاني، أحمد، وأبو سنينه عودة (1990)، التعليم والتعليـم الصـفي، ط(1)، دار الثقافـة للنشر والتوزيع، عمان، الأردن.

- مجموعة من الكتاب، (1997)، نظرية الثقافة، ط(1) ترجمة سيد الصاوي، مراجعة الفـاروق زكي يونس، عالم المعرفة، الكويت.

- مرسي، منير، (1997) الاتجاهات الحديثة في تعليم الكبار، ط(1) عالم الكتب، القاهرة، جمهوريـة مصر العربية.

- مرسي، منير، (1999)، الاصلاح والتجديد التربوي في العصر الحديث، ط(1)، عالم الكتب، القـاهرة، جمهورية مصر العربية.

– مايكل كمارتون، وصبحي الطويل، (1997)، العولمة الاقتصادية والسياسات التعليمية، مجلة مستقبليات، مكتب التربية الدولي، مجلد (27)، عدد (1)، جنيف، سويسرا.

– المسيري، عبد الوهاب، (1999)، عولمة الالتفاف بدلاً من المواجهة، مجلة المعرفة، عدد (46)، وزارة المعارف السعودية.

– المسيري، عبد الوهاب، والتريكي فتحي، (2003)، الحداثة وما بعد الحداثة، ط(1)، دمشق: دار الفكر.

– معوّض، خليل ميخائيل، (1982)، علم النفس الاجتماعي، ط(1)، دار النشر المغربية، الدار البيضاء، المغرب.

– محمود، حسن، (1981)، الأسرة ومشكلاتها، ط(1)، الدار العربية للطباعة والنشر، بيروت، لبنان.

– محمد علي، وعلي عبد المعطي، (1995)، السياسة بين النظرية والتطبيق، ط(1)، دار المعرفة الجامعية، الاسكندرية، جمهورية مصر العربية.

– المنظمة العربية للتربية والعلوم الثقافية، (1979)، استراتيجية تطوير التربية العربية، تونس.

– مارسيل، بوستيك (1986)، ط(1) ترجمة محمد النحاس، المنظمة العربية للتربية والعلوم والثقافة، تونس.

– مل، جون ستيوارت، (1996)، أسس الليبرالية السياسية، ط(1)، ترجمة إمام إمام، ومتياس مشيل، مكتبة مدبولي، القاهرة، جمهورية مصر العربية.

– المجلة العربية للتربية، (2000)، مدرسة المستقبل، المنظمة العربية للتربية والثقافة والعلوم، عدد (2)، ديسمبر.

- نصار سامي، وأحمد جـمان، (1998)، مـدخل إلى تطـور الفكـر التربـوي، ط(1)، منشـورات ذات السلاسل، الكويت.
- نوفل، محمد نبيل، (1985)، دراسات في الفكر التربـوي المعـاصر، ط(1)، مكتبـة الانجلوالمصر-ية، جمهورية مصر العربية.
- ناصر، إبراهيم، (2004)، التنشئة الاجتماعية، ط(1)، دار عمار، عمان، الأردن.
- نيلسون دي سوزا، (1999)، انهيار الليبرالية الجديـدة، ط(1)، ترجمـة جعفـر السـوداني، بغـداد، العراق.
- النجيجـي، محمـد لبيـب، (1976)، الأسـس الاجتماعيـة للتربيـة، ط(6)، مكتبـة الانجلوالمصر-ية، القاهرة، جمهورية مصر العربية.
- نيبست، ريتشارد (2005)، جغرافية الفكر، ط(1)، ترجمة شوقي جلال، عالم المعرفة، الكويت.
- همشري، عمر، (2003)، التنشئة الاجتماعية، ط(1)، دار صفاء للنشر والتوزيع، عمان، الأردن.
- وطفه، علي أسـعد، (1992-1993)، علـم الاجـتماع التربـوي، ط(1)، منشـورات جامعـة دمشـق، دمشق، سوريا.
- اليافي، عبد الكريم، (1957)، تمهيد في علم الاجتماع، ط(1)، مطبعـة الجامعـة السـورية، دمشـق، سوريا.
- اليونسكو (1996)، الادارة التربوية على المستوى المحلي، مكتب اليونسكو لدول الخليج، الرياض، السعودية.

ثانياً: المراجع الاجنبية:

- Bown, J & Hobson, P. (1987). Theories of educational studies of significant innovations in westeen educational Thought, First edition John Wiley to sons, N.Y.

- Beth B. Hess & Elizabeth W. Markson and Peter Stein, (1982) "Sociology" Macmillan Publishing Co. NewYork. U.S.A.

- Madkur, Indira, (2003) "Impact of Globilization on education learning to live together" authors press, India at tarum offset, Delhi.

- Brim, O. (1958). "A sociology in the Field of education" Rusell Sage Foundation , NewYork, U.S.A.

- Charles Alberto Torres & Theodre R. Mitchell (1998), "Sociology of education, State University of NewYork, U.S.A.

- Corwin, R. G. (1965) A Sociology of education", NewYork, U.S.A.

- D. Stanley Etizen, (1985) "Conflict and order". Understanding Society – Colorado State University, Allyn and Bacon, Inc, Boston and London .

- David, S. & H. Gene Blocker, (1987), Fundamentals of philosophy 2nd edition, Macmillan Co. NewYork.

- D. M. Kelly, (1993), Last chance high. How girls and boys drop in and out of alternative school, first edition, Yale university press, New Haven , Connecticut .

- Danziger K. (1971). "Socialization" Hardmonds worth, penguin .

- Harry Eckstein, (1988) "Culturalist Theory of Political change" American Political Review, U.S.A.

- Huntington, (1993) "Clash of civilization" Academic Journal of foreign affairs, U.S.A.

- Held D. (1995) "Democracy and the Global order" Macmilan, U.S.A.

- Jean H. Ballantine, (1983) "Sociology of education" Englewood Cliffs, NJ. Prentice-Hall Inc.

- Ivan, Ilich, (1990). "Deschooling Society" CIDOC, Guvernavaca, Mexico.

- Kilpabrick W.H., (1963) "Philosophy of education", Macmillan Co. NewYork, U.S.A.

- Nakosteen, M. (1964). "History of Islamic origins of western Education", University of Colorado press, U.S.A.

- Olive B. (1968), "The Sociology of education", Bt. Batsfords, LTD. London, England .

- Peter, O. Perretti & Emman L. Jones (2001) "Limitation of Deschooling as a viable Model" Education EBSCO-online.

- Roger Soder (1996), Democacy, education and schools -Jossey Co. San Francisco, U.S.A.

- Richard J. Gells & Annlevine (1995) "Sociology" An introduction, MC Graw-Hill, INC , NewYork, U.S.A.

- Siegel Rolerta & Hoskin Marilyn (1991), "Education for democraic citizenship" A challenge for Multi-ethnic Societies, NewJersy , LEA, Hills dale.

- Tomlinson, John, (1999) "Globilization and culture" polily press and Blackwell publishers press, Cambridge – oxford.

- Wilason , J. & Cowell, B, (1989), "Taking education seriously", First edition, The Flames press, London.

- UNESCO (1986), "The International Symposium about democratization of higher education" paris (17-21) June.

- Internet :

http:www.unhchr.ch/udhr/lang/arz.print.htm

OHCHR: ARABIC (Al Arabia) – Universal Declartion of human Rights. Office of the high commissioner for human rights. OHCHR. UNOG Genva udhr@ohchr.org.

Printed in the United States
By Bookmasters

T0157608